# 동아시아 여성의 기원

『열녀전列女傳』에 대한 여성학적 탐구

# 동아시아 여성의 기원

## 『열녀전列女傳』에 대한 여성학적 탐구

정재서 엮음

이화여자대학교출판부

# 머리말

새로운 문명의 도래를 예견케 하는 움직임이 도처에서 감지되는 요즈음이다. 가부장제라는 거대한 역사의 방향을 양성 평등의 새로운 길로 전환하기 위하여 뜻있는 이들의 지난한 노력은 계속되고 있다. 한국에 여성학이 도입된 지 길지 않은 세월 동안 이 땅의 여성학자들은 치열한 도전 의식으로 괄목할 성과를 이루었다. 그리고 한 세대가 흐른 지금 이 자리, 이론과 방법의 정체성에 대한 모색은 동아시아 여성 현실에 대한 좀더 근원적인 성찰을 필요로 한다.

한국 여성이 경험하는 문제의식은 동아시아적 시각에서 조감할 때 그 공통성과 특수성이 한층 선명히 부각된다. 더욱이 현재의 문제의식은 동아시아 문화가 지닌 강한 연속성으로 인하여 고대 · 중세 · 현대의 단절적 개념이 아니라 고대로부터의 지속적인 인식선상에서 이해해야만 그 깊이를 더할 수 있다. 오늘 우리의 문제의식이 기원전 1세기 중국 한대(漢代)의 『열녀전(列女傳)』으로까지 거슬러 올라가는 것은 이 때문이다.

한대에 성립된 『열녀전』은 중국 최초의 여성 전기집이자 여성 교육서로 고대의 여성 유형을 집약적으로 제시함으로써 동아시아의 여성 이미지를 형성하는 데에 결정적인 영향을 미쳤다. 한대는 중국의 정체성이 확립됨과 더불어 유학이 전면에 부상하는 시기이고 바로 이 무렵 가부장적인 여성관이 정립된다. 상고시대의 활달하고 개성적인 여성 대신 규수(閨秀)요 현모(賢母)로서의 유교적 여성 이미지가 각인되는 것이다. 따라서 『열녀전』의 여성 유형을 고찰하는 일은 이후 전개될 동아시아 여성관의 모태를 살피는 데에 중요한 의의를 지닌다.

이 책은 이화중국여성문학연구회가 일찍이 『열녀전』의 여성학적 중요성에 주목한 이래 1998년 봄부터 4년 여에 걸쳐 공동 연구를 수행하여 거둔 성과물이다. 본 학회에서는 그동안 『열녀전』 텍스트의 완역을 위한 주석 작업, 『열녀전』의 여성 유형에 대한 치밀한 분석 작업을 수행하여 왔다. 이 책을 위한 작업은 『열녀전』 각 편에서 예시하고 있는 주요 여성 유형에 대한 분석을 통하여 전통 시대 동아시아 여성의 범주적 실상을 드러낸 후 그 이데올로기 및 이미지가 오늘날 중국과 한국의 여성 문제와 어떻게 결부되어 있는지를 역사적으로 고찰하는 방법으로 진행되었다. 이러한 작업은 유교 가부장제하에서의 '여성 쓰기'의 결과물이었던 『열녀전』을 다시 읽고 쓰는 과정을 통하여 오늘의 동아시아 여성의 현실 입지를 좀더 근원적으로 확인하는 계기를 마련하여 줄 것이다. 고전에 대한 이 같은 새로운 탐구는 동아시아 전통에 대한 비판적 성찰을 통하여 여성학의 자양을 길어 내고, 이로써 이론적 재구성을 모색하는 계기를 마련할 수 있다는 점에서 큰 의의를 지닌다 할 것이다.

이 책을 이루고 있는 글은 모두 열 편으로, 그 내용을 간략히 소개하면 다음과 같다.

첫 번째 정재서의 「『열녀전』의 여성 유형학」은 이 책의 논의의 근거인 『열녀전』의 성립과 내용, 여성학적 의의 등을 밝혀 독자들에게 『열녀전』 텍스트에 대한 기본 지식을 제공하기 위한 의도로서 마련되었다. 이 글을 통하여 우리는 『열녀전』이 어떠한 역사적, 이데올로기적 배경하에서 성립되었고, 그 때에 틀지어진 동아시아 고대 여성의 유형들이 어떠한 내용과 특징을 지니고 있는지를 소상히 파악할 수 있게 될 것이다. 다시 말해서, 이 글은 앞으로 이 책에서 전개될 모든 논의를 위한 예비 지식인 셈이다.

두 번째 글 박영희의 「『열녀전』의 구성과 의미」는 고대 중국 문헌 속의 여성 기록이 여성의 존재에 대한 객관적인 서술이 아니라 남성의 주변 인물 혹은 설명 기제로서 재구성되었음을 밝힌다. 전(傳)이라는 장르는 그 시대의 규범을 내재화하고 고취하는 데에 적합한 것으로 여성 전기로서의 『열녀전』은 현실 속에 부재하는 모범적인 여성 이미지를 통하여 남성 저자의 이데올로기를 선명히 드러낸다. 따라서 『열녀전』에서 행하여진 악녀에 대한 비난뿐 아니라 지혜로운 여성에 대한 찬양 역시 여성에 대한 일종의 억압으로 가부장제를 강화하는 데에 유리하게 이용되었음을 비판한다.

세 번째 글 최진아의 「견고한 원전과 그 계보들—동아시아 여성 쓰기의 역사」에서는 여성에 대한 이데올로기의 총체적 구현물로서의 『열녀전』과 한대 이후 여성 열전, 여계 문학(女誡文學), 유사 열녀전으로 계승된 『열녀전』의 계보들을 탐구한다. 구체적으로는 『후한서(後漢書)』「열녀전(列女傳)」에서 『청사고(淸史稿)』「열녀전(列女傳)」까지의 정사(正史) 여성 열전을 분석하고 여계 문학, 유사 열녀전들 간의 차별적 특성을 고찰하며 한대의 여성 이데올로기가 전통 시기 한국의 여성 덕목에 어떠한 영향을 미쳤는지에 대해서 논술한다. 이 과정에서 열녀전의 계보들이 결국 남성 주체의 필요에 따라 가변되는 여성 쓰기의 결과물임을 밝힌다.

네 번째 글 송정화의 「신화 속의 처녀에서 역사 속의 어머니로」에서는 고대 중국 신화에서 『열녀전』「모의전(母儀傳)」에 이르기까지 여성 이미지의 변화를 추적한다. 「모의전」은 모범적인 어머니들의 전기로 이 속에서 여성은 아들을 통해서만 정체성을 얻을 수 있는 타자화된 존재이며 아들의 성공을 위해서라면 온갖 희생을 감내할 수 있는 순종적인 어머니로 형상화된다. 그러나 『열녀전』의 어머니는 만들어진 이미지임에도 불구하고 이상적인 어머니의 전범으로 오늘날에도 받들어지고 있다. 이러한 여성 이미지의 왜곡은 언제부터 시작되었을까? 이 글은 이러한 문제의식에서 출발하여 중국 신화 속의 여와(女媧)나 서왕모(西王母) 같은 처녀신에서 『열녀전』의 어머니로의 이미지 변화를 역사적으로 조망하고 그 저변에 은폐된 남성 중심적인 의도를 비판적으로 분석하는 데에 초점을 둔다.

다섯 번째 글 김영미의 「그녀는 추하기 짝이 없었다 *그리고* 왕비가 되었다」에서는 『열녀전』에 등장하는 '현명한 추녀들'의 이야기를 남성의 유혹적인 여인에 대한 욕망의 은폐라는 관점에서 분석한다. 남성에 의하여 선택된 '못생긴 여인'은 일반인과는 다른 특별한 능력을 소유함으로써 화려한 왕비로 변신하여 남성의 권력 세계로 편입된다. 이러한 과정 속에서 못생긴 여인들은 이른바 여성성을 박탈당하고 남/여의 이분법적 경계상에 놓인 인물로 설정된다. 이 글에서는 못생긴 여인들의 성적 정체성과 탈여성화의 결과로 획득하는 신분상의 변화가 남성들의 욕망의 재현에 다름 아니었음을 제시한다.

여섯 번째 글 김종미의 「요조숙녀, 군자의 이름으로 부르는 여인」에서는 오늘날의 유교 담론이 유교의 심신일원론을 서구의 정신 · 육체의 이원론적 사유에 대한 대안으로 제시하며 페미니즘과의 만남을 모색하는 데에 이의를 제기한다. 동아시아 사회에서 요조숙녀는 유교적 예(禮)를 실현한 여성인데 이 때 예는 귀족의 매너이자 남녀 · 상하 · 귀천의 구별/차별(別)의 기능을 담당한 정치적인 성격의 것이었음을 밝힌다. 평민 여성의 공간이 외부로 열려 있고 활발한 이동을 보이는 데 반하여 귀족 여성의 예는 닫힌 공간, 느린 이동, 금지된 시선을 특징으로 여성의 몸에 적용되며, 이러한 군자의 호명(呼名)이 역사적으로 어떻게 숙녀의 매너이자 유교적 여성의 몸가짐으로 보편화되어 동아시아 사회에서 영향력을 발휘하였는지에 대하여 고찰한다.

일곱 번째 글 김지선의 「여자 · 여우 · 귀신－도산씨 설화로부터」에서는 고대 중국의 서사 담론에 나타난 여성 이미지의 변화를 추적한다. 우(禹)임금의 아내였던 도산씨(塗山氏)는 매파를 거치지 않은 야합혼(野合婚)으로 인하여 버림받는 비극적 인물로 도산씨의 초기 이미지는 후대 애정 소설 속에서 에로스적 본능을 발산하는 여우로, 요물로 변신하여 부정적인 형상으로 재구성된다. 중국에서 남녀간의 애정을 다룬 이야기들, 특히 여우나 요물이 여성으로 변하여 인간 남성과 관계를 맺게 되는 이야기들은 서사 담론이 지니는 권력에 의하여 섹슈얼리티와 갈등을 일으키며 장기간에 걸쳐 변형된다. 남성 중심의 성적 욕망에 의한 표현으로서의 여성과 여우 · 요물 이미지의 결합을 분석함으로써 고대 동아시아 서사에 나타난 원형으로서의 여성 이미지 탐구에 색다른 장을 연다.

여덟 번째 글 조숙자의 「고대 여인의 죽음과 그 그림자－기량의 아내 이야기를 중심으로」에서는 예법과 정조를 지키기 위하여 자살을 선택했던 수많은 동아시아 여성들의 원형의 하나로서 『열녀전』에 실린 '기량의 아내'의 죽음을 이야기한다. 기량의 아내가 죽음에 이르는 상황 및 죽음 이후 칭송받는 일련의 과정은 고대 여인의 죽음의 실상에 대하여 상당한 오해가 있을 수 있음을 보여준다. 아울러 후대까지 이러한 여성의 죽음이 유교 이념을 유지하고 확대시키는 데에 의도적으로 이용되었을 가능성 또한 제시한다. 한편 최근까지 중국 민간에 전승되는 기량의 아내 이야기는 『열녀전』의 것과는 사뭇 다른 양상을 보이고 있다. 이 글에서는 이러한 점을 바탕으로 교육적인 서사와 그렇지 않은 서사에서의 여성의 죽음에 대한 의미화 과정의 차이점을 치밀하게 논의한다.

아홉 번째 글 송진영의 「칼을 차고 장부의 마음을 품다—동아시아의 악녀」에서는 동아시아 사회에 보편적으로 통용되어 온 현모와 악녀라는 이원적 이미지가 『열녀전』을 통해서 확립되고 재생산되었음을 역사적으로 고찰한다. '나라와 집안을 망친 여자'들에 관한 기록인 「얼폐전(孽嬖傳)」에는 여성의 정치 참여를 금지하려 하였던 한대 봉건사회의 음모가 존재한다. 또한 시대의 요구에 따라 변모해 온 다양한 악녀 이미지 역시 여성이란 '아버지의 이름' 아래에서만 존재한다는 사실을 확인시켜 주는 억압 기제로 작용하여 왔음을 밝힌다.

마지막 글 정재서의 「효녀 서사, 폭력과 성스러움 사이에서」는 고대 동아시아 사회에서 딸의 아버지에 대한 효는 아들의 그것과는 다른 억압적 의미였음을 제기한다. 여아 살해의 악습, 제의적 희생물로서의 여성 등의 관점에서 효녀의 본질 의미를 검토할 때 그것은 단순히 자발적 덕성으로 귀결되지 않는다. 이 글은 효녀 이데올로기가 유교 가부장제의 유지를 위한 초석적(礎石的) 폭력의 일환으로 권장되고 강화되었음을 밝힌다. 『열녀전』「변통전(辯通傳)」에서의 제영(緹縈) 설화는 이러한 효녀의 전형을 제시하며 이후 중국의 이기(李寄)·목란(木蘭), 한국의 심청·바리데기 설화로 이어지는 동아시아 효녀 서사의 계보를 이룩한다. 근대화 프로젝트에 투입된 산업 전사로서의 여성 또한 이 계보로부터 자유롭지 않다.

이상 열 편의 글을 통하여 우리는 동아시아 여성 유형의 기원과 오늘에 이르는 시대적 변이 양상을 한눈에 조감할 수 있게 될 것이다. 우리는 앞으로 이 책이 중국 여성학뿐만 아니라 동아시아 여성학을 수행함에 있어 선결적으로 요청되는 지식과 관점을 제공할 수 있으리라 믿는다. 감히 희망하거니와 이 책이 동아시아 여성학의 지남(指南)으로서의 구실을 하였으면 한다. 그것은 앞서 강조한 바 있듯이 이 연구의 텍스트인

『열녀전』이 지닌 동아시아 여성학에서의 근원적인 지위 때문이다.

가부장적 관념이 뿌리 깊은 중국학 분야에서 이러한 집체적인 여성 연구란 일찍이 없었던 '사건'이었다. 그런 만큼 이 연구는 위험한 열정으로 수행된 모험 같은 것이었다. 아니 연구 자체가 이미 '운동'의 성격을 지녔다고 말할 수 있으리라.

그러나 출간에 즈음하여 무엇보다도 즐거운 일은 그동안 여성학에 대하여 비교적 냉담한 태도를 견지해 왔던 중국학 분야에서 최근 이 방면에의 관심이 제고되고 집체적으로 연구를 수행하려는 움직임이 감지되고 있다는 사실이다. 앞으로 여성학은 여성들만을 위한 혹은 서구 학문에서만 취급하는 특정한 관점이 아니라 적어도 인류 문화와 관련된 모든 분야에서 누구든 기본적으로 지녀야 할 관점이라는 생각이 보편화되길 바란다.

아직도 이화중국여성문학연구회의 여정(旅程)은 멀고 과제는 많다. 우리는 『열녀전』 연구를 기획할 당시 이미 다음의 과제로 현행 중국 문학사에 대한 여성학적 재검토를 예정한 바 있었다. 이 계획은 현재 장르별 서술에 대한 비판적 점검, 여성 문인에 대한 새로운 평전 쓰기 등의 기초적 작업으로 진행중이다. 이러한 작업의 토대 위에서 우리는 결국 중국 문학사를 다시 구성하고 쓰는 일로 나아가게 될 것이다. 이제는 우리의 계획에 뜻을 같이할 연구자들이 적지 않으리라고 확신한다. 그분들의 적극적인 조언과 동참을 환영한다.

마침내 이 책이 나오기까지 도움을 주신 분들께 감사를 드려야 할 시간이 되었다. 먼저 가장 큰 감사를 드려야 할 분은 이경숙 전 인문대학 학장님과 장필화 전 여성연구원장님 두 분이다. 두 분께서는 우리 학회의 취지를 십분 이해하고 늘상 고무해 주셨을 뿐만 아니라 실질적으로도 도움을 아끼지 않으셨다. 우리가 외로운 길을 가고 있을 때 이 두 분의 격려는 참으로 큰 힘이 되었다. 여성학과의 조순경 · 김은실 교수님,

여성연구원의 박진숙 · 김영옥 선생님은 연구로 바쁜 와중에서도 우리의 논문을 세밀히 검토해 주셨고, 철학과의 김혜숙, 여성문화이론연구소의 고갑희 · 임옥희 교수님도 특강과 토론으로 훌륭한 조언을 해주셨음에 깊이 감사드린다. 아울러 같은 길을 걷는 입장에서 항상 성원해 주신 숙명여대 중문과의 노혜숙, 한신대 중국학과의 유세종 두 분 교수님께도 고마움의 뜻을 표하고 싶다.

멀리 중국 해남도(海南島)에서 성금을 보내 준 동문 진현미 박사, 학술대회 때 실무적으로 많은 수고를 한 여성연구원의 원미혜 선생, 중문과 박사과정의 강경희 · 김경아 · 문현선 선생 이하 대학원생 여러분, 항상 적극적인 지지와 배려를 아끼지 않아 온 이종진 교수님을 비롯한 학과 교수님들께도 감사를 드린다. 그리고 이 책의 출간을 기쁘게 허락하고 중국 출판까지 약속해 주신 김용숙 출판부장님의 후의(厚意)를 마음 깊이 간직하고자 한다. 끝으로 지난 4년간 갖가지 우여곡절 속에서도 선구(先驅)의 외로운 길을 함께한 이화중국여성문학연구회 회원 여러분의 계속적인 정진(精進)을 기원하며 유난히 길어진 머리말을 마치고자 한다.

2002년 가을<br>교토 국제일본문화연구센터 연구실에서<br>글쓴이들을 대표하여 정재서 씀

# 제2판을 내며

『동아시아 여성의 기원－‘열녀전(列女傳)’에 대한 여성학적 탐구』를 펴낸 지 어언 7년의 세월이 흘렀다. 그동안 학계에서는 많은 인식의 변화가 있었다. 특히 중국 문학 분야에서 여성주의에 대한 관심의 촉발과 논의의 증가는 괄목할 만하였다. 이러한 변화와 관련하여 이 책이 학계에 미친 선구적인 영향은 이미 정론(定論)이 되어 있다. 이 책은 국내 학계뿐만 아니라 중국은 물론 멀리 구미 학계에까지 알려지고 언급되어 한국 중국학의 수준을 제고하는 데에 일정한 기여를 하였다.

이 책은 본래 2001년 5월 12일, 이화여대에서 개최된 〈동아시아 여성의 기원〉이라는 주제의 학술대회 발표 논문을 2002년에 엮어 펴낸 것이었다. 2004년에 이 책은 ‘프랑크푸르트 세계도서전 출품도서 100선(選)’에 선정되었고, 2005년에 북경(北京) 인민문학출판사(人民文學出版社)에서 『東亞女性的起源-從女性主義角度解析列女傳』(鄭在書 主編, 崔麗紅 譯)이라는 제목으로 중문판(中文版)이 출간된 바 있었다.

이제 이 방면의 연구자들과 독자들의 사랑에 힘입어 다시 판을 거듭하게 된 것을 실로 경하(慶賀)하지 않을 수 없다. 판을 거듭하는 과정에서 약간의 오류를 손보고 거친 표현을 가다듬어 신판의 형식을 취하였다. 이 책의 학술적 가치를 높이 평가하여 흔연히 제2판의 출간을 수락해 주신 최민숙 출판부장님, 초판 때보다 더욱 기품 있는 모습으로 책을 만들어 명실상부한 양서(良書)로 거듭나게 노력해 주신 출판부 여러분들께 감사를 드리며 간략하게 제2판 서문을 맺고자 한다.

2009년 3월 큰고개 연구실에서
편자 정재서 드림

# 차례

# 제1장

# 『열녀전』의 여성 유형학

정재서*

## 1. 한대의 유학과 여성

한대(漢代)는 중국의 정치, 문화적 정체성(identity)이 확립되어 가는 시기이다. 중국 역사상 최초의 왕조라 할 은(殷) 이전의 중국 대륙은 에버하르트(Wolfram Eberhardt)의 이른바 '지역 문화들(local cultures)'이 다원적으로 존재하는 상황에 있었다.[1] 이후 은(殷)·주(周) 왕조에 이르러 점차 중심주의의 길을 걸어갔다고는 하나 중국은 진시황(秦始皇)의 대통일의 시기까지는 여전히 지방 분권적인 상태에 있었다. 진시황은 춘추(春秋)·전국(戰國)시대라는 주의 오랜 분열 정국을 종식시켰다. 그러나 진(秦)은 곧 국권을 상실하여 대통일 및 중앙집권의 과업은 한(漢)

---

* 이화여자대학교 중어중문학전공 교수.

1 중국 상고시대의 다양한 지역 문화의 정황에 대해서는 Wolfram Eberhardt, "Introduction," *The Local Cultures of South and East China*(Leiden: E. J. Brill. 1968) 참조.

으로 넘어가게 된다. 한대는 그러므로 당시까지 분립(分立) 상태에 있던 각이(各異)한 종족, 지역의 문화가 '중국적'이라는 하나의 색깔을 향하여 융합의 과정을 겪던 시대였다. 이러한 의미에서 본다면 한대는 신화와 역사, 문명과 야만, 정통과 이단의 교차점이자 분기점이기도 하였다.

그러나 정치, 문화적 이분법의 변주는 한이 유학을 국교로 채택함에 따라 중심화, 일원화의 노선으로 추동된다. 전한(前漢)의 무제(武帝) 때 동중서(董仲舒)의 헌책(獻策)에 의하여 유학이 모든 학문의 위에 군림한 후 그것은 전 역사를 통하여 중국을 지배하는 이념이 되었다. 주대(周代)의 종법 사회(宗法社會)에 기초한 상하존비(上下尊卑)의 차등적 인간관계론을 핵심으로 삼고 있는 유학이 한대에 와서 주목을 끌게 된 것은 그 가부장적 논리가 당시 한 제국을 위협하고 있던 주변과 이단의 힘으로부터 정체성을 확보하고 중심주의를 달성하는 데에 가장 유효하였기 때문이었다. 따라서 주변 · 이단과 같은 층위에 있는 여성의 지위 역시 한대에 이르러 전대미문의 변화를 겪게 되는 것은 당연한 귀결이었다.

한대에는 공자를 성인으로 추존(追尊)하고 그의 저작을 경전으로 제정하는 일과 더불어 기존의 유학 관련 저작을 정리, 편집, 해석하는 작업 즉 경학(經學)이 성립하였는데 이 경학을 통하여 한대 이전의 유학 즉 원시 유교는 한 차례 변모를 겪게 되고 여성관도 좀더 경직된 모습을 취하게 된다. 많은 학자들은 전국시대부터 한초(漢初)에 이르는 기간에 커다란 사회경제적 토대상의 변혁이 있었음을 지적한다.[2] 즉 철제 농기구

---

2 이에 대한 여러 가설은 이숙인, 「여성윤리관 형성의 연원에 관한 연구」, 『유교사상연구』(1993) 제6집, pp. 310-2 참조. 루이스는 주대(周代)의 귀족 가문이 제의적(祭儀的)으로 독점하였던 군사 행위가 전국시대에 이르러 일반 농민들에게까지 군역(軍役)으로 확대됨으로써 모든 사람이 합법적인 폭력에 참가하게 되었다고 한다. 국가 권력은 이를 조직하고 지배하는 데에 관여하였으며 이에 따라 귀족 가문은 몰락하고 전세(田稅)와 군역을 제공하는 소농(小農) 가정이 보편화되었다고 주장한다. Mark Edward Lewis, *Sanctioned Violence in Early China*(Albany: State University of New York Press,

의 보급과 같은 생산양식의 변화와 병농일치(兵農一致)를 추구하는 진의 변법(變法) 시행 등으로 인하여 주대의 종족(宗族) 단위의 대가족 사회가 와해되고 부부 중심의 소가족 제도가 성립되었다는 것이다. 주대 사회를 지탱하였던 종족의 해체와 더불어 전국 이후 중국 사회는 하나의 전제군주가 지배하는 국가와 하나의 가장이 지배하는 가족이라는 두 개의 영역을 기본축으로 구성되었다. 한대의 경학은 이렇게 달라진 사회 구조 위에서 원시 유교보다 훨씬 강력한 가부장적 윤리관을 구축하게 되는데 그것은 '가(家)'와 '국(國)'을 유비(類比) 관계로 파악하여 가장과 군주의 권위를 절대시하고 가장에 대한 '효(孝)'를 바탕으로 군주에 대한 '충(忠)'을 강조하는 일방적 위계 관념이었다. 주대의 종법 사회도 물론 가부장 사회였으나 당시는 유학의 지배를 받지 않았기 때문에 여성에 대한 속박이 아직 철저하게 규범화된 것은 아니었다. 한대에만 해도 과거의 풍습이 남아 있었던 탓인지 초기에는 여태후(呂太后) · 두태후(竇太后) 등의 여성 집정자(執政者)들이 출현하였으며 민간에서는 서왕모(西王母)와 같은 여신에 대한 숭배가 성행하였고 재가(再嫁)도 비교적 자유로웠다. 그러나 무제 이후 국가 정체성의 확립과 관련하여 유학이 국교로 채택되고 강력한 가부장적 윤리관이 구축되면서 여성의 지위는 완전히 종속적인 처지에 놓이고 말았다. 한대에 이와 같은 여성의 지위를 확정짓는 데에는 다음의 세 가지 책이 큰 영향을 미쳤는데 그것은 『예기(禮記)』와 『열녀전(列女傳)』, 그리고 『여계(女誡)』이다.

『예기』는 전국시대부터 한초에 걸쳐 저술된 것으로 추정되며 공자 및 그 제자의 언설 · 정령(政令) · 의례(儀禮) · 제도와 예절에 대한 고증 등이 주요 내용을 이루고 순자(荀子) 계통의 유학 사상을 표현하고 있다.[3] 『예기』에서는 부덕(婦德) · 정절(貞節) · 삼종지도(三從之道) 등으로 표

1990), p. 53.

출된 여성의 윤리 체계를 이론화시켰으며 결국 이는 한대 이후 유교적 여성관의 기초를 이루었다.

『열녀전』은 전한의 경학자 유향(劉向, B.C. 77~B.C. 6)에 의해 지어진 역대의 모범적인, 혹은 경계하여야 할 여성들에 대한 전기집이다. 유향은 『예기』 등에서 표현된 유교적 여성관에 입각하여 「모의(母儀)」·「현명(賢明)」·「인지(仁智)」·「정순(貞順)」·「절의(節義)」·「변통(辯通)」·「얼폐(孽嬖)」 등의 일곱 개 유형으로 여성을 분류하고, 총 104명에 대한 행적을 기술하였다. 이 책에서 제시된 각 유형의 여성들이 후대의 여성들에게 귀감 혹은 교훈이 되었음은 물론이다.

『여계』는 후한(後漢)의 여성 학자 반소(班昭)에 의하여 지어진 여성 교육서로 「비약(卑弱)」·「부부(夫婦)」·「경신(敬愼)」·「부행(婦行)」·「전심(專心)」·「곡종(曲從)」·「숙매(叔妹)」 등의 7편으로 구성되어 있는데, 주요 내용은 남존여비 및 삼종지도의 도리와 부인의 일상 행위에 대한 규율이다. 『예기』가 산발적으로 여성관을 표현하고 있음에 비하여 이 책은 여성 교육을 목적으로 지어진 최초의 계통적인 저술이라는 점에 의미가 있다.[4]

이들 세 가지 책은 각기 나름대로 당시 여성의 종속적 지위를 고착시키는 데에 큰 역할을 했을 뿐만 아니라 유학의 발전 및 확산에 따라 한대 이후부터 청말(清末)에 이르는 장구한 전통 시대의 유교적 여성관의 연원이 되었다. 아울러 이 책들은 한자 문화권에 속하는 한국 · 일본 등지에서의 여성 교육에도 다대한 영향을 미쳤다. 결국 이렇게 본다면 한대야말로 동아시아 가부장제 여성관의 기초가 수립되는 시기였다고 말하지 않을 수 없다.

---

3 양계초(梁啓超), 『중국고전학 입문』(형성사. 1995), 이계주 옮김, pp. 216, 226-7, 229.

4 진동원(陳東原), 『중국여성생활사(中國婦女生活史)』(上海: 上海書店. 1987), p. 46.

## 2. 『열녀전』의 성립 및 그 내용

이 글에서 전통 시기의 성과 관련한 문화 담론으로서 특별히 『열녀전』을 거론하는 이유는 무엇인가? 『열녀전』은 『예기』와 『여계』와는 달리 역사 전기체의 산문 형식으로 쓰여져 있다. 일찍이 『좌전(左傳)』과 『사기(史記)』 등의 인물 묘사에서 계발된 이러한 사전(史傳) 형식의 산문은 특정한 인물을 생동감 있게 묘사하는 데에 유리하다. 아울러 『열녀전』에는 각 인물에 대한 서술의 말미에 「송(頌)」을 덧붙였는데 「송」은 운문 형식의 짤막한 글로서 전체 내용을 요약하고 인물의 특징을 부각시키는 기능을 한다. 한 가지 더 빠뜨릴 수 없는 방식은 그림이다. 『열녀전』에는 각 전기마다 이야기의 중요한 장면을 묘사해 낸 그림이 달려 있어서 전기 속의 상황을 재현해 보여준다. 『열녀전』의 이러한 서사적 장치들은[5] 『예기』와 『여계』에서의 추상적이고 관념적인 설교 방식과는 달리 독자들에게 여러 유형의 여성 이미지들을 눈앞에 제시하고 마음속에 각인시킴으로써 사실상 더 큰 교육 효과를 수반하였으리라고 생각한다. 다시 말해서 『열녀전』 중의 유형화된 일곱 개의 유교적 여성상은 이야기 · 운문 · 회화의 효과적 재현 수단을 통하여 기나긴 역사적 과정을 거치면서 전통 시기 여성의 의식 속에 깊이 내면화되었던 것이다. 이 글에서 『열녀전』에 주목하는 이유는 바로 이러한, 『열녀전』이 갖는 전통 시기의 여성 이미지에 대한 연원적 지위 때문이다.

그렇다면 『열녀전』은 어떻게 성립되었고 그 내용은 무엇인가? 『열녀전』의 작자인 유향은 전한 말기의 대학자로 그의 사상은 동중서로부터 전수된 관방 유학인 금문(今文) 경학을 중심으로 삼고 음양가(陰陽家) ·

5 산문에 운문과 그림을 결합시킨 서사 방식은 후대의 중국 고전소설인 백화소설(白話小說)에서 보편적으로 채용하고 있는 형식이다.

법가(法家) · 묵가(墨家) 사상 등을 보조로 겸하였다. 그의 사상 경향은 그리 엄격하지는 않았던 듯, 한때 그는 신선가(神仙家)에 매료되어 연금술에 심취한 적도 있었다. 그는 경학 · 사학 · 문학 · 목록학 등 각 방면에 걸쳐 많은 업적을 남겼는데 그중 후세의 학술 발전을 위하여 가장 큰 공헌으로 평가되고 있는 것은 목록학 방면의 작업이다. 그는 황실 도서관에 수장(收藏)된 모든 서적들을 정리, 분류하고 해제(解題)를 단 『별록(別錄)』이라는 책을 저술하였다. 그의 이러한 분류 의식이 열녀(列女)라는 여성 유형학을 탄생케 한 배경이 되었는지도 모른다. 이 밖에도 그는 『열녀전』과 더불어 자신의 정론(政論)을 담은 『신서(新序)』, 교훈적인 이야기를 모은 『설원(說苑)』 등의 저작을 남겼다. 이로부터 짐작할 수 있는 또 한 가지 사실은 그가 이야기에 관심이 많았다는 것이고 이러한 그의 이야기성에 대한 집착은 그가 한때 매료되었던 신선가의 설화주의에서 유래되었을 가능성이 있다.[6]

유향이 『열녀전』을 찬술(撰述)한 직접적인 동기는 그가 섬겼던 성제(成帝) 당시 황실 외척의 세력을 견제하기 위해, 그리고 황제의 총희(寵姬)였던 조비연(趙飛燕) 자매의 전횡(專橫)을 비판하기 위해서였다고 한다.[7] 그러나 이러한 표면적인 이유보다도 근본적인 의도는 이상적인 유교 통치를 위하여 요구되는 자질과 덕성을 갖춘 여성상을 제시하는 데에 있었다고 보아야 할 것이다.

---

6 위작(僞作)임이 밝혀졌지만 후한(後漢) 말쯤에 형성된 것으로 추정되는 신선 전기집인 『열선전(列仙傳)』이 그의 저작으로 믿어지기도 하였다. 주변부의 지식인인 신선가는 체계적인 담론보다는 설화를 통하여 자신들의 세계를 웅변하려 한다. 신선가의 설화주의적 경향에 대해서는 정재서, 『불사의 신화와 사상』(민음사. 1994), pp. 246-9 참조.

7 이 같은 동기성을 중시하여 『열녀전』을 풍자문학의 측면에서 파악하려는 시각도 있다. 강현경(姜賢敬), 「유향 '열녀전'의 찬술 본의(撰述本意)와 유전 양상(流傳樣相)」, 『한 · 중 · 일 3국의 열녀전 고찰』(동방문학비교연구회 제83차 학술발표회 논문초록집. 1998. 8. 18)의 내용 참조. 강현경은 유향의 『열녀전』 편찬을 두고, 미색과 외척에 미혹되어 있는 천자를 타이르고 사회의 기강을 바로잡고자 한 '쾌거(快擧)'로 규정한다.

유향은 상술한 동기와 의도하에 신화 시대로부터 전한에 이르는 기간에 걸쳐 자신이 설정한 7개의 유형을 대표할 여성 104인을 선정하여 그들의 행적을 기술하고 논평하였다. 그 대략의 내용을 살펴보면, 첫 번째 「모의전(母儀傳)」에서는 남편을 잘 보필했거나 아들 교육을 잘 시킨 여성들, 두 번째 「현명전(賢明傳)」에서는 사리에 밝고 시비를 잘 분별할 줄 아는 여성들, 세 번째 「인지전(仁智傳)」에서는 식견과 재능이 있는 여성들, 네 번째 「정순전(貞順傳)」에서는 예의 · 규범을 철저히 지킨 여성들, 다섯 번째 「절의전(節義傳)」에서는 절개와 의리를 실천한 여성들, 여섯 번째 「변통전(辯通傳)」에서는 언어 능력이 뛰어나고 유연하게 사건에 대처할 줄 아는 여성들, 일곱 번째 「얼폐전(孽嬖傳)」에서는 음탕하고 도리에 어긋난 행동을 한 여성들, 이 같은 일곱 부류의 여성들의 행적을 실었다.

『열녀전』에는 「얼폐전」을 제외하고 부덕의 화신으로서의 천편일률적인 묘사에서 벗어난, 소질과 능력을 발휘하고 적극적인 사회 의의를 추구한 여성들의 존재가 없는 것은 아니다.[8] 이들 존재는 비록 유학이 국교로 정립되긴 했지만 아직은 고대의 자유로운 풍속이 남아 있던 한대의 사회 정황을 반영하는 것이기도 하고 유향 자신의 비교적 너그러운 사상적 경향을 드러내 보이는 것이기도 하다. 그러나 이러한 사실이 궁극적으로 『열녀전』이 여성 자신보다 남성, 즉 그들이 구축한 가부장 체제를 옹호 · 유지하기 위하여 저술되었다는 본래의 의도를 넘어서지는 못한다. 어진 아내 혹은 훌륭한 어머니로서의 모범적인 여성상을 제시한 「모의전」으로부터 시작해서 나라와 집안을 망친 사악한 여성들을 열거

8 이숙인은 이 같은 점에 주목, 『열녀전』이 여성을 위한 책이 아니라 남성 지배 계층을 위한 책임에도 불구하고 "중국 여성사에서 최초로 여성을 사회적으로 자리매김하고 그 가치를 적극적으로 평가한 책"이라고 주장한다. 이숙인, 「열녀전에 대하여」, 『열녀전』(예문서원. 1996), 이숙인 옮김, p. 31.

한 「얼폐전」으로 끝나는 『열녀전』의 전체 구성은 결국 여성의 능력과 역할이 어디에서 시작해서 어디에서 끝나야 하는지, 그 한계와 귀착점을 은연중 지시하고 있기 때문이다. 이야기 한 편의 구성도 마찬가지이다. 여성 인물의 행적에 대한 소상한 서술은 말미에 '군자왈(君子曰)'로 시작되는 유향 즉 남성 논평자의 '말씀'에 의하여 한순간에 귀결됨으로써 여성의 삶이 종국적으로 남성 영역에서 해석되고 취사 선택됨을 보여준다.

『열녀전』이 후대의 여성관에 미친 영향은 실로 막대하다. 『열녀전』이 나온 지 오래지 않아 후한의 반소가 주석을 단 이래 청대(淸代)에 이르기까지 다수의 주석가들에 의하여 해석이 시도되었다는 사실은 이 책이 매 시대 여성관의 형성과 관련하여 지속적으로 중시되었음을 의미한다. 아울러 『열녀전』은 본래 개인 저술로서 출발하였으나 『후한서(後漢書)』를 필두로 후대의 정통 역사서에서도 「열녀전」이라는 열전(列傳)을 설정하게 됨으로써 이 책은 여성 전기의 내용과 형식상 전범의 지위를 획득하게 된다. 결국 이러한 외적, 역사적 조건 그리고 『열녀전』 자체가 갖고 있는 효과적인 서사 장치 등으로 말미암아 『열녀전』은 후대의 유교주의 여성관의 확립에 대하여 부동의 위치를 확보하게 되었다고 말할 수 있다.

끝으로 국내외의 『열녀전』에 대한 연구 상황을 대략 서술하면 다음과 같다. 『열녀전』에 대한 연구는 일본에서 가장 활발하게 진행되고 있다. 시모미(下見隆雄)의 『유향 열녀전의 연구(劉向列女傳の硏究)』(神奈川: 東海大學出版會, 1989), 야마자키(山崎純一)의 『'열녀전': 역사를 바꾼 여인들(列女傳: 歷史を變えた女たち)』(東京: 五月書房, 1991) 등 두 권의 대표적 연구서를 비롯, 『열녀전』 및 방계 『열녀전』에 대한 수십 편의 논문이 생산된 바 있다. 이 중 시모미의 책은 고증과 해석 위주로, 야마자키의 책은 대중적인 해설 위주로 쓰여져 있다. 번역서로는 아라시로(荒城孝臣)의 『열녀전(列女傳)』(東京: 明德出版社, 1969)과 야마자키의 『열

녀전(列女傳)』(東京: 明治書院, 1996~1997) 등이 있다. 중국 대륙과 대만에서는 전문 연구서가 아직 나오지 않았고, 장경(張敬)의 「열녀전과 작자(列女傳與作者)」『중국여성사논문집(中國婦女史論文集)』(臺北: 商務印書館, 1982)을 비롯한 단편적인 논문들만 있을 뿐이다. 번역서로는 장도(張濤)의 『열녀전역주(列女傳譯註)』(濟南: 山東大學出版社, 1990), 장경(張敬)의 『열녀전금주금역(列女傳今註今譯)』(臺北: 商務印書館, 1994), 황청천(黃清泉)의 『신역열녀전(新譯列女傳)』(臺北: 三民書局, 1996) 등이 있으며, 색인집으로는 유전작(劉殿爵)의 『고열녀전축자색인(古列女傳逐字索引)』(香港: 商務印書館, 1990)이 나와 있다. 미국에서는 최근 출간된 라팔스(Lisa Raphals)의 *Sharing the Light : Representations of Women and Virtue in Early China*(Albany: State University of New York Press, 1998)에서 상당한 지면에 걸쳐 『열녀전』을 여성주의적 시각에서 다루고 있다. 국내의 경우 우쾌제(禹快濟)가 「조선시대 가정소설의 형성 요인 연구: '열녀전'의 전입과 수용을 중심으로」(고려대학교 대학원 국문과 박사학위 논문, 1986)를 시발로 이 방면에의 선구적인 작업을 하였는데 주로 『열녀전』이 한국 문학에 수용된 양상을 탐구한 바 있다. 강현경(姜賢敬) 역시 일찍이 대만에서 「유향 '열녀전'의 탐색(劉向列女傳探微)」(臺北: 國立臺灣師範大學 國文硏究所 碩士學位 論文, 1986)으로 석사학위를 한 후 박사학위 논문인 「한중 여계문학의 연구(韓中女誡文學之硏究)」(臺北: 國立臺灣師範大學 國文硏究所 博士學位 論文, 1990)에 이르기까지 『열녀전』에 대한 비교문학적 연구를 수행해 오고 있다. 그리고 번역서로는 이숙인의 『열녀전』(예문서원, 1996)이 출간된 바 있다.

이상 국내외의 『열녀전』에 대한 연구 성과를 전반적으로 살펴볼 때 고증 · 해석 · 번역 · 비교 연구 등의 분야에서 상당한 궤도에 올랐다고 할 수 있겠으나 여성주의적 시각에서의 깊이 있는 논구는 드물며 당연히 그러한 시각에서의 전문적인 노작(勞作)도 아직 생산되어 있지 않은 실정이다. 우리가 이미 살펴본 바 『열녀전』이 지닌 동아시아 여성 연구에서의 심대한 가치성을 생각할 때 앞으로는 그간의 연구 성과를 토대로 『열녀전』 내의 여성 인물에 대한 여성주의적 시각에서의 좀더 집중적이고도 심화된 탐구가 시도되어야 할 것으로 생각한다.

# 제2장

# 『열녀전』의 구성과 의미

박영희*

## 1. 실재에서 기록으로

한(漢)나라 때에 유향(劉向, B.C. 77~B.C. 6)이 편찬한 『열녀전』은 중국 최초의 여성 전기집이다. 이 『열녀전』에는 우리가 흔히 일컫는 『열녀전(烈女傳)』처럼 정조를 지킨 여인들만 기록한 것이 아니라 모범을 보인 여인들과 경계하여야 하는 여인들을 함께 싣고 있다. 책명이 '다수(多數)' · '나열(羅列)'의 뜻을 지닌 '열(列)'자로 되어 있는 것은 바로 이 때문이다. 따라서 『열녀전』의 본뜻은 '여러 부류의 여인들의 삶에 대한 기록' 정도가 될 것이다. 『열녀전』에는 제왕(帝王)의 부인에서 경대부(卿大夫)의 처, 일반 서민의 아내와 딸에 이르기까지 104명에 달하는 다양한 신분의 여성이 현모(賢母) · 양처(良妻) · 숙녀(淑女) · 재녀(才女) · 악녀(惡女) 등의 이미지로 분류되어 있다.

---

* 한국사이버대학교 중국학부 교수.

여성주의의 시각으로 고대 동아시아의 전적(典籍)을 재검토할 때 『열녀전』은 풍부한 함의를 지니며 우리에게 다가온다. 자신의 언어를 지니지 못했던 여성이 남성 작자의 글쓰기에 의하여 '전(傳)'의 이름으로 자신의 일생을 남겼다면, 그녀와 그녀에 관한 기록 사이의 거리는 얼마나 될까.

유향은 과거의 전적 속에 산재되어 있던 여성에 관한 기록들을 모아 『열녀전』을 편찬하였는데, 그렇다면 이 책은 단순한 편집의 산물이 아니라 남성 작자의 이념에 입각하여 각색되어 재구성된 것으로 보아야 한다. 결국 『열녀전』의 여성들은 당시의 지배 이데올로기에 맞도록 조정된 것으로 그 여성의 본래의 모습과는 크든 작든 거리가 있을 수밖에 없다. 우리는 여기서 유향이 여성에 관한 기록들을 취사선택하여 '전(傳)'을 만드는 과정에서 과거 기록과는 다른 이야기의 변형을 시도하지 않았을까 상정해 볼 수 있을 것이다.

『열녀전』의 내용과 관련된 그 이전의 문헌들을 보면 고대 여성들은 남성의 주변 인물로, 혹은 보잘것없는 존재로 등장하고 있는데, 『열녀전』에서는 그녀들이 서사의 중심 인물이 되면서 유교적 규범에 부합되는 모범적인 어머니로 혹은 정숙한 여인으로 격상되어 있거나 음탕한 요부로 낙인찍혀 있다. 우리는 여기서 『열녀전』이 어떠한 과정을 거쳐 재구성되었기에 그 속의 여성들이 2천여 년 동안 동아시아에서 전범 혹은 경계하여야 할 대상으로 줄곧 영향력을 발휘할 수 있었는지 검토의 필요성을 느끼지 않을 수 없다. 이 글에서는 이러한 문제의식에 의거, 고대 여성들에 관한 기존의 기록으로부터 『열녀전』에 이르는 여성 전기 형성의 배경과 과정을 고찰함으로써 『열녀전』 자체가 갖는 구성적 특징 및 본질 의미를 탐색해 보고자 한다.

## 2. 역사와 허구 사이: 「전」

고대인들은 『열녀전』을 여성을 칭찬하거나 비난할 때 중요한 근거로 삼았으며 동시에 역사적인 교훈을 얻어 낼 수 있는 자료로 여겼다. 이러한 인식은 고대 중국에서 '전(傳)'이라는 장르가 갖는 특성에서 비롯된 것이다. '전'은 본래 경전(經典)을 주석(註釋)한 문장을 말한다. 곧 경전의 내용과 그 깊은 함의를 후대인에게 전달하기 위하여 쓰여졌던 것이 '전'으로 유가의 중요 경전인 『춘추(春秋)』를 주석한 『좌전(左傳)』·『공양전(公羊傳)』·『곡량전(穀梁傳)』 등이 그것이다.[1] '전'은 고대 중국인에게 성인(聖人)의 저작인 경전 못지않은 중요한 문장으로 오늘날 우리들이 생각하는 단순한 해설서와는 다르다. 이러한 '전'이 서한(西漢) 시기에 이르면 경전에 대한 주석서로서의 의미를 지님과 동시에 한 인물의 생애를 통하여 교훈을 얻고자 기록한 인물 전기를 뜻하게 된다.

이 시기 '전'이란 용어로 특정 인물의 전기를 쓰기 시작한 것은 역사서인 『사기(史記)』의 '열전(列傳)'부터이다.[2] 전한(前漢) 사마천(司馬遷)이 지은 『사기』는 중국 최초로 인물을 중심으로 역사를 기술한 역사서로 '열전'뿐만 아니라 '본기(本紀)'·'세가(世家)' 등에서도 인물 전기를

---

1 육조(六朝) 시기의 문학 비평서인 『문심조룡(文心雕龍)』 「사전(史傳)」 편에 보면 '전'이란 장르에 대해 다음과 같이 풀이되어 있다. "전이라는 것은 건너 전한다는 뜻이다. 경전의 뜻을 전달받아 후대인에게 전수해 주는 것이니 (『춘추좌씨전』은) 실로 성스러운 문장의 날개 역할을 하며 사실을 기록한 문장 중에 으뜸이다(傳者, 轉也. 轉受經旨, 以授於後, 實聖文之羽翮, 記籍之冠冕也)."

2 조익(趙翼), 『해여총고(陔餘叢考)』 권(卷)5, 「사기(史記)」 1: "한대의 이른바 전이란 모든 고서 및 경전 해설에 대한 명칭으로서 전적으로 한 사람에 관한 사실만을 서술한 것이 아니었다. 오로지 (한 사람에 관한) 사실을 서술하면서 사람마다 전을 설정하였던 것은 사마천의 『사기』에서 시작되었으며 반고의 『한서(漢書)』 이후에는 모두가 이에 따랐다(漢時所謂傳, 凡古書及說經皆名之, 非專以敍一人之事也, 其專以之敍事而人各一傳, 則自史遷始, 而班史以後皆因之)."

쓰고 있다. 이는 인물의 신분과 그의 업적에 따라 분류한 것으로, '열전'이란 명칭이 들어간 편명(篇名)에서는 주로 학자 · 정치가 · 유협(遊俠) · 의사 · 상공업자 등 사회 각계각층의 인물의 전기를 싣고 있으며, '본기'는 제왕(帝王) 등 최고 권력자의 전기를, '세가'는 봉건 제후국의 군주 혹은 개국공신과 이에 버금가는 인물의 전기를 다루고 있다.

사마천이 「열전」이란 항목을 설정한 목적은 단순히 한 특정 개인의 생애를 기록하여 역사에 남기려 했던 것이 아니다. 그것은 '본기' · '세가' · '표(表)'[3]에서 서술됐던 사건의 흐름과 '서(書)'[4]에 서술된 문화 전반의 변천을 제왕이나 제후가 아닌 일반 개인의 측면에서 설명하려는 데에 있었다.[5] 이러한 구성은 개인이 갖는 역사적인 행위에 주목하였다는 점에서 높이 평가되지만 제왕이 중심이고[6] 열전에 속한 개인은 주변이라는 이분법적인 구도를 형성하고 있어 그 한계를 드러낸다.[7]

『열녀전』은 바로 이러한 '열전'의 서술 정신에 입각하여 편찬된 것으로 주변 인물인 여성이라는 창을 통하여 역사를 가늠하고 정사(正史)에서 소홀히 다루었거나 빠뜨린 사실(史實)을 보완하려 하였다. 이러한 편찬 정신은 획기적인 것으로 후대에도 계속 이런 부류의 전기 모음집들이 편찬될 수 있게 한 선례를 남긴 것이다. 일례로 진(晉)나라 때에 황보

---

3 '표'란 연도별로 역사 사건을 일목요연하게 기록한 것으로 표의 격식으로 되어 있다.

4 '서'는 역대의 제도 · 천문 · 지리 · 예술 · 경제 등과 관련된 내용을 기록한 것이다.

5 이성규, 「사기(史記)의 역사 서술(歷史敍述)과 문사 일체(文史一體)」, p. 279.

6 중국 사학가인 고국항(高國抗)은 다음과 같이 논하고 있다. "사마천이 창립한 기전체는 인물을 사건 기록 과정에서 주체로 삼았으며 인물 또한 제왕을 중심으로 했던 바 이것이 곧 역사 편찬학 가운데서 '제왕 중심론'을 형성하였다." 고국항(高國抗), 『중국사학사』(풀빛. 1998), 오상훈 · 이개석 · 조병한 옮김, p. 151.

7 '열전'에는 「흉노열전(匈奴列傳)」 · 「조선열전(朝鮮列傳)」 · 「대완열전(大宛列傳)」 등 소수민족과 외국의 정황을 기록한 것도 있는데, 이는 한족(漢族) 중심의 중화사상(中華思想)에 기반을 둔 것으로 소수민족과 외국은 주변적인 위치에서만 중심인 한족과 상호 작용할 수 있다는 인식과 관련이 있는 것으로 보인다.

밀(皇甫謐)이 『고사전(高士傳)』을 편찬하게 된 동기를 보자.

> 고상한 선비는 제왕 정치에서 우선적으로 (고려해야 되는) 존재로 혼탁함을 걷어 내고 탐욕을 들추어 내는 역할을 한다. 사마천과 반고의 기록에는 대부분 빠졌거나 간략하게 서술되었고 …… (이에) 나는 고금 8대의 선비 중에 몸을 권력자에게 굽히지 않고 이름을 평생 훼손시키지 않은 자로 요(堯)임금 시대부터 위대(魏代)까지 대략 90여 명을 채록하였다.[8]

이 전기집은 재야의 은사(隱士)들의 전기를 모은 것으로 이 역시 정치무대에서 주변 인물인 은사를 통하여 제왕 정치의 역사를 재조명해 보고자 하였던 것이다.

그런데 『사기』에는 '열전'이라는 편명으로 된 여성의 전기가 없다. 반면에 '본기'와 '세가'의 편명으로 여성의 전기를 싣고 있는데 「여태후본기(呂太后本紀)」와 「외척세가(外戚世家)」가 그것이다. 「외척세가」는 여러 명의 황후와 그를 둘러싼 외척들의 행적을 서술한 것이며, 「여태후본기」는 황제에 버금가는 권력을 행사한 여태후의 행적과 그와 관련된 사건들을 기록한 것이다. 이 중 『열녀전』과 관련시켜 볼 때 「여태후본기」가 주목을 끈다. 『사기』의 체재 속에서 여태후라는 여성의 전기를 '본기'의 명칭으로 기록한 것은 상당한 의미를 지닌다.[9] 기존의 한(漢) 고조(高祖)의 아내로만 인정하려 하였던 시각과는 달리 그녀의 통치 행위를 인정해 제왕으로 본 것이기 때문이다. 이 전기는 역대 많은 논란을

---

8 『고사전(高士傳)』: "高讓之士, 王政所先, 厲濁激貪之務. 史·班之載, 多所闕略 …… 謐采古今八代之士, 身不屈於王公, 名不耗於終始, 自堯至魏, 凡九十餘人."

9 『사기』와 같은 체재에서는 한 인물의 전기가 어느 편명하에 기록되었느냐에 따라 그 인물에 대한 평가가 달라지기 때문이다. 예를 들어 공자(孔子)는 제후왕이 아닌데도 불구하고 「공자세가(孔子世家)」라는 편명으로 기록한 것은 사마천이 공자를 높이기 위한 특별 조치였다.

일으켰는데 그중 육조 시기의 비평서인 『문심조룡(文心雕龍)』을 보자. 역사서에서 여성이 제왕으로 기록된다는 것은 있을 수 없는 일이라고 신랄하게 비판하고 있다.

> (한나라의) 효혜제(孝惠帝)에 이르러서 국가 정무(政務)를 돌보지 않아 여후(呂后)가 섭정(攝政)을 하게 되었는데, 『사기(史記)』와 『한서(漢書)』에서는 '기(紀)'의 명칭으로 전기를 기술하였다. (이는) 경전의 교훈을 위배하고 사실에 부합되지 않는 것이다. 왜 그러한가? 복희씨(伏羲氏) 이래로 여황제에 관해 들어 본 적이 없기 때문이다. (그것은) 한(漢)나라가 직면한 운명으로 후대의 전범(典範)으로 삼기는 어렵다. "암탉이 새벽에 울어서는 안 된다"고 [주(周)나라의] 무왕(武王)이 우선적으로 맹세하였고, 여자는 국정에 참여할 수 없다고 제(齊)나라 환공(桓公)이 확실하게 (제후들과) 맹약하였다. 선후(宣后)가 진(秦)나라를 혼란스럽게 하였고 여후(呂后)는 한나라를 위험에 빠뜨렸다. (이에) 정사를 돌보는 일에서만은 여인에게 맡겨서는 안 될 일이요, 칭호 역시 반드시 신중하여야 한다. 장형(張衡)이 사서의 편찬을 맡았을 때 그 역시 사마천과 반고와 마찬가지로 잘못 판단하여 원제(元帝)의 왕후를 위하여 '기(紀)'의 명칭으로 전기를 서술하려 했으니 참으로 황당한 일이다.[10]

『사기』의 뒤를 이어 나온 반고(班固)의 『한서』에서도 여태후의 전기에 '기(紀)'라는 명칭을 넣고 있는데 이로 보아 한대가 다른 시대에 비하여 여성의 정치 활동에 대하여 적극적으로 인식하려 하였고 그에 상응

---

10 『문심조룡(文心雕龍)』「사전(史傳)」: "及孝惠委機, 呂后攝政, 班史立紀, 違經失實, 何則? 庖犧以來, 未聞女帝者也. 漢運所値, 難爲后法, 牝鷄無晨, 武王首誓. 婦無與國, 齊桓著盟. 宣后亂秦, 呂氏危漢, 豈唯政事難假, 亦名號宜愼矣. 張衡司史, 而惑同遷固, 元帝王后, 欲爲立紀, 謬亦甚矣."

하는 여성의 지위가 있었던 것이다. 『열녀전』이란 여성의 전기로 역사를 보완하고자 한 발상이 가능하였던 것은 바로 이러한 인식이 저변에 깔려 있었기 때문이었다. 『열녀전』의 직접적인 편찬 동기를 흔히 한대 성제(成帝, B.C. 52~B.C. 7) 때 외척인 왕씨(王氏)가 득세하고 조비연(趙飛燕) 자매를 비롯한 후비들이 황실을 어지럽혔기 때문이라고 설명한다. 한나라 황실의 왕족인 유향은 당시 어지러운 세태를 개탄하면서 나라의 기강과 안정이 부덕(婦德)과 밀접한 관련이 있다고 보고 『열녀전』을 편찬하게 된 것이라는 주장이다.[11] 그런데 여기서 정치의 흥망성패를 여성과 밀접하게 연관시켜 사유하고 여성이 갖추어야 할 부덕을 칭송하게 된 근본적인 배경은 당시 정치 무대에서 차지했던 여성의 역할을 적극적으로 인식하려 했던 데에서 찾아야 할 것이다.

그러나 정치 무대에서 중요하게 떠오른 여성의 역할에 대한 이러한 주목은 이전과는 또 다른 차원의 왜곡을 초래하고 만다. 「여태후본기」의 구체적인 내용을 살펴보면 국가 대사(國家大事)와 관련된 그녀의 정치 활동은 생략한 채, 여태후가 어떻게 한(漢) 종실(宗室)을 어지럽히고 공신(功臣)들을 핍박하며 전횡(專橫)을 행하였는지가 중점적으로 자세하게 서술되어 있다. 이러한 서술로 인하여 여성의 정치 활동의 긍정적인 측면이 부각되지 못하고 오히려 악랄하고 추악한 여성 군주의 전형적인 이미지만이 형성되었다.[12] 여태후의 추악한 면모가 가장 인상 깊게

11 『열녀전』의 편찬 동기에 대하여 언급한 기록으로는 『한서(漢書)』「초원왕전(楚元王傳)」을 비롯하여 송대(宋代) 증공(曾鞏)이 쓴 「고열녀전목록서(古列女傳目錄序)」, 청대(清代) 서세창(徐世昌)이 쓴 「대청기보열녀전자서(大清畿輔列女傳自序)」 등이 있다.

12 『사기』의 인물 전기는 단지 행적을 객관적으로 나열하며 기록하는 데 그치지 않고 문학적인 묘사로 인물의 이미지를 선명히 부각시키고 있어 문학적인 측면에서 역사 전기문학이라는 장르를 개척한 문헌으로 평가받는다. 그러나 『사기』에서 묘사된 전형적인 인물의 이미지는 그것이 문학서가 아닌 정통 역사서에 기록된 것이라는 점 때문에 쉽사리 사실로 고정되게 된다.

기술된 대목을 보자.

> 여태후는 고조가 미천했을 때 얻은 비(妃)이다. …… 고조가 한나라의 왕이 되자 정도(定陶) (출신인) 척희(戚姬)를 얻어 총애하였다. …… 여태후는 척부인(戚夫人)과 그의 아들인 조왕(趙王)을 가장 미워하여 곧 영항(永巷: 감옥)에 척부인을 가두고 …… 태후는 드디어 척부인의 손과 발을 자르고 눈알을 없앴으며 귀를 불로 지지고 벙어리가 되는 약을 마시게 하고서는 변소에서 살게 하였다. (그러한 그녀를) 사람 돼지라 불렀다. (그런 상태에서) 며칠을 살게 하고서는 효혜제(孝惠帝)를 불러 사람 돼지를 구경케 하였다. 효혜제가 보고서는 (무엇이냐고) 물어 그것이 척부인임을 알게 되자 대성통곡하였고 이로 인하여 병이 나 1년 이상 (자리에서) 일어나지 못하였다. 효혜제는 사람을 보내 태후에게 청하여 말하기를 "이것은 사람이 할 짓이 아닙니다. 저는 태후의 아들이니 천하를 다스릴 수 없습니다." 효혜제는 이 일 때문에 날마다 술을 마시고 방탕하게 되었으며 정사를 돌보지 않았다. 이에 병이 생기게 된 것이다.[13]

이 이야기는 사악한 여성 군주로서 여태후를 거론할 때 빼놓지 않고 등장한다. 사마천은 비록 여태후의 집정을 인정하고 그녀의 정치상의 업적을 칭송하였기 때문에 「여태후본기」의 논찬에서는 본문의 내용과는 달리 그녀의 치적(治績)을 칭송하였고,[14] 다른 편 속에도 그녀의 정치를 상당히 긍정적으로 기록하고는 있지만[15] 이러한 일련의 기록들은 단

---

13 『사기(史記)』 「여태후본기(呂太后本紀)」: "呂太后者, 高祖微時妃也 …… 及高祖爲漢王, 得定陶戚姬, 愛幸 …… 呂后最怨戚夫人及其子趙王, 迺令永巷, 囚戚夫人 …… 太后遂斷戚夫人手足, 去眼, 煇耳, 飲瘖藥, 使居厠中, 命曰人彘. 居數日, 迺召孝惠帝觀人彘. 孝惠見問, 迺知其戚夫人, 迺大哭, 因病, 歲餘不能起. 使人請太后曰: '此非人所爲. 臣爲太后子, 終不能治天下.' 孝惠以此日飲爲淫樂, 不聽政, 故有病也."

지 단편적으로 기록되어 있을 뿐더러 다른 주요 인물을 칭송하기 위한 설명 기제로서의 역할에 지나지 않는다. 따라서 그녀의 정치사에서의 업적은 「여태후본기」에서 집중적으로 상세하게 묘사된 그녀의 부정적인 이미지와 함께 논의될 수 없을 정도로 미약하다.

『사기』에서 보여지는 이러한 여성 전기의 서술 방법이 바로 『열녀전』으로 이어지게 된 것이다. 『열녀전』은 고대에서 일종의 역사서로 분류되지만[16] 역사적 사실을 객관적으로 기록하기보다는 전형적인 여성상을

---

14 『사기(史記)』「여태후본기(呂太后本紀)」: "나 태사공은 말한다. 효혜황제와 여태후의 시대에는 일반 서민들이 전국시대의 고통에서 벗어날 수 있게 되었고, 군신이 모두 인위적인 행위가 없는 상태에서 (편안히) 쉬고자 하였다. 이에 혜제는 팔짱을 끼고 아무 일도 하지 않았으며 여태후는 여성 군주로서 황제의 직권을 대행하였으나 행정 사무가 방안을 벗어나지 않았다. (이에) 천하가 태평하여 형벌은 거의 사용되지 않았고 죄인도 거의 없었다. 백성들이 농사에 전념할 수 있게 되니 의식이 점점 풍부해졌다(太史公曰: 孝惠皇帝·高后之時, 黎民得離戰國之苦, 君臣俱欲休息乎無爲, 故惠帝垂拱, 高后女主稱制, 政不出房戶, 天下晏然. 刑罰罕用, 罪人是希. 民務稼穡, 衣食滋殖)." 『사기』를 보면 한나라 초기에 행하여졌던 '무위정치(無爲政治)에 대하여 상당히 긍정적인 평가를 내리고 있는데, 이 결말 부분은 그러한 맥락의 연장선상에서 여태후가 행하였던 정치 업적만을 논평한 것에 불과하다.

15 「평준서(平準書)」에서는 여태후 집정시 임용한 소하(蘇何)와 조삼(曹參)이 경제 회복에 공을 세웠다는 기사 속에 부수적으로 기록되어 있고, 「한흥이래장상명신년표(漢興以來將相名臣年表)」에서는 경제 발전과 사회 안정에 힘쓴 여러 정책들이 간략히 나열되어 있다. 또한 「계포·난포열전(季布·欒布列傳)」과 「흉노열전(匈奴列傳)」에서는 흉노가 모욕적인 서신을 보내와 여태후를 노하게 해 전쟁을 일으키려 하였지만 계포(季布)의 충간(忠諫)을 받아들여 흉노와 화친(和親)하고 안정적인 사회를 유지하게 되었다는 서술이 있다.

16 고대에서 『열녀전』을 일종의 역사서로 보고는 있지만 정사(正史)에 들어가지 못하는 잡전(雜傳)으로 분류하고 있다. 역사서인 『수서(隋書)』「경적지(經籍志)」, 『구당서(舊唐書)』「경적지(經籍志)」, 『신당서(新唐書)』「예문지(藝文志)」 등을 보면 사실(史實)을 기록한 문헌 부류인 「사부(史部)」의 잡전(雜傳)에 『열녀전』이 포함되어 있다. 『수서(隋書)』「경적지(經籍志)」 잡전류(雜傳類) 서(序)에 다음과 같은 설명이 있다. "유향은 경서와 전적들을 교정하였는데, 처음으로 『열선전(列仙傳)』·『열사전(列士傳)』·『열녀전(列女傳)』을 편찬하였다. 모두 그 숭상한 바에 의거해 가벼이 쓰여진 것으로 정사(正史)에 들지는 못한다(劉向典校經籍, 始作『列仙』·『列士』·『列女』之傳, 皆因其志尙, 率爾而作, 不在正史)."

구축하는 데 주안점을 두었기 때문에 서사적인 요소가 정사보다 더 강하게 첨가되어 있다. 이에 대한 당대(唐代)의 역사가인 유지기(劉知幾)의 비판을 보자.

> (유향은)『홍범오행전』과『신서』·『설원』·『열녀전』·『신선전』등의 문장을 편찬하였는데 모두 광범위하게 허망된 일들을 늘어놓았고 대부분이 거짓된 말로 구성되어 있다.[17]

유지기는 한 예로『열녀전』의「변통전(辯通傳)·제종리춘(齊鐘離春)」편에서 종리춘이 형체를 감추는 마술을 부린 후 제나라 왕비가 됐다는 기술에 대하여 사리에 부합되지 않는 것이라고 비난한다.[18] 사실 이러한 허구적인 기술은 당시 이데올로기에 부합되는 선명한 여성 이미지를 극대화시키기 위한 일환으로, 이는『사기』에서 여태후의 추악한 이미지를 드러내기 위하여 채택한 일화와 그 곳에서 사용한 기술법과 동일선상에 있다고 보아야 할 것이다.[19]

---

17 『사통(史通)』「잡설(雜說)·별전(別傳)」: "造『洪範五行』及『新序』·『說苑』·『列女』·『神仙』諸傳, 而皆廣陳虛事, 多構僞辭."

18 『사통(史通)』「잡설(雜說)·별전(別傳)」: "宿瘤隱形, 干齊王而作后. 此則不附於物理者矣." 여기서 유지기는 숙류라고 했는데 이는 잘못 기록된 것이다.『열녀전』에서는 숙류가 아니라 종리춘이 형체를 감추는 마술을 부린 것으로 되어 있다.

19 좀더 근본적으로 말하자면 이러한 허구적인 서술 방식은 고대 중국 역대의 역사 기술 방식 자체와 밀접한 관련이 있다고 볼 수 있다. 선행 역사서인『좌전(左傳)』·『국어(國語)』·『전국책(戰國策)』·『사기(史記)』등을 보면 객관적인 사실 기록을 기본으로 하고 있지만 신화·전설·민담 등도 채택하여 역사화시키고 있는데, 특히 정치가·학자·관리에 이르는 다양한 인물들의 일생을 다룬『사기』의 '열전' 부분을 보면 종종 구전(口傳)에 근거한 것으로 보이는 일화나 소설적인 내용이 많다. 반 데어 룬,「중국 고대 사학(史學) 이론의 성장」,『중국의 역사 인식(상)』(창작과비평사. 1993), 민두기 엮음, 최희재 옮김, p. 99. 이러한 현상은 고대 중국인의 역사 인식 방법과 그로 인한 서술의 독특성에서 기인한 것이다.『사기』의 인물 전기에 입증할 수 없는 일화가 기록되고 재구성된 것은 당시인의 관념을 반영할 수 있고 이를 통하여 역사를 설명할 수 있다고

『열녀전』은 전형적인 여성상 구축을 통하여 남성 중심의 역사를 보완하고자 했고 그 곳에서 '역사적 교훈'이라는 명목으로 남성을 일깨우고 여성을 통제하고자 하였던 것이다. 이러한 의도는 당시를 비롯하여 후대에 상당한 호응을 일으켰던 것으로 보인다. 후대 범엽(范曄)의 『후한서(後漢書)』를 시작으로 정사에 「열녀전」이라는 항목이 추가 설정된 것이 이를 대변한다. 원(元)의 탈탈(脫脫) 등이 편찬한 『금사(金史)』「열녀전(列女傳) · 서(序)」에 다음과 같은 기록이 있다.

> 한나라 성제 때 유향이 처음으로 삼대(三代)의 현명한 왕비 · 숙녀들과 음탕하고 사악한 (여인들), 그리고 흥망성쇠하게 되는 까닭을 논함에 유형별로 나누어 놓고 『열녀전』이라 칭하였다. 이로써 풍간(諷諫)하려 했던 것이다. 범엽이 처음으로 『후한서(後漢書)』에 그러한 열녀전을 싣기 시작하였다.[20]

이렇듯 『열녀전』이 역사이면서 서사인 '전'의 서술 정신과 방법에 의하여 여성에 관한 기록을 정리 편찬한 것은 당시 여성에 대한 인식을 통제하고자 하였던 것이며, 이는 후대 역사 서술의 새로운 장을 열게 한 획기적인 시도였던 것이다.[21]

---

보았기 때문이다. 이에 대하여 이성규(李成珪)는 다음과 같이 논하고 있다. "비록 입증할 수 없는 소문이나 허구일지라도 제법 논리적인 가능성도 높을 뿐 아니라 커다란 정치 변화에 대한 당시인의 태도와 감정이 생생하게 반영된 이 이야기가 오히려 역사적 진실을 이해하는 데 도움이 된다고 판단하였기 때문에 이용하였던 것 같다. 그러므로 필자는 이것을 사마천의 결함이라고 생각하기보다는 오히려 지나친 증거 위주의 한계를 문학적으로 극복한 사마천의 장점으로 평가하고 싶다."(「사기(史記)의 역사 서술(歷史敍述)과 문사 일체(文史一體)」, 『중국의 역사 인식(상)』(창작과 비평사. 1993), 민두기 엮음, pp. 296-9.

20 『금사(金史)』「열녀전(列女傳) · 서(序)」: "漢成帝時, 劉向始述三代賢妃淑女, 及淫泆奢僭, 興亡盛衰之所由, 滙分類別, 號『列女傳』, 因以諷諫, 范曄始載之漢史."

## 3. 여성 전기화의 양상

『열녀전』의 편찬자인 유향은 서한 시기의 중요한 목록학자로 황실 전용 도서관을 관장하는 직책을 맡아 황궁에 비장된 서책을 교감 · 정리 · 분류하였다. 지금 전해지는 전적(典籍)들 중 그의 손을 거친 것이 상당수에 이르는데, 『열녀전』은 이러한 교감의 연장선상에서 편찬된 것이다.

『열녀전』에 기록된 전기의 내용들 대부분은 한대와 그 이전 시대에 편찬된 전적(典籍)에서 쉽게 찾아볼 수 있다.[22] 혹은 사상서의 우언(寓言)[23] 속에, 혹은 역사서의 사건 기록 속에 실려 있던 여성들이 한 편의 전기로 재구성된 것이다. 그런데 지금으로선 유향이 어떤 문헌을 참고

---

21 중국 학자인 오수평(吳樹平)도 이 점에 대하여 강조하고 있다. "지금까지 알고 있는 것으로는 유향의 『열녀전』이 부녀의 행적을 전문적으로 실은 첫 번째 역사 전기이다. …… 유향이 『열녀전』을 찬술한 목적은 역사로써 경계를 삼고자 했으며 동시에 부덕의 선악에 대한 기준을 제시하려는 데 있다. 이 또한 역사학 편찬법상 선례를 개척한 것이다(劉向『列女傳』是今天所知道的第一部專載婦女行迹的歷史傳記 …… 劉向『列女傳』之作, 目的在於以史爲誡, 同時也提出了婦德善惡的標準, 又從史學編纂上開拓了先例)." 吳樹平, 「紀傳體史書中『列女傳』創始考」, 『中國史硏究』(北京: 中國社會科學出版社. 1987年 4期), p. 147.

22 관련 문헌들을 보면, 역사 산문(歷史散文)으로 분류되는 『상서(尙書)』 · 『좌전(左傳)』 · 『국어(國語)』 · 『전국책(戰國策)』 · 『사기(史記)』와 제자산문(諸子散文)으로 분류되는 『장자(莊子)』 · 『논어(論語)』 · 『묵자(墨子)』 · 『맹자(孟子)』 · 『순자(荀子)』 · 『한비자(韓非子)』 · 『관자(管子)』 · 『여씨춘추(呂氏春秋)』 · 『회남자(淮南子)』가 있으며, 그 밖에 한 인물의 일화나 이야기가 기록되어 있는 『안자춘추(晏子春秋)』 · 『한시외전(韓詩外傳)』 · 『예기(禮記)』 · 『신서(新序)』 · 『설원(說苑)』 등이 있으며, 시를 모아 놓은 『모시(毛詩)』, 예의범절을 설명한 『의례(儀禮)』 · 『대대례(大戴禮)』, 『춘추(春秋)』 경전을 해석한 『곡량전(穀梁傳)』과 『공양전(公羊傳)』 · 『주역(周易)』 등이 있다. 이외에도 관련된 문헌은 더 있을 것으로 보이며 아직 몇 편의 전기는 관련 문헌을 고증해 내지 못하고 있다. 『열녀전』과 관련된 문헌은 시모미 타카오(下見隆雄)의 『劉向「列女傳」の硏究』, 「傳の型式分類 · 關連文獻表」와 Lisa Raphals, *Sharing the Light*(Albany: State University of New York Press. 1998. p. 283)의 부록을 참고.

23 중국 고대 사상서에는 우언(寓言)이라는 형태의 이야기들이 실려 있는데, 우언이란 권유나 풍자의 의미를 기탁한 각종 이야기로 어떤 사상에 대하여 의론(議論)하는 가운데

하여 재구성한 것인지가 불분명하다. 편찬자가 기존 자료에서 인물의 언행에 관한 기록을 취사선택할 때 글자 하나에서부터 전달하고자 하는 이념에 맞게 재조정하였을 것으로 사료되지만 참조 자료가 불분명한 상태에서는 어느 정도의 가감이 가해졌는지 가늠할 수가 없다. 또 한편으로는 편찬자가 참고하였을 법한 문헌 자료들을 추적해 낼 수는 있지만 중국 고대 문헌 자료 자체에 상당히 복잡한 문제들이 내포되어 있어 이 역시 쉽지 않다.

첫 번째로 한 인물에 관한 기록이 비슷한 시기의 여러 문헌에서 동시에 출현하고 있는데 그 문헌들간의 제작 선후를 판가름하기가 어렵다. 한대 이전의 고대 문헌이라고 여겨지는 것들 대부분은 한 사람의 작품이 아니라 여러 사람들에 의한 합작품인 경우가 많으며 아울러 한 시대의 저작이 아니라 각 시대를 거쳐 수정 · 보완된 경우가 적지 않다.

두 번째로 유향은 한대에 전해 오는 문헌들을 교감하여 정리하였기 때문에 그의 손에 많은 자료들이 수정 · 보완되는 과정에서 아마도 『열녀전』의 편찬과 더불어 다른 문헌의 기록들이 그에 의하여 각색됐을 가능성이 크다.

세 번째로 『열녀전』의 일부 이야기는 그 관련 문헌을 찾을 수 없는데 이로 미루어 유향 당시 참고하였던 문헌이 지금은 실전(失傳)된 것 또한 상당히 많을 것으로 추정된다. 이런 상황에서 『열녀전』의 전기 내용이 어떤 문헌에서 발췌되어 재구성됐는지 판단하기가 힘들다. 일례로 제나라 사람 서오라는 가난한 여인의 전기인 「변통전(辯通傳) · 제녀서오(齊女徐吾)」를 분석해 보자.

이 전기는 서오가 이웃과 함께 밤에 길쌈하는데 매번 불을 밝혀 줄 초

---

논증의 한 예로 삽입된 것을 말한다. 이에 대해서는 진포청(陳蒲淸), 『우언문학이론(寓言文學理論): 역사와 응용(歷史與應用)』(臺北: 駱駝出版社, 1992), pp. 1-21 참조.

를 대지 못해 이웃 여인들의 질책을 받자 자신의 입장을 조리 있게 설명하여 그들을 설득한다라는 일화로 구성되어 있다. 이 일화는 『열녀전』보다 이른 시기에 편찬된 『전국책』[24]과 『사기』「저리자감무열전(樗里子甘茂列傳)」[25]에도 실려 있는데 이 두 문헌에서는 진(秦)나라 감무라는 사람이 자신의 입장을 설명하기 위하여 예로 든 우언이었다. 이에 당대(唐代) 사학가인 유지기는 유향이 사상을 설명하기 위하여 삽입한 우언 속의 가공 인물을 실존 인물인 것처럼 전기를 쓴 것은 황당한 일이라고 비판한다.[26] 우언에서는 그녀가 어느 나라 사람인지 또 이름이 무엇인지에 대하여 언급이 없는데 『열녀전』에서는 제(齊)나라의 여인으로 이름은 서오(徐吾)이며 제나라 동쪽 바닷가에 산다라고 되어 있다는 것이다. 그러나 유지기의 이와 같은 지적으로 유향이 가공 인물을 전기화하였다고 단정짓기에는 무리가 있다. 유향이 우언의 기록을 참고한 것이 아니라 또 다른 전승 자료를 보고 정리하였을 수도 있으며, 또한 이 우언이 감무가 자신의 뜻을 전달하기 위하여 창작한 것이 아니라 당시 전해지던 설화 혹은 실존하였던 인물의 기록을 우언으로 삼았을 가능성 역시 배제할 수 없기 때문이다. 대부분의 우언은 신화 · 전설 · 민담 혹은 역사에

---

24 『전국책(戰國策)』「진(秦) 이(二)」: "甘茂亡秦, 且之齊, 出關遇蘇子, 曰: '君聞夫江上之處女乎?' 蘇子曰: '不聞.' 曰: '夫江上之處女, 有家貧而無燭者, 處女相與語, 欲去之. 家貧無燭者將去矣, 謂處女曰: '妾以無燭, 故常先至, 掃室布席. 何愛餘明之照四壁者? 幸以賜妾, 何妨於處女? 妾自以有益於處女, 何爲去我?' 處女相語以爲然, 而留之. 今臣不肖, 棄逐於秦而出關, 願爲足下掃室布席, 幸無我逐也.' 蘇子曰: '善. 請重公於齊.'"

25 『사기(史記)』·「저리자감무열전(樗里子甘茂列傳)」: "甘茂之亡秦奔齊, 逢蘇代. 代爲齊使於秦. 甘茂曰: '臣得罪於秦, 懼而遯逃, 無所容跡. 臣聞貧人女與富人女會績, 貧人女曰: '我無以買燭, 而子之燭光幸有餘, 子可分我餘光, 無損子明而得一斯便焉.' 今臣困而君方使秦而當路矣. 茂之妻子在焉, 願君以餘光振之.' 蘇代許諾."

26 『사통(史通)』「잡설(雜說) 하(下) · 별전(別傳)」: "甘茂謂蘇代云: '貧人女與富人女會績, 曰: 無以買燭, 而子之光有餘, 子可分我餘光, 無損子明.' 此並戰國之時, 游說之士, 寓言設理, 以相比興. 及向之著書也, 乃用蘇氏之說, 爲二婦人立傳, 定其邦國, 加其姓氏, 以彼烏有, 持爲指實, 何其妄哉!"

나오는 인물 전기 등을 편찬자의 철학 혹은 정치사상에 맞게 각색하여 독특한 의미를 지니게 한다. 따라서 우언 속의 인물이 가공 인물인지의 여부는 사실상 쉽게 판단되는 것이 아니다.

또 한 가지 주의를 기울여야 할 것은 『열녀전』이 전사(傳寫)되는 과정에서 여러 차례 수정되고 보완되었다는 점이다. 『열녀전』이 편찬된 후 동한(東漢) 시기의 학자들에게 중요시되면서 반소(班昭)와 마융(馬融)에 의하여 주석(註釋)본이 편찬되었다.[27] 지금 이들 주석본은 실전(失傳)된 상태이다. 북송(北宋) 시기에 이르러 『열녀전』이 대대적으로 주목받으면서 대폭 수정·정리되는데 이 때 후인(後人)이 편찬한 「속열녀전(續列女傳)」과 함께 한 권으로 엮이면서 『고열녀전(古列女傳)』이란 서명(書名)이 붙게 된다. 이를 기초로 남송(南宋) 시기에 다시 개편되는데 이것이 지금 전해지는 여러 판본들의 근간이 된 것이다. 따라서 유향이 편찬하였던 당시 본래의 모습은 지금으로선 고찰해 볼 수가 없다.[28]

이상의 문제점을 감안하면서 이 글에서는 『열녀전』에서 사용한 몇 가지의 서술 양식을 중심으로 관련 문헌과의 서술상의 차이를 비교해 보고자 한다.

먼저 『열녀전』의 기본적인 서술 양식에 대하여 살펴보자. 맨 앞부분에서는 인물이 역사 기록에 있는 사람이면 성명과 그의 가족 관계를 열거하고 설화적인 인물이면서 성명과 가족 관계가 불분명한 경우는 그 인물이 어디에서 무슨 일을 하는 사람이다 정도로 간략히 소개한다. 서술하는 과정에서는 대부분 당시 혹은 이전부터 권위 있는 인사를 상징

---

27 이에 관한 기록은 『수서(隋書)』「경적지(經籍志)」와 『후한서(後漢書)』「마융전(馬融傳)」에 보인다.

28 판본(板本)에 관한 자세한 내용은 시모미 타카오(下見隆雄), 『'列女傳'注釋及び解說 I』(廣島大學文學部. 1987. pp. 19-36)과 우쾌제, 「조선시대 가정소설의 형성요인 연구: '열녀전(列女傳)'의 전래와 수용을 중심으로」(고려대학교 대학원 국어국문학과 박사학위 논문. 1986), pp. 47-78 참조.

하는 '군자(君子)'의 논평을 인용하고 '시(詩)'를 논거(論據)로 삼아 서술을 객관화시키고 있다. '군자'의 말로 논평하는 것은 이미 『좌전』·『국어』 등에서 흔히 등장하는 서술 방식이며, '시'를 논거로 삼는 것 역시 『논어(論語)』·『묵자(墨子)』를 비롯하여 『회남자(淮南子)』에 이르기까지 오랜 기간 동안 사용되어 오던 서술상의 관습이다. 여기서의 '시'는 거의 대부분이 『시경(詩經)』에 기록되어 있는 시를 말하는데, 이는 선진(先秦) 시대부터 『시경』이 지식인들 사이에 하나의 정전(正典)으로서 존중받고 있었기 때문이다. 『열녀전』은 경우에 따라서 이전 문헌에 나오는 이야기를 채록하면서 그 곳에 인용된 '군자'의 논평 혹은 시를 그대로 인용하기도 한다.

『열녀전』의 결말 부분에는 시 형식인 '송(頌)'이 있는데, 이는 편찬자가 전기의 내용을 총결하면서 인물을 논평한 것이다. 『한서(漢書)』의 「예문지(藝文志)」를 보면 "유향이 편찬한 67편은 『신서(新序)』·『설원(說苑)』·『세설(世說)』·『열녀전송도(列女傳頌圖)』이다"[29]라고 되어 있는데 여기서 『열녀전송도』로 책명이 되어 있는 것으로 보아 '송' 부분이 따로 설정되어 있었던 것으로 추정된다. 『숭문총목(崇文總目)』의 기록에서도 『열녀전』은 모두 8편으로 되어 있고 그중 제8편이 '전송(傳頌)'이다[30]라고 되어 있어 이 설을 뒷받침한다. 이러한 '송'은 일종의 결말 논평이라고 할 수 있는데 이는 '전'이란 장르의 독특한 특성 중의 하나로 이미 『사기』에서 사용되기 시작하였다. 『사기』의 각 편에는 '태사

---

29 『한서(漢書)』「예문지(藝文志)」: "劉向所序六十七編, 『新序』·『說苑』·『世說』·『列女傳頌圖』也."

30 『숭문총목(崇文總目)』: "『고열녀전』은 유향이 편찬한 것으로 후한 시기 반씨가 주를 달았다. 유향이 지은 『열녀전』 8편은 제1편이 모의, 2편이 현명, 3편이 인지, 4편이 정순, 5편이 절의, 6편이 변통, 7편이 얼폐, 8편이 전송으로 되어 있다(『古列女傳』, 劉向撰, 後漢班氏注. 按向作『列女傳』八篇, 一日母儀, 二日賢明, 三日仁智, 四日貞順, 五日節義, 六日辯通, 七日孼嬖, 八日傳頌)."

공이 말하기를(太史公曰)'이라는 말로 시작되는 논평이 있는데, 이 논평은 첫머리나 중간에 위치한 경우도 있지만 대부분은 각 편의 끝 부분에 놓여 있다. 이는 사마천 자신의 비평이 첨가된 것으로 후대 정사(正史) 대부분이 이것의 영향을 받아 '사신이 가로되(史臣曰)', 혹은 '찬양하여 가로되(贊曰)', 혹은 '비판해 가로되(論曰)' 등의 논찬(論贊)이 있게 된다.[31]

『열녀전』을 보면 대부분 일화를 중심으로 기술되어 있는데 이 역시 『좌전』·『국어』·『사기』 등의 역사서를 비롯해 사상서에서 흔히 보이는 서술 방식이다. 일화의 사용은 전형적인 한 인물을 부각시키고 생생한 모습을 전달하는 데 유용하기 때문일 것이다. 『열녀전』의 일화 상당수는 기존 문헌의 기록과 거의 일치한다. 그중 대표적인 몇 개의 일화를 통해 『열녀전』과 관련 문헌 사이에 보이는 서술상의 차이를 살펴보자.

『열녀전』의 「현명전(賢明傳)·제상어처(齊相御妻)」는 제나라의 명재상인 안영(晏嬰)의 마부의 처에 관한 이야기를 전기화한 것이다. 이 일화는 『안자춘추(晏子春秋)』[32]의 「내편잡상(內篇雜上)」과 『사기』의 「관안열전(管晏列傳)」 등에 거의 같은 내용으로 실려 있다. 『안자춘추』에 실려 있는 내용을 보자.

> 안자가 제나라 재상이었을 때였다. 재상이 외출하려 하자 마부의 처가 문틈으로 그 남편이 재상의 마부 일을 하는 것을 몰래 관찰하였다. 큰

---

31 이에 대해서는 양련승(楊聯陞) 저, 이개석(李玠奭) 옮김, 『정사 찬수(正史纂修)의 구조』, p. 184와 가쓰치 노부유키(加地伸行), 「사마천(司馬遷)의 세계」, 『중국의 역사 인식(상)』(창작과비평사. 1993), 민두기 엮음, pp. 262-3 참조.

32 『안자춘추』는 춘추시대 유명한 재상이었던 제나라 안영(?~B.C. 500)의 생애와 그와 관련된 이야기들을 엮어 놓은 것으로, 작자는 미상이다. 전부 188개의 이야기들이 기록되어 있는데, 이야기들은 전부 안영을 중심으로 연결되어 있으며 그의 이미지를 형성하기 위하여 각색되어 있다.

> 수레 덮개를 씌우고 네 필의 말을 채찍질하며 의기양양해하는 것이 상당히 득의에 찬 모습이었다. (남편이) 일을 마치고 귀가하자 그의 처가 헤어지자고 한다. 남편이 그 이유를 물어보자 그의 처가 말하기를, "안자는 키가 6척도 안 되지만 제나라의 재상으로 그 이름이 제후들 사이에 유명합니다. 지금 제가 그분이 외출하는 모습을 살펴보니 품은 뜻이 깊으신데도 항상 스스로를 낮추고 계십니다. 그런데 당신은 8척이나 되나 겨우 남의 마부이면서 자만하니 이 때문에 제가 떠나려 하는 겁니다"라고 했다. 그 후 남편은 스스로 절제하고 겸손해졌다. 안자가 (달라진 마부의 모습을) 이상히 여겨 물어보니 마부는 있었던 일을 모두 말해 주었다. (이에) 안자는 그를 추천하여 대부(大夫)가 되게 하였다.[33]

이 일화는 마부를 대부가 되게 추천한 안영의 능력과 안목에 초점이 맞춰져 있다. 당시의 신분 질서에서 보면 마부가 대부가 된다는 것은 거의 불가능한 일로,[34] 이 일화는 허구일 가능성이 짙다. 그러나 재상인 안영이 불가능한 일을 가능하게 한 능력을 갖췄고 또한 남다른 안목으로 출신 성분을 가리지 않고 인재를 적극적으로 등용한 인물임을 부각시킬 수 있었기 때문에 이 일화가 기록된 것으로 보인다. 『사기』에서 안영의 전기에 이 일화를 채록하고 있는 것도 같은 맥락에서이다.[35] 이러한 일화

---

33 『안자춘추(晏子春秋)』「내편잡상(內篇雜上)」: "晏子爲齊相. 相出, 其御之妻, 從門閑而闚其夫爲相御, 擁大蓋, 策駟馬, 意氣揚揚, 甚自得也. 既而歸, 其妻請去. 夫問其故, 妻曰: '晏子長不滿六尺, 身相齊國, 名顯諸侯, 今者妾觀其出, 志念深矣, 常有以自下者. 今子長八尺, 乃爲人僕御. 然子之意, 自以爲足. 妾是以求去也.' 其后夫自抑損, 晏子怪而問之. 御以實對. 晏子薦以爲大夫."

34 이성규, 「사기(史記)의 역사 서술과 문사 일체(文史一體)」, 『중국의 역사 인식(상)』(창작과비평사. 1993), 민두기 엮음, p. 296.

35 『사기』를 보면 안영의 전기는 간단한 인물 소개와 2개의 일화로 구성되어 있는데, 그중 하나가 바로 마부의 처에 관한 기록이다. 앞의 일화에서는 노예로 전락한 월석보(越石父)라는 현인을 안영이 뛰어난 안목으로 알아본 후 그를 존대하고 스스로 겸손해 하는

에서 여성은 단지 안영의 이미지를 드러내기 위하여 설정되어 있을 뿐이다. 마부의 처가 이혼을 요구하면서 말한 대목에서는 그녀의 입을 빌어 안영의 용모와 기풍을 설명하고 있음이 역력하다. 이렇듯 안영의 인물됨을 묘사하고자 설정된 그녀의 언행은 『열녀전』에서 남편을 일깨우기 위한 현명한 처사로 각색된다. 「현명전(賢明傳)」 중에 「제상어처(齊相御妻)」라는 편명으로 실린 내용을 보자.

> [제상어처(齊相御妻)는] 제나라 안자의 마부의 처로, 명부(命婦)[36]로 불린다. 안자가 외출하려 하자 명부가 남편이 마부 일을 하는 것을 몰래 관찰하였다. 큰 수레 덮개를 씌우고 네 필의 말을 채찍질하며 의기양양해 하는 것이 상당히 득의에 찬 모습이었다. (남편이) 귀가하자 그의 처가 "맞는 말이군요! 당신을 비천하다고 한 말이"라고 말한다. 남편이 "왜 그러시오?"라고 묻자 처가 말하기를, "안자는 키가 6척도 안 되지만 제나라의 재상으로 그 이름은 제후들 사이에 유명합니다. 지금 제가 문틈으로 그분의 기품을 살펴보니 스스로를 겸손하게 낮추고 사려가 깊으십니다. 그런데 당신은 8척이나 되나 겨우 남의 마부일 뿐인데 당신이 의기양양해하는 것이 (무척이나) 자만해 보입니다. 저는 이 때문에 떠나려 하는 겁니다"라고 했다. (이에) 남편은 잘못을 인정하면서 말하기를 "내 고치고자 하니 어떻게 하면 좋겠소?"라고 하니 처가 "8척이나 되는 몸에다가

---

모습을 그려 내고 있다. 『사기』에서는 이 두 일화를 통하여 안영이 갖춘 명재상의 면모를 단적으로 보여주고 있다. 『사기(史記)』 「관안열전(管晏列傳)」에서 마부의 처에 관한 부분은 다음과 같다: "晏子爲齊相, 出. 其御之妻, 從門閒而闚其夫. 其夫爲相御, 擁大蓋, 策駟馬, 意氣揚揚, 甚自得也. 旣而歸, 其妻請去. 夫問其故, 妻曰: '晏子長不滿六尺, 身相齊國, 名顯諸侯, 今者妾觀其出, 志念深矣, 常有以自下者. 今子長八尺, 乃爲人僕御. 然子之意, 自以爲足. 妾是以求去也'. 其後夫自抑損, 晏子怪而問之. 御以實對. 晏子薦以爲大夫."

36 대부(大夫)의 부인을 이르는 말이다.

안자의 지혜를 갖추면 됩니다. 인의(仁義)를 몸소 행하고 현명한 군주를 섬기면 당신의 이름은 반드시 알려질 것입니다. 또한 의로운 행위를 영광스럽게 여기다 천하게 되는 것이 낫지 허영과 교만으로 귀하게 되지는 말아야 한다고 저는 들었습니다"라고 답하였다. 이에 그 남편은 비로소 깊이 반성하고 도리를 배워 겸손해지고자 하였으며 항상 (자신을) 부족한 사람인 양 표현하였다. 안자가 (달라진 마부의 모습을) 이상히 여겨 그 연유를 물어보니 (마부는) 있었던 일을 모두 말해 주었다. 이에 안자는 그가 선한 충고를 받아들여 스스로 고칠 줄 안다라고 높이 평가한다. (그를) 경공(景公)에게 추천하여 대부(大夫)가 되게 하였고 그의 처를 표창하여 명부가 되게 하였다. 군자가 말하기를 "명부는 지혜롭고 선량하구나"라고 하였다. 그러므로 현명한 사람이 되는 길은 그의 도를 넓히는 데 있는데 (이는) 비단 스승 · 친구와 더불어 갈고 닦아질 뿐만 아니라 배우자 역시 큰 역할을 담당한다. 『시경』에서 이르기를 "높은 산을 바라보고 대로(大路)를 따라 건네"라고 하였는데 이는 마땅히 선을 행하고자 항상 노력하여야 함을 말한 것이다.

칭송하여 말한다.

제나라 재상의 마부의 처는 남편을 바른 도리로 일깨웠네.

교만과 겸손에 대하여 설명하니 겸손해져 스스로 본받네.

남편은 행실을 고치고 배움이 그치지 않네.

안자가 그를 높이니 군자의 대열에 올랐네.[37]

---

37 『열녀전(列女傳)』「현명전(賢明傳) · 제상어처(齊相御妻)」: "齊相晏子僕御之妻也, 號曰命婦. 晏子將出, 命婦窺其夫爲相御, 擁大蓋, 策駟馬, 意氣洋洋, 甚自得也. 既歸, 其妻曰: '宜矣! 子之卑且賤也.' 夫曰: '何也？' 妻曰: '晏子長不滿六尺, 身相齊國, 名顯諸侯. 今者吾從門間觀其志氣, 恂恂自下, 思念深矣. 今子身長八尺, 乃爲之僕御耳, 然子之意洋洋若自足者. 妾是以去也.' 其夫謝曰: '請自改, 何如?' 妻曰: '是懷晏子之智, 而加以八尺之長也. 夫躬仁義, 事明主, 其名必揚矣. 且吾聞寧榮於義而賤, 不虛驕以貴.' 於是其夫乃深自責, 學道謙遜, 常若不足. 晏子怪而問其故, 具以實對. 於是晏子賢其能納善自改, 升諸

여기서 그녀는 『안자춘추』와 『사기』에서처럼 남편을 꾸짖는 데서 그치지 않고 회개하고자 하는 남편에게 지혜를 갖추고 인의(仁義)를 행하여야 한다고 일깨워 주고 있다. 군자의 말과 결말 논평은 이러한 현명한 여인의 이미지를 더욱 부각시킨다.

[그림 1] 『고열녀전(古列女傳)』에 실린 제나라 재상의 마부의 처.

다음으로 역사서에 기록된 여성에 관한 기록이 전기로 재구성된 경우를 살펴보자. 『좌전』·『국어』·『전국책』·『사기』에는 여성 관련 기록이 상당수 보인다. 이러한 역사서들은 객관적인 사실(史實) 기록을 기본으로 하고 있지만 신화·전설·민담 등도 채택하여 역사화시키고 있으며 기록 중 대부분은 편찬자의 이념으로 각색·편집되어 있다. 특히 역사적 인물의 이미지가 독특하게 구성되어 있으며 역사를 기술하기 전에 인물에 대하여 이미 도덕적으로 군자(君子)·소인(小人), 혹은 정치적으로 실권을 장악한 패자(霸者)[38] 등으

---

景公, 以爲大夫, 顯其妻以爲命婦. 君子謂: '命婦知善.' 故賢人之所以成者, 其道博矣, 非特師傅朋友相與切磋也, 妃匹亦居多焉. 詩曰: '高山仰止, 景行行止.' 言當常嚮爲其善也. 頌曰: 齊相御妻, 匡夫以道. 明言驕恭, 恂恂自效. 夫改易行, 學問靡已. 晏子升之, 列於君子."

38 패자(霸者)는 춘추시대 강력한 정치적·군사적 세력을 지닌 제후를 말한다. 봉건제도를 실시하고 있었던 주(周)나라 왕실이 동천(東遷)한 후 왕권(王權)이 미약해지면서 중앙과 지방이 그 균형을 잃어 통일 상태가 점차 붕괴될 위험에 처해지게 되는데 이 때 패

로 평가를 내린 상태에서 그 인물에 관한 모든 사건들이 각색되어 있다. 이런 상황에서 여성에 관한 기록들은 대다수가 주변 인물로 설정되어 한 남성에 대한 역사적 평가를 설명하여 주는 역할을 담당한다. 예를 들어 보자.

진(晉)나라 문공(文公)은 고대 중국 역사에서 중요하게 거론되는 인물로 특히 『좌전』에서 표출해 내고 있는 패도(覇道)[39] 이데올로기에 의하여 각색된 대표적인 인물 중의 한 사람이다. 문공은 부친인 헌공(獻公)에게 쫓겨나 적(狄)→위(衛)→제(齊)→조(曹)→송(宋)→정(鄭)→초(楚)→진(秦)나라를 거쳐 다시 그의 본국인 진(晉)나라로 돌아가 회공(懷公)을 살해하고 즉위한다. 『좌전』에는 그의 주변 인물들과 얽힌 사건들이 많이 기록되어 있는데, 그중 여성에 관한 기록으로 주목할 만한 것이 그의 부인 제강(齊姜)에 대한 이야기다. 제강은 당시 중이(重耳: 문공의 이름)[40]가 제나라에 몸을 피하고 있었을 때 그를 설득하여 다시 진나라로 돌아가 임금이 되게 한 여성으로 기록되어 있다. 그녀가 등장하는 부분을 보자.

---

자는 주 왕실의 정통(正統)을 유지시킨다는 명목하에 강력한 실권을 장악한다.

39 패도(覇道)란 패자가 행하는 도(道)를 이른다. 『좌전』의 편찬자는 제나라 환공(桓公), 진나라 문공(文公) 등 패자를 덕(德)과 예(禮)를 갖춘 영웅으로 칭송하고 그들의 무력행사를 무례(無禮)한 자와 제후국에 대한 응징으로 합리화하여 상세히 기록하고 있다. 박성진(朴晟鎭), 『《좌전》의 문학 가치 연구(《左傳》文學價值硏究』)(北京師範大學 博士論文. 1998), pp. 31-3 참조. 유가적인 측면에서 패도(覇道)에 대해 논의된 것 중에 맹자(孟子)와 순자(荀子)의 견해가 중요한데, 맹자는 먼저 패자란 "인자함으로 가장하여 무력을 행사하는 자(以力假仁者)"(『맹자』「공손추(公孫丑)」)로 보고 패도에 의한 정치는 "군주의 이기적인 욕망을 인(仁)으로 가장하여, 기층민을 무력으로 굴복시키는 '힘의 정치(力治: power politics)'로 귀결되는" 것으로 보나, 순자는 패자를 "법을 중시하고 백성을 아끼는 자(重法愛民而覇)"(『순자』「대략(大略)」)로 보고 패도 정치를 " '백성에 대한 사랑(愛民)', '성실성(端誠)'과 '신뢰성(信全)' 등이 고루 갖추어진 왕도(王道)에 버금가는 차선책으로" 보고 있다. 이승환, 『유가사상의 사회철학적 재조명』(고려대학교출판부. 1998), pp. 292-4.

40 문공은 즉위 전에 공자(公子) 중이(重耳)라고 기록되어 있다.

(공자 중이가) 제나라에 오니 제나라 (군주인) 환공이 그를 사위로 삼고 말 80필을 갖게 하였다. 공자는 그 곳에 안주하려 하나 (그를) 따르는 자들은 그래서는 안 된다고 여겼다. (그들은 공자와) 떠나려고 뽕나무 아래에서 모의를 하게 됐는데 (이를) 그 위에서 누에를 치던 하녀가 듣고서는 (그의 부인인) 강씨에게 고해바쳤다. (그러나) 강씨는 그녀를 죽이고서는 공자에게 다음과 같이 말한다. "당신에게는 원대한 뜻이 있습니다. 이에 관한 계책을 들은 사람을 제가 죽여 버렸습니다." 공자가 말하기를 "그런 뜻이 없소이다"라고 하니 강씨가 말한다. "떠나셔야 합니다. 처자에 연연하고 안락한 생활을 추구하면 진정 공명(功名)을 세울 수 없습니다." (그래도) 공자가 떠나지 않겠다고 하자 강씨는 자범(子犯)과 모의하여 (공자를) 취하게 하고서는 떠나보낸다.[41]

『좌전』에서 강씨(姜氏)라는 이름으로 기록되어 있는 제강은 문공이 장차 패자가 될 인물임을 드러내기 위하여 설정되어 있음을 알 수 있다. 『좌전』에서는 한 패자의 이미지를 드러내기 위해 적지 않은 인물들을 등장시키고 있는데, 문공에 대한 기록에서도 그가 거쳐간 나라마다 주변 인물들을 등장시켜 중이가 장차 문공이 될 존재임을 설명하고 있다. 그 곳에서 제강과 비슷한 역할 속에 비슷한 말을 한 사람을 어렵지 않게 찾을 수 있을 것이다.[42] 따라서 『좌전』에서 제강이란 여성의 언행을 기록

41 『좌전(左傳)』 희공(僖公) 23년: "及齊, 齊桓公妻之, 有馬二十乘. 公子安之. 從者以爲不可. 將行, 謀於桑下. 蠶妾在其上, 以告姜氏. 姜氏殺之, 而謂公子曰: '子有四方之志, 其聞之者, 吾殺之矣.' 公子曰: '無之.' 姜曰: '行也. 懷與安, 實敗名.' 公子不可. 姜與子犯謀, 醉而遣之."

42 『좌전』 희공 23년의 기록에만 보더라도 조나라의 희부기(僖負羈)의 처 역시 중이가 장차 패자(覇者)가 될 인물임을 남편 희부기에게 말하면서 그를 예우하여야 한다고 하고 있고, 정(鄭)나라 문공(文公)의 신하인 숙첨(叔詹) 역시 중이의 비범함을 군주에게 설명하면서 그를 예우하여야 한다고 충간(忠諫)하는 대목이 있다.

한 것은 그녀의 의식에 주목을 하였다거나 여성이 점한 정치적 · 사회적 위치에 대한 인식에서 비롯되었다기보다는 중요 인물인 남성의 주변 인물로 설정되어 당시 상황과 인물에 대하여 설명하고 미래에 일어날 일들을 암시하는 역할을 담당케 하기 위해서였던 것이다. 이러한 서술 방식은 다른 역사서도 마찬가지이다. 『국어』「진어(晉語)」편에서는 제강이 남편 중이를 설득하는 대목이 『좌전』보다 훨씬 더 길다. 중이라는 존재의 중요성에 대하여 구구절절 설명하고 있는 그녀의 모습에서 설명기제로서의 역할이 그녀를 기록한 주요 이유였음을 좀더 분명하게 알 수 있을 것이다.[43]

이러한 제강에 대한 기록은 『열녀전』에서 「진문제강(晉文齊姜)」이란 편명으로 재구성되어 「현명전」에 속해 있다. 그녀에 대한 기술의 첫머리를 보면, "제강은 제나라 환공 집안의 딸이자, 진나라 문공의 부인이다"[44]라고 되어 있다. 그녀의 집안 어르신인 제나라 환공(桓公)은 『좌전』에서 칭송하는 패자이며 그녀의 남편인 진나라 문공은 그를 이어 패자의 자리에 오른 인물이다. 따라서 환공이 동종(同宗)의 딸을 문공에게 시집보냈다는 것 자체가 패권의 흐름을 상징하는 사건으로,[45] 이는 이러

---

43 『국어(國語)』「진어(晉語)」: "公子曰: '吾不動矣, 必死於此.' 姜曰: '不然. 『周詩』曰, 莘莘征夫, 每懷靡及. 夙夜征行, 不遑啓處, 猶懼無及,「其順身 · 縱欲 · 懷安? 將何及矣! 人不求及, 其能及乎? 日月不處, 人誰獲安? 西方之書有之曰, 懷與安, 實疚大事. 『鄭詩』云, 仲可懷也, 人之多言, 亦可畏也. 昔管敬仲有言, 小妾聞之, 曰, 畏威如疾, 民之上也, 從懷如流, 民之下也, 見懷思威, 民之中也. 畏威如疾, 乃能威民, 威在民上 弗畏有刑, 從懷如流, 去威遠矣, 故謂之下. 其在辟也, 吾從中也. 『鄭詩』之言, 吾其從之. 此大夫管仲之所以紀綱齊國, 裨輔先君而成霸者也. 子而棄之, 不亦難乎? 齊國之政敗矣, 晉之無道久矣, 從者之謀忠矣, 時日及矣, 公子幾矣. 君國可以濟百姓, 而釋之者, 非人也. 敗不可處, 時不可失, 忠不可棄, 懷不可從, 子必速行. 吾聞晉之始封也, 歲在大炎, 閼伯之星也, 實紀商人. 商之饗國三十一王, 瞽史之紀曰, 唐叔之世, 將如商數. 今未半也. 亂不長世, 公子唯子, 子必有晉. 若何懷安? 公子弗聽."

44 『열녀전(列女傳)』「현명전(賢明傳) · 진문제강(晉文齊姜)」: "齊姜, 齊桓公之宗女, 晉文公之夫人也."

[그림 2] 『회도열녀전(繪圖列女傳)』에 실린 진나라 문공의 처 제강.

한 패권의 전이(轉移)가 그녀를 중심으로 이루어지고 있음을 암시하는 대목이다. 그녀의 전기는 여러 역사서의 기록을 재정리하면서 서술자의 입전 여성에 대하여 평을 첨가하는 방식으로 서술되어 있다. 전기의 후반부를 보자.

> 그(문공)는 제강을 맞이하여 부인으로 삼았기에 드디어 천하의 패자로 군림하여 모든 제후의 맹주가 되었다.
>
> 칭송하여 말한다.
>
> ..........
>
> (문공을) 취하게 하여 수레에 실어 떠나보낸 것이 결국에는 패왕의 기반을 이룩하게 하였네.[46]

45 『춘추(春秋)』와 『좌전』을 보면 당시 정치적 전략에 의하여 남녀간의 혼인이 성사되고 있으며 이를 특별히 중시하여 기록하고 있다.

역사 기록에서는 문공의 이미지를 드러내기 위하여 설정된 그녀가 『열녀전』에서는 천하의 패자(霸者)를 만들어 낸 현명한 여성으로 떠올려진다. 이 부분에서는 패자가 어떤 존재이고 그가 지향하는 패도란 무엇이며 역사상 어떠한 의미를 지니는지에 대한 문제의식은 전혀 없다. 오로지 그녀처럼 남편을 위풍당당한 패자를 만들기 위하여 여성은 현명해야 되고 지혜로워야 된다는 이미지만이 남는다.

## 4. 여성의 유형화

『열녀전』에는 개별적인 전기들이 총 7권으로 나뉘어 실려 있다. 그런데 이 7권은 단순한 분류에 의해서 설정된 것이 아니라 고대 여성을 일곱 가지 부류로 유형화한 데에서 비롯된 것이다. 7권의 명칭과 의미는 다음과 같다.

제1권 「모의전(母儀傳)」: 모친의 전범(典範)이 될 만한 여성의 전기.
제2권 「현명전(賢明傳)」: 사리(事理)에 통달한 현명한 여성의 전기.
제3권 「인지전(仁智傳)」: 고상한 덕을 지닌 지혜로운 여성의 전기.
제4권 「정순전(貞順傳)」: 몸가짐이 정숙한 여성의 전기.
제5권 「절의전(節義傳)」: 곧은 절개를 고수한 여성의 전기.
제6권 「변통전(辯通傳)」: 뛰어난 언변으로 어려운 상황을 잘 처리한 여성의 전기.
제7권 「얼폐전(孽嬖傳)」: 음란한 언행으로 혼란을 야기한 여성의 전기.

46 『열녀전(列女傳)』「현명전(賢明傳) · 진문제강(晉文齊姜)」: “迎齊姜以爲夫人, 遂伯天下, 爲諸侯盟主. 頌曰: …… 醉而載之, 卒成霸基.”

이러한 분류는 교감학자인 유향에게는 상당히 중요한 작업 중의 하나이다. 그는 여러 서적을 교감할 때 분리가 되어 있지 않거나 혼잡하였던 편(篇)과 장(章)을 정리하고 목차(目次)를 설정하여 놓았는데, 예를 들어 전국시대 각 제후국의 역사를 기록한 『전국책(戰國策)』은 원래 순서가 없었던 것을 유향이 시대의 선후를 고정(考定)하여 나라별로 목차를 정한 것이다.[47] 또한 설화집인 『설원(說苑)』[48]은 이야기의 내용과 교훈이 비슷한 것끼리 모아서 「군도(君道)」·「신술(臣術)」·「건본(建本)」·「입절(立節)」·「귀덕(貴德)」 등 20개의 범주로 나누어 놓고 있다. 따라서 『열녀전』에서 여성을 유형별로 구분하여 싣고 있는 것 역시 이러한 작업의 일환으로 볼 수 있을 것이다.

그런데 『열녀전』에서 개별 전기를 여성의 이미지와 덕목으로 유형화시켜 각 7권의 명칭으로 삼아 분류한 것은 기존 문헌에서 분류해 놓은 목차들과 비교해 볼 때 상당히 체계적이고 독특한 것이다. 『사기』에서 간혹 「유협열전(遊俠列傳)」·「혹리열전(酷吏列傳)」 등 전형적인 인간의 유형을 항목 명칭으로 삼고는 있지만 전체 '열전' 항목이 이러한 유형으로 일관되게 설정되어 있지는 않다.[49] 『열녀전』과 같은 계열의 문헌인 『열선전(列仙傳)』이나 『고사전(高士傳)』 등에서도 유형으로 범주화되어 있지 않고 단지 인물 전기를 개별적으로 나열하고 있을 뿐이다.[50]

---

47 유향의 교감 작업에 대한 상세한 내용은 나맹정(羅孟禎), 『고전문헌학(古典文獻學)』(中國重慶: 重慶出版社. 1989), pp. 78-98과 손흠선(孫欽善), 『중국고문헌학사(中國古文獻學史)』(北京: 中華書局. 1994), pp. 102-15 참조.

48 『설원』은 유향이 편찬한 것으로 알려져 있는데 지금은 「설원서록(說苑敍錄)」이라는 기록에 근거하여 유향이 지은 것이 아니라 단지 기존의 문헌을 교감하고 재편집한 것이라는 설이 유력하다.

49 「백이열전(伯夷列傳)」·「관안열전(管晏列傳)」 등에서는 입전(立傳) 인물의 명칭을 그대로 사용하고 있다.

50 『열선전』은 여러 선인(仙人)들의 전기를 모아 놓은 인물 전기집이다. 그 작자에 대해서는 유향이라는 설과 후대인의 위작설이 있는데 위작이라고 해도 대략 후한(後漢) 시기

『열녀전』에서 독특하게 여성을 유형별로 범주화하여 재분류한 이유는 다름아니라 전형적인 여성상을 제시하고 이를 통하여 포폄의 기준을 세워 놓기 위해서였다. 이 점은 『초학기(初學記)』의 기록에서 명확해진다.

> 신(臣) 유향(劉向)과 황문시랑(黃門侍郞)인 유흠(劉歆)은 함께 『열녀전』을 교감하였는데 같은 유형을 묶어 7편으로 만들어 재앙과 복이 어디에서 오며 영광스러움과 치욕스러움이 무엇인지를 밝히고 옳고 그름과 그에 따른 득실(得失)이 어떠한지를 극명하게 드러나도록 하였으며 그림을 그려 병풍처럼 주위에 두었다.[51]

이렇듯 유향이 여러 전기들을 여성 유형에 따라 분류한 것(種類相從爲七篇)은 『열녀전』의 구성에서 가장 중요한 부분이다. 일반적으로 중국의 역사서들은 편찬자의 사관이나 역사 인식을 한 편의 문장을 통하여 직설하기보다는 체재와 구성을 통하여 그것을 간접적으로 표현하는 경우가 많다.[52] 역사서의 일종인 『열녀전』 역시 일곱 개의 범주로 체계

---

에 편찬된 것으로 보고 있다. 그 목차를 보면 범주 명칭은 없이 권(卷) 상(上)과 하(下)로만 나뉘어져 있고 그 안에 「적송자(赤松子)」·「영봉자(寗封子)」·「마사황(馬師皇)」 등 개별 인물의 전기를 열거하고 있다. 황보밀(皇甫謐)이 지은 『고사전』 역시 권(卷) 상·중·하로만 나뉘어져 있고, 범주 명칭은 없이 「피의(被衣)」·「왕예(王倪)」·「설결(齧缺)」 등 인물의 이름으로 목차를 구성하고 있다.

51 『초학기(初學記)』: "臣向與黃門侍郞歆所校列女傳, 種類相從爲七篇, 以著禍福榮辱之效, 是非得失之分, 畵之屛風四堵." 중국 학자 나근택(羅根澤)은 이 기록에서 유향이 『열녀전』을 교감(校)하였다라고 서술되어 있으니 기존에 이미 『열녀전』이라는 책이 있었던 것이며, 이에 따라 유향을 편찬자로 보는 것은 잘못된 것이라고 주장한다[나근택(羅根澤), 「『신서』·『설원』·『열녀전』이 유향에 의해 창작되지 않았음에 대한 고찰(新序說苑列女傳不作始於劉向考)」·『고사변(古史辨)』·第四册(上)(臺北: 明倫出版社. 1970)], pp. 227-9.

52 이성규(李成珪), 「《사기(史記)》와 역학(易學)」, 『동양 고전의 인간관과 역사관: 사마천(司馬遷)의 《사기(史記)》』(제7회 서강인문강좌. 서강대학교 인문과학연구소. 2001.10), p. 66.

화시킨 여성의 유형을 통하여 여성에 대한 인식을 표출해 내고 있고 구체적인 부덕(婦德)으로 항목 명칭을 설정함으로써 여성에 대한 도덕적인 기준을 확연하게 드러내고자 했던 것이다.

표면적으로는 일곱 개 범주에서 제시한 여성 유형들의 덕목은 상당 부분이 겹치거나 혹은 충돌되는 것처럼 보인다. 예를 들면 「현명전」과 「인지전」은 모두 슬기롭게 처신할 것을 강조하고 있고, 「정순전」과 「절의전」은 둘 다 여성의 정절이란 덕목을 내세우고 있어 그들간의 경계가 애매해 보인다. 그러나 그 이면에는 유형들간에 상호 보완해 주고 견제해 주도록 설정되어 있어 다양한 여성상들이 각자의 색채를 지니게 한다. 특히 맨 끝 부분에 설정된 「얼폐전」은 앞부분에서 제시된 모범적인 여성상들의 의미를 상대적으로 부각시키면서 동시에 경계하여야 하는 여인들의 이미지를 극대화시키고 있다. 예를 들어 보자.

「정순전」의 「초백정희(楚白貞姬)」는 개가(改嫁)를 하지 않고 정절을 지킨 정희(貞姬)를 기린 전기이다. 정희는 미모와 훌륭한 행실을 지닌 여인으로 묘사되어 있으며 오왕(吳王)이 그녀에게 예물을 건네주며 부인으로 삼으려 했으나 이를 거절한 여인으로 칭송받는다. 그런데 「절의전」에는 개가를 한 여인의 전기가 들어 있다. 회영(懷嬴)의 전기인 「진어회영(晉圉懷嬴)」이 그것인데, 그녀는 진(秦)나라 목공(穆公)의 딸로 진(晉) 회공(懷公)인 어(圉)의 부인이었다가 후에 진나라 문공인 중이(重耳)의 처가 된 여인이다.[53] 『열녀전』에서 회영은 자신의 나라에 인질로 잡혀온 어의 부인이 됐는데 남편인 어가 고국인 진나라로 몰래 도망가려 할 때 그 사실을 누설하지 않아 아내의 도리를 저버리지 않았고, 한편 남편을 따라가지 않음으로써 자신의 군주를 저버리지 않았다고 기술되어 있다. 여기서는 그녀가 후에 문공의 처가 된 사실에 대해서는 전혀 언

---

53 『좌전』 희공(僖公) 22년에서 23년조 참조.

급하지 않은 채 다만 아내로서의 도리를 지키면서 친정에도 누를 끼치지 않은 점만을 칭송하고 있다.

이 전기에 대하여 유지기는 회영이 개가함으로써 수절하지 못했는데도 『열녀전』에서 정절을 지킨 여인의 전기인 「절의전」에 포함시켜 다룬 것은 잘못된 것이라고 비판한다.[54] 그러나 이러한 비판은 한대라는 시대 상황과 『열녀전』의 유형별 범주 설정에 대한 이해가 충분치 못한 데서 비롯된 것으로 보인다. 한대에는 개가가 인정되던 시대였기 때문에 회영의 개가는 문제가 되지 않는다. 그녀의 전기는 도리어 당시의 시대적 배경을 충분히 고려해서 기록된 전기였다. 비록 정희와 같은 여성의 수절을 이상적인 덕목으로 칭송하였지만 당시에는 개가가 불가능하지 않았기 때문에 개가를 한 모든 여인들을 부정할 수는 없었을 것이다. 이에 따라 개가한 여인들에게는 또 다른 덕목을 부여하여 그 부류의 모범적인 여인상을 구축할 필요가 있었고 이런 맥락에서 회영이 지킨 아내로서의 도리가 주목된 것으로 보아야 한다.

「초백정희」의 전기가 정숙하면서 지조(志操)가 있는 「정순전」에 분류되어 실린 것에는 또 다른 의도가 숨어 있다. 그것은 바로 그녀와는 정반대의 유형인 「얼폐전」의 여인들을 견제하기 위해서였다. 정희는 청혼을 받았을 때 "충신은 권력에 의지하여 남의 추종을 얻지 않고, 정숙한 여인은 미색에 의지하여 남의 환심을 얻지 않는다"[55]라는 말을 인용하며 단호히 거절한다. 그녀의 이런 언행은 바로 미모에 의지하여 권력에 도전하거나 남성들의 권력 싸움을 부추긴 「얼폐전」의 여인들을 비난할 수 있는 근거를 제공한 것이다. 그중 권력의 희생자라 할 수 있는 진(陳)나

54 『사통(史通)』「잡설하(雜說下)·별전(別傳)」: "復有懷嬴失節, 目爲貞女 …… 立言如是, 豈顧丘明之有傳, 孟堅之有史哉!"

55 『열녀전(列女傳)』「정순전(貞順傳)·초백정희(楚白貞姬)」: "忠臣不借人以力, 貞女不假人以色."

라의 여인 하희(夏姬)의 전기를 보자. 그녀는 세 번이나 왕후의 자리에 올랐고 일곱 차례나 재혼한 여인이었다. 그런데 그녀에 대한 기술을 보면 그녀가 적극적으로 남자를 유혹하였다기보다는 왕과 제후들이 그녀의 미모에 반하여 서로 차지하려는 것으로 되어 있다. 그녀를 서로 차지하려는 다툼에 정치와 권력이 얽히면서 그녀의 미모가 나라를 파멸시킨 것으로 비난받는다. 이러한 비난은 그녀가 비록 정치와 권력에 도전하는 행동은 없었더라도 초나라의 여인 정희처럼 남성의 유혹을 단호하게 거절하지 못한 것이 비난의 근거가 된 것이다.

## 5. 여성 기록을 넘어

『열녀전』은 단순히 여성들의 전기를 정리하여 기록한 것이 아니다. 그것의 편찬은 여성이란 이름으로 역사 사건을 재구성할 수 있으며, 이를 기제로 당시 사회와 여성을 규정하고 통제할 수 있다는 인식이 구체화된 일대 사건이었다. 여성의 삶을 통하여 역사를 재조명하려 했던 것은 여성이라는 존재를 적극적으로 인식하였음을 의미하기에 주목할 만하다. 그러나 여성을 단지 남성 중심의 역사에 주변 인물로서 설정하고 주요 역사 사건에서 다루지 못하였던 부분을 보충해 주는 역할로만 국한시켰기 때문에 『열녀전』의 편찬은 오히려 여성을 주변 인물로 낙인찍는 데 일조한다.

우언이나 역사 기록 속의 여성들은 여성이라는 존재에 대한 성찰에서 기록된 것이 아니라 텍스트의 맥락상 필요하였던 하나의 설명 기제였을 뿐이다. 그런데 『열녀전』에서는 그녀들이 특정 덕목을 지닌 여성으로 격상되거나 혹은 나라와 집안을 망친 여인으로 폄하되어 전기화되었던 것이다.

일반적으로 인물 전기는 어떤 한 인물의 생애를 서술하면서 전형적인 그 부류의 인간상을 구축하고자 한다. 『열녀전』은 여기서 한 단계 더 나아가 몇몇 전형적인 여성의 이미지를 보여주는 데 그치지 않고 여러 이미지를 범주화시키고 이를 통해 여성에 대한 관념을 체계화시키고자 하였다. 동아시아에서 수천 년 동안 『열녀전』이 여성에 대한 칭송과 비난의 근거 자료가 될 수 있었던 것은 바로 이 일곱 개의 여성 유형과 이를 통하여 형성된 여성 이미지들이 있었기 때문이다.

제3장

# 견고한 원전과 그 계보들

## –동아시아 여성 쓰기의 역사

최진아*

"그들은 스스로 자신을 대변할 수 없고 다른 누군가에 의해 대변되어야 한다."
–Karl Marx, 『루이 보나파르트의 브뤼메어 18일
(*The Eighteenth Blumaire of Louis Bonapate*)』

### 1. 여성 · 동양 · 타자

인간의 해방을 부르짖었던 마르크스(Karl Marx)에게도 예외는 있었다. 서구인인 그의 태생적인 한계 때문이었을까? 그는 식민지 동양을 스스로 말할 수 없는 종속적인 존재로서 규정하였고, 이를 토대로 식민지 동양에 대한 서구인으로서의 지배 방식과 사유 방식을 합리화시켰다. 그리고 이후 동양에 대한 그의 발언은 서구인들이 동양을 날조하고 편의대로 재해석하는 근거가 되었을 뿐 아니라 동양론에 대한 견고한 원전의 역할을 담당하게 되었다. 그러나 지금 이 시대 마르크스가 말했던 식민지 동양은 이미 달라졌다. 스스로 말할 수 없는 존재로 규정되었던 동양은 이젠 결코 스스로 말할 수 없는 존재라고만은 할 수 없다. 동양은

* 이화여자대학교 중어중문학전공 강의전담 교수.

마르크스 시대의 모습과는 다른 모습이 되어 버렸고 서구의 허다한 식민지들이 사라졌다. 그렇다면 지구상에서 오리엔탈리즘(orientalism)은 더 이상 유효하지 않는 것일까? 이제 지구상에는 남에 의하여 규정되는 식민 대상은 더 이상 존재하지 않는다고 말할 수 있을까?

비록 동양의 모습이 예전처럼 호락호락하지만은 않고 서구의 허다한 식민지들이 사라져 버렸다 하더라도 아직도 지구상에는 자립의 그 날을 고대하는 식민 대상이 하나 있다. 항상 자기 자신으로부터 온전하게 타자화되어 있었으며 남에 의하여 규정되어 온 존재, 오리엔탈리즘에 의하여 규정된 식민지 동양의 모습과도 같은 그것의 이름은 여성이었다. 여성은 오랜 세월 동안 남성에 의하여 지배되어 온 또 다른 의미의 식민 대상이었다. 여성은 스스로를 대변하지 못해 왔을 뿐 아니라 시대와 역사가 요구하는 남성 집단의 이익에 맞추어서 남성 권력의 재현물(representative)로서 기능하여 왔다. 남성 권력의 재현물로서의 여성, 그들은 남성이 생각하는 가장 이상적인 여성이기도 하였다. 뿐만 아니라 재현물로서의 여성들은 남성 권력 고유의 힘까지도 고스란히 물려받았다. 그리고 그들 여성에 대한 이야기들은 전체의 다른 여성들을 관통하는 견고한 지배 담론이 되었다.

이렇게 만들어진 여성에 대한 지배 담론, 특히 동양 여성에 관한 지배 담론은 한대(漢代)에 유향(劉向, B.C. 77~B.C. 6)이라는 남성이 엮은 『열녀전(列女傳)』이라는 책에서 시작된다. 이 책은 중국의 전통 시기 여성에 대한 지식을 구성하는 강력한 서사물이자 남성이 규정한 가장 이상적인 여성에 대한 이야기이다. 또한 『열녀전』에서 행사되는 권력은 여성을 구속하였을 뿐 아니라 남성에게는 이 책에 기준한 여성관을 심어주었으며 유향 이후의 여성론에 대한 지배 담론이 되었다. 결국 이러한 『열녀전』의 특성은 『열녀전』이 한대라는 한 시대만의 서사물로 그치지 않고 이후로도 끊임없이 계보를 형성하게끔 하였다. 『열녀전』에서 표상되는 여성의 모습은 가장 공식적인 서사물인 각 시대의 정사(正史)에 여성 열전(女性列傳)이라는 형식으로 정립된 것이었다. 앞서도 잠깐 언급하였듯이 여성은 시대와 역사가 요구하는 남성 권력의 재현물로서 존재하여 왔다. 그런데 여기에서 남성 권력은 여성에게 포함과 배제의 원칙을 작동시키게 된다. 본래 권력이라는 것은 역사에 따라 특정한 형태를 취하므로 어느 시대에서는 포함시켰던 요구 사항을 또 다른 시대에서는 배제시키기도 한다. 다시 말해 견고한 이데올로기의 집합체로서의 여성의 모습을 서술해 나아가는 과정 속에서 여성에 대한 권력 관계의 양상에 따라, 한 시대에서는 이상적인 여성으로 선망받는 모습이 또 다른 시대에서는 결코 이상적이지 않은 모습일 수도 있다는 말이다.

이 글에서는 전통 시기 여성에 대한 지식을 최초로 규정한 유향의 『열녀전』과 그 계보들에 대해 탐색하는 가운데 여성에 대한 포함과 배제의 원칙이 어떠한 방식으로 작동되었는지를 살펴볼 것이다. 그리고 계보들 중에서도 먼저 정사의 여성 열전에 초점을 두어 각 시대의 정사 열전마다 어떠한 여성 덕목이 중시되었으며, 만일 중시된 덕목에 차이가 있다면 어떠한 요인에 근거했는지에 대해서도 읽어 내려고 한다. 또한, 여기에서 더 나아가 『열녀전』이 형성한 계보들에 대한 고찰을 계속 시행할 것이다. 즉 여성의 목소리로 서술된 또 다른 『열녀전』, 곧 여계 문학(女誡文學)이 『열녀전』의 여타 계보들에 비하여 어떤 변별성을 지니고 있는지에 대하여 고찰할 것이고, 아울러 명(明)·청(淸) 시기 『열녀전』의 모방작들에 대한 분석을 통하여 유향의 『열녀전』이 형성한 계보의 줄기를 순차적으로 다룰 것이다. 그런데 유향의 『열녀전』이 형성한 계보는 중국의 경우만으로 한정되지는 않았다. 유향의 『열녀전』은 유교 이데올로기가 중국으로부터 전파된 주변, 즉 우리의 조선 시대에도 영향력을 행사하였다. 조선 여성의 전형은 유향의 계보의 지엽(枝葉)에 위치하였음에도 불구하고 극도의 본능 억압을 특징으로 하는 독특한 열녀

(烈女) 형상으로 표출되었다. 이는 오히려 남성 중심의 지배 이데올로기를 가장 완벽하게 체현해 낸 것이 되었다.

이제 이 글을 진행하는 과정 속에서 우리는 열녀에 대한 남성의 서사 책략이 포함과 배제의 원칙에 따라 각 시대마다 서로 다르게 바뀌기도 하였다는 점을 읽어 나갈 수 있다. 하지만 이것은 시대의 요청에 따른 서사 방법상의 문제에 불과한 것이지 근본적으로 열녀의 의미에 변동이 생긴 것은 아니었다. 결국 열녀는 항상 남성 권력의 재현 대상으로서만 존재하였을 뿐이지 자기 자신으로 존재하지 못하였음을 인식하게 될 것이다.

## 2. 견고한 원전: 유향의 『열녀전』

『열녀전(列女傳)』은 글자 그대로 여러 유형의 여성에 대한 이야기이다. 정확히 말하자면 한대에 살았던 유향이라는 지배 계층 남성이 자신의 의도에 맞게 여성을 유형화한 이야기이다. 유향은 여성을 일곱 가지 부류로 유형화하였다. 그중 여섯 가지는 여성들이 본받고 따라야 할 귀감이 되는 여성상이고, 나머지 한 가지는 결코 따라서는 안 되고 늘 경계하여야 하는 여성상이다.

유향이 『열녀전』을 편찬한 목적에 대해서는 한나라 성제(成帝, 재위 B.C. 32~B.C. 7)가 후궁 조비연(趙飛燕)을 총애한 사실과 관련이 깊다. 황제의 후궁인 조비연은 황제의 총애만을 믿고서 법도를 망각하고 황실을 타락시키는 행동을 자행하였다고 한다. 게다가 자신의 여동생까지 끌어들여서 뭇 비빈들과 그들이 낳은 황자를 살해하기까지 하였다. 이에 유향은 한나라 황실의 후예로서 황실의 기강과 안정을 우려한 나머지 부녀자의 도리를 깨우치게끔 하는 것이 중요하다 판단하였고 또한 황제에게 깨우침을 주고자 하는 의도에서 『열녀전』을 찬술한 것이었다.[1] 이와같이 여성에 대한 훈도로써 정치를 바로잡고자 한, 유향의 찬술 의도에 대하여 반고(班固, 32~92)는 『한서(漢書)』「초원왕전(楚元王傳)」에서 이렇게 말하였다.

> 유향은 풍속이 더욱 사치스럽고 음란해지며 또한 조황후(趙皇后)와 조소의(趙昭儀), 그리고 위첩여(衛婕妤)의 무리들이 미천한 신분에서 일어나 예의와 법도를 건너뛰는 것을 목도하고서 왕의 가르침은 안으로부터 밖으로 미치고 가까운 데에서부터 시작되어야 한다고 생각하였다. 그러므로 『시경』과 『서경』에 실린 어진 왕비, 정숙한 부인으로서 나라를 흥성케 하고 집을 빛나게 하여 규범이 될 만한 사람과 요사스럽고 음탕하며 나라를 어지럽혀 망하게 한 사람들을 가려 뽑아서 순서지어 『열녀전』 여덟 편을 만들었으니 이 책은 천자를 경계시키고자 한 것이었다.[2]

여기에서 볼 때 유향은 자신의 시대가 어지럽고 혼탁한 이유를 바로 여성과 연관시켰음을 알 수 있다. 왜냐하면 충실한 유가적 원칙에 입각한 유향에게는 여성이 임금을 좌지우지한다는 것은 용납될 수 없는 일이었기 때문이었다. 유향은 제대로 훈계받지 않은 여성들 때문에 이 모든 어려움이 빚어진 것이라는 신념을 가졌으며, 그러한 여성들에게 모든 잘못된 결과와 책임을 전가시키고자 하였다. 그러므로 유향이 분류한 일곱 번째의 유형, 악녀(惡女)들에 대하여 기록한 「얼폐전(孼嬖傳)」은

---

1 이에 대해서는 강현경(姜賢敬), 「'열녀전(列女傳)'」의 찬술본의(撰述本意)와 유전양상(流傳樣相)」, 『동방문학비교연구회: 한중일 삼국의 열녀전 고찰』(제83차 학술발표회. 1998)을 참조.

2 『한서(漢書)』「초원왕전(楚元王傳)」: "向睹俗彌奢淫, 而趙, 衛之屬, 起微賤踰禮制. 向以爲王敎由內及外, 自近者始, 故採取詩書所載賢妃貞婦, 興國顯家可法則, 及孼嬖亂亡者, 序次爲列女傳 凡八篇, 以戒天子."

성제 당시 황실의 여인들을 염두에 두고 서술한 것으로서 그들을 비난하고 풍자하기 위한 데에 목적이 있었음이 분명하다. 이러한 유향의 찬술 의도에 대한 동일한 언급은 후대 마단림(馬端臨)의 『문헌통고(文獻通考)』「경적고(經籍考)」에도 나타난다.

> 한나라는 진나라의 폐습을 계승하였기 때문에 풍속이 몹시 문란하였다. 게다가 성제의 후궁인 조비연 자매와 위첩여의 무리들은 더욱 방탕하였다. 이에 유향은 왕정은 반드시 안으로부터 시작되어야 함을 설명하고, 옛날의 여인들의 선악이 흥망의 원인이었음을 들어 천자를 경계하고자 하였으니, 이것이 바로 유향이 『열녀전』을 저술한 대의이다.[3]

『한서』와 『문헌통고』에 보이는 바와 같이 유향이 『열녀전』을 찬술한 의도는 여성에 대한 훈도에 중점을 둔 것임을 파악할 수 있다. 그런데 여기에서 중요한 것은 유향이 찬술한 『열녀전』이 비단 한 시대의 서책으로 끝나지 않았다는 것이다. 『열녀전』에서 형성된 여성에 대한 견고한 이데올로기는 한대 이후로도 줄곧 구속력을 행사하게 되었으며 계보들을 형성하였다. 그러므로 『열녀전』은 허물어질 수 없는 견고한 원전으로 자리매김하게 되었고 그 계보들은 『열녀전』에서 구성된 여성 이데올로기를 탄탄히 받쳐 주게 되었다.

『열녀전』이 강한 권력을 지닌 원전으로 줄곧 계보를 형성할 수 있었던 데에는 『열녀전』이라는 책의 취지가 유교 이데올로기를 구현하는 사회에서 매우 강력한 타당성을 확보하였다는 점을 들 수 있다. 뿐만 아니라 『열녀전』에서 분류해 낸 일곱 가지의 여성 유형론도 『열녀전』을 견

---

3 마단림(馬端臨), 『문헌통고(文獻通考)』「경적고(經籍考)」: "漢承秦之敝, 風俗大壞矣. 而成帝後宮趙, 衛之屬, 尤自放, 自以謂王政必內始, 故列古女, 善惡以興亡者, 以戒天子, 此向述作之大意也."

고한 원전이 되게 하기에 충분한 역할을 하였다. 곧 유향이 규정한 여성 유형론은 유교 이데올로기에 가장 합당한 여성상을 구현하는 전범이었다. 그리고 여성들 역시 유교 사회의 질서를 철저히 내면화시키기 위하여 유향이 분류해 낸 유형들을 항상 염두에 두고 있었다. 그 예로 『후한서(後漢書)』 「양황후기(梁皇后紀)」에서는 황후가 항상 좌우에 열녀들의 그림을 두고 보며 본보기로 삼았다고 하였다. 뿐만 아니라 서한(西漢) 시대의 묘당인 무량사(武梁祠)의 벽에는 열녀의 도상이 새겨져 있었는데 이는 묘당의 주인이 사후에도 계속 열녀의 선행을 가까이하도록 하기 위하여 묘당 속에 열녀의 모습을 배치해 둔 것이었다.[4]

또한 유향이 여성의 유형을 분류하였다는 점과 관련해서는 유향이라는 한 개인의 직업과도 연관시킬 수 있다. 유향은 황실 전용 도서관을 관

[그림 1] 무량사 화상석(畫像石)에 새겨진 제나라 계모(繼母)에 관한 도상.

장하는 직책을 지닌 사람으로 황제의 명을 받들어 황궁에 비장된 서책을 교감, 정리, 분류하는 일을 도맡았다. 유향은 역대의 서책을 분류한 도서목록인 『별록(別錄)』을 편찬할 정도로 지배 이념에 합당하게 분류해 내는 재주를 지닌 사람이었다. 그러므로 이러한 유향과 같은 사람이 편찬한 『열녀전』에서의 여성 분류는 지배계급의 공감을 이끌어 내기에 충분하였으며 이는 곧 『열녀전』을 견고한 원전이 되도록 하는 데 중요한 역할을 담당하였다. 결국 『열녀전』이 계보를 형성할 수 있었던 것은 이 책이 유교 사회 유지를 위한 이데올로기에 기반하였다는 사실과 아울러 유향 개인의 능력에 힘입은 바가 크다. 이러한 배경 속에서 『열녀전』은 사회적으로 인정받는 탄탄한 위상을 구축하게 되었다. 그러므로 여성들은 『열녀전』의 덕목에 합당하게 되도록 교육받았고, 그에 합치되지 못하는 여성은 비판을 감수하기에 이른 것이었다.

## 3. 원전의 계보들(Ⅰ): 정사의 여성 열전

원전 『열녀전』이 행사하는 권력은 가장 공식적인 서사물인 각 시대의 정사(正史)에 여성 열전(女性列傳)의 형식으로 자리를 차지하며 계보를 형성하였다. 다만 앞서도 언급했듯이 여성에 대한 지식은 역사에 따라 형태를 달리하고 그 안에서는 포함과 배제가 생겨난다고 하였다. 이제 아래에서는 정사 여성 열전[5]의 계보 속에서 열녀의 유형이 어떠한 변화를 거쳤는지를 고찰해 보려고 한다. 그러나 변화의 과정 속에서도 망각

---

4 이에 대해서는 Lisa Ralphals, *Sharing The Light: Representations of Women and Virtue in Early China*(State University of New York Press. 1998), pp. 20-1을 참조. 그리고 무량사(武梁祠) 화상석(畫像石)에 새겨진 열녀의 도상에 대해서는 Wu Hung, *The Wu Liang Shrine*(Stanford. California: Stanford University Press. 1989), pp. 252-71 참조.

해서는 안 될 것은 바로 어떠한 상황 아래서도 포함과 배제로 인하여 원전의 견고함이 손상되지는 않았다는 사실이다.

### 공존하는 덕목들

중국 역사서 가운데 가장 먼저 여성에 관한 열전을 첨가한 책은 『후한서(後漢書)』이다. 『후한서』는 남조(南朝) 송(宋)의 범엽(范曄)이 찬술한 기록이다. 범엽은 『후한서』 이전의 역사서에서는 볼 수 없었던 당고(黨錮)·문원(文苑)·환자(宦者)·독행(獨行)·방구(方逑)·일민(逸民)·열녀(列女) 등의 전(傳)을 새롭게 부가시켰으며 각 전에는 반드시 서문(序文)을 두어 입전의 의도가 나타나게끔 하였다. 또한 범엽 이후로 각 시대의 정사의 편찬자들은 『후한서』의 형식을 따라서 반드시 서문의 형식을 갖추게 되었다.[6]

범엽은 『후한서』「열녀전(列女傳)」의 서문에서 열녀 선정의 기준에 대하여 다음과 같이 밝혔다.

> 재주와 행실이 더욱 높고 빼어난 자를 찾아서 열거하되 반드시 정조 하나에만 국한시키지는 않았다.[7]

---

5 중국의 역대 정사(正史) 가운데 여성에 관한 열전이 수록된 것은 『후한서(後漢書)』·『진서(晉書)』·『위서(魏書)』·『북사(北史)』·『수서(隋書)』·『구당서(舊唐書)』·『신당서(新唐書)』·『송사(宋史)』·『요사(遼史)』·『금사(金史)』·『원사(元史)』·『명사(明史)』이다. 그리고 비록 정사는 아니지만 『청사고(淸史稿)』에도 여성 열전이 포함되어 있다.

6 『후한서(後漢書)』「열녀전(列女傳)」에 대한 논의는 김염자, 「고대 중국여성 윤리관(古代中國女性倫理觀)」(이화여자대학교 사학과 석사학위 논문. 1964) 참조.

7 범엽(范葉), 『후한서(後漢書)』「열녀전(列女傳)·서문(序文)」: "探次才行尤高秀者, 不必專在一操而已."

실제로 『후한서』「열녀전」에 수록된 열녀의 유형을 탐색하면 정절을 지킨 여성뿐 아니라 학문이 뛰어난 여성인 반소(班昭)와 채염(蔡琰), 재변(才辯)에 능한 원외(袁隗)의 처 등이 열거되어 있다. 또한 시부모를 잘 봉양한 여성뿐 아니라 친정 부모에게 극진했던 여성도 열녀에 포함되었다. 예를 들자면 친정아버지의 원수를 갚으려고 십여 년을 벼르다가 마침내 뜻을 이룬 방육(龐育)의 어머니, 친정아버지의 시신을 못 찾아서 자신의 아이를 남겨둔 채 자살한 숙선웅(叔先雄) 등이 그러하다. 그러므로 『후한서』「열녀전」이 표방하는 열녀의 덕목은 정절뿐 아니라 다양한 가치들이 공존하고 있었음을 알 수 있으며 효의 중심도 남계(男系) 위주가 아님을 파악할 수 있다.

『후한서』「열녀전」에서 표방한 다양한 열녀의 덕목은 『진서(晋書)』「열녀전」에서도 유효하다. 『진서』는 북제(北齊)의 위수(魏收)가 편찬한 사서인데 『진서』「열녀전」에서도 여성의 정절은 여러 덕목 중 하나의 덕목에 불과할 뿐이다. 『진서』에서 모범적인 예로 꼽혀지는 여성 유형은 문필에 뛰어난 여성인 두도(竇滔)의 처 소씨(蘇氏), 용감하게 말을 잘 타고 활을 잘 쏘는 여성인 부등(苻登)의 처 모씨(毛氏), 음률에 능통한 여성인 단풍(段豐)의 처 모용씨(慕容氏) 등으로 다양한 여성 덕목이 공존한다. 이렇듯이 다양한 여성 덕목이 공존한다는 점에서 『위서(魏書)』 역시 『진서』와 거의 차이가 없다. 또한 『위서』「열녀전」의 서문에서는 절조와 문변 · 음률을 갖춘 뛰어난 여성을 열녀로 삼는다고 밝히고 있는데,[8] 이는 『위서』의 편찬자와 『진서』의 편찬자가 동일인이기 때문이라고 사료된다.

이상에서 살펴본 바와 같이 『후한서』 · 『진서』 · 『위서』에서의 열녀

8 『위서(魏書)』「열녀전(列女傳) · 서(序)」: "明識列操文辯兼該聲, 自閨庭號顯 …… 魏世可知者, 爲列女傳."

유형은 다양한 덕목이 공존하는 가운데에 형성된 것임을 알 수 있었다. 이것은 유향의 『열녀전』이 여성의 정절뿐 아니라 다양한 덕목에 따라 여성 유형화를 진행한 것과 기본적으로 궤를 같이한다. 단지 유향의 『열녀전』과 대비되는 점은 악녀들에 대하여 서술한 「얼폐전(孼嬖傳)」이 빠져 있다는 점이다. 「얼폐전」의 부재는 『후한서』 · 『진서』 · 『위서』 이후의 정사 열전에서도 계속되었다. 이는 유향의 『열녀전』과 정사 여성 열전의 서사 형식상 차이가 있음에 기인된다. 즉 유향의 『열녀전』은 정통 역사서의 입장이 아닌 잡사잡전체(雜事雜傳體)의 형식을 취하는 반면에, 정사의 여성 열전은 추호도 거짓이 없는 사실의 기록에 의존하여야 하기 때문이다. 『수서(隋書)』 「경적지(經籍志)」에서는 "유향은 문헌들을 교감하여 처음으로 열선 · 열사 · 열녀에 대한 전을 썼는데 이 모두 그가 뜻하고 숭상했던 바에 의거하여 가벼이 쓰여진 것이기에 정사에 들지는 못하였다" 고 밝힌 바 있다.[9] 또한 앞서 언급한 바와 같이 유향이 『열녀전』을 편찬한 의도는 조비연 자매의 극악한 행위와 사치를 목도하고 이를 경계로 삼고자 하는 목적과 연관되어 있었다. 다시 말해 유향은 「얼폐전」을 서술할 때 조비연 자매를 염두에 두고 있었고, 이는 「얼폐전」 안에서 유향 개인의 감정이 얼마든지 투사될 수 있었음을 의미한다.

그러나 정사의 열전은 상황이 다르다. 정사 열전은 개인의 저작이 아니라 한 국가의 역사를 서술하는 것이 목적이었으므로 서술 과정에 개인 감정이 끼여드는 것을 용납하지 못하였다. 그리고 정사의 열전에서는 통치자가 추구하는 교화의 목적에 어그러지지 않는 경우만 대상이 되었으며,[10] 그 당시 현존하였던 여성들에 한해서만 기술할 수 있었던 것이다.

9 『수서(隋書)』 「경적지(經籍志) · 잡전류(雜傳類) 서(序)」: "劉向典校經籍, 始作列仙 · 列士 · 列女之傳, 皆因其志尙, 率爾而作, 不在正史."

## 억압의 음모

수·당(隋·唐) 시대는 중국의 전통적 예교(禮敎)를 유지하면서 국가적 실리를 우선하는 데 중점을 두었다. 사상적으로는 유교·불교·도교가 고르게 세력을 유지하였으나 정치적으로는 유교 사상에 근간을 두고 부국강병을 도모하고자 하는 통치 이념을 구현하였다. 그러므로 수·당의 사회적 분위기는 삼교(三敎)의 영향 아래 공적인 영역과 사적인 영역으로 분리되는 특수한 상황을 나타내었다. 특히 당대에 들어와서는 노자(老子)를 존숭하는 국가적 정책의 일환으로 도교가 국교로 지정되었으며 서방에서 전래된 불교가 민간에까지 보급되었으니 유교·불교·도교는 사회생활 전반에 걸쳐 적절히 혼재된 모습을 보였다. 즉 공적인 생활에서는 더욱 커진 국가를 운영하기 위하여 이전 시대에 비하여 유교가 훨씬 큰 힘을 발휘하였고 사적인 영역에서는 도교와 불교가 우위를 점한 것이었다.

이러한 삼교의 영향을 모두 받는 상황은 여성에게서도 양면적으로 적용되었다. 곧 여성의 사적인 생활 영역에서 도교와 불교의 원리가 적용되는 당대의 화려하고 자유분방한 사회적 분위기에 힘입어 중국 왕조사상 비할 바 없는 자유로움이 허용되었다. 또한 당대에는 여성의 사회적 활동 역시 제한적으로나마 인정되었다. 중국 역사상 전무후무한 여성 황제인 측천무후(則天武后, 재위 684~705)의 존재에 대해서는 차치하고서 당나라 황실과 연계를 갖는 도교와 관련하여 여성 사제인 여도사(女道士)라는 계급이 등장하였음은 바로 개방적인 당대 사회에 대한 증

---

10 비록 「열폐전」과 같은 형식은 아니나 『진서(晋書)』에서는 다음과 같은 예외적 조항이 있다: "나라를 속이고, 제왕이 행하여야 할 길을 잠시라도 방해한 일 가운데 천하에 권계가 될 만한 것들 또한 수집하여 차례지어서 편말에 부가해 놓았다(在諸僞國, 暫阻王猷, 天下之善, 足以懲勸, 亦同搜次, 附於篇末)."

거가 될 수 있다.

그러나 당대 여성 생활의 모든 부분이 자유롭고 개방적인 형태를 띤 것은 아니었다. 공적인 생활면에서 여성은 여전히 이차적인 존재였을 뿐 아니라 확대된 국가 통치의 제반 여건을 위하여 여성이 받는 유교 이데올로기에 의한 구속은 오히려 전대에 비하여 더욱 강화되었다. 즉 여성에 대한 유교 이데올로기의 구속은 여성의 정절을 강조하는 방향으로 진행되었으니 국가 통치를 위한 여성 정절의 강조는 이제 여성 억압적인 측면으로 작용하기 시작한 것이다. 이러한 여성 억압에 대한 음모의 시작은 그 당시의 지배 이데올로기를 가장 적절히 반영하는 공적 서사물인 정사 여성 열전에서 찾아볼 수가 있다. 바로 다음에 나오는 당대 위징(魏徵)이 편찬한 『수서(隋書)』에서는 여성의 덕목으로서의 정절을 처음으로 표면화하였는데, 서문의 내용을 살펴보면 아래와 같다.

> 부인의 덕은 비록 온유함에 있긴 하지만, 절개를 세워 그 이름을 드리움은 모두 정렬에 바탕이 된다. 온유는 어짊의 근본이고, 정렬은 의의 바탕이 된다.[11]

또한, 『구당서(舊唐書)』「열녀전(列女傳)」의 서문에서는 의가 아니면 죽기를 무릅쓰고 개가하지 않은 여성에 대하여 칭송하고 있다. 아울러 말대에 풍속이 어지러워져서 정숙한 행동이 적어졌기에 이 전을 찬술한다고 밝히고 있다.[12]

『수서』와 『구당서』의 서문에서 모두 열녀의 필수적인 덕목으로 여성

---

11 위징(魏徵), 『수서(隋書)』: "婦人之德, 雖在於溫柔, 立節垂名, 咸資於貞烈. 溫柔仁之本也, 貞烈義之資也."

12 후진(後晋)의 유구(劉昫)가 편찬한 사서(史書)로 서문의 내용은 다음과 같다: "至若失身賊庭, 不汚非義, 臨白刃而慷慨 …… 雖在丈夫, 恐難守節 …… 末代風靡, 聊播椒蘭."

의 정절을 내세웠다는 것은 앞서도 언급하였듯이 더욱 커진 국가와 사회체제의 운영과 관련이 있다. 그리고 여성에게는 지배 체제의 효율적인 운영을 위한 질서의 기본적 요건으로서 정절에 대한 구속이 요구된 것이었다. 하지만 공적 영역과 달리 사적인 영역에서의 여성 정절의 문제는 그다지 큰 힘을 발휘하지 못하였다. 비록 공식적으로는 정절을 여성의 덕목으로 강조하긴 하였으나 실제로 당대의 여성에게 정절은 권장 사항 정도이지 필수 사항은 아니었다. 그 예로 여성의 재혼이 당대에는 매우 빈번하게 이루어졌다는 증거를 들 수가 있다. 심지어는 지배 계층의 최고 통치자인 황제의 딸들조차도 거리낌없이 재혼을 하였으니 당대의 공주 가운데 재가(再嫁)를 한 사람의 숫자가 25명에 달하였고 세 번 결혼한 공주도 3명이나 되었다는 것은 여성에게 정절이 그다지 큰 걸림돌이 되지 않았음을 보여준다.[13] 이 밖에도 당대의 여성이 정절이라는 개념에 그다지 구속되지 않았음을 보여주는 또 다른 예가 있다. 바로 당대의 소설인 전기(傳奇) 가운데 「임씨전(任氏傳)」의 말미에서는 다음과 같은 평어(評語)로 그 당시의 세태를 반면교사하고 있다.

> 오호라! 이물의 정에도 인간의 도리가 있었구나. 포악함을 만나도 절개를 잃지 않았으며, 사랑하는 사람을 위하여 죽도록 목숨을 바쳤구나. 비록 지금 세상의 부인네들이라 하더라도 임씨만 못한 사람이 있구나.[14]

지배 계층이 창작자이자 독자였던 당대 전기는 공식적인 서사물이 아

13 동가준(董家遵), 「한나라에서 송나라까지의 과부와 재혼에 대한 풍속 연구(從漢到宋寡婦再嫁習俗考)」, 『중국여성사론집(中國婦女史論集)』(臺北: 稻鄉出版社. 1988), pp. 139-64.

14 심기제(沈旣濟), 「임씨전(任氏傳)」: "嗟呼, 異物之情也有人焉! 遇暴不失節, 徇人以至死, 雖今婦人, 有不知者矣."

니므로 표면적인 역사에 드러나지 않은 부분을 반영한다. 또한 전기는 본질적으로 권력과 연관된 서사물[15]이었기에 지배 계층이 고취시키려는 이데올로기를 충분히 반영해 내는 성격을 지니고 있다. 그러므로 전기에서는 권력자인 지배층이 원하는 여성의 모습과 함께 실제 사회에서의 여성의 모습이 동시에 존재할 수 있는 것이다. 곧 「임씨전」의 작자인 심기제(沈旣濟, 약 750~800)가 여우인 임씨가 정절을 지킨 것을 칭찬하였음은 바로 지배 계층이 원하는 여성의 모습을 투영한 것이다. 또한 심기제가 임씨가 비록 여우이지만 행실에서는 인간보다 훨씬 훌륭하다고 언급한 점은 그 당시 사회에 정절을 지키지 않는 여자가 다수였음을 반증하는 예가 될 수 있다.

「임씨전」과 비슷한 시기의 전기 작품인 「사소아전(謝小娥傳)」에서도 당대 여성의 정절에 대한 또 다른 예를 찾아볼 수가 있다. 「사소아전」은 이공좌(李公佐, 약 770~850)가 지은 전기 작품인데 도둑떼를 만나 친정 아버지와 남편을 잃은 사소아가 극적으로 살아나서 남장을 한 채 지내다가 이공좌의 도움으로 원수를 목베어 죽인다는 내용이다. 이 작품은 작자 이공좌가 작중 인물인 주인공 사소아와 함께 등장하였다는 점 때문에 사실적 기록으로 인정되어 『신당서(新唐書)』「열녀전」에 편입되었으며 당대 전기 가운데 가장 실록(實錄)에 가까운 형식을 지니고 있다.[16] 다음에 나오는 「사소아전」 마지막 부분의 평어에서는 사소아의 행위를 이렇게 극찬하고 있다.

> 군자께서는 이렇게 말씀하셨다: "맹서한 뜻을 버리지 않고서 아버지

15 당대(唐代)의 사인(士人)들은 과거급제, 혹은 더 높은 관직을 얻기 위하여 당시의 유력 인사의 기호에 영합하는 글을 써 올렸다. 그리고 유력 인사들은 그러한 글을 통하여 사인들의 재능을 미리 평가하기도 하였으니 전기(傳奇)가 바로 여기에 해당하는 것이었다.

16 전인초(全寅初), 『당대소설연구(唐代小說硏究)』(연세대학교출판부. 2000), p. 257.

와 남편의 원수를 갚은 행위는 절이요, 품을 팔아 잡된 곳에 처하였어도 여인임을 알지 못하게 함은 정이다. 여자의 품행은 오로지 정과 절을 끝까지 보전할 수 있어야만 한다. 소아와 같은 경우는 천하의 도덕을 거스르고 오상을 어지럽히는 인심에 경계가 될 만하고, 정절과 효도를 행한 부인으로서의 본보기를 보여주기에 충분한 것이다.[17]

위의 평어에서는 지배 계층의 목소리로 사소아가 여자의 행실 중 으뜸이 되는 정(貞)과 절(節)을 지켜낸 것을 극찬하면서 천하의 인심에 경계가 될 만한 본보기라고 하였다. 아울러 사소아만큼 정절에 대한 신념을 가지고 있지 않은 당대 여성들에 대한 교훈을 부가하고 있으니 이는 지배 계층이 여성들에게 정절의 중요성을 널리 강조시키기 위하여 노력한 증거가 될 수 있을 것이다.

수대와 당대에 이어 송대(宋代)에 들어서면 여성을 정절이라는 덕목으로 억압하고자 하는 음모는 더욱 강화된 형태를 띤다. 정통 유학에 입각한 송대의 지배 계층은 정절을 더욱 부각시키며 유교 윤리에 입각한 신분제도를 강조하였다. 송대 초 구양수(歐陽修, 1007~1072)가 편찬한 『신당서』「열녀전」의 서문에서는 아래와 같이 언급하였다.

여인의 행실은 부모에게는 효를 행하는 것이고, 지어미로서는 정절을 행하는 것이고, 어머니로서는 의로움과 자애를 행하면 되는 것이다. …… 큰 난리를 당하여서도 예와 정절을 지켜서, 시퍼런 칼 앞에서도 그 뜻을 버리지 않았으니, 철인 · 열사와 다투어도 여인의 명예를 더럽히지 않았다. …… 이제 행실이 더욱 뛰어난 사람을 골라서 본편을 지으니, 이는 아

17 「사소아전(謝小我傳)」: "君子日: '誓志不舍, 復父夫之仇, 節也. 傭保雜處, 不知女人, 貞也. 女子之行, 唯貞與節能終始全之而已.如小娥, 足以儆天下逆道亂常之心, 足以觀天下貞夫孝婦之節.'"

버지는 아버지답게, 자식은 자식답게, 지아비는 지아비답게, 지어미는 지어미다운 도리의 근본을 바로잡고자 함이다.[18]

위의 서문에서 보여지는 바와 같이 송대에 이르러서는 정절을 고수한 여성에 대한 찬양이 당대에 비하여 확실히 강조되었다. 즉 여성을 구속하기 위한 억압의 음모 역시 당대에 비하여 노골적이 된 것이었다. 아래에 나오는 『신당서』「열녀전」에 의한 조항은 정절에 대한 집착이 인간의 본성을 위배하는 수위에까지 이른 한 사례를 보여준다.

굳은 정절을 지닌 부인인 이씨는 나이 열일곱에 정렴의 처가 되었다. 그런데 결혼한 지 일 년이 못 되어서 정렴이 죽자 이씨는 항상 베옷만을 입고 채소만을 먹었다. 그런데 이씨부인은 밤에 문득 꿈을 꾸었는데 꿈속에서 웬 남자가 자신의 아내가 되어달라고 부탁을 하였다. 이씨는 처음에는 대수롭지 않게 여겼으나 그 후로도 계속해서 같은 꿈을 꾸는 것이었다. 그러자 이씨부인은 자신의 용모가 아직 늙고 추해지지 않았기에 이런 꿈을 끌어들인 것이라 생각하였다. 이에 즉시 머리카락을 자르고 베옷을 입고 외모를 꾸미지 않아 땟국이 흐르는 얼굴과 먼지 쌓인 피부를 하게 되었다. 그 후로는 다시금 그런 꿈을 꾸지 않았다.[19]

이 조항에 대하여 저명한 중국학 연구가인 닌하우저(W. H. Nienhauser, Jr.)는 "이 이야기는 여성의 잠재적인 본성이 유교 질서 유

---

18 구양수(歐陽修), 『신당서(新唐書)』「열녀전(列女傳)」; "女子之行, 於親也孝, 婦也節, 母也義而慈, 止矣. …… 至臨大難, 守禮節, 白刃不能移, 與哲人烈士爭不朽名. …… 今采獲尤顯行者著之篇, 以緒正父父, 子子, 夫夫, 婦婦之懿云."

19 앞 책. "女子之行, 於親也孝, 婦也節, 母也義而慈, 止矣. …… 至臨大難, 守禮節, 白刃不能移, 與哲人烈士爭不朽名. …… 今采獲尤顯行者著之篇, 以緒正父父, 子子, 夫夫, 婦婦之懿云."

지에 커다란 위협이 된다는 것을 강조하기 위한 조항" 이라고 언급한 바가 있다.[20] 즉, 여성을 정절이라는 덕목으로 묶어 놓지 않는다면 유교 이데올로기를 구현하기 위한 사회질서는 유지 불가능하다는 뜻이다. 또한 여성에게는 정절에 집착하는 사회 속에서 성적인 욕망을 억압받는 대가로 사회적인 칭송이 주어지게 되었다. 그리고 여성 자신도 자신의 본능적 욕망을 결코 인정하지 않은 채 남이 만들어 준 이데올로기를 위하여 매진한 것이었다. 위의 조항에 등장하는 이씨부인 역시 남이 만들어 준 이데올로기인 정절을 지키기 위해 열심히 노력하였다. 그러나 자신의 본능은 이씨부인 몰래 꿈을 통한 해소를 시도하였다. 하지만 유교적 정절 이데올로기는 꿈조차도 자유롭게 꾸지 못하게 하였다. 이씨부인은 스스로 자신의 용모를 추하게 만들어서 성적인 욕망을 억지로 묵살시켜 버렸고 꿈을 통한 본능의 해소 대신에 사회적인 칭송을 고스란히 얻는 것으로 보상을 받은 것이었다.

송대 초의 열녀 규정에 대한 또 하나의 증거로서 『구당서』「열녀전」에서의 위형(魏衡)의 처 왕씨의 경우를 들 수가 있다. 『신당서』「열녀전」은 당조(唐朝)의 역사서라는 공통된 취지 아래에서 『구당서』「열녀전」에 수록된 기사들을 대부분 전재(轉載)하였다. 그러나 『구당서』「열녀전」의 기사 가운데 송대 초기 유학가들의 관점으로 보아 열녀의 기준에 합당치 않다고 판단된 것은 과감히 배제시켰는데 바로 위형의 처 왕씨가 그러한 경우에 해당된다. 위형의 처 왕씨는 방기지(房企地)라는 장수에 의하여 강제로 정조를 잃었다. 왕씨가 방기지와 함께 지내던 중 왕씨의 남편인 위형의 군대가 방기지에게 쳐들어오게 되었다. 그러자 왕씨는 방기지가 술에 취하여 잠든 사이에 방기지의 목을 베고 위형의 군

---

20 W. H. Nienhauser, Jr, 『당대문학비교논집(唐代文學比較論集): 전기와 소설(傳記與小說)』(臺北: 南天書局. 1995), pp. 60-1.

대가 입성하도록 도와주었다. 그리고 이러한 왕씨의 행동에 대하여 당나라 고조(高祖)는 왕씨를 숭의부인(崇義夫人)에 봉하기에 이르렀다.

그런데 『구당서』에는 열녀로 버젓이 선정되었던 이 조항이 『신당서』에서 배제된 것은 무슨 이유에서일까? 우선 송대의 관점에서는 왕씨가 방기지에게 강간당하였을 때 정절을 지켜 자살하지 않았기 때문에 열녀로 선정하지 않은 것이었다. 그리고 비록 강간을 행한 장본인이기는 해도 함께 살았던 남성을 여성이 죽였다는 것은 살부(殺夫) 행위, 즉 사회의 윤리와 질서를 교란시킨 행위의 일종으로 규정하였기 때문에 왕씨의 조항은 열녀가 되기에 적당하지 않은 것이었다. 그러므로 이와 같은 몇몇 조항을 통해서 볼 때 송대 초기에는 전대에 비하여 여성을 억압하고자 하는 음모가 본격적으로 진행되었음을 파악할 수가 있다. 그리고 열녀에 대한 해석 역시 점점 여성을 배제시킨 남성 위주의 방식을 취하게 되었음도 알 수 있다.

그러나 공식적인 서사에서 정절의 중요성을 피력하여 여성 억압의 음모를 진행시킨 것과는 달리 송대 중엽까지도 여성 정절에 대한 구속력은 아직 완전치 못하였다. 여성 정절이 실제 생활에서 크게 대두되지 않았다는 것은 곧 여성의 재가 역시 별로 지탄받을 일이 아니었음을 의미한다. 송대 초의 유명한 유학가였던 범중엄(范仲淹, 989~1052)의 모친은 재가한 경험이 있었다. 이는 재가한 여성의 자식은 관직에 등용되지 못한다는 후대의 상황과는 큰 차이가 나는 점이다. 심지어 송의 황제인 진종(眞宗, 재위 998~1022)의 황후 유씨(劉氏)는 진종 이전에 이미 남편이 있던 여성이었고, 철종(哲宗, 재위 1086~1100)은 세 명이나 되는 외할아버지를 두었다. 게다가 철종은 세 명의 외조부에게 모두 사후의 영예를 추서한 바가 있었다. 또한 중국 문학사상 사학(詞學)의 발전에 지대한 업적을 남긴 이청조(李淸照, 1081~약 1140)도 재가한 여성이었다. 뿐만 아니라 송대 정통 유학가의 대표격인 정호(程顥, 1032~1085)의 며느리도 재가하였다는 기록이 있다.[21] 그러므로 실제 여성의 생활에서 정절이라는 여성 억압의 기제가 갖는 힘은 송대 중엽까지는 그다지 크게 작용하지 않은 것으로 보인다. 적어도 송대 중엽까지의 정절의 덕목은 아직은 열녀 조건의 권장 사항이자 선택 사항이지 필수 사항은 아니었음이 분명해진다.

송대 전체 역사 중 열녀들을 수록한 자료로는 『송사(宋史)』「열녀전」이 있다. 『송사』「열녀전」에서도 정절을 지킨 여성에 대한 칭송은 여전히 유효하다. 예를 들어 장씨(張氏)와 같은 경우는 자신을 강간하려는 남성에게 저항하다가 스스로 자기의 목을 베어 버린 여성이었다. 또한 주씨(朱氏)는 자신을 재가하게 하려는 부모에게 반항하여 목을 매 죽은 여성이었다. 그런데 장씨의 경우는 그 출신지가 악주(鄂州)이고 주씨의 경우는 개봉(開封)이라는 점과 이야기의 배경에 무창(武昌) 등의 남방 지명이 등장하는 것으로 보아, 아마도 이들은 정절 이데올로기가 강화된 남송(南宋)대의 여성일 것으로 추정된다. 그 이유는 송대의 유교 이데올로기가 비록 송대 초부터 강조되었으나 본격적으로 생활 전반에 구속력을 가진 것은 남송 이후의 상황이기 때문이다.

그러나 『송사』에 수록된 열녀들이 모두 정절을 지켜 선정된 여성만이 아니었다. 예를 들어 팽열녀(彭列女)의 예를 소개하자면, 팽열녀는 아버지를 따라 산에서 땔감을 장만하다가 아버지가 호랑이에게 물려서 죽을 뻔하게 된 것을 보고 용감히 칼을 뽑아 호랑이를 베어 죽인 용맹한 여성이다. 이와 같은 경우는 『송사』가 유목 민족인 원(元)나라에서 편찬된 것이었기에 정절만을 중요시한 송대 중엽 이후의 여성 이데올로기와는 성격이 다르다는 사실에 기인한다. 즉 『송사』「열녀전」이 비록 송대의

---

21 이에 대해서는 P.B. 에브레이, 『중국 여성의 결혼과 생활』(삼지원. 2000), 배숙희 옮김, pp. 327-46을 참조.

모범적 여성에 대한 기록이지만 『송사』를 편찬한 시점은 유목 민족인 원나라 정권하에서였기에 유목 민족인 원나라의 색채에 의하여 열녀 선정에도 가감이 이루어진 것이다. 그러나 이러한 몇몇 예외적 조항에도 불구하고 수대 · 당대, 그리고 송대를 거치면서 형성된 열녀에 대한 지식은 유향의 『열녀전』에 비하여 확연하게 정절을 중시하는 쪽으로 나아갔다. 그리고 정절로 여성을 구속하기 위한 음모도 서서히 진행되었다. 하지만 아직 음모는 완성되지 못하였고 전반적인 영향력도 공식적 서사에서 피력하는 만큼 그리 크지는 못하였다.

### 풍성한 여성 활동 원리

권력이 달라지면 구체적 실체에도 변화가 생긴다. 그리고 대상에 대한 진리 인식 또한 전변된다. 뿐만 아니라 권력을 가진 주체의 목적에 따라서 바로 조금 전까지 진리로 규정되었던 것이 이제는 배제되기도 한다. 이러한 맥락에서 본다면 열녀에 대한 지식도 역시 마찬가지가 된다. 곧 북방 이민족인 요(遼) · 금(金) · 원(元)대의 열녀는 한족(漢族) 통치 사회에서의 열녀와 확연한 차이가 났으니 이는 권력의 주체와 목적에 따른 결과라 할 수 있겠다. 그렇다면 한때 중원의 지배자로 군림하였던 거란족의 요나라와 여진족의 금나라, 그리고 몽고족의 원나라에서는 어떠한 여성을 열녀로 규정했을까? 이에 대하여 원대 탈탈(脫脫)이 찬술한 『요사(遼史)』「열녀전(列女傳)」의 서문에서는 다음과 같이 말하고 있다.

> 열녀(烈女)를 얻는 것은 현녀를 얻느니만 못하다. 그런데 이 세상에는 열녀의 이름만이 있을 뿐이니 바라는 바가 아니다.[22]

서문에 의하면, 『요사』에서 표방하는 모범적 여성은 중국적인 관점에 입각한 여성이 아니라 사리 분별을 잘하는 똑똑한 여자인 것으로 보인다. 그 예로 『요사』 첫머리에 나오는 형간(邢簡)의 처 진씨(陳氏)의 경우를 들어보면 진씨는 경의(經義)에 통달하여 여수재(女秀才)로 불리었다고 한다. 그는 훗날 아들 여섯을 낳아 손수 경전을 가르쳐 길렀으며 그중 두 아들을 재상으로 만들었기에 모범적인 여성으로 꼽혀서 『요사』에 수록되었다. 그리고, 야율씨(耶律氏)라는 여성은 어릴 때부터 총명하였는데 성인이 되어서도 시집가지 않기로 맹세하고 학문에만 힘쓴 여성이었다. 또한 야율중(耶律中)의 처 소씨(蕭氏) 역시 고금의 서적에 통달한 여성이었으니 요대의 열녀들은 기본적으로 학문을 바탕으로 한 여성이었음을 알 수가 있다.

『금사(金史)』의 열녀 선정 역시 『요사』와 마찬가지로 한족 중심적인 기준을 적용하지 않고 있다. 『금사』는 『요사』를 찬술한 원대 탈탈이 편찬한 것인데 『요사』에서 선정한 여성 가운데 한족 여성이 한 명도 들어가지 않았음에 비하여 『금사』에서는 한족 여성과 여진족(女眞族) 여성이 고루 선정되어 있다는 점에 주목할 만하다. 『금사』「열녀전」의 서문에서는 "여성이 일단 불행을 당하더라도 우뚝 스스로 일어서서 열장부의 기풍을 가져야 한다"[23]고 밝히고 있으니 이는 북방 민족적인 열녀의 기풍을 드러내는 점이다. 또한 특이한 점은 『금사』에 수록된 한족 여성들은 주로 개가하지 않고 자결하였기에 열녀로 선정된 것에 비하여 여진족 여성의 경우는 적과 용감히 싸워 전쟁에 공을 세운 여성이거나 혹은 적군을 물리치다가 먼저 죽은 남편을 따라 자결한 여성을 열녀로 들고 있다는 것이다. 예를 들어 아린(阿隣)의 처 사리질(沙里質)은 검을 빼

---

22 탈탈(脫脫), 『요사(遼史)』「열녀전(列女傳)」: "與其得烈女, 不若得賢女, 天下而有烈女之名, 非幸也."

23 『금사(金史)』「열녀전(列女傳)」「서(序)」: "一遇不幸, 卓然能自樹立, 有烈丈夫之風, 是以君子異之."

어들고 전투를 독려하여 사흘 만에 적을 격퇴시켰으며 아노진(阿魯眞)이라는 여성은 남자 옷을 입고 전쟁에 나아가 백여 명의 적을 살상하는 능력을 발휘하였다. 이와같이 전쟁 영웅인 여성을 열녀로 선정한 대목은 『금사』 이전의 정사 여성 열전에서는 찾아볼 수 없었던 덕목이다. 이는 열녀에 대한 지식이 그 시대의 권력에 기인하기 때문이고 그 당시의 권력 주체가 한족이 아니라 북방 이민족이었기에 열녀의 덕목에 새로운 기준이 포함된 것이다. 다시 말해 요 · 금 · 원대에는 여성 덕목을 정절에만 국한시켰던 전대에 비하여 오히려 훨씬 풍성한 여성 활동 원리가 작동된 것이다.

그러나 이 시대가 전대와 차별되는 풍성한 여성 원리만으로 가득한 것은 아니었다. 위에서 언급한 『요사』 첫머리에 나오는 형간(邢簡)의 처 진씨(陳氏)의 경우는 유향 『열녀전』에 나오는 '현명한 어머니상'과 궤를 같이한다. 비록 『요사』에서는 열녀(烈女)가 아니라 현녀(賢女)를 지향한다고 천명하였지만 『요사』의 현녀 역시 남성 논리를 대변하는 현녀일 뿐이다. 또한 『금사』에 등장하는 열녀 가운데 이영(李英)의 처 장씨(張氏)는 "나는 죽어도 이씨의 귀신이오(我死則爲李氏鬼)"라고 말하다가 죽임을 당하였고, 강주주(康住住)는 남편이 죽은 뒤 남편의 집에서 살 수 없게 되자 절벽에 몸을 던져 죽었다. 이것은 『금사』 「열녀전」의 서문에서 표방한 "불행을 당하더라도 우뚝 스스로 일어난다"는 것과는 괴리되는 가치를 보여주는 것으로 북방 이민족의 여성 열전이 근간한 이데올로기가 유향 이후 계속된 한족의 이데올로기에서 완전히 벗어난 것이 아님을 나타내 준다.

## 이데올로기의 복권

몽고족의 원나라를 무너뜨리고 한족의 왕조를 건립한 명태조 주원장

(朱元璋, 재위 1368~1398)은 몽고의 유습을 혐오하였다. 특히 그는 몽고족 고유의 형사취수(兄死娶嫂) 풍습과 남편이 죽은 후 계모가 의붓아들과 결혼하는 관습을 비도덕적이라고 여겼으며 더 나아가 정절을 지키지 않는 여성의 행위는 혼인 질서에 위배될 뿐 아니라 사회질서까지도 파괴한다고 단정하였다. 또한 주원장은 중국의 전통적 윤리 가치를 회복하는 일이 한족 국가를 재건하는 데 가장 중요하다고 판단하였다. 그래서 그는 우선 정통 유교 이데올로기에 입각한 법령을 선포하여 제국의 통치 기틀을 마련하였다. 그리고 정절을 지킨 여성을 포상하는 법령을 만들어서 여성에 대한 강력한 통제를 시행하였는데, 『명태조실록(明太祖實錄)』 권88의 홍무(洪武) 7년 3월 갑오(甲午)의 기록에 따르면, 명태조는 제녕부(濟寧府) 단현(單縣)의 백성인 양씨(楊氏)를 비롯한 6명에게 정문(旌門)을 내렸다고 서술되어 있다.[24]

이와 같은 명태조의 적극적인 정책에 힘입어 요 · 금 · 원대를 거치면서 잠시 주춤했던 정통 유교 이데올로기는 다시금 복권이 되었다. 그러나 복권된 명대의 유교 이데올로기는 오히려 원래의 색채를 잃어버리고 변질된 모습으로 재현되었으니 이는 명왕조가 송왕조로의 복귀를 지향점으로 삼았다는 것과도 유관하다. 국초부터 명왕조는 송대로의 회귀를 실현하기 위하여 바로 이전 시대에 엄연히 존재했던 원의 역사를 그대로 뛰어넘어 버리고자 하였다. 그러기 위해서는 유교 이데올로기에 강력한 힘을 실어 주는 것만이 몽고족 지배의 기억을 씻어 버리고 송대로 복귀할 수 있는 가장 좋은 방법이었다. 그래서 명왕조에서는 송대의 주자학을 국가 공인의 학(學)으로 수용하여 송대로 복귀할 수 있는 발판을 삼았으며 국가 최고 학문으로서의 권위를 구가하도록 하였다. 결국 명

24 공서탁(龔書鐸) 총주편(總主編), 『중국사회통사(中國社會通史)』, 「명대권(明代卷)」(太原: 山西教育出版社, 1996), p. 442.

대의 주자학은 모든 학문 위의 학문으로 군림하였고 주자학에 대한 어떠한 비판도 있을 수 없게 되었으니 이는 명대의 주자학에 주자의 학설을 수용하는 자유만 있을 뿐 주자의 경우와 같이 사색하는 자유는 허용되지 않았음을 의미한다.[25] 다시 말해 원래의 주자학이 자연계의 법칙과 원리, 즉 '이(理)'를 탐구하는 학문이었는 데 비하여 명대의 주자학은 '이'에 대하여 궁구하는 태도가 허용되지 않았으므로 주자가 말한 '이'를 잘 이해하고 그것에 순응하여 행동하는 실천적 태도만을 보인 것에 불과한 것이었다. 이러한 명대의 학풍은 주자학에 근간한 유교 이데올로기를 지엽적인 부분으로 흐르게 하였으며, 인간의 윤리와 도덕을 극대화하는 방향으로 전개되었다. 이것을 여성과 연관시켜 말하자면 여성의 덕목을 강조하고 그 본질에 대하여 중점을 두는 것이 아니라 여성 덕목을 실천하는 방법상의 최대치만을 피력하고자 하는 방향으로 재현된 것이다. 즉 명대의 여성은 그 이전 시대보다 더욱 유교 이데올로기에 충실한 모습을 보인 셈이 되었으니 결국 이것은 명대 초기의 정책과 학풍에 기인한 것이었다.

지금까지 서술한 명대의 학풍을 가장 잘 실천한 사람으로는 송렴(宋濂, 1310~1381) · 방효유(方孝儒) 등이 있었는데 그중 송렴은 명대 초 『원사(元史)』 편찬을 총괄한 사람이었다. 송렴이 찬술한 『원사』「열녀전」에서는 유교 이데올로기 복권을 기치로 내건 명대 초기 열녀에 대한 지식이 고스란히 반영되어 있다. 다만 특이한 점은 정절을 지키고 순사(殉死)를 행한 여성들이 거의 대부분 몽고족 여성이 아니라 한족 여성이라는 점이다. 이는 민족적인 특성상 수절 · 순사 등의 윤리 강목이 유목민족인 몽고 여성에게서보다는 한족 여성에게 더욱 많이 발견되었기 때

25 명대 초기 사상의 성격에 대해서는 동경대 중국철학연구실, 『중국사상사』(동녘. 1995), 조경란 옮김, pp. 187-92을 참조할 것.

문일 것이고, 한족 여성의 정절을 부각시키는 것이 명대 초 통치자들이 지향하는 목적에도 좀더 부합되었기 때문일 것으로 사료된다. 다음은 『원사』「열녀전」의 서문이다.

> 원나라가 천명을 받은 백여 년 동안, 부인네의 재능이 조정에까지 알려진 사람이 많았다. …… 그 가운데에는 남편의 죽음을 참지 못하여 슬퍼하며 자살함으로써 남편을 따른 자들도 있다. …… 그러나 구차히 살면서 욕을 당하고, 다시 시집을 가면서도 부끄러운 줄 모르는 자들도 간혹 있다. 그러므로 특별히 여기에서 저록하여 부인네들을 권계하고 독려하는 뜻을 보여주고자 한다.[26]

『원사』「열녀전」의 서문에서 보는 바와 같이 이전 시대까지 신분 질서와 여성의 정절을 최고의 덕목으로 삼던 가치관은 이제 남편을 따라 자살하는 여성에 대한 찬미로 바뀌어 버렸다. 그러므로 이 시기 여성 열전에서 부각시킨 가장 훌륭한 덕목은 죽은 남편을 따라 순사한 여성이 된 것이다. 게다가 앞서 언급한 열녀를 조장하는 국가적인 사업은 여성의 순사를 더욱 가속화시켰다. 결국 유교 사회 질서 유지를 위한 덕목인 정절이란 개념은 변질되었으며 사회는 여성에게 가학증적인 경향을 띠며 자살을 권장하였을 뿐 아니라 여성들 역시 마치 피학증에 빠진 것처럼 기꺼이 자살을 하였다. 그 예로 명태조 주원장이 죽자 그를 모시던 40명의 궁인 중 38명이 자결하였다고 한다. 또한 성조(成祖, 재위 1403~1424)가 죽자 30명 이상의 궁인이 자결을 하였고, 심지어 어려서 죽어 재위 기간이 겨우 1년뿐이었던 인종(仁宗, 재위 1425~1426)이 죽었

---

26 송염(宋廉). 『원사(元史)』「열녀전(列女傳)」: "元受命百餘年, 女婦之能以行聞於朝者多矣. …… 其間有不忍夫死, 感慨自殺以從之者. …… 然較於苟生受辱與更適而不知愧者, 有間矣. 故特著之, 以示勸厲之義云."

을 때도 2명의 여성이 자결을 하였다고 한다.[27] 이렇듯이 여성의 순사(殉死)는 위로부터 시작되었으며 명대 조정에서는 이러한 순사의 풍조가 일반 백성에게까지 확산되도록 하기 위하여 정절을 지키고 순사한 여성에 대하여 정문(旌門)의 수여와 패방(牌坊)의 건립을 적극적으로 추진하였다. 그 결과 정문이나 패방을 많이 부여받은 가문과 지역의 위상은 사회적인 명예를 획득하게 되었다.

『원사』「열녀전」에서 거론되는 열녀들은 명대 초의 관점에서 가장 훌륭하다고 평가된 여성들이었다. 그러므로 그들은 여타의 여성 덕목을 구현한 여성이 아니라 재가를 권유하는 주변 상황에 저항하여 정절을 지켰거나 순사를 택하여 사회적 명예를 획득한 여성들이었다. 그 예로 주출홀(周朮忽)의 처 최씨(崔氏)는 남편이 병으로 죽자 재가하지 않고 수절하고자 스스로 얼굴에 상처를 내었다. 또한 양씨(楊氏)라는 여성도 남편이 죽자 재가하지 않고 닷새 동안 곡기를 끊어서 자결을 하였다. 이들뿐 아니라 『원사』「열녀전」에 수록된 여성 가운데 대부분의 여성이 정절이라는 덕목으로 열녀에 올랐으며 그들 중 대다수가 신체 훼손을 시행하였거나 자결을 단행하였다. 그런데 이처럼 여성이 자신의 신체를 훼손하거나 스스로 목숨을 끊는 행위는 『원사』에 처음 등장한 것은 아니었으며 일찍이 유향의 『열녀전』에서도 찾아볼 수가 있다. 유향의 『열녀전』에서는 여성들이 극단적인 상황에 처하였을 때, 자신의 입장을 주장하고 정당성을 입증받기 위해서 죽음과 자해의 방법을 택하였다. 예를 들어 기량(杞梁)의 처는 재가하지 않으려고 치수(淄水)에 몸을 던져 죽었으며 양(梁)나라의 과부 고행(高行)은 양왕(梁王)의 요구에 응하지 않으려고 자신의 코를 도려내었다. 또한 식군(息君)의 부인(夫人), 초 성

27 명대 여성의 수절과 자살에 대해서는 전여강(田汝康), 『공자의 이름으로 죽은 여인들』(예문서원. 1999), 이재정 옮김, pp. 19-32를 참조할 것.

왕(楚成王)의 부인(夫人)인 정무(鄭瞀), 초 소왕(楚昭王)의 첩 월희(越姬) 등이 자신의 뜻을 관철시키기 위하여 자결을 하였다.

어쨌든 유향의 『열녀전』 이후 『원사』「열녀전」에 이르기까지 자결과 자해를 택한 여성들의 한결같은 공통점은 그들이 행한 행위의 목적이 유교 윤리를 대변한다는 점에 있다. 즉 열녀들은 유교적인 예의, 혹은 여성의 도리를 수호하기 위하여 자기 욕구를 극단적으로 부정하며 일반적인 인간의 본성을 뛰어넘는 행위를 감행한 것이다. 이러한 열녀들의 자해 행위를 라캉(Jacques Lacan)의 방식으로 설명하자면 초자아라는 감정의 억압 기제가 극단에 이른 순간 오히려 지나친 감정 분출이 야기된 것으로 볼 수 있다. 다시 말해 자결 · 자해 등으로 귀결되는 감정의 극단적 노출은 초자아의 억압에 대한 반대급부적 형태라는 것이다. 또한 열녀들의 공통적인 특징은 그들이 대개 자결 · 자해 행위를 두려워하지 않으며 자신들이 지켜야 할 원칙을 고수하기 위하여 사력을 다하는 강박신경증적인 증상을 보인다는 점이다. 그런데 이 같은 강박신경증이라는 것은 쾌락의 원리와도 상관되는 것이다. 즉 열녀들이 본능을 억누르며 강박적으로 원칙의 고수를 행하는 것은 오히려 일종의 피학증적 쾌락이 될 수도 있다는 뜻이다. 그리고 강박신경증으로 인한 쾌락이 더 이상의 효과를 보지 못할 때 모든 것을 해체하여 원점으로 되돌리고 싶은 '죽음에의 본능'이 야기된다고 볼 수 있다.

그렇다면 강박신경증은 열녀로 선정된 여성들에게만 작용된 것일까? 누차 언급하였듯이 열녀에 대한 지식은 권력을 지닌 남성이 만든 지식이었고 강박신경증적으로 정절 이데올로기를 고수하였던 여성 유형 역시 남성이 선별해 낸 유형이었다. 결국 예의 · 도리를 지키기 위하여 자기 욕구를 극단적으로 부정하는 여성상의 설정은 남성 자신의 모습이 투사된 것이다. 즉 예의와 도리가 무너질까 봐 전전긍긍해하며 강박적인 삶을 살았던 남성의 가학증적인 면이 반영된 것으로 보아도 무방하다.

『원사』「열녀전」에서 보이는 바와 같이 명대 초 유교 이데올로기의 복권은 전체 사회를 강박신경증에 휩싸이게 하였으며 과부인 여성을 죽음으로 몰고가기에 충분했다. 그러나 그것은 순전히 공식적인 서사물에서 보여지는 것일 뿐이다. 명대 전 시대의 모든 여성들이 남편을 따라 죽기 위한 삶을 산 것은 아니었다. 물론 남편을 따라 순사하거나 정절을 지키려고 안간힘을 쓴 여성도 적지 않았겠지만 실제 여성의 모습은 정조를 잃고도 남편과 재결합한 여성, 오히려 자발적으로 사통을 한 여성에 이르기까지 실로 다양하였다. 이러한 다양한 여성의 모습은 정사의 여성 열전과 같은 공식적 서사물에서가 아니라 비공식적 서사물인 명대의 화본 소설(話本小說)에서 찾을 수가 있으니[28] 명대의 화본 소설인 풍몽룡(馮夢龍, 1574~1646)의 『유세명언(喩世明言)』·『경세통언(警世通言)』·『성세항언(醒世恒言)』과 능몽초(凌濛初, 1590~1644)의 『박안경기(拍案驚奇)』, 서호(西湖) 어은주인(漁隱主人)의 『환희원가(歡喜冤家)』 등에서는 정절 이데올로기에서 비교적 자유로운 수많은 여성의 모습을 그려 내었다.[29] 또한 이들 소설 속에서는 명대의 정절 이데올로기를 통렬히 비꼰 부분도 수록되어 있다. 그 가운데에는 정문(旌門)까지 하사받은 열녀가 사실은 음탕한 여인이었으며 한 가문에서 열녀를 배출해 내기 위하여 얼마나 겉과 속이 다른 작태를 연출하고 있는지에 대한 내용을

28 이에 대해서는 김민호, 「중국 화본 소설의 변천 양상 연구」(고려대학교 중문과 박사학위 논문. 1998), pp. 196-225를 참조.

29 모든 명대의 화본 소설이 교화와 통속의 조화를 추구하고 있듯이 이 글에서 언급한 소설들이 비교적 자유로운 여성의 모습을 그렸다 하더라도 결코 유교 이데올로기의 제약에서 완벽하게 벗어난 모습은 아니었다. 특히 육인룡(陸人龍)의 『형세언(型世言)』 같은 소설은 명말의 복고주의적 경향에 편승하여 강한 교화적인 색채를 보이는 소설이었기에 오히려 여성의 정절을 강화시킨 경향이 있다. 반대로 『환희원가』에 등장하는 여성들은 거의 대부분 사통을 하고도 그다지 큰 벌을 받지 않고 있다. 이처럼 개별 작품에 따른 편차에도 불구하고 화본 소설에 나타난 여성의 주된 형상이 『원사』「열녀전」에 수록된 열녀의 형상과는 확실히 차이가 있음은 분명하게 드러난다.

소개하고 있으니 이는 열녀에 비정상적으로 집착하는 그 당시의 세태를 풍자한 것이기도 하다.

하지만 비공식적 서사물인 화본 소설에서 정절 이데올로기에 구속되지 않은 다양한 여성상과 열녀의 위장된 모습에 대한 풍자를 제시하였다고 하더라도 명대 사회는 여전히 정절을 중시한 유교 이데올로기의 구속 아래에 있었음은 당연하다. 명대 화본 소설의 작가 중 한 사람인 풍몽룡은 그의 작품 속에서 비록 정절에 집착하지 않는 여성의 모습을 서술하기도 하였지만 오히려 자신의 소설 서문에서는 여성에게 바라는 것은 바로 "절개 있는 부인이 되게 하는 것(爲節婦)" 이라고 밝혔으며, 자신의 소설은 오직 교화를 위하여 복무한다는 입장을 견지하였다. 또한 능몽초 역시 『이각박안경기(二刻拍案驚奇)』「장복낭이 헌마음으로 수절하고 주천석은 만리 밖에서 이름이 들어맞다(張福娘一心貞守 朱天錫萬里符名)」와 같은 작품에서 수절한 여성에 대한 칭찬을 아끼지 않고 있을 뿐 아니라 동일한 책의 권31에 나오는 「효자는 결국 시신을 사이에 두고 순사한 여인은 상여가 되어 같이 나오네(行孝子到底不簡尸 殉節婦留待雙出柩)」에서는 아예 남편을 따라 삼년상을 치르고서 순사한 여성의 미덕을 찬양하기에 이른다.

이러한 상황에 근거해 볼 때 비록 몇몇 화본 소설에서 보여준 정절 이데올로기에서 자유로운 여성 형상에도 불구하고 정절에 고착된 명대 이데올로기의 주류는 흔들림이 없었음을 고찰할 수가 있다. 그리고 수절, 더 나아가 순사로 표상되는 명대 유교 이데올로기의 복권은 근본적으로 여성에 대한 억압과 통제를 더욱 강화시키는 역할을 하였으니 열녀에 대한 선정 기준은 이전 시대보다 더욱 남성 중심적이 된 셈이었다.

## 도착증의 시대

한족의 명나라를 무너뜨리고 건립된 만주족(滿洲族)의 청(淸)나라는 인구 수나 문화의 정도에서 압도적으로 우세한 한족을 통치하기 위하여 고심하였다. 그래서 청대 초의 통치자들은 한족의 정통 문화를 존중하는 정책을 시행하였고 은둔해 있던 민간의 학자들을 계속적으로 등용하고 우대하였다. 이러한 분위기 속에서 관찬(官撰)된 것 중 하나가 바로 장정옥(張廷玉)·왕홍서(王鴻緖) 등이 찬술한 『명사(明史)』이다. 『명사』에서는 기본적으로 명대의 유교 이데올로기를 계승하는 입장을 취하면서 전대의 성과를 집대성하는 청대 초기의 사회적 분위기를 반영하였다. 그 가운데 명대 열녀에 대한 기록인 『명사』「열녀전(列女傳)」을 살펴보면 유교 이데올로기의 계승적인 측면에서 전대부터 강조되어 온 정절 이데올로기를 여전히 중시하고 있음을 알 수 있다. 또한 청대 초기부터 태동되기 시작한 박학(博學)의 기풍과 관련하여 열녀(列女)에 관하여 수록된 조항은 전대의 역사서보다 거의 곱절이나 늘어났음을 파악할 수가 있다. 다음에 나오는 『명사』「열녀전」의 서문에서는 이러한 청대 초기의 관점에 입각한 열녀의 모습이 여실히 드러난다.

> 유향이 열녀에 대한 전을 지었으니 이는 그들이 행한 사적 가운데 거울로 삼을 만한 것을 취한 것으로 정조라는 덕목 하나에 국한된 것이 아니었다. 범씨가 그 뜻을 받들어 『후한서』「열녀전」을 지었는데 이것 역시 재주와 행실이 높고 뛰어난 자를 선별한 것으로 오로지 절열만을 귀하게 여긴 것이 아니었다. 그런데 위대와 수대로 내려가면서 역사가들은 대부분 혼란스런 환난 속에서도 살신하여 의를 따른 사적을 취하였다. …… 명나라가 일어나자, 열녀에 대한 법 조항을 만들었는데, …… 행실이 가장 뛰어난 자에게는 사당을 만들어 주었으며 그 다음으로 뛰어난 자에게

는 패방을 세워 주었다. …… 뛰어난 자로서 실록과 군읍의 지방지에 기록된 자들은 만여 인을 넘는다. 그중에는 비록 문예가 출중한 자들도 있지만 그중 핵심이 되는 것은 절열의 덕목이 대다수이다. …… 이제 그중 뛰어난 자들을 선별하여 시대에 따라 차례를 짓거나 종류에 따라 귀속시켜 한 편에 모두 저록하였으니 전대의 사서보다 거의 곱절이나 된다.[30]

서문에서 보여지는 바와도 같이 청대 초의 열녀 선별 기준이 명대의 기준과 대동소이함이 증명되니 정절을 지킨 여성을 최고의 여성으로 평가하였던 명대의 관점 역시 유효함을 알 수 있다. 그 예로 『명사』「열녀전」의 첫머리에 등장하는 월아(月娥)와 같은 여성은 적군이 쳐들어오자 정조를 잃지 않으려고 물 속에 몸을 던져 죽었다. 그리고 그 광경을 본 아홉 명의 부녀자들도 모두 월아를 뒤따라서 물 속에 몸을 던져 자살하였다. 또한 『명사』「열녀전」에서는 남편이 죽자 음식을 먹지 않고 순사한 여성인 백씨(白氏), 목을 매어 자살한 여인인 고열부(高烈婦)·우씨(于氏) 등의 열녀가 기록되어 있는데 이들과 같이 정절을 지켰거나 수절을 하였거나 혹은 순사한 여성은 『명사』 전체를 통틀어 274명이나 된다. 이와 같은 정절의 강조에 대해서 중국 역대 정사의 여성 열전만을 근거로 하여 도표로 작성해 보면 『명사』에 이르러 수절한 여성의 수가 대폭 증가하였음을 분명히 알 수 있다(표 참조).

『명사』의 기록 이외에도 여러 지방지(地方志)·전기(傳記)들을 근거로 편찬된 『고금도서집성(古今圖書集成)』에 따르면, 청대의 정숙한 여

30 『명사(明史)』「열녀전(列女傳)」: "劉向傳列女, 取行事可爲鑒戒, 不存一操. 范氏宗之, 亦采才行高秀者, 非獨貴節烈也. 魏, 隋而降, 史家乃多取患難顚沛, 殺身殉義之事. …… 明興, 著爲規條, …… 大者賜祠祀, 次亦樹坊表. …… 其著於實錄及郡邑志者, 不下萬餘人, 雖間有以文藝顯, 要之節烈爲多. …… 今掇其尤者, 或以年次, 或以類從, 具著於篇, 視前史殆將倍之."

표. 중국 역대 정사의 여성 열전에 나타난 수절 열녀의 수

| 정사의 여성 열전 | 전체 열녀의 총계 | 수절 열녀의 총계 | 비율(100%) |
|---|---|---|---|
| 후한서 | 17 | 3 | 17.7% |
| 진서 | 38 | 6 | 15.7% |
| 북사 | 34 | 7 | 20.5% |
| 신당서 | 52 | 10 | 19.2% |
| 송사 | 45 | 5 | 11.7% |
| 금사 | 22 | 4 | 17.2% |
| 원사 | 65 | 13 | 20.2% |
| 명사 | 235 | 94 | 40.0% |

성의 수는 12,323명인데 그중 9,482명이 수절을 하였고 2,841명이 자살하거나 살해되었다고 한다. 그런데 『고금도서집성』이 편찬된 1725년은 대략 청나라가 건립된 지 81년이 지난 시점임을 감안한다면 청대 전반에 걸친 대대적인 정절 이데올로기는 공전(空前)의 상태에 달하고 있음을 쉽사리 식별해 낼 수가 있다. 이에 대해 『중국여성생활사(中國婦女生活史)』에서 진동원(陳東原)은 청대의 정절 관념은 명대를 거치면서 극도로 좁은 의미의 정절 관념으로 변하였는데 정절에 대한 믿음이 거의 종교적인 수준을 방불케 한다고 밝힌 바 있다.[31] 곧 청대 여성의 정절에 대한 신념은 거의 광분에 가까울 정도여서 유교 이데올로기가 복권된 명대보다 훨씬 보편적이며 강하게 작용하였다는 것이다. 그 예로 명대에는 남편을 잃은 부인만이 수절 · 순사를 했음에 비하여 청대에 이르러서는 아직 혼례를 치르지 않은 여성도 상대편 남성이 죽었을 경우 수절 · 순사를 해야만 되는 사회적 분위기가 형성되었다. 이러한 사회적 분위

31 진동원(陳東原), 『중국여성생활사(中國婦女生活史)』, 「제18장 청대의 여성생활: 개론(第18章 淸代的婦女生活: 槪論)」(臺北: 商務印書館, 1928).

기의 조장은 청대 통치자들의 통치 정책과도 연관성이 있는데 만주족 통치자들은 한족 백성들에게 자신들의 자비로움과 높은 윤리적 수준을 알리기 위해서 정책적으로 유교 윤리를 이용한 것이다. 즉 순치제(順治帝)와 같은 경우는 황제 즉위 1개월도 안 되어 여성의 정렬을 숭배하는 것이 통치하는 데 매우 중요한 문제라고 공언하기도 하였으며, 패방을 세우는 데 드는 비용을 해당 가족이 충당하는 것에서 지역의 기금으로 충당하도록 법령을 개정하였다. 또한 청대의 통치자들은 열녀의 칭호를 받을 수 있는 조건을 명대에 비하여 대폭적으로 완화시켜 여성의 정절 숭배가 사회적으로 보편화될 수 있도록 하였으니 열녀의 이름은 지방지마다 넘쳐흐르게 되었다.

게다가 여성의 수절과 순사는 이제 공개적인 차원으로까지 발전하여 복건성(福建省) 등의 지역에서는 탑대(塔臺)[32]라는 비인간적인 의식이 성행함에 이르렀다. 탑대란 것은 원래 단을 쌓는다는 의미인데 이는 여성이 자신의 목을 매달겠다는 뜻을 여러 친지들에게 공개적으로 알린 뒤 친지들을 초청하여 성대한 자살 의식을 거행하는 것을 말한다. 만일 어떤 가문의 여성이 탑대를 하게 되면 그 여성의 가문에는 대단한 영예가 되었다. 그렇기에 탑대는 급속도로 전파되어 복건성의 복청현(福淸縣)에서는 수절 여성의 자살 가운데 탑대의 비율이 15%를 차지하기에 이르렀다. 또한 여성의 자살 날짜 역시 친지들의 동의하에 엄숙히 정해졌고 명문가일수록 이러한 행위에 만전을 기하기 위하여 엄청난 경비를

32 사회심리학적인 의미에서 이 같은 공개적 자살 의식이 성행한 사회심리를 분석해 보면, 자살을 도덕적 의무와 연관시킨다는 점을 도출해 낼 수가 있다. 즉 공개적 자살은 도덕적 특성을 지닌다는 것인데, 이러한 자살에 대해서 일찍이 에밀 뒤르켐(Émile Durkheim)은 이타적인 자살이라고 명명한 바가 있다. 뒤르켐이 명명한 이타적 자살의 성격은 의무로서의 속성을 지니고 있을 뿐 아니라 사회적 지위 · 위세 · 존중을 얻기 위한 자발적인 형태를 취한다. 이에 대해서는 뒤르켐(Émile Durkheim), 『자살론(Le Suicide)』(청아출판사. 1994), 김충선 옮김, pp. 232-3.

지출하면서까지 성대히 탑대 의식을 거행하였다고 한다. 이 같은 공개적인 자살은 청대 초엽과 중엽에 가장 성행하였으며 1850년까지도 이루어졌으니 정절 숭배는 가히 도착증에 가까운 현상을 보였다고 할 수 있겠다.

여성의 자살 성행에 대하여 청나라 정부에서는 1688년에 법령을 공포하여 배우자나 약혼자가 죽은 후 여성이 자살하는 행위를 금지하도록 하였다. 그러나 이미 청대 사회의 여성 자살에 대한 도착증적 현상은 회복될 수 없는 지경에 이르렀으니 아무리 국가에서 금지하는 법령을 공포하였어도 소용이 없었다. 이러한 당시의 상황에 대해서는 우리나라의 연암(燕岩) 박지원(朴趾源, 1737~1805)이 지은 『열하일기(熱河日記)』에도 기록되어 있다. 『열하일기』「태학유관록(太學留館錄)」의 8월 10일 날짜로 된 기록에서 박지원의 필담 상대인 왕곡정(王鵠丁)은 중국 여성의 수절에 대하여 다음과 같이 언급한 부분이 있다.

> 우리 중국에는 과부의 개가를 금지하는 풍속이 있어서 막대한 폐단을 일으키고 있습니다. 납채(納采)만 하고 초례(醮禮)를 올리지 않았거나 합근(合巹)만 하고 초야(初夜)를 치르지 않은 경우에도 불행한 사고가 있으면 평생토록 과부의 절개를 지켜야 합니다. 그래도 이것은 오히려 나은 편입니다. 집안끼리 우의가 깊어 아이가 뱃속에 있을 때부터 미리 혼인을 약속한다거나, 또는 더벅머리일 때에 부모끼리 언약하였을 경우라도 남자 쪽에 불행한 일이 생기면 여자는 독을 먹거나 목을 매어 남자와 함께 묻히기를 바라기도 합니다. …… 국법에 따라 엄히 단속하여 이러한 행위를 벌하기도 하지만 고쳐지지 않고 마침내 중국의 풍속이 되었으니 이 같은 일은 중국의 동남 지방에서 유독 심합니다.[33]

전술한 바와 같은 청대의 대대적인 여성 자살의 열풍은 청대 전체 역사를 총괄한 『청사고(淸史稿)』「열녀전」에도 기재되어 있다.[34] 『청사고』「열녀전」에 수록된 청대의 열녀들은 『명사』「열녀전」보다 편수에서 훨씬 늘어났을 뿐 아니라 기록된 열녀의 덕목 역시 현모(賢母) · 효녀(孝女) · 효부(孝婦) · 현부(賢婦) · 절부(節婦) · 정부(貞婦) · 정녀(貞女)로 나뉘어 있다. 그러나 내용을 살펴보면 현모 · 효녀 · 효부 · 현부에 대한 기록에 비하여 절부 · 정부 · 정녀에 대한 기록이 현저하게 많은 편폭을 차지하고 있는데 이는 청대 사회에서 중시한 열녀의 덕목이 후자에 집중되어 있다는 증거이기도 하다. 특히 혼인 약속만 한 미혼 여성의 자살에 대해서는 『청사고』「열녀전」에도 상당한 편수가 수록되어 있는데 『청사고』「열녀전」 296의 「열녀 2(列女二)」는 내용의 대부분이 순사한 미혼 여성에 대한 기록이다. 『청사고』「열녀전」에 기재된 미혼으로 순사한 여성들은 거의 '누구의 빙처(聘妻)인 누구'라는 형태로 기재되어 있는데 여기에서의 '빙처'란 의미는 '처(妻)'와는 구별되는 용어로서 아직 실제 혼인이 성립되지 않은 여성에 대한 명칭을 뜻한다. 또한 이들 빙처들은 거의 대부분 남편될 사람의 죽음을 알고도 혼인을 무효화하지 않고 기꺼이 자결을 하였다는 공통된 특징을 지니고 있으니 이는 바로 청대 열녀의 가장 대표적인 특성이라 할 수 있겠다.

그렇다면 여기에서 우리는 중국 역사상 청대에 정절을 지키기 위한 여성의 자살이 최대치를 기록한 사실에 주목할 필요가 있다. 무슨 이유에서 청대에는 그토록 많은 여성이 자살을 한 것일까? 그리고 과연 유교적인 정절 이데올로기가 여성의 자살을 부추긴 원인이었을까? 이에 대

---

33 박지원(朴趾源), 『열하일기(熱河日記)』「태학유관록(太學留館錄) · 8월 10일, 갑오(甲午)」, 전영진(田英鎭) 편저(홍신문화사. 1996).

34 비록 『청사고(靑史稿)』가 정사가 아니라 민국(民國)때 편찬된 책이긴 하지만 청대 전체를 총괄하였다는 점에 근거하여 이 글에서는 여타 정사의 여성 열전들과 병렬선상에서 논의하였다.

해 전여강(田汝康)은 그의 저서인 『공자의 이름으로 죽은 여인들』에서 과거 시험에 대한 남성의 불안이 여성의 정절 숭배와 매우 밀접한 관련성이 있음을 강조하고 있다. 그는 이 책에서 청대의 지역별 과거 합격자의 수와 자살한 여성의 수가 비례하고 있음을 증거로 들면서 여성의 자살을 부추기는 중요한 요인 중 하나로 과거급제에 대한 남성의 스트레스가 작용을 하였다고 밝혔다. 이 책의 주장에 의하면, 청대의 남성들은 과거 시험에 대한 심각한 경쟁에 따른 불안으로 인하여 사회 · 심리적인 아노미를 겪고 있다고 하였다. 특히 과거 시험에 낙방한 대다수의 남성들은 전통의 유교적 윤리 규범에 대한 심한 좌절감과 동시에 그 규범을 따라야만 한다는 이중적인 감정을 가지게 되었다. 그래서 그들은 자신들의 억눌린 좌절감과 근심을 대리 투사할 대상이 필요하였고, 바로 여성의 정절 문제를 선택하게 된 것이라는 것이다. 그리고 남성들은 정절로 인하여 발생하는 여성의 고통과 재난을 미화시킴으로써 자신의 좌절감을 면제받을 수 있는 가치 체계를 마련한 셈이 되었다고 한다.[35]

어쨌든 유교 사회의 히스테리아(hysteria)적인 욕망을 내포하는 정절 이데올로기는 도덕이라는 남성적 코드를 대변하면서 청대 사회에서 가장 권위 있는 여성 가치관, 즉 열녀 선정의 중요한 기준이 되었으며 유향의 『열녀전』 이래 타자화된 여성 지식의 극치를 이루었다. 그러나 청대의 열녀라는 이름은 그 이름에 따른 도덕이 발산하는 아우라(Aura)로 인하여 권력의 모순 체계 내에서 가능한 모든 추악한 모습은 가려져 버렸다. 이러한 열녀의 모순된 모습에 대하여 청대의 소설가이며 희곡 작가인 이어(李漁, 1611~1676)는 그의 작품 『무성희(無聲戲)』에서 통렬한 풍자를 가한 바가 있다. 그는 『무성희』 제4회에서 금경낭(金莖娘)이라는

35 전여강(田汝康), 『공자의 이름으로 죽은 여인들』, 이재정 옮김(예문서원. 1999)의 제4장과 제5장, 제7장을 참조.

정숙하기로 이름난 여인이 어느 날 갑자기 죽었는데 그 이유를 알고 보니 바로 금경낭이 남몰래 복용한 춘약(春藥) 때문이었음을 밝히면서 정절에 대하여 집착하는 사회적 분위기를 희화화시켰다.[36]

그리고 「여인은 일곱 번 살아날 계략을 이야기함(女陳平計生七出)」에서는 표면적으로는 여인이 재치로 지킨 정조를 칭송하는 듯하지만 실제로는 정절 이데올로기의 맹목성을 꼬집고 있다. 즉 경이랑(耿二娘)이라는 여성은 도적의 침입으로 온 집안의 목숨이 위태로워지자 스스로 도적 두목의 부인이 되어 집안 사람의 목숨을 구한다. 그리고 그는 자신의 음부에 약물을 발라 붓게 하기도 하고 월경을 핑계로 대기도 하는 등의 온갖 방법을 동원하여 두목의 접근을 막는다. 결국 함께 끌려간 여자들 가운데 경이랑만 정절을 잃지 않았으며 경이랑은 도적 두목을 마을로 유인해 사로잡게 만든다. 이렇게 되자 마을 사람들은 모두 경이랑의 정절을 궁금해하였다. 경이랑의 남편은 부인이 정절을 잃었는지의 여부를 추궁하려고 도적 두목을 몽둥이로 때려가며 자백을 강요하였다. 또한 동네 남자들이 모두 모여 경이랑의 정절에 대하여 한바탕 논란을 벌인다. 이 부분에서 이어는 정절에 대한 마을 사람들의 논란에 상당 부분을 할애하면서 정절에 대한 당시 사람들의 맹목적인 추종을 비판하고 있다.[37]

이 밖에도 청대의 학자들 가운데 모기령(毛奇齡)은 강희(康熙) 50년 신묘년(辛卯年)에 지은 문장 「규수의 수절과 순사를 금지하는 글(禁室女守志殉死文)」에서 결혼하지 않은 여성은 수절이나 순사를 할 이유가 없으며 먼저 죽은 약혼자와 합장할 필요도 없음을 주장하였다. 하지만 이

36 이어(李漁), 『무성희(無聲戲)』. 제4회 「이발사가 풍류를 즐겨 가까스로 기생을 속량하고 전운사는 의롭게 재물을 되찾다(待詔喜風流攢錢贖妓, 運弁持公道捨米追贓)」.

37 민혜경, 「이어(李漁)의 화본소설(話本小說) 시론(試論)」(한국중국소설학회 제36회 정기 학술발표회. 1998. 9).

와 같은 몇몇 진보적인 입장들에도 불구하고 전반적인 청대 사회는 만연된 정절 숭배 속에서 죽음에 대한 도착증적인 성향을 띠었으며 여성 억압에 대한 최극점을 이룩하였다. 그리고 여성 억압에 대한 청대의 기본적인 성격은 결국 태평천국(太平天國)의 난을 거쳐 그 이후 무술변법(戊戌變法) 운동의 시대에 이르러서야 다소나마 개선되었다고 볼 수 있겠다.[38]

지금까지 살펴본 바와 같이 유향의 『열녀전』에서부터 『청사고』「열녀전」까지의 열녀들은 서로 다른 다양한 옷을 입고 있었다. 어떤 시대에는 매우 잘 어울렸던 옷이 또 다른 시대에서는 전혀 어울리지 않았고 이 시대에서는 많은 옷이 필요하였으나 저 시대에서는 옷이 단 한 벌밖에 필요하지 않기도 하였다. 그렇지만 각 열전의 서문에서 밝혔듯이, 정사의 여성 열전들은 모두 유향의 『열녀전』을 종주로 삼고 있는 계보라는 점에서는 공통적인 속성을 지니고 있었다. 또한 더욱 중요한 공통점은 이들이 표방한 열녀라는 것이 바로 타자화된 여성의 지식이라는 점이었다. 이는 곧 제아무리 여성 활동의 영역이 광활하고 그 안에서 구현된 활동 원리가 풍성했던 시대라 하더라도 열녀는 자기 자신으로서 존재하지 못하였다는 뜻이다. 이러한 타자화된 여성 지식으로서의 열녀는 유향의 『열녀전』 이래로 변함이 없는 견고한 바탕이 되었으니 어느 시대에서나 열녀들은 남성 욕망의 대리자이며 매개자에 불과하였으며 자기 자신을 반영해 내지 못하는 존재일 뿐이었다. 결국 열녀는 남성 욕망에 기인한 강력한 기호의 형태로만 존재하였으며, 다른 여성들 역시 기호화된 열녀

---

38 호적(胡適)의 『호적문존(胡適文存)』 제1집에서는 「정절문제(貞節問題)」라는 제목의 글이 실려 있다. 그런데 이 글의 내용에 따르면 그 당시인 민국(民國) 7년(1918년)의 여성들도 여전히 남편을 따라 자살하거나 수절하는 윤리 규범에서 자유롭지 못한 것으로 되어 있다. 그러므로 여성을 정절이란 덕목으로 구속하는 윤리관은 중국 왕조가 끝난 이후로도 상당히 오랫동안 유지되어 왔음을 알 수가 있다.

의 모습을 응시함으로써 기호의 질서 속에 저절로 편입되어 버렸다. 그러므로 매 시대의 열녀는 남성 사회의 의미 체계를 요약한 가치 기호로서 흔들리지 않는 계보를 이룩하였던 것이다.

## 4. 원전의 계보들(Ⅱ): 여성의 목소리로 말한 『열녀전』

원전 『열녀전』의 또 다른 계보들은 원전의 유사작들인 여계 문학(女誡文學)들에서 찾아볼 수가 있다. 여계 문학이란 것은 여성이 지켜야 할 온갖 도리와 전범에 대하여 운문투(韻文套), 혹은 조례 문투(條例文套)의 형식으로 표현한 여성 교육의 지침서이다.[39] 이들 여계 문학은 대부분 유향의 『열녀전』에서 강조한 여교(女敎)의 중요성에 동조하는 취지에서 만들어졌기에 정사의 여성 열전들과 같이 계보로서의 공통점을 갖는다. 그러나 여계 문학은 서술의 주체가 남성이 아니라 대부분 여성이라는 점[40]에서 정사의 여성 열전들과는 다르다. 다시 말해 여성의 목소리로 서술된 『열녀전』[41]이라고 말할 수가 있다. 또한 내용에서도 실제 생활의 예를 조목조목 들어가며 여성의 도리를 상세히 설명해 주고 있다는 점에서도 정사의 여성 열전에 비하여 매우 구체적이라고 할 수 있겠다. 기

39 이에 대해서는 강현경(姜賢敬), 「유향 '열녀전(列女傳)'의 찬술본의(撰述本意)와 유전양상(流傳樣相)」, 『동방문학비교연구회: 한중일 삼국의 열녀전 고찰』(제83차 학술발표회. 1998)을 참조.

40 비록 서술자의 성별이 여성은 아니지만 만일 서술자가 사적인 범주를 염두에 두고 자신의 친족을 대상으로 하여 서술하였다면 이러한 작품들 역시 이 논문에서 다루는 여계문학의 범위에 포함되는 것으로 간주하였다.

41 여기에서 여계 문학을 여성에 의한 『열녀전(列女傳)』이라고 표현한 것은 여계 문학의 형식이 『열녀전』과 같은 전(傳)의 형식을 취하였다는 뜻이 아니다. 이는 곧, 여계 문학이 본질적으로 유향의 『열녀전』에서 여성에게 의도하는 목적과 동일한 바탕에 기대고 있음을 표현하기 위하여 쓰여진 것이다.

본적으로 여계 문학은 여성에 대한 교육을 여성이 담당한다는 입장을 전제하므로 정사의 여성 열전보다 비공식적이고 자상하며 일반 여성들에 대한 현실적인 영향력을 갖추고 있다.

하지만 일견 보기에는 여계 문학이 마치 여성의 입장에서 여성의 이익을 대변해 주는 것 같지만 근본적인 맥락을 잘 살펴보면 남성 위주의 사회 질서를 가장 교묘하면서도 효과적으로 여성에게 주입시키는 데에 목적이 있음을 간파해 낼 수가 있다. 이것은 마치 식민지 치하의 피지배국 백성들에게 교육을 시킬 때 지배국 사람이 교육을 담당하는 것보다 피지배국 사람에게 교육을 담당하도록 하는 것이 훨씬 은밀하면서도 강력한 효과를 주는 것과도 같다. 바로 여기에 여계 문학이 찬술된 목적이 있는 것이다. 즉 여성의 가장 개인적인 영역으로까지 남성 사회의 질서가 유입되어 확고한 자리를 차지하려면 정사의 여성 열전과 같은 서사 방식으로는 먹혀들 수가 없었다. 늘 여성의 옆에서 함께 자리하면서 조근조근한 어조로 남성 사회의 질서를 주입시키기에는 여성의 목소리로 된 『열녀전』이 가장 효과적인 서술 방식이었던 것이다.

이와 같은 맥락에서 찬술된 여계 문학들 가운데 가장 최초의 작품으로는 동한(東漢)의 반소(班昭, 49~120)가 지은 『여계(女誡)』를 들 수가 있다.[42] 『여계』의 작자인 반소는 동한의 정치가인 반표(班彪)의 딸이고 『한서(漢書)』를 찬술한 반고(班固)의 누이동생이다. 반소는 학문에 매우 정통한 여성 학자로서 『한서』를 찬술하던 오빠인 반고가 일을 끝내지 못하고 죽자 반고의 뒤를 이어 『한서』를 완성시키는 업적을 이룩한 바가 있다. 또한 작은오빠인 반초(班超)가 서역에서 돌아오지 못하자 손수 임금에게 글을 올려 반초를 돌아오게끔 할 정도로 문장에도 뛰어났다고

42 『여계(女誡)』·『여논어(女論語)』·『내훈(內訓)』·『여범(女範)』에 관련된 내용은 이규순(李揆順) 교주(校註), 『여사서(女四書)』(문학세계사. 1983)를 참조.

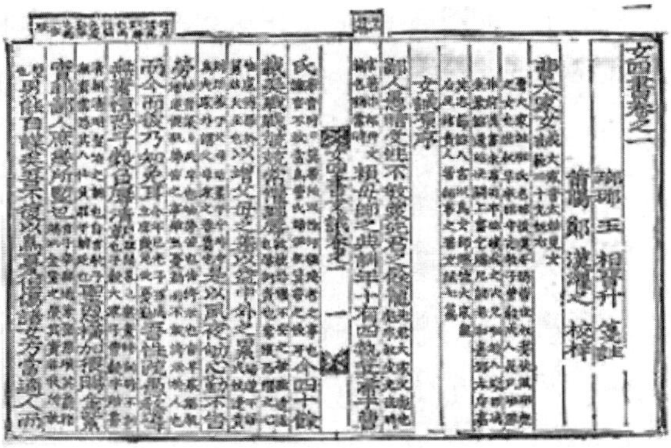

[그림 2] 반소의 『여계』(1900년대 초의 목판본).

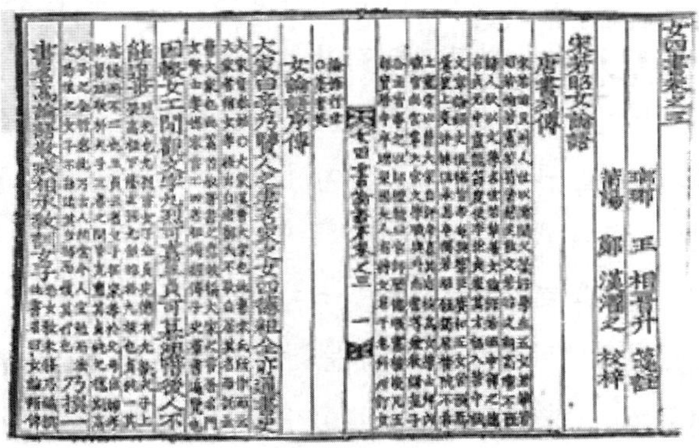

[그림 3] 『여논어』(1900년대 초의 목판본).

한다. 후에 반소는 대궐의 여러 왕후와 귀인들의 스승인 여사(女師)가 되어 존경을 받았으며 대가(大家)라는 칭호를 얻었다.

원래 그가 지은 『여계』는 일반 여성들을 대상으로 한 책이 아니라 자신의 자녀들을 훈도하고자 만든 책이었다. 『여계』의 서문에서 반소는 40여 년의 시집생활 동안 항상 조심스런 마음으로 부지런히 일해 왔기에 내쫓김을 간신히 면하였다고 밝히면서 자신의 자녀들이 출가하여 종족에게 누를 끼칠까 봐 두려워 말년(末年)에 이 책을 서술한다고 하였다. 『여계』의 구성은 총 7장으로 되어 있으며 각각의 장에서는 남편 · 시부모 · 시누이 등에게 어떠한 마음가짐을 가지고 행동하여야 하는지에 대하여 구체적으로 설명되어 있다. 『여계』는 여성의 행동 규범에 대한 체계적인 교육서라는 점에서 의의가 있다. 그러나 철저한 남성 위주 사상을 기저로 하였기에 여성의 행동 반경을 가(家)에 국한시켰으며 집 밖의 상황에 대해서는 아무런 언급이 없었으니 이는 반소 자신이 한대 사회의 일원으로서 활발한 역할을 했다는 사실과 모순되는 점이다.

『여계』 이후 영향력을 끼친 여계서로는 당대(唐代) 송약소(宋若昭)의 『여논어(女論語)』가 있다. 원래 『여논어』는 송약소의 언니인 송약화(宋若華)가 지은 것인데 여기에 송약소가 부연 설명을 가한 것이다. 송약소는 후에 궁중에 들어가 비빈들의 스승 역할을 하여 궁사(宮師)로서 섬김을 받았는데 이러한 송약소의 일생은 마치 반소의 재현인 것처럼 보인다. 우연의 일치일 수도 있겠으나 송약소라는 이름 역시 '반소와 같다(若昭)'는 의미로 풀이될 수가 있듯이 그의 『여논어』의 내용도 『여계』와 대동소이하다. 『여논어』는 총 12장으로 구성되었으며, 4자 1구로 압운을 하여 외우고 익히기에 쉽도록 되어 있다. 『여논어』와 동시대의 여계서로는 진막(陳邈)의 처인 정씨(鄭氏)가 지은 『여효경(女孝經)』이 있는데, 이 책 역시 반소의 『여계』와 동일한 취지에서 편찬되었다. 내용상으로도 반소와 여러 여성 사이의 문답 형식으로 부녀자의 도리를 밝히고 있다. 송대(宋代)에는 호종급(胡宗及)의 처인 막씨(莫氏)의 『현훈편(賢訓篇)』이 반소의 『여계』에 비견할 만한 교훈서로 인정받았고 원대(元代)에는 허희재(許熙載)의 『여교서(女教書)』가 있었다.

여성이 지은 『열녀전』으로서의 여계 문학은 명대(明代)에 들어와 급속히 그 세력을 확장하였다. 그 이유는 앞서 설명하였듯이 유교 이데올로기의 복권을 위한 명대의 정책과도 부합되는데 그중 가장 권위 있는 여계 문학으로는 명 성조(成祖)의 황후인 인효문황후(仁孝文皇后)가 고

황후(高皇后)의 뜻을 받들어 찬술한 『내훈(內訓)』 20편을 들 수가 있다. 이 책은 여성으로서 국가의 최고 지위를 지닌 황후가 직접 저술하였다는 점에서 주목할 만한데 이는 곧 국가적 차원에서 유교 질서 유지를 위한 여성 교육에 중점을 두었다는 증거가 된다. 『내훈』의 서문에서 『여계』를 포함한 이전의 여계서가 너무 간략하여 여성들을 훈도하기에 적당하지 못함을 지적하며 위로는 부모 · 임금 · 시부모를 섬기는 일에서부터 아랫사람과 외가의 친척을 대하는 일에 이르기까지를 상세히 서술하였다고 밝혔다. 또한 『내훈』에서는 정절을 지키기 위하여 자결한 여성들을 찬미하여 여성의 자결을 권장하였을 뿐 아니라 심지어는 자결의 방법을 구체적으로 가르쳐 주고 있기까지 하였다. 『내훈』은 그 후 만력(萬曆) 8년(1580년)에 명나라의 신종(神宗)황제에 의하여 『여계』와 같이 하나의 책으로 묶여진 상태로 전파되었다. 그리고 신종황제는 『여계』와 『내훈』에 대한 애호를 직접 표현하였으니 이는 여계서의 가르침들이 일반 여성에게 더욱 강력하게 행사될 수 있는 국가적인 지원을 마련한 셈이었다.

청대(淸代)에 들어와서도 여성 훈도에 대한 노력은 여전히 주도면밀하게 진행되었다. 대표적인 여계서로는 세종(世宗) 어정(御定)의 『내훈연연(內訓衍演)』, 이만방(李晩芳)의 『여학언행록(女學言行錄)』, 장승섭(張承燮)의 어머니가 지은 『장씨모훈(張氏母訓)』 등이 있었다. 또한, 그 밖에도 왕씨집경공(王氏集敬公)의 처인 유씨(劉氏), 혹은 왕절부(王節婦)가 지은 『고금여감(古今女鑑)』과 『여범첩록(女範捷錄)』이 있어 여성들에게 영향을 주었는데 조선(朝鮮)에서는 『여범첩록』 이외에 『여계』, 『내훈』, 그리고 『여논어』를 부가하여 『여사서(女四書)』라는 책으로 편찬되었다.

이상에서 고찰한 바와 같이 여계 문학은 남성 사회 질서를 고착화시키기 위한 대변자의 역할을 해내었으며 여성의 교양 필독서로서의 변함

없는 위치를 차지하였다. 또한 여계 문학의 서술자가 여성이라는 사실은 일반 여성들에게 좀더 친근한 차원으로의 접근을 가능하게 하였으며, 더욱이 그들이 지식층 여성 혹은 황후라는 점에서는 여계 문학이 정당성을 확보하는 데에 밑받침이 되었다. 그러나 여성에 의한 『열녀전』인 여계 문학 역시 남성 사회 질서의 유지를 목적으로 하기에 유향의 『열녀전』 이래 각 정사의 여성 열전들과 같은 선상에서 파악하여야만 한다. 바로 그러한 점에서 여계 문학을 동일한 계보로서 인식할 수가 있는 것이다.

## 5. 원전의 계보들(Ⅲ): 『열녀전』의 모방작

『열녀전』의 모방작들은 유향의 『열녀전』 이래로 줄곧 성행하여 원전에 대한 또 하나의 계보를 형성하였다. 그리고 이들 모방작들은 여계 문학과는 달리 대부분 남성 작가에 의하여 서술되었으며 주로 명대(明代)와 청대(淸代)에 크게 성행하였다. 『열녀전』의 모방작들이 명 · 청 시기에 성행한 이유에 대해서는 앞서 계속 언급하였던 유교 이데올로기의 복권과 활성화에 기인하는 것으로 볼 수가 있다. 다시 말해 명 · 청대 유교 이데올로기의 강화는 여계 문학이라는 서사 방식으로써 여성들에게 접근하였고 남성들에게는 유사(類似) 『열녀전』이라는 개인 저작물을 창작하고 싶은 욕구를 불러일으켰던 것이다. 명대와 청대의 남성들은 공식적 서사물인 정사의 여성 열전만으로는 무엇인가 부족하였다. 그들은 유교 이데올로기에 관한 자신들의 개인적인 입장을 마치 유향이 그랬던 것처럼 피력하고픈 욕망을 느꼈으며 또한 자신들의 저작이 유향의 『열녀전』만큼 강력한 원전이 되기를 원하였다. 그들은 유향을 따라하고 싶었을 뿐 아니라 유향이 되고 싶었다. 그 증거로 명 · 청대 『열녀전』의 모방작들에는 대부분 책명에 '열녀전'이라는 단어가 부가되어 있었으니 이는 그들의 책이 유향의 『열녀전』을 계승하였을 뿐 아니라 당대(當代)의 『열녀전』으로서 정당성이 있음을 분명히 하고 싶다는 의지의 표현이다. 실제로 명·청대의 유사 『열녀전』들을 나열해 보면 이러한 사실을 증명할 수가 있는데 이 글에서는 현존하고 있는 명·청대의 유사 『열녀전』들을 중심으로 하여 소개 차원의 간략한 설명만을 덧붙이도록 하겠다.

명대의 유사 『열녀전』으로는 해진(解縉) 등이 찬술한 『고금열녀전(古今列女傳)』이 있다. 이 책은 명 성조(成祖)의 명으로 찬술된 것인데 유향의 『열녀전』에서부터 당대에 이르는 여성 전기를 수집한 것이다. 그 밖에 개인 저작으로는 신안(新安) 왕씨(汪氏)의 『열녀전』이 있는데, 이 책에서는 매 편마다 왕씨의 평어가 부가되어 있을 뿐 아니라 설명을 돕는 그림까지 첨부되어 있다. 또한 명대 화본 소설의 작가인 풍몽룡(馮夢龍) 역시 유사 『열녀전』인 『열녀연의(列女演義)』를 찬술한 것으로 되어 있다. 이 책은 풍몽룡이 유향의 『열녀전』을 그 당시의 백화(白話)로 개편하여 읽기 쉽도록 만든 것으로 모든 인물의 행위에 대해서는 평어가 부가된 형태를 취하고 있다. 그러나 최근 이 책의 내용 가운데 청대의 고사가 수록되어 있다는 점을 지적함에 따라 『열녀연의』는 풍몽룡이 지은 것이 아니라 위작임이 판명되었으므로[43] 이에 대해서는 명대의 유교 이데올로기에 입각한 풍몽룡 개인의 가치관과 연관시킨 논의는 진행될 수가 없겠다.

청대의 유사 『열녀전』에는 유개(劉開)의 『광열녀전(廣列女傳)』을 거론할 수 있는데, 이 책에서는 역사서의 기록과 구분하여 기존 유향의 『열녀전』의 미흡함을 보충하고 확대한다는 입장을 밝히고 있다. 그 외에도 왕청(汪淸)의 『열녀징략(列女徵略)』, 윤회일(尹會一)의 『여감록(女

43 육수륜(陸樹崙), 『풍몽룡 연구(馮夢龍硏究)』(上海: 復旦大學出版社. 1987), p. 108.

鑑錄)』이 있고, 서세창(徐世昌)의 『대청기보열녀전(大淸畿輔列女傳)』 등을 거론할 수 있다.

이상과 같이 원전인 유향의 『열녀전』은 공식적 서사물인 정사의 여성 열전의 형식과 여성에 대한 교육 지침서인 여계 문학, 그리고 유교 이데올로기를 표방한 남성의 개인 창작물인 『열녀전』의 모방작이라는 세 가지 계보로 발전하였다. 이들 세 가지 계보는 모두 나름의 특성과 의의를 지녔으나 기본적으로는 원전의 본의와 가치를 손상시키지 않는다는 대전제를 바탕으로 하였으며 남성이 정한 도덕적 가치를 공유하였다. 누차 강조하였듯이 중국의 전통 사회 속에서 여성들은 남성에 의하여 표상되었고 스스로 존재하지 못하였다. 또한 남성이 요구하는 덕목을 추구하려고 본성을 거스르면서까지 노력하였다. 남성이 요구하는 덕목은 때로는 글 잘 짓기, 노래 잘하기, 말 잘 타고 활 잘 쏘는 일이기도 하였고, 때로는 남성을 위한 성적(性的)인 순결 하나에만 국한되기도 하였다. 이러한 상황 속에서 『열녀전』과 그 계보들은 공적인 측면과 은밀하고 개인적인 측면에서 모두 이데올로기에 충실한 여성 양성을 위한 역할을 제대로 해내었다. 그 결과 여성들은 한편으로는 열녀를 동경하면서도 또 한편으로는 열녀의 환영에 시달리며 벗어나지 못하게 된 것이었다.

## 6. 원전의 계보들(Ⅳ): 조선의 열녀(烈女)

우리나라의 모범적 여성상에 대한 최초의 기록은 『삼국사기(三國史記)』의 「열전(列傳)」에 수록된 효녀(孝女) 지은(知恩), 양처(良妻)·정녀(貞女)로서 칭찬받는 설씨(薛氏)의 딸과 도미(都彌)의 아내 등이 있다. 또한 『삼국유사(三國遺事)』에서는 신라의 세 여왕에 대한 기록이 보이긴 하지만 여성에 대한 이야기는 아직 유형화되지 않은 산발적인 형태를 취하고 있었다. 그러다가 점차 모범적 여성상에 대한 유형화가 진행되었으니 현존하는 자료 가운데 여성을 유형화한 최초의 자료로는 『고려사(高麗史)』의 「열전」을 들 수가 있다.[44] 『고려사』「열전」에서는 고려시대의 모범적 여성 11명을 거론하고 있는데 이들은 중국의 정사 열전과 같은 열녀(列女)가 아니라 열녀(烈女)라는 제목으로 수록되어 있다. 그런데 그들 11명에 대한 사적을 분석하여 보면 8명이 왜적에게 겁탈당하지 않으려고 자결한 여성이었고, 3명은 남편의 목숨을 구하려다가 자신이 희생된 경우였다. 그러므로 『고려사』에서 표방한 모범적인 여성이란 곧 정절을 지킨 여성이었음을 파악할 수가 있다.

그렇다면 왜 『고려사』에 기록된 모범적 여성이 열녀(列女)가 아니라 열녀(烈女)라는 명칭으로 기재된 것일까? 이 점에 대해서는 『고려사』의 편찬 시기와 연관시켜 고찰해야만 한다. 『고려사』는 고려 멸망 후 조선이 건립되자 지나간 왕조의 역사를 총괄하여 귀감으로 삼게 하기 위하여 편찬된 역사서이다. 그리고 『고려사』의 편찬자는 유학으로 무장한 신진 사대부인 정인지(鄭麟趾, 1396~1478)였다. 어느 국가나 마찬가지로 개국 초에는 강력한 통치 이데올로기를 행사하기 위하여 백성들을 통제하는 쪽으로 몰아가기 마련이다. 더군다나 조선은 불교를 받들던 고려와는 달리 유교를 국시로 삼는 국가였으며 조선의 통치자들은 고려가 멸망한 까닭이 불교로 인하여 생겨난 남녀, 상하 질서의 교란 때문이었다고 믿었기에 조선 시대의 여성 통제는 이전 시대보다 강력할 수밖에 없었다. 또한 『고려사』가 편찬된 시기는 문종(文宗) 원년(元年, 1450년)인데 이 때는 중국의 명대 초기에 해당된다. 지금까지 누차 언급하였듯이 명대는 유교 이데올로기가 복권되어 여성의 정절에 대한 숭배가 강

---

44 고전연구실 편찬, 신서원(新書苑) 편집부 편집, 『국역(國譯) 고려사』「열전 제39 열녀(烈女)」(신서원. 1991).

화된 시기였다. 그러므로 모범적인 여성에 대한 판단 기준 역시 여성의 정절을 강조하는 경향을 지니게 되었으며, 이러한 시대적 분위기의 영향을 받아, 『고려사』에서는 열녀(烈女)라는 명칭을 사용하게 된 것이었다.

『고려사』 이외에 여성에 대한 덕목을 본격적으로 다룬 것으로는 조선 성종(成宗)의 모후인 소혜왕후(昭惠王后) 한씨(韓氏, 1437~1504)의 『내훈(內訓)』이 있다. 이 책은 과부였던 한씨가 왕자들의 교육을 위하여 지은 책으로 서문에서는 한 국가의 흥망성쇠는 남자에게 달려 있으나, 부인의 선악과도 관계되는 것이기에 부인을 가르치지 않을 수 없다고 밝히고 있다. 이 책은 일견 보기에는 여성 교육의 중요성을 피력하는 것 같지만 실제로는 철저한 남성 중심의 유교 윤리에 입각해 있다. 특히 『내훈』이 편찬된 시기에 그의 아들인 성종도 조선 유교 윤리의 기본 강령이 된 『경국대전(經國大典)』을 편찬하기 위한 작업중이었다는 사실과 연관시켜 볼 때, 이 시기 조선이 유교 이데올로기의 정착을 위해 노력하였음을 엿볼 수 있게 한다.

조선 중종(中宗) 38년(1543년)에 이르러서는 유향의 『열녀전』이 우리말로 번역되었다. 김태준의 『증보조선소설사(增補朝鮮小說史)』에 의하면 『열녀전』은 조선 태조(太祖) 때에 조선에 전래되었으며 중종 38년에 임금의 명령으로 한글 번역이 되었다고 한다.[45] 이러한 『열녀전』의 한글 번역은 여성들에게 국가가 원하는 이데올로기를 선전하는 데 훌륭한 수단이 되었다. 그리고 『열녀전』은 조선 전반에 걸쳐 일반 여성들을 위한 교육서의 역할을 하였으니, "열녀전(列女傳) 끼고 서방질한다"는 속담이 나올 정도로 여성들의 실제 생활을 파고든 것이었다. 그런데 실제로 조선 사회에서 가장 칭송받는 열녀(列女)의 덕목은 거의 정절이라는 덕목에만 국한되어 있었으며 이러한 정절 숭배는 유교 이데올로기의 중심인

---

45 김태준, 『증보조선소설사(增補朝鮮小說史)』(學藝社, 1939), pp. 64-5.

중국에서보다도 오히려 더 강화된 형태로 작용하였다. 원래 정절은 유향의 『열녀전』에서는 전체 일곱 가지 여성 유형 가운데 하나에 불과하였다. 그러나 조선 사회에서는 특히 정절이라는 하나의 덕목에만 집착을 했으니 앞서의 "열녀전 끼고 서방질한다"는 속담에서의 '열녀(列女)'도 실은 '열녀(烈女)'의 의미로 인식된 것이다.

임진왜란과 병자호란이라는 두 차례의 전란을 겪은 후 조선 사회는 붕괴된 사회 질서를 정비하는 정책과 연관지어 정절을 지킨 여성들을 대대적으로 미화시켰다. 특히 17세기 후반부터는 과부인 여성이 남편을 따라 죽는 행위가 덕목으로 대두되었는데 이는 여성을 죽음으로 몰아간 청대의 대대적인 자살 열풍과도 관련이 깊다. 그 당시의 여성으로서 이만부(李萬敷)의 「효자와 열부와 충실한 노비열전(孝子烈婦忠奴列傳)」에 기재된 열녀(烈女) 이씨, 이종휘(李種徽)의 「이씨 집안의 절부 김씨전(李節婦金氏傳)」에서의 김씨 등은 모두 남편을 따라 자결한 여성으로서 당대의 칭송을 받았다.[46] 이제 조선 사회에서 여성의 수절이란 것은 전반적인 사회 현상이 되어 버렸으니 이 시기 여성의 모습에 대하여 박지원은 『열하일기』에서 다음과 같이 말하고 있다.

> "우리나라는 비록 바다 한구석에 위치하고 있지만 네 가지 아름다운 것이 있습니다. 풍속이 유교를 숭상하는 것이 첫째요 …… 여자가 두 지아비를 섬기지 않는 것이 그 네 번째 아름다운 점입니다. ……" 그러자 중국인들은 "여자가 지아비를 바꾸지 않는다 하셨는데 어찌 온 나라가 그럴 수 있겠습니까?" 라고 물어보았다. 이에 나는 "온 나라의 천한 백성이나 하인들까지 모두 그럴 수 있다는 말이 아닙니다. 그러나 사족(士族)

46 조선조 『열녀전(烈女傳)』의 입전 의식에 대해서는 이혜순, 「조선조 '열녀전'의 입전의식」, 『동방문학비교연구회: 한중일 삼국의 '열녀전' 고찰』(제83차 학술발표회. 1998)에서 자세히 다루고 있다.

이라는 이름을 달고 있는 자들은 비록 매우 가난하고 곤궁하더라도 평생토록 과부의 절개를 지킵니다. 이러한 것이 비복과 노예들에게까지 이르러 자연스럽게 풍속을 이룬 것도 벌써 400년이 되었습니다"라고 대답하였다. 이 말을 들은 중국인들은 "과부의 개가를 금지하는 법이 있습니까"라고 물었다. 나는 "특별히 드러난 법은 없습니다"라고 말하였다.[47]

『열하일기』에 등장하는 중국인들을 자세히 관찰하면 그들은 조선의 과부들이 대부분 개가하지 않고 수절을 한다는 것에 매우 경탄을 하고 있음을 알 수가 있다. 또한 그들은 과부의 개가를 금지하는 법이 특별히 제정되지 않았음에도 불구하고 자연스럽게 풍속을 이루고 있다는 점에 더욱 놀라움을 금치 못하였을 것이다. 그러므로 우리는 여기에서 조선의 열녀(烈女)들이 중국의 열녀(列女)보다 더욱 이데올로기에 고착된 상태임을 짐작할 수 있다. 그리고 이러한 조선의 과부들에게 선택할 수 있는 길은 단 두 가지뿐이었음도 알 수가 있다. 즉 과부들은 남편을 따라 곧바로 자결하던지 아니면 시부모를 봉양하고 자녀를 양육한 후에 죽을 것인지를 선택하여야 했던 것이다. 이 두 가지는 모두 죽는 시기의 차이가 있을 뿐이지 근본적으로 과부는 남편을 따라 죽어야 한다는 점에서는 공통적이었다. 또한 이런 상황 속에서 여성은 자연히 남편을 따라 자결하는 것과 어머니 · 며느리로서의 역할을 지속해야 하는 의무 사이에서 갈등할 수밖에 없었다. 그런데 이러한 갈등을 현명하게 극복한 사례가 있었으니 바로 조호연(趙虎然)의 「효행스런 열부 이씨전(孝烈李孺人傳)」에 나오는 이씨와 같은 경우가 그러하다. 이씨는 남편이 죽은 후 곧바로 자결하려 하였으나 늙은 시어머니와 어린아이 때문에 차마 죽지

47 박지원(朴趾源), 『열하일기(熱河日記)』「태학유관록(太學留館錄) 8월 10일 갑오(甲午)」 전영진(田英鎭) 편저(홍신문화사. 1996).

못하였다. 그러나 15년 뒤 아이는 먼저 세상을 떠나고 시어머니는 조카가 봉양할 수 있게끔 된다. 그러자 이씨는 시어머니의 봉양을 부탁하고서 자결을 한다. 이씨의 경우는 자녀 양육과 부모 봉양이라는 두 가지 책임을 다했으면서도 남편을 따라 자결하였기에 열녀(烈女)로 찬미될 수 있었던 것이니 결국 조선 시대 여성에게 열녀(烈女)라는 것은 가정의 모든 책임을 떠맡으면서도 남편에게 자신의 생명까지 종속된 여성의 모습일 뿐이었다.

지금까지 살펴본 바에 따르면 조선 시기의 모범적인 여성은 정절을 지킨 열녀(烈女)의 형상에 국한되었으며 조선 중기 이후로는 수절뿐 아니라 자결 행위를 여성에게 요구하였음을 알 수 있었다. 또한 조선 시기의 여성은 정절이나 자결과 같은 남성 사회의 도덕적 가치를 구현하면서도 한편으로는 자녀 양육과 부모 봉양의 실제적 책임까지도 회피할 수 없는 이중고에 시달리고 있음을 파악할 수 있었다. 이와 같은 조선의 열녀(烈女)들은 이제까지 살펴본 모든 열녀(列女)의 모습 가운데 가장 남성 사회 질서를 잘 체화한 경우가 된다. 그리고 이들은 유향의 『열녀전』에서 수립된 견고한 원전으로서의 권위를 손상시키지 않을 뿐 아니라 오히려 원전 『열녀전(列女傳)』을 능가할 정도로 타자화된 여성의 모습을 제시하였다. 아울러 이들은 남성 사회 질서에서 가장 환영받는 모습을 재현해 냈다고 할 수 있겠다.

## 7. 우리 시대의 신『열녀전』

유향의 『열녀전』은 견고한 원전으로서의 위상을 지키면서 다양한 계보를 형성하여 왔다. 그리고 그들 계보들은 정사(正史)의 여성 열전으로서 때로는 여계 문학이나 유사 열녀전(類似列女傳)으로서 존재하였다.

또한 조선 시기에는 열녀(烈女)라는 극단화된 코드로 자리매김하기도 하였다.

이들 계보들은 남성 권력 집단의 요구에 따라 서로 다른 열녀(列女)의 모습을 구현하였다. 그리하여 이 글에서 정사의 여성 열전들을 고찰한 바에 의하면 한대(漢代)에서 수대(隋代) 이전까지는 열녀의 덕목이 실로 다양하였음을 알 수 있었다. 곧 학문에 뛰어난 여성, 언변에 뛰어난 여성, 음률을 잘 다루고 무예에 출중한 여성 등이 모두 열녀의 조건이었으며 정절은 그중 일부 덕목에만 해당하였다. 그 후 수대와 당대(唐代)를 거쳐 송대(宋代)에 이르면서 열녀의 덕목은 점차 정절을 중시하는 쪽으로 바뀌어 갔다. 그러다가 요대(遼代)·금대(金代)·원대(元代)에서는 이민족 국가의 특성에 따라 정절에만 국한되지 않는 열녀의 모습이 창출되기도 하였다. 하지만 한족(漢族)의 윤리 가치의 복귀를 기치로 내건 명대(明代)에서는 다시금 정절의 중요성이 강조되었고, 이에 따라 수절을 위하여 자결하는 여성의 숫자가 크게 늘어났다. 또한 이러한 정절의 강조는 청대(淸代)에서는 더욱 과열되어 아직 혼례를 치르지 않은 여성까지도 수절을 위해 자결하는 지경에 이르게 되었다. 이상과 같은 열녀의 모습들은 비록 시대에 따라 변모되기는 하였으나 항상 남성 논리에 의하여 그리고 남성 권력 집단의 필요에 의하여 규정된다는 점에서는 서로 다름이 없었다는 사실을 도출해 내었다.

또한 이 글에서는 정사의 여성 열전 이외에도 『열녀전』의 계보로 여계 문학과 『열녀전』의 모방작들을 고찰하였다. 그 결과 여계 문학은 남성 서사인 정사와는 달리 여성의 목소리로 서술되었기에 여성의 개인적인 영역으로 남성 사회의 질서를 영입시키기 위해서 남성보다는 여성의 목소리가 더욱 효과적이었음을 추론할 수가 있었다. 그리고 『열녀전』의 모방작들은 작자 자신의 개인적 관점에 따라 유향 『열녀전』에서의 미흡한 점을 보충한다는 취지를 가지고 있었음도 구별해 낼 수가 있었다. 아울러 이 글에서는 이데올로기의 중심인 중국에서 벗어난 주변, 즉 우리의 조선 시대에도 『열녀전』의 계보가 존속하였음을 발견하였다. 그리고 조선의 여성들은 『열녀전』의 계보 가운데 지엽(枝葉)에 위치하였음에도 불구하고 오히려 남성 사회 질서를 투철하게 표출해 내었음을 고찰하였다.

그런데 여기에서 우리가 간과해서는 안 될 것은 남성 지배 이데올로기를 내면화한 이들 계보의 역사가 아직도 계속되고 있다는 점이다. 바로 오늘날 우리 자신의 곁을 스치는 온갖 광고 카피들, 여성 교양 서적들, 요리책들, 육아법에 관한 서적들에서 우리 시대의 신열녀전(新列女傳)은 존재한다. 이들 서적, 광고 카피들은 겉으로는 현대 여성의 자유를 표방한다. 하지만 은밀한 전략으로 여성을 더욱 구속하는 형태를 띠며 현대 사회의 요구에 따른 특정한 담론으로 열녀의 모습을 재해석한다. 그리고 그 속에서 우리는 여전히 열녀의 환영에 사로잡혀 있는 것이다.

# 제4장

# 신화 속의 처녀에서 역사 속의 어머니로

송정화*

## 1. 맹모, 현실인가? 환상인가?

'맹모삼천지교(孟母三遷之敎)'로 우리에게 친숙한 맹자(孟子)의 어머니는 유교에서 가장 이상적인 어머니의 모범으로 받들어진다. 『열녀전』「모의전(母儀傳)」[1]에서는 세 번씩이나 이사를 다니고 짜던 베까지 끊으

---

* 고려대학교 중어중문학과 박사.

1 『열녀전(列女傳)』은 중국의 전한(前漢)시대 학자인 유향(劉向)이 요(堯)·순(舜)시대로부터 춘추(春秋)·전국(戰國)시대에 이르기까지 유명한 여성들의 이야기를 엮은 전기집이다. 모의(母儀)·현명(賢明)·인지(仁智)·정순(貞順)·절의(節義)·변통(辨通)·얼폐(孽嬖)의 7권으로 나뉘며 각 권마다 앞에는 소서(小序)가 있고 끝에는 '군자왈(君子曰)'의 형식으로 군자의 말이 들어간다. 『열녀전』의 작가인 유향의 본명은 갱생(更生)이고 자는 자정(子政)으로 한(漢)나라 선제(宣帝)로부터 원제(元帝)·성제(成帝)에 이르기까지 관직을 하였다. 유향은 성제 때에 황후 조비연(趙飛燕)이 궁정의 기강을 무너뜨리자 천자를 경계하기 위하여 『열녀전』을 지었다. 본고에서 분석 대상으로 삼은 「모의전」은 모범적인 어머니의 이야기를 모은 것으로 총 7권 가운데 가장 앞쪽에 위치한다.

며 자식 교육에 열의를 보였던 맹자의 어머니를 군자(君子)의 입을 빌어 계속해서 칭찬하는 것을 볼 수 있다. 맹모(孟母)의 모성에 대한 칭송은 다음의 군자의 말로 끝을 맺는다.

> 군자가 평한다. "맹자의 어머니는 부도(婦道)를 알았다. 『시경(詩經)』에서 '온화하고도 웃음을 띠면서 화내는 일없이 가르치네'라고 한 것은 이를 두고 한 말이다."[2]

유교의 대변자로서 군자는 자식을 성공시키기 위해서는 어머니가 현실에서의 교육 환경을 조성하는 데에도 적극적이어야 할 뿐 아니라 감정 조절에도 세심한 주의를 기울일 것을 권고한다. 그러나 군자의 생각대로 실제 생활에서 "웃음을 띠면서 화내는 일 없이 가르치는" 어머니가 과연 존재할까? 어머니는 어머니이기 전에 한 인간이며 따라서 사랑하는 아들일지라도 교육하는 과정에서 갈등과 분노 · 좌절의 감정이 생겨날 수밖에 없다. 그리고 이것이 자연스러운 어머니의 모습일 것이다. 그러나 「모의전」에서 이러한 현실은 무시되고 있다. 대유(大儒)인 맹자를 키워낸 '맹모'라는 이름 밑에서 어머니는 자식을 훈육함에 고통이 있더라도 성내지 않고 웃어야 하는 존재로 그려진다. 군자의 생각 속의 어머니는 평범한 인간으로서의 어머니가 아니라 고통을 감추고 온화한 미소를 지어야 하는 환상 속의 어머니였던 것이다. 환상 속의 어머니에게는 여성의 임신과 출산의 고통, 양육의 어려움과 같은 다양한 경험들, 거기에서 빚어지는 심리 변화 같은 내면의 목소리가 존재하지 않는다. 그러나 이처럼 현실과 동떨어진 왜곡된 어머니상임에도 불구하고 『열녀

---

2 『열녀전』 「모의전 · 추맹가모(鄒孟軻母)」: "君子謂, 孟母知婦道. 詩云載色載笑, 匪怒伊教, 此之謂也."

전』은 성립 이후 수천 년이 지난 오늘날까지 여전히 강한 영향력을 행사한다.

그렇다면 이러한 여성에 대한 왜곡의 역사는 언제부터 시작되었을까? 「모의전」 속의 어머니와 현실의 어머니 사이의 괴리는 글쓰기를 통하여 여성이 재현(representation)되는 과정에서 생겨난다. 재현이란 존재하지 않는 것을 존재할 수 있게 하는 일종의 마술적인 힘으로, 글은 재현됨으로써 현실에 대하여 힘을 갖게 된다.[3] 그리고 우리는 그 재현의 기원을 문학 서사의 근원인 신화로 소급하여 찾아볼 수 있다. 신화는 인류 무의식의 총체이며 우주에 대한 인간의 근원적인 물음을 담고 있다. 비록 인간은 아니지만 신화 속에는 최초의 여성 원형인 여신이 등장하고 남성의 원형인 남신이 등장하며 이들은 바로 당시 여성과 남성을 반영한다. 중국 신화에서 가장 원초적인 형상을 간직한 여신으로는 여와(女媧)나 서왕모(西王母)를 꼽을 수 있다. 그런데 이 두 여신은 처음에는 능동적이며 독립적인 처녀신의 형상이었다가 점차 후대 문학으로 가면서 소극적인 존재로 축소되어 나타난다. 그리고 이 같은 여신의 소외 과정의 연장에서 『열녀전』도 만들어지는 것이다.

이 글에서는 신화로부터 『열녀전』「모의전」에 이르는 장구한 시간 동안 여성이 어떻게 가부장제의 이데올로기 안에서 재구성되고 왜곡되었는지를 역사적으로 고찰하는 데에 논의의 초점을 두었다. 제한된 지면 안에 신화로부터 한대(漢代)라는 긴 역사를 모두 아우르는 것이 불가능할 수도 있으나 여성 이미지의 변화를 특징적으로 담고 있는 문헌들을 취사선택함으로써 전체적인 흐름을 파악하고자 노력하였다. 그리고 이러한 고찰이 여전히 유교의 구속으로부터 자유롭지 못한 여성의 현실을

---

3 Stephen A. Tyler, *The Unspeakable* (Madison: The University of Wisconsin, 1987), p. 281.

비판적으로 재고하는 계기를 제공하고 오늘날에도 진행중인 바람직한 여성상을 모색하는 작업에도 밑거름이 될 수 있기를 바란다.

## 2. 신화 속의 여성, 처녀

우리가 태고 시기 여성의 흔적들을 짐작해 볼 수 있는 것은 신화에서이다. 신화는 오늘날 이성의 눈으로 보면 황당하기 짝이 없는 이야기에 불과하지만 후대 문학의 원류이자 원형을 담고 있는 상징 체계로서 신화를 바라본다면 그것은 우리에게 더없이 소중한 자료로 다가온다. 이러한 신화를 대할 때 우리는 조심스러운 태도를 견지하여야 하는데 그것은 신화가 지니는 난해한 상징의 외피와, 서로 삼투하고 있는 허구와 역사의 혼재성(混在性) 때문이다. 신화 역시 권력의 이데올로기에서 자유로울 수 없는 서사이기에 태초의 많은 사실들이 후대 작가들의—그들은 대부분 철학자 · 역사가였다—재현 과정을 거치면서 당시의 이데올로기가 지향하는 바에 따라 변형되었다. 따라서 우리가 오늘날 신화로부터 얻어 낼 수 있는 것은 다양한 방법론을 통한 다각적인 조망이라고 하는 편이 정확할 것이다.

그럼에도 불구하고 신화 속의 여성으로부터 출발하지 않을 수 없는 것은 특정한 어느 시기의 여성에 대한 고찰일지라도 태초로부터의 과거 여성의 삶과 비교 분석하지 않고는 그 시대만의 독특한 여성상을 제시하기 어렵고 역사적인 통찰을 통해서만 앞으로의 전망 또한 가능하기 때문이다. 이러한 견지에서 『열녀전』 어머니로의 긴 여정을 중국 신화의 여신으로부터 출발하기로 한다.

## 중국 신화 속의 처녀신

처녀로서의 대모신 경배는 세계 보편적인 현상이다. 가장 이르게는 기원전 3,000년경의 옛 서아시아 바빌론의 아슈타르(Ashtare)로부터 기원전 700년경의 이집트의 이시스(Isis), 기원전 900년경의 프리지아의 시벨르(Cybéle)에 이르기까지 이들은 모두 아들을 출산하고 아들과 더불어 대모신으로서 숭배되었는데 특이한 것은 출산한 뒤에도 여전히 처녀로 여겨졌다는 점이다. 바로 고대에서의 처녀의 의미가 오늘날과는 달랐기 때문으로 그 당시 처녀는 생리적인 면에서 순결한 처녀가 아니라 오히려 성경험이 풍부한 여성에 가까웠다.

고대 모계사회에서 남녀의 결합은 풍작과 우주의 조화를 가져올 수 있는 신성한 행위로 인식되었고, 여성의 자궁은 생산력의 상징이었으며 따라서 여성의 성적 경험은 오늘날처럼 비판의 대상이 될 수 없었다. 그러므로 이러한 모계사회를 많은 부분 반영한 신화에서도 여신의 생산능력과 성적 경험은 창조적인 것으로 숭배되었으며 여신은 어떠한 남성 배우자의 구속으로부터도 자유로운 처녀신의 이미지로 표현되었다.

중국 신화 속에서 처녀신의 이미지를 보여주는 여신으로는 여와와 서왕모를 꼽을 수 있다. 이들은 가장 원초적인 여신 이미지를 보존하고 있는데 두 가지 사항에서 그러하다. 우선 이들의 반인반수(半人半獸)의 외모이다. 여와와 서왕모는 하체가 뱀이거나 표범의 꼬리에 호랑이 이빨을 한 반인반수의 모습을 하고 있다. 이러한 독특한 외모에 대해서는 다양한 해석이 가능하겠지만 동물의 모습을 지닌 신의 이미지 그 자체는 동물과 생태적(生態的) 교감을 이루던 신화시대의 세계관을 반영하는 것으로 볼 수 있다. 다음으로 여와와 서왕모가 가장 이른 시기 여신임을 입증하는 것은 이들의 처녀신적 이미지이다. 남성 배우자를 갖지 않는 처녀신의 이미지는 여성 스스로 생명을 주관할 수 있다고 여겼던 모계

[그림 1] 무량사 화상석에 보이는 반인반수의 여와와 서왕모.

[그림 2] 무량사 화상석에 보이는 서왕모.

사회의 반영으로 볼 수 있다. 따라서 가장 이른 시기에 여신은 동물의 모습을 띤 반인반수의 처녀신이었을 것으로 생각된다. 그렇다면 이러한 처녀신인 여와와 서왕모가 중국 신화 속에서 구체적으로 어떻게 표현되어 있을까?

여와가 천지를 바로잡고 인류를 창조해 낸 이야기는 무척 흥미롭다. 천지가 창조되었음에도 사람은 생겨나지 않은 것을 안타깝게 여긴 여와는 황토로 하나씩 인간을 빚어 나가기 시작한다. 그러나 얼마 안 되어 반복되는 오랜 노동 끝에 지쳐 버리고 만다. 그녀는 더 쉽고 빠른 방법을 곰곰이 생각한다. 그리고 새끼줄을 진흙 속에 집어넣었다가 한꺼번에 많은 사람을 만들어 내게 되고 이후로 인류가 번창한다.[4] 그러던 어느 날 공공(共工)이 전욱(顓頊)과 왕위를 놓고 다투다가 부주산(不周山)을 들이받아서 하늘을 받치던 기둥이 부러지고 땅을 연결해 주는 그물이 끊어지는 일대 사건이 일어난다. 이로 인하여 온 천하가 혼란에 빠지자 여와는 홀로 오색의 돌을 달구어서 하늘의 구멍을 막고 거대한 자라의 다리를 잘라 사극(四極)을 바로 세운다. 다행히도 우주의 질서는 예전처럼 바로잡히게 된다.[5] 신화 속의 여와는 바로 천지를 다스릴 뿐 아니라 인류를 만들어 낸 대모신이자 이 모든 과정을 남성의 도움 없이 주체적[6]으로 이루어 나가는 처녀신인 것이다.

그렇다면 여신 서왕모는 어떠한가? 그녀는 여와보다 소위 여성미라고는 찾아볼 수 없는 중성적인 모습이다. 『산해경(山海經)』에서 그녀에 대한 기록은 모두 세 번 나오는데 그리스·로마신화에 흔히 보이듯 매혹적인 여신의 모습과는 거리가 멀다. "사람 같지만 표범 꼬리에 호랑이 이빨을 한" 반인반수의 모습에다가 직분도 "하늘의 재앙과 오형을 주관하는"[7] 무시무시한 것이었다.[8] 그녀 역시 남성으로부터 어떠한 도움도

4 이방(李昉), 『태평어람(太平御覽)』 권78에 인용된 『풍속통의(風俗通義)』: "俗說天地開闢, 未有人民, 女媧摶黃土作人. 劇務, 力不暇供, 乃引繩於泥中, 擧以爲人. 故富貴者, 貧賤者, 引絙人也."

5 유안(劉安), 『회남자(淮南子)』 「남명훈(覽冥訓)」 및 「천문훈(天文訓)」.

6 여기서 '주체'는 근대 이후 서양에서 이야기하는 주체와는 다른 맥락에서 쓰인 것이며 '독립적이고 주동적'이라는 개념이다.

7 『산해경』 「서산경(西山經)」: "西王母其狀如人. 豹尾虎齒而善嘯, 蓬髮戴勝, 是司天之厲及五殘."

8 혹자는 서왕모의 이러한 중성적인 모습 때문에 남성으로 추측하기도 하는데 이러한 견해는 재고되어야 할 것 같다. 종교가 중시되고 이에 따라 여신에 대한 신앙도 깊었을 은대(殷代)의 갑골문(甲骨文)에서 서왕모의 전신인 서모(西母)가 동모(東母)와 더불어 보

받지 않는 주체적인 존재로서, 인간을 벌 주고 형을 단호하게 집행해 나가는 여신의 면모를 보여주고 있다.

이상으로 중국 신화에서 살펴보았듯이 여와와 서왕모는 모두 남성 배우자 없이 주체적으로 인류를 창조하고 천지의 질서를 바로잡거나 선악을 결정짓는 처녀신이었음을 알 수 있다.[9]

### 처녀신 숭배의 사회적 배경

여와나 서왕모와 같은 처녀신이 숭배되었던 사회적인 배경은 어떠하였을까? 여신 숭배의 사회적 배경은 모계사회로까지 소급된다. 모계사회에 대해서는 여전히 의견이 분분하지만 인류의 초기 단계는 원시시대에서 모계사회로, 다시 부계사회로 변화되어 갔다고 보는 것이 오늘날 인류학자들의 대체적인 견해이다.[10] 모계사회에서는 어머니가 씨족의 중심이 되어 권위와 힘을 소유하였고 사회 전반에 걸쳐 여성이 우월한 위치를 점하였다. 모계사회에서는 모계 혈통만이 확실하며 부계를 증명하는 일이란 불가능하였으므로 자식들은 자연히 모계를 중심으로 편입

---

이며, 모(母)는 한자의 조자(造字) 방법 중 그 시기가 가장 이른 것으로 생각되는 상형자에 해당되는 글자로 앉아 있는 어머니의 두 가슴을 표현하기 때문이다.

9 이 밖에도 소수민족의 여신인 요족(瑤族)의 밀낙타(密洛陀), 만족(滿族)의 다활곽(多闊霍), 동족(侗族)의 살천파(薩天巴), 랍호족(拉祜族)의 액사(厄莎), 몽고족(蒙古族)의 맥덕이(麥德爾), 수족(水族)의 아훤(阿晅) 등은 모두 처녀신으로 천지를 창조하고 인류를 생산해 낸다. 자세한 내용은 송정화, 「중국여성신화소고(中國女性神話小攷)」, 『중국어문논총(中國語文論叢)』 제17집, 1999, pp. 162-4 참고.

10 모계사회(母系社會)와 모권제(母權制)는 다르며 모계사회라고 해서 반드시 어머니에게 모든 권한이 부여되어 있었다는 견해에 이견(異見)도 있다. 즉 지역에 따라서는 이미 여성에 대한 성본능 통제가 존재하였고, 모계라도 어머니의 남자 형제가 실권을 쥐고 있는 사회도 있었다는 것이다. 이러한 논쟁에 대해서는 별도의 연구가 필요할 것이고, 이 글에서는 모계사회의 경우 어머니를 중심으로 사회가 운영되는 것으로 보는 일반론을 따르고자 한다.

되고 결혼에서는 모계의 형제자매끼리의 결합은 지양되었다. 또한 씨족마다 한 명의 종모(宗母)를 중심으로 하여 여성 후계자가 계승하게 되고 어머니는 가족의 우두머리로 모권을 가졌으며 이것이 가족 관계뿐 아니라 상속 관계의 기초가 되었다. 이러한 과정에서 여성은 신성 불가침의 존재로 인식되었고 모친 살해는 극악의 범죄로 간주되어 반드시 복수해야만 할 의무로 간주되었다. 신석기시대에 와서도 이 같은 상황은 계속되며 여성은 씨족을 통치하는 정치적인 우두머리인 동시에 생산과 풍요를 상징하는 지모신(地母神)으로서 숭배되었다. 신화에서도 이 시대는 아스타르테(Astarte) · 데메테르(Demeter) · 이시스(Isis) 등 주로 여신들이 등장하는 것을 볼 수 있다.[11]

중국에서도 신화의 시대적 배경이 되는 모계사회의 흔적을 찾아볼 수 있다. 중국에서 모계사회를 입증할 만한 고고학적 유물이 발견되기 시작한 것은 비교적 뒤늦은 1970년대부터로, 고고학적 분석에 따르면 중국에서의 여성 숭배의 기원은 적어도 신석기시대에 형성된 홍산 문화(紅山文化) 이전으로 보인다. 1979년에 요녕성(遼寧省) 객좌현(喀左縣) 동산취(東山嘴) 홍산 문화 유적지에서 제사에 사용된 것으로 추정되는 흙으로 빚은 여신상이 발견되었고, 1983년 요녕성 건평현(建平縣) 우하량(牛河梁)의 홍산 문화 유적지에서는 대규모의 여신묘가 발굴되었으며, 1983년부터 1989년까지 하북성(河北省) 난평(灤平) 후대자(后臺子) 신석기 문화 유적지에서는 6개의 석조 임부상(妊婦像)이 출토되었다. 또한 1984년과 1989년에는 내몽고(內蒙古) 임서(林西)에서 석조 여신상이 나왔으며, 1991년 섬서성(陝西省)에서도 도자기로 구운 나체의 여신상이 출토되었다.[12]

---

11 아우구스트 베벨, 『여성론(女性論)』(까치. 1990), 이순예 옮김, pp. 30-1.

12 송조린(宋兆麟), 「중국 선사시대의 여신신앙(中國史前的女神信仰)」, 『민족과 민족 문화 발전 연구(民族與民族文化發展研究)』(北京: 中國社會科學出版社. 1995), 馬啓成 主編,

[그림 3] 요녕성 홍산 문화 유적지에서 발굴된 여신상.

자료들의 분석 결과, 여신묘는 제사를 지내던 장소였고 여신의 조각상은 제사의 주요 대상이었음이 밝혀졌는데 이는 고대 모계사회에서 여성의 높은 지위가 신앙 속에 깊숙이 반영된 것이다. 중국인이 혈통의 정통성을 여성으로부터 찾았다는 증거는 『설문해자(說文解字)』의 성(姓)에 대한 풀이에도 나타나 있다. "성은 사람이 태어난 근원을 말한다. 옛 성인들은 그 어미가 하늘과 감응하여 자식을 낳았기 때문에 천자(天子)라 하고, 사람이 태어나는 것을 성이라 하니 성자는 여(女)자와 생(生)자를 따른다"[13]고 했는데 이것은 어머니만 알고 아버지는 누구인지 알 수 없었던 모계사회를 반영한 것이다. 옛 성 가운데 규(嬀)·요(姚)·강(姜)·영(嬴)·부(婦) 등이 모두 여(女) 편방(偏旁)을 따르고 있는 사실도 중국 고대에 모계사회가 존재하였음을 보여주는 예이다. 부계제가 흥기

pp. 271-3.

13 허신(許愼), 『설문해자』: "姓, 人所生也. 古之神聖人, 母感天而生子, 故稱天子. 因生以爲姓, 從女生."

하고 나서도 얼마간 모계를 친족으로 하는 관습은 계승되었던 것으로 보이는데 삼황오제(三皇五帝)의 전설에 따르면 신농(神農)은 어머니가 강수(姜水)에 살아서 성을 강(姜)으로 하였고, 순(舜) 역시 어머니가 요허(姚虛)에 살아서 성을 요(姚)로 했다고 한다. '씨(氏)'자도 최초에는 자녀들이 모두 어머니를 따라 살다가 분화(分化)하여 각기 새로운 마을을 형성한 것을 표시한 것이다.[14]

몇 가지 예에서 살펴보았듯이 어머니를 중심으로 하여 친족을 따지던 모계사회의 흔적은 중국 고문헌의 도처에서 발견되며 이러한 사회 배경 위에서 여신 숭배의 신앙 체계가 형성될 수 있었던 것으로 보인다. 이러한 모계 중심의 상황은 은대(殷代)까지 계속된 것 같다. 일부다처제(一夫多妻制)가 부계사회의 소산이라면 다처다부제(多妻多夫制)는 모계사회의 유물이다. 예컨대 혹자는 신화 속의 순(舜)과 상(象)의 다툼[15]을 아황(娥皇)·여영(女英) 자매를 두 형제가 공유하다가 독점하려 했던 역사적 사실이 반영된 것으로 보기도 한다. 순의 시대만 해도 다처다부제가 이루어지고 있었다는 이야기이다.[16] 곽말약(郭沫若)도 은대의 복사(卜辭)에 남자 조상인 부(父)뿐 아니라 여자 조상인 비(妣)라는 글자가 여러 차례 등장한다는 사실을 제시하면서 은대에는 다처다부의 군혼(群婚)이 행하여졌으며 완전한 부계가 정착하기 전인 모계사회의 영향하에 있었음을 주장한다.[17] 또한 여성도 남성과 마찬가지로 봉지(封地)를 하사받았고 여자 조상인 비에 대한 특별 제사가 중시되었다는 은대 복사에 대

---

14 첨석창(詹石窓), 『도교와 여성(道教與女性)』(上海: 上海古籍出版社, 1991), p. 9.

15 『열녀전』「모의전」의 「유우이비(有虞二妃)」에도 순(舜)과 상(象) 그리고 아황(娥皇)·여영(女英)의 이야기가 나온다.

16 소빙(蘇冰)·위림(魏林), 『중국 혼인의 역사(中國婚姻史)』(臺北: 文津出版社, 1994), p. 36.

17 곽말약(郭沫若), 『중국 고대사회 연구(中國古代社會研究)』(臺北: 新華書店, 1954), p. 252.

한 호후선(胡厚宣)의 분석을 참고했을 때, 은대까지는 여전히 여성이 존중받는 분위기가 농후하였음을 짐작할 수 있다.[18]

### 처녀의 이중성

신성한 처녀신에 대한 숭배는 이러한 사회 배경 위에서 형성되었으며 모계제 이후로 가면 본래의 신성한 의미는 다소 퇴색된 종교 형태로 존속된다. 고대는 신정일치(神政一致)의 사회로 종교 의례를 거행하는 것이 삶에서 매우 중요한 부분을 차지하였다. 바빌론의 경우를 보면 도시는 큰 사원을 중심으로 형성되었고 사원의 한복판에는 여신상이 놓여 있으며 여신의 화신이자 보호자인 '성스러운 처녀들'이 신전을 지키면서 예배를 드리러 온 남성들과 제의적으로 결합하였다. 이러한 처녀 사제들은 여신의 현현으로 그들과의 결합은 여신과의 종교적인 합일을 의미하였고 풍요의 힘을 얻는 과정으로 믿어졌다.[19]

중국에서도 처녀신 숭배의 예가 고대 문헌 기록 속에 남아 있다. 『한서(漢書)』「지리지(地理志)」에 따르면 제(齊)나라에는 무아(巫兒)라고 불리는 여성들이 있었는데 시집을 가지 않은 처녀로서 집안의 제사를 주관하는 신성한 역할을 수행하였다고 한다.[20]

일반적으로 남성 가장의 역할로 인식된 제사를 처녀 사제가 맡았다는

---

18 상(商)과 주(周)나라 때에는 여성이 교육의 권리와 기회를 가졌으며 사냥에도 참여할 수 있어 가정의 속박을 받았던 춘추(春秋)시대와는 달랐다. 갑골문(甲骨文)에서의 "貞女自受年, 貞婦井黍其萑. ㅁ帚好ㅁ受年"이라는 기록에 따르면 은(殷)나라 때에는 아들과 동생이 봉지를 하사받았을 뿐 아니라 왕의 부인들도 식읍(食邑)을 하사받았음을 알 수 있다. 그리고 은나라 사람들이 여자 조상인 선비(先妣)를 제사지내는 것을 특히 중시하였다는 기록은 여성이 상당히 존경받았으며 사회적 지위나 가정의 지위에서 남성 못지않았음을 보여준다. 이에 대해서는 소빙 · 위림, 앞의 책, p. 46, pp. 315-6을 참고.

19 에스터 하딩, 『사랑의 이해 : 달신화와 여성의 신비』(문학동네. 1996), 김정란 옮김, pp. 164-75.

[그림 4] 전국시대 장사(長沙) 백화(帛畫)에 보이는 무녀.

사실은 전국시대까지만 해도 지역에 따라서는 처녀 숭배의 유풍(遺風)이 있었음을 말해 준다. 사실 처녀 사제는 제나라에만 존재하였던 것이 아니고 그 당시 다양한 지역에서 일녀(佚女) · 유녀(游女) · 요녀(瑤女) · 시녀(尸女) · 여시(女尸) 등의 각기 다른 호칭으로 불릴 정도로 유행하였다.[21] 이들은 반드시 결혼하지 않은 여성이어야 했으며 처녀신의 현현으로 숭배되어 여신을 대신하여 성왕(聖王)과 의식적(儀式的)으로 결합하는 종교적인 임무를 수행하였다. 초(楚)나라 때 송옥(宋玉)의 작품인 「고당부(高唐賦)」에서 초회왕(楚懷王)과 운우(雲雨)의 정을 나누는 무산(巫

---

20 반고(班固), 『한서』 「지리지」: "始恆公兄襄公淫亂, 姑姊妹不嫁, 於是令國中民家長女不得嫁, 名日巫兒, 爲家主祠, 嫁者不利其家. 民至今以爲俗."

21 엽서헌(葉舒憲), 『고당신녀와 비너스(高唐神女與維納斯)』(北京: 中國社會科學出版社. 1997), pp. 392-3.

山)의 신녀(神女)인 요희(瑤姬) 역시 처녀 사제의 문학화된 이미지이다. 「고당부」 서(序)의 내용을 살펴보자.

> 초양왕(楚襄王)이 송옥과 운몽야(雲夢野)에서 노닐던 중 조운관(朝雲館)에 기운이 서려 있다가 순식간에 계속해서 변화하는 것을 보았다. 왕은 이것이 무슨 기운인지를 물었다. 송옥은 대답하기를 "옛날 선왕께서 고당(高唐)에서 노니시다가 노곤해져 낮잠을 주무시는데 꿈속에서 한 부인을 만나셨습니다. 부인은 '저는 천제(天帝)의 막내딸로 이름은 요희라 합니다. 시집가기 전에 죽어서 무산의 누대에 묻혔는데 왕께서 놀러오신다는 이야기를 듣고 잠자리를 준비하고자 합니다'라고 말하였고, 선왕께서는 그녀와 사랑을 나누셨습니다. 그녀는 떠나면서 '저는 무산의 남쪽에 있는데 높은 언덕으로 막혀 있습니다. 새벽에는 아침 구름이 되고 저녁에는 지나가는 비가 되어 아침 · 저녁으로 양대(陽臺)의 아래쪽에 있겠습니다'라고 말하였습니다. 선왕께서 아침에 보시니 과연 그녀가 말한 대로였습니다. 그래서 그녀를 위해 사당을 세우고 조운(朝雲)이라 이름하셨습니다."[22]

우리는 윗글로부터 요희가 "천제의 막내딸이었지만(我帝之季女)" "시집도 가기 전에 죽어서 무산의 누대에 묻힌(未行而亡, 封于巫山之臺)" 고귀한 처녀의 신분이었고, "새벽에는 아침 구름으로 저녁때에는 지나가는 비로(旦爲朝雲, 暮爲行雨)" 변신하는 무(巫)적인 능력을 지녔

---

22 소통(蘇統), 『문선(文選)』 「고당부(高唐賦)」 서(序): "楚襄王與宋玉游于雲夢之野, 望朝雲之館有氣焉, 須臾之間, 變化無窮. 王問此是何氣也. 玉對曰, 昔先王游于高唐, 怠而晝寢, 夢見一婦人, 自云, 我帝之季女, 名瑤姬, 未行而亡, 封于巫山之臺, 聞王來游, 愿荐枕席. 王因幸之. 去乃言妾在巫山之陽, 高丘之阻, 旦爲朝雲, 暮爲行雨, 朝朝暮暮, 陽臺之下. 旦而視之, 果如其言. 爲之立館, 名曰朝雲."

[그림 5] 동진(東晉) 고개지(顧愷之)의 「낙신부도권(洛神賦圖卷)」에 보이는 신녀와 왕의 만남.

으며 초회왕과 비록 꿈속이지만 신성한 결합을 이루었던 몇 가지 사항들을 종합해 봄으로써 요희가 처녀 사제의 구비 조건에서 조금도 벗어나지 않음을 알 수 있다.

그런데 이처럼 숭배의 대상이었던 처녀신들의 신화 속 모습이 우리의 기대와는 달리 반드시 선하지만은 않은 이유는 무엇일까? 여기서 잠시 그리스 · 로마신화에 나오는 처녀신인 아테네(Athene) · 아르테미스(Artemis) · 헤스티아(Hestia)를 만나 보자. 아테네는 제우스의 딸로 지혜의 여신이다. 그녀는 출생부터가 특이하여 어머니 없이 아버지의 머리에서 완전히 무장한 어른의 모습으로 튀어나왔으며 실용적인 기술과 전쟁을 주관하였다. 전쟁을 하더라도 폭력이나 유혈을 좋아하지 않아 방어적인 태도를 취하였는데 일단 누군가가 그녀의 심기를 거스르면 가차없이 상대를 파멸시키고 마는 무시무시한 면모를 지니고 있었다. 어느 날 인간 세상에서 길쌈과 자수에 뛰어난 아라크네라는 처녀가 불손하게 자신의 권위에 도전하자 아테네는 그녀를 결국 스스로 목숨을 끊게 하고 거미로 만들어 버린다.

처녀신 아르테미스 역시 마찬가지이다. 숲과 수렵의 여신인 아르테미스는 사냥에 지치면 동굴 안 샘물에서 몸을 씻곤 하였는데 어느 날 카드모스 왕의 손자인 젊은 악타이온에게 우연히 목욕 장면을 들키게 된다.

여신의 저주를 산 악타이온은 사슴으로 변하게 되었고 결국 자신의 사냥개들에게 물어뜯겨 죽게 된다. 헤스티아는 국가의 솥과 가정의 솥을 주재하는 여신이다. 아테네 · 아르테미스와 마찬가지로 그녀는 자신의 신전 성화를 지키는 여섯 명의 처녀 사제가 혹 성화를 꺼지게 하는 일이 있으면 엄벌에 처하는 강인한 여신의 모습을 지녔다. 무한한 생명력을 지닌 신성한 존재로 숭배되었던 여신들의 모습에서 이처럼 공포스러운 이면이 발견되는 이유는 무엇일까?

우리는 영어에서 성스럽다는 의미의 형용사 'sacred'의 어원을 추적해 가다 보면 라틴어 'sacer'에 이르게 되고 여기에는 '성스러움'의 의미와 동시에 '격리 · 저주 · 오염'의 의미가 있음을 알게 된다.[23] 어떻게 이처럼 상반되는 두 의미가 한 단어에 포함될 수 있었을까? 우리는 여기에서 성스러움에 격리와 저주 · 오염이라는 정반대의 의미가 부가될 수밖에 없었던 심리적 배경을 발견하게 된다. 처녀신은 월모신(月母神)으로도 표현되는 경우가 많았는데 처녀의 생리 주기는 졌다가 다시 차오르는 달의 순환 주기와 동일시되어 처녀는 죽었다가 다시 살아나는 영원한 재생의 힘을 상징하기 때문이다. 그런데 처녀신의 이러한 생명력은 아버지의 입장에서는 결코 경험하고 소유할 수 없는 힘이었다. 이것은 일종의 위협으로 다가왔을 것이며, 위협을 느낀 아버지들은 자신이 경험할 수 없는 임신과 출산의 능력을 위험한 힘으로 격리시키고 그 의미를 생물학적인 기능으로 축소해 버림으로써 자신이 유일한 창조자이기를 염원하였다. 따라서 처녀신도, 달이 밝은 면 뒤로 어두운 이면을 감추고 있듯이 선하면서도 악하고, 성스러우면서도 속된 상반된 두 얼굴을 가진 것으로 여겨졌던 것이다.

처녀성에 공존하는 양면적 성격을 파악하고 나서 중국 신화를 재고해

23 Mary Douglas, *Purity and Danger* (New York: Praeger Publishers. 1970), p. 8.

보면 이러한 심리가 그대로 신화 속에 반영되어 나타나고 있음을 깨닫게 된다. 서왕모는 여성이지만 천하의 역병과 다섯 가지 형벌이라는 무시무시한 직무까지도 주관할 수 있는 존재로 묘사되어 있다.[24] 또한 인류를 창조하는 자애로운 어머니이면서 포악한 흑룡을 과감히 처치하는 여와에 대한 묘사에서도 축복과 저주를 동시에 내리는 상이한 모습이 교차되어 나타난다. 바로 처녀는 신비롭고 성스러우나 동시에 극대의 에너지가 충만하여 가공할 파괴력을 품은 존재로 위험시되기도 했음을 말해 주는 것이다. 마찬가지로 우리나라 신화 속의 삼신할머니는 자손을 점지해 주는 선한 면을 지닌 반면 심기를 거스르게 하는 자에게는 저주를 내려 장님을 만들거나 죽음에까지 이르게 할 수 있는 이중적인 면모를 지닌다.

우리는 중국의 또 다른 여신 요희(瑤姬)에게서도 처녀성에 내재된 이중적 성격을 파악해 낼 수 있다. 요희는 앞에서 언급하였듯이 초나라 회왕과 꿈속에서 사랑을 나누는 무산의 신녀인데[25] 우리는 요희의 이름 가운데 요(瑤) 자에 주목할 필요가 있다. 우선 요희의 요(瑤) 자는 한자에서 '음란하다'는 의미의 음(淫) 자와 통한다. 그리고 요희라는 명칭이 유래된 『산해경』의 요초(瑤草)에 대한 곽박(郭璞) 주(注)에 따르면 요초를 "먹으면 사람들에게 사랑을 받을 수 있다(服之媚于人)" 고 해석하고 있어, 요에는 남녀간의 사랑, 즉 성적인 의미가 포함되어 있음을 알 수 있다.[26] 이러한 요희가 갖는 성적 이미지는 본래 여사제로서의 신성함에서 비롯된 것임에도 불구하고 유가의 잣대로는 남성을 파멸로 몰고 갈 수 있는 위험한 힘으로 간주되어 결국 후대로 갈수록 요희는 문학작품 안

---

24 『산해경』「서산경」: "玉山, 是西王母所居也. 西王母其狀如人, 豹尾虎齒而善嘯, 蓬髮戴勝, 是司天下之厲及五殘."

25 각주 22 참고.

26 엽서헌, 앞의 책, p. 394.

에서 음녀(淫女)로 낙인찍혀 비판받는 수모를 겪게 된다. 요희의 예는 '처녀성'이 고대인들에게 성스러운 능력으로 숭배되었으면서도 점차 위험시되어야만 했던 부정한 힘이었음을 보여준다.

## 3. 처녀에서 어머니로

### 과도기의 사회적 배경

부계가 언제부터 시작되었고 모계를 대신하여 성립하게 되었는지에 대해서는 어느 자료도 명확한 근거를 제시하지 못하고 있어 그 시기를 단정할 순 없다. 그렇지만 일반적으로 중국의 사회학자들은 주대(周代)부터 부계제가 모계제를 완전히 대체하고 종법제(宗法制)에 따른 가족제도가 형성되었다고 주장한다. 결국 부계가 완전히 성립된 시기는 주대였을 것이며, 모계에서 부계로의 변화는 은대(殷代)부터 꾸준히 계속되었을 것이다.

먼저 당시 사람들의 진솔한 삶이 잘 반영되어 있는 가요집인 『시경(詩經)』을 통해서 부계가 정립되어 가던 시대 상황이 어떠했는지 살펴보도록 하자. 주대의 상층 문인들이 저술한 철학서나 역사서들이 그 시대의 이데올로기에 부합되는 내용으로 일관되어 있다면 『시경』은 이러한 의도에서 어느 정도 벗어나 서민들을 비롯한 다양한 계층의 실제 생활을 보여준다는 점에서 귀중한 자료로 볼 수 있다. 『시경』의 작품들, 특히 풍(風)에서는 여성이 처녀신으로서의 이미지를 많은 부분 잃었으나 아직은 예교에 의하여 통제받지 않고 오히려 연애의 자유로운 기회를 많이 가졌음을 보여준다.

특히 『시경』에는 남녀간의 사랑이 솔직하게 묘사된 시가 많다. 남성의 유혹에 여성이 즐거이 응하는 「야유사균(野有死麕)」,[27] 사람들의 눈을 피해 가며 정을 나누는 남녀를 노래한 「장중자(將仲子)」,[28] 님의 사랑을 갈구하는 「건상(褰裳)」,[29] 멋진 남성을 놓치고 후회하는 「봉(丰)」,[30] 이밖에 「동문지선(東門之墠)」·「자금(子衿)」·「출동기문(出東其門)」·「야유만초(野有蔓草)」·「진유(溱洧)」·「동문지분(東門之枌)」·「동문지지(東門之池)」 등의 시에는 모두 노골적인 남녀의 사랑이 묘사되어 있다. 이 가운데 「야유사균」·「건상」의 시로부터는 당시 여성의 성(性)에 대한 표현이 소극적이지 않았음을, 「장중자」에서는 연인을 한밤중에 몰래 찾아가는 것이 묵인되었던 당시의 개방적인 분위기를 감지해 낼 수 있다. 또한 「진유」에는 봄이 되면 물가에서 축제가 열리고 청춘 남녀가 모여 자유롭게 사랑을 나눌 수 있는 기회가 있었음이 암시되어 있다.

정절(貞節)에 대한 관념 역시 희미하였다. 『역경(易經)』에 보면 정절에 대한 해석이 세 번 나오는데 본래의 의미에서 보자면 육체적인 순결과는 거리가 먼 것이었고 여자가 곧고 덕을 지키며 의리 있는 것을 의미하였다. 정(貞)의 곧다는 의미가 후대 유교의 정절 이데올로기에 흡수되어 여성 억압의 근거로 사용된 것으로 보인다.[31] 중국에서 여성의 순결에

---

27 『시경』「국풍(國風)·소남(召南)」: "野有死麕, 白茅包之, 有女懷春, 吉士誘之. 林有樸樕, 野有死鹿, 白茅純束, 有女如玉. 舒而脫脫兮, 無感我帨兮, 無使尨也吠."

28 『시경』「국풍·정풍(鄭風)」: "將仲子兮, 無踰我里, 無折我樹杞, 豈感愛之, 畏我父母, 父母之言, 亦可畏也. 將仲子兮, 無踰我牆, 無折我樹桑, 豈感愛之, 畏我諸兄, 仲可懷也, 諸兄之言, 亦可畏也. 將仲子兮, 無踰我園, 無折我樹檀, 豈感愛之, 畏人之多言, 仲可懷也, 人之多言, 亦可畏也."

29 『시경』「국풍·정풍」: "子惠思我, 褰裳涉溱, 子不我思, 豈無他士, 狂童之狂也且. 子惠思我, 褰裳涉洧, 子不我思, 豈無他人, 狂童之狂也且."

30 『시경』「국풍·정풍」: "子之丰兮, 俟我乎巷兮, 悔予不送兮. 子之昌兮, 俟我乎堂兮, 悔予不將兮. 衣錦褧衣, 裳錦褧裳, 叔兮伯兮, 駕予與行. 裳錦褧裳, 衣錦褧衣, 叔兮伯兮, 駕予與歸."

31 "가인은 여자가 곧음이 이로우니라. 단전에서 말하기를, 가인은 여자가 안에서 자리를 바르게 하는 것이다(家人利女貞, 彖曰, 家人女正位乎內)", "덕을 항구히 하면 곧고 부인

대한 본격적인 강요는 송대(宋代)부터 시작된 것으로 보지만 주대에 이미 제도적으로 여성의 자유를 통제하기 위한 삼종(三從)의 규범이 출현하고 이에 따라 여자는 출가하기 전에는 아버지에게, 출가한 뒤에는 남편에게, 남편이 죽은 뒤에는 큰아들에게 순종하도록 권장되었다. 공자(孔子)를 필두로 한 유가가 득세하면서 그 당시 사람들의 자유로운 경향은 부도덕한 것으로 맹렬히 비판받기도 하였으나[32] 『시경』의 예에서 보이듯이 여전히 일반 서민들은 엄격한 유가의 영향권 밖에서 생기 있는 삶을 구가하고 있었다.

### 여신의 변형

모계의 흔적들을 서서히 지워 가면서 부계의 완성을 꿈꾸던 이 시기에 여신들은 어떠한 모습으로 그려졌을까? 여기에서 다시금 상기하여야 하는 것은 태고부터 구전되던 신화가 문자로 정착됨과 동시에 많은 부분 작자에 의하여 그 시대에 맞도록 각색될 수밖에 없었다는 점이다. 그래서 신화 원전을 대할 때 작자의 의도를 늘 경계하며 비판적으로 살피게 되는데, 글쓰기란 똑같은 내용도 다르게 재현해 내는 주술적인 힘을 갖기 때문이다.

잠시 바빌론 신화를 살펴보자. 바빌론에서 원래 만물의 어머니 여신

---

은 길하다(恒其德貞, 婦人吉)", "상전에서 말하기를, 부인은 곧아서 길하니 하나를 좇아서 마치기 때문이다(象曰, 婦人貞吉, 從一而終也)." 『주역(周易) 왕필 주(王弼 注)』(도서출판 길. 1999), 임채우 옮김, pp. 259, 285를 참고.

32 여성에 대한 유가의 관점은 이전과는 달랐다. 『논어(論語)』 권17에 따르면 공자는 "여자와 소인은 기르기가 어려우니, 가까이 하면 불손해지고 멀리하면 원망한다(子曰唯女子與小人, 爲難養也. 近之則不孫, 遠之則怨)"라고 하면서, 여성은 남성보다 열등하고, 여성의 의무는 무엇보다도 남편과 시부모를 잘 받들고 가정을 돌보며, 건강한 사내아이를 낳는 것으로 보았다. 그들은 가부장제의 규범 안에서 여성성을 조작하였으며 이 때 여성의 생물학적인 기능을 억압의 계기로 삼았다.

으로 숭배되던 신은 티아마트(Tiamat)였다. 어느 날 남신들이 모여서 회의를 열고 누가 용기 있게 나서서 티아마트를 맞을 것인가를 의논하다가 마르둑(Marduk)이라는 신을 내보내기로 결정한다. 마르둑은 티아마트가 입을 여는 순간 재빨리 목구멍으로 바람을 넣고 배를 부풀려 터뜨리니, 여신의 몸은 토막나고 비로소 땅과 하늘이 만들어지게 된다. 풍요의 상징인 티아마트가 칼과 죽음을 상징으로 삼는 마르둑에 의하여 살해되는 이 신화는, 여가장제가 기원전 1750년경에 부계에 의하여 전복되는 역사적 전환점과 비슷한 시기에 성립된 것으로 보이며,[33] 새로이 성립된 부계사회의 요구에 따라 여신이 창조신의 자리를 남신에게 양보해야만 하였음을 보여준다.

다시 중국 신화로 돌아와 살펴보면 여신 이미지의 변천은 부계가 모계를 대신하여 공고히 정착되기 시작하는 주대부터 나아가 한대에 이르는 시기에 이루어지고 있다. 여와는 앞에서 보았듯이 남성의 도움을 받지 않고 스스로 인류를 창조하고 천지를 바로잡는 처녀신으로 『초사(楚辭)』「천문(天問)」에서는 이러한 여와의 기원을 묻는 대목이 나온다.

> 여와에게 몸이 있는데
> 누가 그것을 만들었는가?[34]

여와가 인류를 처음으로 만들어 냈는데 그렇다면 그러한 여와는 또 누가 만들어 냈을까? 『초사』「천문」의 예는 여신 여와의 오랜 기원을 짐작케 한다. 그녀는 자신의 몸으로부터 직접 다른 신들을 만들어 내기도 하였다. 다음의 『산해경』의 예는 창조신 여와의 또 다른 면모를 보여준다.

---

33 Joseph Campbell with Bill Moyers, 『신화의 힘』(고려원. 1992), 이윤기 옮김, pp. 321-2.
34 『초사』「천문」: "女媧有體, 孰制匠之."

열 명의 신이 있는데 이름을 여와장(女媧腸)이라고 한다. (여와는 이렇게) 신으로 변화하여 율광야(栗廣野)에 사는데 길을 가로질러 살고 있다.[35]

여와의 창자가 변하여 10명의 신이 된다는 내용을 통하여 우리는 여와가 남성과의 성적인 결합 없이도 스스로 생명을 창조해 내는 처녀신임을 알 수 있다. 곽박(郭璞)도 이 문장에 대해서 "여와는 사람의 얼굴에 뱀의 몸이고 하루 중에 70번을 변화하는데 그의 배가 이러한 신으로 변화되었던 것이다"[36]라고 주를 달고 있다. 그랬던 그녀가 이제 남성신인 황제(黃帝)의 도움을 받아 음(陰)과 양(陽)을 만들고, 상변(上騈)과 함께 귀와 눈을 만들며, 팔과 손을 만들 때에는 상림(桑林)의 도움을 받게 된다.

황제는 그녀를 도와 음과 양을 만들었고, 상변은 그녀를 도와 귀와 눈을 만들었고, 상림은 그녀를 도와 팔과 손을 만들었는데, 이것은 여와가 매일 칠십 번 인류를 생성하는 과정이다.[37]

인류를 만들어 내는 성스러운 작업은 처녀신 여와의 고유한 영역이거늘 난데없이 황제와 상변 · 상림의 남성신들이 개입되는 까닭은 무엇일까? 남성신들이 등장하여 이처럼 여와의 인류 창조를 돕는다는 신화 내용은 모계사회의 반영으로 이해될 수도 있겠지만, 동시에 유일한 창조신이었던 여와의 존엄한 이미지가 남성신들에 의하여 퇴색하는 듯한 느낌

35 『산해경』「대황서경(大荒西經)」: "有神十人, 名曰女媧之腸, 化爲神, 處栗廣之野, 橫道而處."

36 『산해경』「대황서경」 곽박의 주: "女媧 …… 人面蛇身, 一日中七十變, 其腹化爲此神."

37 『회남자』「설림훈(說林訓)」: "黃帝生陰陽, 上騈生耳目, 桑林生臂手, 此女媧之所以七十化也."

[그림 6] 투루판(吐魯番)의 복희여와도(伏羲女圖)와 무량사 화상석에 보이는 복희와 여와.

을 준다. 그리고 이러한 신화 이면에는 남성신을 내세워 처녀신의 고유한 영역을 침범하고 그녀의 절대적인 권위에 도전하려는 남성 중심적인 심리가 깔려 있으며 이와 같은 의도에 따라 후대로 가면서 여와는 결국 복희의 아내로 혹은 누이로 지위가 낮아지는 것이다.[38] 한대의 화상석(畵像石) 역시 복희와 교미함으로써만 인류를 생산할 수 있는 배우신(配偶神)으로 전락한 여와의 모습을 보여준다.

태고의 신화를 담은 『산해경』으로부터 후대의 『목천자전(穆天子傳)』으로 가면서 변화되는 서왕모의 모습도 정치적인 이데올로기하에서 점차 다른 모습으로 적응해 가야 했던 여신 그리고 여성의 운명을 반영한다. 『목천자전』은 전국시대에 기록된 것으로 주나라 목왕이 서쪽으로 여러 나라들을 여행하는 환상적인 내용을 담고 있다. 권3에 나오는 주목

38 나필(羅泌), 『노사(路史)』「후기(後紀)」에 인용된 『풍속통의』: “女媧, 伏羲之妹.” 노동(盧仝)의 「마이와 교분을 맺으며(與馬異結交詩)」: “女媧本是伏羲婦.”

[그림 7] 「요지연도(瑤池宴圖)」에 보이는 서왕모와 주목왕.

왕과 서왕모의 만남은 신화적인 색채가 가장 농후한 부분이다.

『산해경』에서 반인반수(半人半獸)의 모습을 하고 재앙과 오형(五刑)의 권한을 휘두르던 서왕모는 『목천자전』으로 가면 사랑에 빠진 여인의 모습으로 변한다.

> 길일(吉日) 갑자(甲子)일에 천자(天子)는 서왕모에게 초대받아 갔다. 흰 규(圭)와 검은 벽(璧)을 가지고 서왕모를 만나 꽃무늬 비단끈 사백 장과 ㅁ비단끈 천이백 장을 즐거이 바쳤다. 서왕모는 두 번 절하고 그것을 받았다. 을축(乙丑)일에 천자가 요지(瑤池)의 가에서 서왕모에게 술을 대접하였다. 서왕모는 천자를 위해 노래하기를 "흰 구름은 하늘에 떠 있고 산언덕은 절로 솟아 있습니다. 길은 아득히 멀어 산과 내가 그 사이에 있습니다. 그대가 죽지 말고 돌아오실 수 있기를 바랍니다." 천자가 답하여 말하기를 "나는 동쪽 땅으로 돌아가 중국을 조화롭게 다스리고 모든 백성들이 편안해지면 나는 그대를 보러 돌아올 것입니다. 3년이 되면 다시 황야로 돌아올 것입니다." 서왕모가 또 천자를 위하여 읊조리면서 "(저

는) 저 서쪽 땅으로 가서 그 황야에서 삽니다. 호랑이와 표범이 무리를 이루고 까마귀와 까치가 함께 살지요. (천제께서) 황야를 떠나지 말라고 명령하셨습니다. 저는 하느님의 딸이요, 그대는 어떤 속세 사람이길래 또 저를 떠나려 하십니까. 생을 불어 혀를 울리니 마음이 홀가분해집니다. 속세 사람인 그대는 하늘만 바라보시는군요." 천자는 말을 몰아 엄산(弇山)의 돌에 올라 이름과 공적을 기록하고 느티나무를 심었다. (비석 상단에) 서왕모의 산이라고 적었다.[39]

그녀는 이제 무시무시한 야수의 외피를 벗고 주목왕의 무사 귀환을 고대하는 가녀린 여인이자 황야를 떠나지 말라는 천제의 명령에 복종하는 착한 딸로 변모되어 있다. 주목왕이 속세의 문명적 인간이라면 서왕모는 호랑이 · 표범과 무리를 짓고 까막까치와 더불어 살아가는 자연이요, 중국의 백성들을 조화롭게 다스리는 주목왕이 이성의 화신이라면 떠나는 임을 보내면서 생(笙)을 불며 슬픔을 달래는 서왕모는 감성의 화신이다. 물론 자연과 소통하는 생태적인 감수성은 신화 안의 여신에게서 찾아볼 수 있는 긍정적인 측면일 수도 있다.

그러나 우리가 무엇보다도 주목하여야 할 것은 이러한 만남 자체가 궁극적으로 주목왕의 낯선 주변 지역에 대한 탐색과 지배의 과정 안에 있다는 점이다. 천자는 서왕모를 만난 후 중국으로 돌아가면서 얼른 엄산에 올라 기념비를 세우고 자신의 이름과 공적을 기록한 뒤 느티나무

39 『목천자전』 권3: "吉日甲子, 天子賓于西王母, 乃執白圭玄璧以見西王母, 好獻錦組百純, ㅁ組三百純. 西王母再拜受之, ㅁ. 乙丑. 天子觴西王母于瑤池之上. 西王母爲天子謠曰, 白雲在天, 山陵自出, 道里悠遠, 山川間之, 將子無死, 尙能復來. 天子答之曰, 予歸東土, 和治諸夏, 萬民平均, 吾顧見汝, 比及三年, 將復而野. 西王母又爲天子吟曰, 徂彼西土, 爰居其野, 虎豹爲羣, 於鵲與處, 嘉名不遷, 我惟帝女, 彼何世民, 又將去子. 吹笙鼓簧, 中心翺翔, 世民之子, 唯天之望. 天子遂驅升于弇山, 乃紀名迹于弇山之石, 而樹之槐, 眉曰西王母之山."

까지 심어 자신의 영역 안에 들어왔음을 공표하고 나아가 비석 상단에 엄산 대신에 '서왕모의 산'이라는 새로운 이름을 명명(命名)하고 새긴다. 목왕에 의하여 새로운 이름이 부여된다는 것은 엄산이라는 주변 공간이 중심으로 편입됨을 의미할 뿐 아니라 서왕모라는 여신이 목왕의 지배하에 놓이게 됨을 말한다. 그런데 이러한 지배의 과정이 서구 신화에서 마르둑이 티아마트를 죽이고 제우스(Zeus)가 대지의 여신인 티폰(Typhon)을 살해하는 극단적인 형태를 취했던 것과는 다르게, 여와와 복희는 좋은 배필로서, 서왕모와 목천자는 연인으로서 묘사되어 있어 호혜적인 관계 속에서 조화롭게 이루어지는 듯이 비쳐진다. 우리는 서구가 문명과 자연, 이성과 감성, 남성과 여성과 같은 이분법으로 지배와 피지배의 대립적인 극한 상황에 놓여 있을 때, 우리네 동양은 상호 포용하고 조화를 이루며 이상적인 세계를 추구해 나간 것으로 신비화하여 생각하기 쉽다. 그러나 『목천자전』에서도 보았듯이 정도의 차이와 방법만 달랐을 뿐 동서양 구분 없이 인간에게는 중심과 주변, 성(聖)과 속(俗), 자아와 타자를 구분하고 지배하고자 하는 속성이 존재하였으며 남녀의 문제도 예외는 아니었던 것 같다.

주목왕 다음으로 신화 속에서 서왕모의 새로운 배우자로서 동왕공(東王公)이 등장하는 것은 한대의 『신이경(神異經)』이다. 『신이경』의 「곤륜천주(崑崙天柱)」에는 곤륜산(崑崙山)에 희유(希有)라는 큰 새가 있어 왼쪽 날개로는 동왕공을 오른쪽 날개로는 서왕모를 펼쳐 덮는다는 기록이 나온다.[40] 이러한 동왕공의 등장은 음양오행설(陰陽五行說)에 근거한 것으로 "목공(木公)은 동왕보(東王父)라고도 하고 또는 동왕공이라고도 한다. 무릇 청양(青陽)의 원기(元氣)이며 만물의 으뜸이다"[41]라고 한 『태평

---

40 『신이경』: "上有大鳥, 名曰希有. 南向, 張左翼覆東王公, 右翼覆西王母. 背上所處無羽, 一萬九千里, 西王母歲登翼上之東王公也."

41 『태평어람』 권1: "木公, 亦云東王父, 亦云東王公. 蓋青陽之元氣, 百物之先也."

[그림 8] 한대의 화상석에 보이는 서왕모와 동왕공.

어람』 권1의 내용이 이를 뒷받침해 준다. 여기에서 청(靑)과 양(陽)은 동쪽에 해당되고 목공(木公)에서의 목(木) 또한 오행(五行)으로 볼 때 동쪽에 해당되므로 동왕공은 서왕모와 음양의 양극 구조를 이루기 위하여 설정된 인물이라고 할 수 있다.[42]

그런데 이러한 음양오행설이야말로 오랫동안 유가에서 남녀 차별의 문화를 고착시키기 위한 근거로 이용되어 왔다. 음양이 출발부터 차등(差等)의 개념이었는지에 대해서는 여전히 의견이 분분하지만, 분명한 것은 이것이 응용되는 과정에서는 이미 등가(等價)의 것이 아니었다는 점이다. 서구의 이분법이 지배와 피지배의 상호 부정적인 대립의 관계였다면 음양의 이분법은 본래 한쪽 항의 다른 쪽 항에 대한 절대적 부정이 아닌 상대적인 대립이고 이에 따라 남성과 여성도 상호 절대적으로 부정되는 존재가 아니라 상호 교감에 의하여 화합하여야 그 존재가 완결되는

42 김지선, 「『신이경』 시론(試論) 및 역주(譯註)」(이화여자대학교 중문과 석사학위 논문. 1994), p. 42.

것으로 생각되었다. 그러나 형이상적인 음양의 개념이 역사 현실의 상황에서는 다른 결과를 가져오게 된다. 비록 서구의 이분법의 극명한 대립과 상호 부정은 아닐지라도 음양의 사유 방식은 상호 보완적인 종속의 관계를 일반화시키는 데 기여한다.[43] 음양 사상의 영향을 받은 『신이경』에서부터 서왕모는 동왕공이라는 명실상부한 배우자를 얻고 상호 보완적인 관계를 맺지만 후대의 도교로 가면 차별적인 관계가 되어 동왕공보다 낮은 신격에 결국 위치하고 만다. 음양이 출발에서는 등가의 의미였을지라도 현실에서는 이미 차등의 개념으로 변질되기 때문이다. 신화의 세계를 떠나는 순간 인간은 이미 자연을 타자화된 존재로 인식하게 되었고, 모계가 부계에게 주도권을 양보하는 순간 만물을 낳고 기르던 처녀신의 생명력은 더 이상 숭배 대상이 되지 못하였다. 변화된 시대의 조류 속에서 태초에 처녀신이었던 여와와 서왕모는 비범한 위치에서 벗어나 모두 남성신의 배우자로서 평범한 길을 걸을 수밖에 없었다.

이와 더불어 모계사회에서 부계사회로의 과도기적인 사회 배경이 반영된 또 다른 예는 시조모(始祖母) 전설이다. 시조모 전설에서 여성은 여전히 처녀의 몸으로 위대한 시조를 잉태하여 출산하는데 모두 감응(感應)에 의하여 아들을 낳는다. 뇌택(雷澤) 가의 큰 발자국을 밟고 복희를 낳은 화서씨(華胥氏),[44] 신룡(神龍)에게 감화되어 염제(炎帝)를 낳은 여등(女登),[45] 밝게 빛나는 북두성(北斗星)을 보고 황제(黃帝)를 임신한 부보(附寶),[46] 적룡(赤龍)과 결합하여 요(堯)를 낳은 경도(慶都)[47] 등의 예

43 김혜숙, 「음양(陰陽) 존재론과 여성주의 인식론적 함축」, 『한국여성학회지』 제15권 2호 별쇄, 1999, pp. 8-15.

44 『태평어람』 권78에 인용된 「시위함신무(詩緯含神霧)」: "大迹出雷澤, 華胥履之. 生宓犧."

45 『사기(史記)』 「보삼황본기(補三皇本紀)」: "炎帝神農氏, 姜姓. 母曰女登, 爲少典妃, 感神龍而生炎帝人神牛獸, 長於姜水, 因以爲姓."
『춘추위원명포(春秋緯元命苞)』: "少典妃女登游於華陰, 有神龍首感之於常羊, 生神農."

가 그렇다. 상(商)의 시조모인 간적(簡狄)은 하늘에서 떨어진 현조(玄鳥)의 알을 삼키고 시조인 설(契)을 낳았으며[48] 강원(姜嫄)은 거인의 발자국을 보고 호기심으로 밟은 뒤 임신하여 주(周)의 시조인 기(棄)를 낳는다.[49] 신화에서 처녀신이 홀로 생명을 창조하였던 것과는 달리 시조모 전설에서는 각 시조모들이 천신(天神)이나 영물류(靈物類)와 같은 외부적인 도움에 의존한다. 이러한 이야기 속 처녀의 신비로운 출산이라는 초자연성은 여전히 모계사회의 흔적을 보여주는 것이다.

시조모 전설에서는 처녀 출산이라는 신비로운 경험에 대한 묘사가 위주로 되어 있고 아직 여성에게 구체적으로 어떠한 유교의 의무도 부여되어 있지 않아서 여성의 몸은 출산의 도구로만 인식되지 않는다.[50] 그런데 이와 같은 현상은 한대 『열녀전』의 시조모 전설과 비교해 보면 대조적이다. 예컨대 「열녀전」의 「설모간적(契母簡狄)」·「기모강원(棄母姜嫄)」 이야기는 시조모의 처녀성에 맞추어져 왔던 논의의 초점이 위대하고 초인적인 시조를 낳은 매개자이자 그 아들을 훌륭하게 교육시킨 어머니로 옮겨 가는 것을 보여준다. 이것은 여성이 이제 처녀가 아닌 어머

---

46 『죽서기년(竹書紀年)』: "黃帝母附寶, 見電繞北斗, 樞星光照野, 感而孕."

47 『죽서기년』: "堯母慶都與赤龍合婚, 合伊常, 堯也."

48 『초사』「천문」: "簡狄在臺嚳何宜, 玄鳥致貽女何喜."
『사기』「은본기(殷本紀)」: "殷契, 母曰簡狄, 有娀氏之女, 爲帝嚳次妃. 三人行浴, 見玄鳥墜其卵, 簡狄取呑之, 因孕生契."

49 『사기』「주본기(周本紀)」: "周后稷, 名棄. 其母有邰氏女, 曰姜原. 姜原爲帝嚳元妃. 姜原出野, 見巨人迹, 心忻然說, 欲踐之, 踐之而身動, 如孕者. 居期而生子, 以爲不祥, 棄之隘巷, 馬車過者, 皆辟不踐. 徙置之林中, 適會山林多人. 遷之而棄渠中冰上, 飛鳥以其翼覆荐之. 姜原以爲神, 遂牧養長之. 初欲棄之, 因名曰棄."
『시경』「대아(大雅)·생민(生民)」: "厥初生民, 時維姜原, 生民如何, 克禋克祀, 以弗無子, 履帝武敏歆 …… 誕置之隘巷, 牛羊腓字之. 誕置之平林, 會伐平林. 誕置之寒冰, 鳥覆翼之. 鳥乃去矣, 后稷呱矣."

50 물론 시조모 전설 중에는 가부장제하에서 국가 성립에 정당성을 부여하기 위하여 만들어진 건국 신화도 있을 것이다. 그러나 이러한 건국 신화 속에서도 모계사회의 흔적을 찾을 수 있다고 생각된다.

니로서 사회 속에서 정체성을 얻어야 했음을 말해 준다.

## 4.「모의전」의 여성, 어머니

지금까지는 주로 신화 속의 상징적인 고리들을 풀어 가면서 시대와 함께 변화해 가는 여성의 모습들을 조망해 보았다. 이제부터는 가부장제가 더욱 공고해지고 여성에 대한 유교적인 구속이 본격적으로 진행된 한대의 작품인 『열녀전』「모의전」을 대상으로 하여 신화 속 처녀신이 어떻게 이상적인 어머니로 만들어지는지 그 과정을 살펴보고자 한다.

### 어머니 숭배의 사회적 배경

한대는 유교가 지배 원리로서 대두되는 시기이다. 유교가 한나라의 지배 원리로서 채택된 데에는 다음과 같은 배경이 있다. 우선 진(秦)을 멸망시키고 성립된 한나라는 명분상 진나라의 통치 이념이었던 법치(法治)를 부정하고 이와 상반되는 지배 원리를 표방해야 하였으며, 법치라는 일원적인 통치가 언제나 강력한 힘을 배경으로 하는 반면, 반역을 삼가고 복종을 내세우는 유교의 효제(孝悌) 도덕은 권력의 절약을 가져올 수 있기 때문이었다.[51] 한의 고조(高祖) 유방(劉邦)은 공신들과 일족들을 제후왕(諸侯王)과 열후(列侯)로서 각 지역에 봉건하는 군현(郡縣)과 봉국(封國)을 병행하여 통치하도록 하는 군현제를 실행하였고, 유교의 통치 이념하에서 예교를 법제화하여 예법을 완성하였다.

기존에 모호하였던 예제(禮制)는 이제 확고하게 체재를 갖추어 가면

51 동양사학회, 『동양사(東洋史)』(지식산업사. 1991), p. 66.

서 『예기(禮記)』와 같은 책으로 성문화되었다. 남녀유별(男女有別)은 더욱 강조되며 여성의 정절은 법률로써 장려되니 『한서(漢書)』와 『후한서(後漢書)』에는 정절을 지킨 순종적인 부인에게 나라에서 비단을 하사하고 표창하는 사례들이 자주 나오게 된다. 조정에서 이렇게 예법을 제창하자 사회에서도 예법을 정하여 여성의 모범적인 표준으로 삼고 장려하려는 움직임이 일었다. 전한(前漢)의 유향은 성제(成帝) 때에 조비연(趙飛燕)이 권력을 잡고 예에 어긋나는 행동으로 나라를 어지럽히자 이를 경계하고자 『열녀전』을 썼으며, 후한의 반소(班昭)는 이로부터 약 백 년 뒤에 『여계(女誡)』를 지어 여성의 모범으로 삼고자 하였다. 이 두 책은 본격적으로 여성에 대하여 논한 중국 최초의 책으로 그 후에 나온 여성의 삶에 관한 저서들이 모두 이 두 책의 체제를 따르게 되었을 정도로 영향이 지대하였다. 그러나 이들은 가부장제하에서 남성들이 여성을 압박할 수 있는 정당한 근거로 이용되어 여성들을 예교로 구속하는 계기를 제공하기도 하였다.

그런데 우리는 몇 가지 예로부터, 한대의 조정이 예교를 앞세워 정절을 적극 장려하였고 유향 · 반소 등도 글을 써서 유가에서 바라는 이상적인 여인상을 강요하였음에도 불구하고 막상 사회에서는 여성에 대한 통제가 그다지 심하지 않았음을 볼 수 있다. 주매신(朱買臣)의 처, 「공작동남비(孔雀東南飛)」로 유명한 초중경(焦仲卿)의 처는 모두 이혼한 뒤에 재가하며, 채옹(蔡邕)의 딸인 문희(文姬)[염(琰)]는 무려 세 차례나 재가를 하지만 당시 사회에서는 이를 부정하거나 별난 일로 생각하지 않았다. 한대 역시 여성의 정조 관념이 서서히 엄격해져 가던 과도기였으며 여성이 완전히 예교의 통제하에 있지 않았음을 알 수 있다. 그러나 한대 이후로 지배 계층에서 희첩(姬妾)을 소유하는 일이 증가하고 무제(武帝) 때에는 첩이 14등(等)까지 늘어나며 그와 같은 시기에 기녀(妓女)제도도 생겨나니 점차 여성의 지위는 하락하게 되었다.[52]

## 은폐된 처녀성

우리는 천 년보다 오래된 『열녀전』 속의 여성의 삶이 실제로 어떠했는지 분명하게 알 수 없으며 다만 오늘날 남아 있는 원전을 통해 짐작해 보는 수밖에 없다. 『열녀전』 속에 만들어진 여성의 삶의 공간은 작자에 의해 단순히 주어진 것도 아니고 그렇다고 여성의 실제 경험이 그대로 드러나는 것으로도 볼 수 없는, 이 모든 것이 서로 부딪쳐 만들어지는 다중적인 현실이다. 그런데 다중적인 현실은 다양한 갈등 요인들이 충돌하여 삐걱거릴 때마다 그 순간 다의적이며 다가적(多價的)인 상징들을 풀어 냄으로써 모호하게 무마시켜 나간다.[53]

「모의전」 중의 「기모강원(棄母姜嫄)」과 「설모간적(契母簡狄)」에서는 신화 속 처녀성이 가부장제와 만나 갈등하면서 현실을 구성해 가는 과정이 상징적으로 표현되고 있다.

> 기(棄)의 어머니 강원(姜嫄)은 유태씨(有邰氏)의 딸이다. 요(堯)임금 때에 길을 가다가 거인의 발자국을 보고 호기심이 생겨 발자국을 밟아 보았다. 그리고 집으로 돌아와서 임신을 하게 되었다. 점점 배가 불러오자 이상하고 기분이 나빠서 복서(卜筮)로 점을 치고 하늘에 제사지내며 제발 임신이 아니기를 빌었다. 그러나 결국 아들을 낳았다.[54]

---

52 진동원(陳東原), 『중국 여성생활사(中國婦女生活史)』(臺北: 臺灣商務印書館. 1975), p. 45.

53 다중적 현실과 상징에 대한 논의는 Stanley Jeyaraja Tambiah, *Magic. Science. Religion and the Scope of Rationality* (Cambridge: Cambridge University Press. 1990), p. 101을 참고.

54 「기모강원(棄母姜嫄)」: "棄母姜嫄者, 邰侯之女也. 當堯之時, 行見巨人跡, 好而履之. 歸而有娠. 浸以益大, 心怪惡之. 卜筮禋祀, 以求無子, 終生子."

설(契)의 어머니 간적(簡狄)은 유융씨(有戎氏)의 장녀이다. 요(堯)임금 때에 (간적은) 여동생과 함께 현구(玄丘)의 냇가에서 목욕을 하고 있었다. 그 때 제비가 알을 물고 날아가다가 떨어뜨렸는데 오색이 찬란하여 무척 아름다웠다. 간적과 그 여동생은 그것을 가지려고 앞다투어 달려갔다. 간적이 먼저 그 알을 집어서 입에 물고 있다가 잘못하여 삼켜 버렸고 마침내 설을 낳았다.[55]

강원과 간적은 본래 자유분방한 처녀들이었다. 유태씨의 딸이었던 강원은 길을 가다가 우연히 거인의 발자국을 발견하고 장난삼아 밟으며 따라가는 호기심 많은 처녀이고, 유융씨의 장녀인 간적은 밝은 대낮에 여동생과 냇가에서 목욕을 하던 중 제비가 떨어뜨리고 간 알을 동생과 다투다가 삼켜 버리는 생기발랄한 처녀이다. 이들에게서는 첩첩 깊은 규방 속에서 부덕을 익히는 규수의 조신함은 찾아볼 수 없고 오히려 천진난만한 처녀의 생기가 느껴진다. 그러나 호기심으로 거인의 발자국을 밟고 제비의 알을 삼켜 버린 뒤에 그들은 뜻하지 않게 임신을 하게 되는 곤경에 처한다. 그런데 이러한 상징적인 이야기들을 다시 한 번 짚어 가면 그로부터 흥미로운 사실을 발견할 수 있다. 우선 간적이 입으로 알을 삼켜 임신했다는 대목을 분석해 보자. 신화 사유에서 여성의 입은 생식기와 역할상 호환(互換) 관계에 있는데 일본 신화에서도 비슷한 예를 찾아볼 수 있다. 여신이 머리를 땅으로 향하게 하면 입에서 익힌 음식이 나오고, 머리를 바다로 향하게 하면 입에서 온갖 물고기가 나오며, 머리를 산 쪽으로 돌리면 입에서 온갖 짐승들이 쏟아진다는 이야기에서 입은 바로 여신의 생식기를 상징한다.[56] 그리고 오늘날까지도 중국 북방에서

55 「설모간적(契母簡狄)」: "契母簡狄者, 有娀氏之長女也. 當堯之時, 與其妹娣, 浴於玄丘之水. 有玄鳥銜卵, 過而墜之, 五色甚好. 簡狄與其妹娣, 競往取之. 簡狄得而含之, 誤而呑之. 遂生契焉."

는 새가 곧 남성 생식기를 의미하여 이 지역 사람들은 남성 생식기를 '계파(鷄巴)', '계계(鷄鷄)', '작작(雀雀)'이라고 부르고 난(卵)은 고환을 가리킬 때 사용한다.[57] 그러므로 입으로 '알을 삼키거나' 기타 음식물을 삼키는 행위는 생식기에서 수정이 일어나는 과정을 상징적으로 표현한 것이다. 그리고 더 나아가 이러한 사실을 앞서 제시한 『열녀전』의 시조모 이야기와 연결해 보았을 때 간적이 입으로 알을 삼킨 사실의 이면에는 바로 그녀가 야합으로 임신한 비밀이 숨겨져 있음을 알 수 있다. 마찬가지로 땅 위에 나 있는 거인의 발자국을 밟으며 걸어갔다는 것도 고대 사회에서 일어날 수 있었던 야합(野合)에 의한 처녀의 임신이 후대 기록자의 유가적(儒家的) 관점에 의하여 은폐되어 상징적으로 표현된 것으로 볼 수 있다.

그렇다면 이들의 야합은 숨겨져야 했던 수치스러운 일이었을까? 섬서(陝西) 지방에서는 강원을 숭배하고 제사지내는 풍습이 오늘날까지 전해지고 있다. 얼마 전만 해도 이 마을에서는 매년 3월 15일이 돌아오면 아이 갖기를 바라는 여성들이 강원에게 제사지낸 뒤 사당 근처에서 밤을 새우며 기다리다가 지나가는 남성과 동굴이나 숲속에서 관계를 맺어 임신하는 풍습이 남아 있었다고 한다.[58] 이러한 실제의 풍습과 『열녀전』 속의 강원 이야기를 연결하여 보면 강원이 거인의 발자국에 감응을 받아 임신했다는 기록은 강원이 고매(高禖)의 제사가 끝난 뒤 들판에서 거인 즉 남성을 만나 임신한 것이 상징적으로 표현된 것으로 해석할 수 있다. 그리고 고대사회에서 고매의 제사가 남녀의 결합을 통하여 천지의

---

**56** 엽서헌, 「중국 상고 시기 지모신화의 발굴(中國上古地母神話發掘)」, 『중국 고대와 근대 문학 연구(中國古代近代文學硏究)』(北京: 人民大學出版社. 1998), p. 29.

**57** 곽말약, 『곽말약전집(郭沫若全集)』「역사편(歷史編)」(北京: 人民出版社. 1982), pp. 328-9.

**58** 송조린, 앞의 논문, p. 274.

기운을 얻고 다산과 풍작을 기원하는 신성한 의식으로 여겨졌다는 사실을 상기해 볼 때 강원의 임신은 본래 수치스러운 일로 간주되지 않았음을 알 수 있다. 간적의 경우 역시 신성한 처녀 임신의 맥락에서 풀이될 수 있다.

그러나 가부장제 사회의 관점에서 이미 처녀의 임신은 수치스러운 일이 되었으니 강원은 "점점 배가 불러오자 이상하고 기분이 나빠서 복서(卜筮)로 점을 치고 하늘에 제사지내며 제발 임신이 아니기를 빌어야 하였다."[59] 만약 유가적인 윤색을 거치기 전이라면 이 글은 아마도 "점점 배가 부르자 기뻐하며 하늘에 감사하였다" 정도가 되었을 것이다. 성스러운 처녀였다가 하루 아침에 불결한 몸이 되어 버린 간적과 강원은 이러한 시련을 겪은 뒤 드디어 각각 아들을 출산하게 된다. 이들은 자신의 처녀성 때문에 격리되어야 할 위험한 존재였고 뜻하지 않은 임신이라는 시련을 겪었으며 궁극에는 훌륭한 아들을 출산하는 과정을 거침으로써 제도권에 어울리는 젠더(gender)로 다시 태어나게 된다.[60] 고대사회 안에서 생기발랄했던 처녀의 형상은, 격리되고 시련을 감수하고 마지막 단계를 성취하는 상징적인 통과의례의 과정을 통해서 가부장제 사회가 이상적으로 생각했던 아들을 출산하고 양육하는 어머니로서 새로 태어나게 되는 것이다. 처녀성 속에 깃들여 있던 처녀이자 어머니로서의 자유롭고 주체적인 힘은 본래의 신성함을 상실하고 위험하며 해로운 것으로

---

59 「기모강원」: "浸以益大, 心怪惡之, 卜筮禋祀, 以求無子."

60 시몬 비에른느(Simone Vierne)는 통과제의의 과정을 크게 준비→통과제의적 죽음→재탄생으로 나누고 준비 단계에는 성소(聖所) 준비나 정화 혹은 격리가 있고, 통과제의적 죽음에는 진입 의식과 피안으로의 여행이 있으며, 후자에는 시련 · 가사 · 모태 회귀 · 지옥 또는 천상 세계 여행이 있고, 재탄생에는 험난한 탈출과 행복한 일탈이 있다고 보았다. 그리고 각각의 단계에 들어 있는 소단계들은 경우에 따라서 생략되기도 한다. 이 글에서는 처녀에서 어머니로의 변화를 격리→시련→재탄생의 통과의례의 과정으로 파악해 보았다. 시몬 비에른느, 『통과 제의와 문학』(문학동네. 1996), 이재실 옮김, p. 79.

여겨졌으며 처녀는 점차 어머니로 길들여진다. 그리고 이 때부터 여성의 몸은 아들을 잉태하기 위한 도구로서 인식되고 여성의 정체성은 모성을 통해서만 인정받게 되었다.

## 강요된 모성

가부장제가 완전히 정착되기 이전에는 남성이 그랬듯이 여성도 자신만의 몸과 목소리를 가지고 살아왔다. 그러나 유교가 지배적인 이데올로기로 등장하기 시작한 한대 이후로 여성의 몸은 더 이상 자신의 것일 수 없게 되었다. 여성의 몸을 통하여 만들어진 것은 아들의 것이거나 남편의 혹은 아버지의 것이 되어야 하였고 여성의 생산력은 인류 공유의 자산으로 더욱 보호받아야 하였다.

『열녀전』은 이러한 유교 이데올로기에 따라 국가가 재정비되던 전환점에서 만들어진 여성에 관한 담론으로 그 안에서 여성은 만들어지는 존재이다. 그렇다면 「모의전」에서 어머니는 어떻게 만들어지고 있을까? 만일 『열녀전』의 성격을 규정하라고 한다면 이 책이 남성을 위한 서사인지 아니면 여성을 이야기하고자 한 책인지 쉽사리 결론내릴 수 없을지도 모른다. 왜냐하면 「모의전」 안의 유교적인 장치들이 은밀하게 작동하고 있기 때문에 우리는 그것에 의하여 정형화된 여성들만을 보고 허구와 실재를 혼동하기 쉽기 때문이다. 물론 가부장적인 사회 안에서도 여성은 피학적으로 순응만 하지 않고 자신의 욕망과 목소리를 끊임없이 이야기하고자 노력하였을 것이다. 그러나 여성이 여전히 유교의 구속으로부터 자유롭지 못한 이 시점에서 비판이 결여된 긍정과 가치부여는 또다시 여성을 유교적인 틀 안에서 고착화시키는 위험한 결과를 가져올 수 있다. 그러므로 이 글에서는 우선 「모의전」 안에서 여성을 순응하는 존재로 만들어 가고자 하는 유교의 가부장적인 장치들을 비판적으로 분석하는 데에 논의의 초점을 맞추고자 한다.

「모의전」을 읽다 보면 매 편마다 비슷한 구절이 반복되는 것을 발견할 수 있는데, 즉 어떤 어머니가 아들 누구를 낳았다는 이야기이다.

> 결국 아들을 낳았다.
>
> 마침내 설(契)을 낳았다.
>
> 계(啓)를 낳았다.
>
> 중임(仲壬)과 외병(外丙)을 낳았다.
>
> 태백(太伯)과 중옹(仲雍), 왕계(王季)를 낳았다.

이처럼 「모의전」 안의 어머니는 아들을 낳아야 하였다. 14편의 이야기에서 「유우이비(有虞二妃)」와 「제녀부모(齊女傅母)」의 두 편을 제외하면 아들의 출산은 훌륭한 어머니가 되기 위한 필수조건으로 꼽힌다. 과거에는 출산 이전에 성별 감식을 할 수도 없었을 텐데 딸은 왜 모두들 소외된 것일까? 『열녀전』 즉 '여러 여성의 이야기'라는 제목이 무색하리만큼 딸에 대한 언급은 어디에도 눈에 띄지 않는다. 이처럼 모-녀의 관계는 배제되고 모-자의 관계에만 국한된 내용은 「모의전」이 여성의 이야기를 쓰고 있음에도 여성을 위한 글쓰기와는 거리가 있음을 보여준다. 그리고 아들의 출산을 우선 전제로 하고 모성을 칭송하는 「모의전」의 전개 방식에 남성 중심적인 심리가 내재되어 있음을 암시한다. 「모의전」의 행간에서 만일 아들을 모두 생략해 버린다면 훌륭한 어머니도 더 이상 존재할 수가 없게 된다. 왜냐하면 아들을 낳고 기르고 성공시킴으로써만 어머니의 모성이 가장 타당하고 감동적인 것으로 보여지기 때문이다. 어머니에게서 아들은 자신이 이루지 못한 것을 대신 성취해 주는 분신이자 삶의 의미이며 욕망의 대상 그 자체이다. 아들은 무의식에서 여성 자신에게 부재하므로 욕망의 대상이 되어 버린 팰러스(phallus)이며 어머니는 아들의 출산을 통해서 완전함에 이를 수 있는 결여된 존재이다.[61] 불완전한 어머니, 그러한 어머니를 훌륭한 어머니의 단계로 끌어올릴 수 있는 것은 바로 남성인 아들뿐이다. 남성 작자인 유향에 의하여 쓰여졌기 때문일까. 「모의전」에 설정된 모-자의 구도는 분명 여성이 아닌 남성의 심리에서 나왔다는 느낌을 주기에 충분하다.

또한 어머니의 역할을 유심히 살펴보자. 어머니는 상대적으로 자신에 관해서는 침묵하고 아들을 교육하고 지도하는 데에만 전심을 다하며 결국 아들을 성공시킴으로써 칭송된다. 그런데 칭송받는 대상이 어머니임에도 정작 여성은 중심에 위치하는 것이 아니라 남성인 아버지와 아들의 주변에 놓여진다.

> 어머니의 가르침을 따라 마침내 명성을 얻었다.
> 계(啓)가 자라 그것을 펴는데 어머니의 가르침대로 하여 명성을 얻었다.
> 유신 역시 자식 교육에 힘써 두 아들 모두 공적을 이루었다.
> 그 아들이 드디어 덕을 이뤄 당대(當代)의 명예를 얻었도다.

위의 예에서 볼 수 있듯이 「모의전」의 원문에는 이러한 대목이 반복되어 나타난다. 여기에서 주어의 자리는 아들에게 주어지며 어머니는 궁극적으로 아들의 성공을 위한 매개자로서 주변에 위치한다. 크리스테

---

61 라캉(Jaques Lacan)은 여성이 어머니로서 맺게 되는 남자들과의 관계를 제외하고는 상징계에서 어떤 위치도 갖지 못하며 반대로 남자들은 음경 덕분에 상징계에서 권력과 통제의 위치를 갈망할 수 있다고 본다. 마찬가지로 프로이트(Sigmund Freud)도 어머니가 되는 과정에 가부장적 의미를 부여하여 그것을 음경을 선망한 결과로 환원한다.이에 대해서는 Chris Weedon, *Feminist Practice and Poststructuralist Theory*(New York: Basil Blackwell, 1988), p. 54. 이 같은 이론은 이들 주장의 핵심이자 한계로 지적되는데, 이러한 맥락에서 볼 때 「모의전」 역시 남성 위주의 사고에서 만들어진 팰러스 선망의 담론으로 해석될 수 있다.

바(Julia Kristeva)는 여성성의 억압을 '위치 정하기' 문제로 본다.[62] 실제로 「모의전」에서 대부분의 아버지가 처음에는 부재하거나 모호하게 처리되어 있다가도 아들이 장성한 뒤에는 큰 타자인 가장으로서 영향력을 지니게 되는 반면, 어머니는 남성의 주변부에 자리매김되어 은밀하게 억압되고 있다. 「계모도산(啓母塗山)」의 송(頌)에서는 다음과 같이 이야기하고 있다.

> 계(啓)의 어머니 도산(塗山)은 우(禹)임금의 배우자가 될 만하였네.
> 계를 낳고 나흘만에 우는 치수하러 떠났네.
> 계는 앙앙 울어대고 어머니 홀로 키웠네.
> 선행을 행하도록 가르치니 마침내 그 아버지의 공덕을 이었네.[63]

우는 아내 도산이 계를 낳은 뒤 나흘만 함께 지내고 황하의 치수 사업을 위해 집을 떠나 있었다. 13년 동안 전 국토를 누비고 다니면서도 그는 자기 집에 한 번도 들른 적이 없었고 자연히 이러한 아버지 우는 아들 계에게 희미한 존재일 수밖에 없다. 그런데 계가 아버지 아닌 어머니 도산의 가르침을 받고 성장하고 후에 이름을 날리게 됨에도 결국에 이야기되는 것은 어머니의 공이 아닌 부권(父權)의 계승과 아버지의 명예이다. 많은 희생을 감내하였음에도 어머니 도산에게 돌아오는 평가는 겨

62 시수(H. Cixous), 이리가라이(Luce Irigaray)가 여성성을 결핍 · 부정 · 의미 부재 · 비이성 · 혼란으로 규정하는 반면, 크리스테바는 여성성의 억압을 '본질'로서가 아니라 '위치 정하기' 문제로 바꾼다. 여성은 주변적 위치로 인하여 언제나 변방 밖의 혼돈으로 떨어지거나 혼돈과 결합한다는 것이다. Julia Kristeva, *Revolution in Poetic Language* (New York: Columbia University. 1984), Leon Roudiez, trans., 최동현 · 임명진 엮음, 『페미니즘 문학론』(한국문화사. 1998), p. 18을 참고.

63 「계모도산(啓母塗山)」: "啓母塗山, 維配帝禹. 辛壬癸甲, 禹往敷土. 啓呱呱泣, 母獨論序, 教訓以善, 卒繼其父."

우 남편 우를 천자로 만들고 아들 계로 하여금 왕위를 계승케 했다는 것 뿐이다.

> 남편 우(禹)가 천자가 되고 아들 계가 계승하여 우의 공을 지키는 데 아무런 모자람이 없었다.[64]

모-자의 친밀했던 관계는 아버지의 개입으로 깨어지고 궁극적으로 부-자의 계보가 성립되며 어머니는 그 계보에서 소외되고 배제된다.[65] 그리고 아들은 어머니와 결별하여 아버지 혹은 군자의 명령을 받아 떠나는 과정을 통해서 대장부로서의 성공을 이룰 수 있었다.

「모의전」 안의 여성은 우선 아들을 반드시 낳아야 했고 각고의 노력으로 아들을 훌륭히 키워내도 결국 부계의 계보에서 소외되며, 그럼에도 불구하고 아들을 위해서는 모든 것에 정성을 쏟아야 하는 슈퍼우먼적인 어머니가 되어야 했다. 「주실삼모(周室三母)」에서는 문왕을 임신한 태임(太任)의 태교를 칭송하면서 권위 있는 군자의 입을 빌어 다음과 같이 훈계한다.

> 군자는 평한다. "태임은 태교를 잘하였다. 옛날에는 부인이 아기를 잉태하면 모로 눕지도 모서리나 자리 끝에 앉지도 않았으며, 외다리로 서지 않았고 부정한 음식을 먹지도 않았다. 자른 것이 바르지 않으면 먹지 않았으며 자리가 바르지 않으면 앉지 않았다. 부정한 색은 보지 않았고 음란한 음악은 듣지 않았다. 밤에는 눈먼 악관(樂官)에게 시를 읊게 하였고

---

64 「계모도산」: "禹爲天子, 而啓爲嗣, 持禹之功而不殞."

65 이리가라이는 가부장의 힘은 한 족보를 다른 족보에 종속시킴으로써 형성되는 것으로 보았다. 이에 대해서는 뤼스 이리가라이, 『나 · 너 · 우리』(동문선. 1998), 박정오 엮음, p. 16을 참고.

올바른 이야기만 하게 하였다. 이와같이 하여 낳은 자식이어야 모습이 반듯하고 재주와 덕이 남보다 뛰어나게 된다. 그러므로 아이를 가졌을 때 반드시 마음가짐을 신중히 하여야 한다. 선하게 느끼면 아이도 선하게 되고 나쁘게 느끼면 아이도 악하게 된다."[66]

이처럼 자신의 행동과 마음가짐 하나하나가 아이에게 줄 영향을 생각하다 보면 산모는 임신 기간 내내 긴장과 피로 속에서 지내게 될 것이고 그 결과 오히려 태아에게 악영향을 줄 수 있다. 그래서 오늘날의 태교에서는 임신한 어머니가 즐거워야 건강한 아이를 출산할 수 있다고 보고 많은 금기에 구속받지 말고 평소보다 더 편안하게 지낼 것을 권장한다. 태아뿐 아니라 어머니도 배려한 것이다. 그러나 「모의전」에서 제시하는 태교는 잠자고 앉는 자세에서부터 음식을 먹고 출산하는 데에까지 조목조목 엄격한 규제로 일관되어 있어 여성의 몸은 여성 자신의 것이 아니라 아들을 위한, 나아가 부계를 잇기 위한 도구로 인식되고 있음을 볼 수 있다. 그리고 군자가 직접 이야기할 정도로 여성의 출산은 국가의 중대사로 취급되어 구속받게 된다.

훌륭한 어머니가 되려면 태교만 잘 해서도 안 되었다. 「추맹가모(鄒孟軻母)」에 보면 맹자의 어머니는 오로지 아들의 교육을 위하여 공동묘지에서 시장으로, 다시 학교 근처로 세 번씩이나 이사를 다니는 열성으로 아들을 대유(大儒)로 성공시킨다. 그리고 모성은 아들의 사후에도 계속 발휘되어야 하였다. 유가의 관점에서 볼 때 「모의전」에서 가장 예교에 충실한 어머니로는 맹자의 어머니와 경강(敬姜)을 꼽을 수 있을 것이

66 「주실삼모(周室三母)」: "君子謂, 太任爲能胎敎. 古者婦人姙子, 寢不側, 坐不邊, 立不蹕, 不食邪味. 割不正不食, 席不正不坐. 目不視于邪色, 耳不聽於淫聲. 夜則令瞽誦詩, 道正事. 如此, 則生子形容端正, 才德必過人矣. 故姙子之時, 必愼所感, 感于善, 則善感于惡, 則惡."

다. 그래서 「노계경강(魯季敬姜)」에서는 유달리 공자(孔子)가 세 번씩이나 등장하여 경강의 부덕을 찬양하는데, 경강은 젊은 나이에 과부가 되었어도 수절하고, 아들이 생존시에는 물론이고 사망한 뒤에도 아들의 덕을 지키기 위하여 애쓰는 눈물겨운 모성을 보여준다.

> 문백(文伯)이 죽자 어머니인 경강은 첩들에게 경계하며 말하였다. "내가 듣기로는 '여색(女色)을 좋아하다 죽으면 그 여자들이 따라 죽고 벗을 좋아하다 죽으면 선비가 따라 죽는다'고 하였다. 지금 내 아들이 요절하였는데 나는 아들이 여색을 좋아했다는 말을 듣고 싶지 않다. 너희들이 남편을 위하여 함께 제사를 지내고 싶다면 수척한 모습을 보이지 말라. 또 눈물을 흘리지도 가슴을 치면서 울지도 말 것이며 근심스런 얼굴도 하지 말라. 상복은 간소한 것으로 입고 더 갖추어 입지 말라. 모든 것을 예에 따라 조용히 해야 하니 이것이 바로 내 아들의 공덕을 드러내는 것이다."[67]

아들의 존재는 죽어서도 여전히 중심에 있다. 죽은 남편을 위하여 피로해도 수척한 모습을 보여서는 안 되고 슬퍼도 눈물을 흘릴 수 없는 며느리로서 그리고 이를 강요하는 시어머니로서 여성은 예교라는 미명 아래에서 여전히 감정조차 자유로울 수 없는 비극적인 타자이다. 그러나 이러한 왜곡된 모성은 곧바로 뒤이은 공자의 말을 통하여 미화된다.

> 공자가 이 이야기를 듣고 평한다. "여자의 지혜는 부인만한 것이 없고 남자의 지혜는 장부만한 것이 없다. 목백(穆伯)의 부인은 지혜로웠으니

---

67 「노계경강(魯季敬姜)」: "文伯卒. 敬姜戒止妾曰, 吾聞之, 好內, 女死之, 好外, 士死之. 今吾子夭死, 吾惡其以好內聞也. 二三婦之辱共祀先祀者, 請毋瘠色. 毋揮涕, 毋陷膺, 毋憂容. 有降服, 毋加服. 從禮而靜, 是昭吾子."

아들의 미덕을 세상에 알리고자 하였기 때문이다."[68]

공자의 힘있는 단정은 우리로 하여금 행간에 숨겨진 의도에 의심의 눈길을 보낼 틈도 주지 않으며 왜곡된 모성을 순순히 받아들이게 만든다.

또 하나 「모의전」에서 훌륭한 어머니의 조건으로 꼽고 있는 것은 남편을 잃고도 수절을 지키는 것이다. 『열녀전』에서는 따로 「정순전(貞順傳)」을 두어 여성의 정절을 강조하고 있지만 「모의전」에서도 수절을 하는 어머니의 모습이 나온다. 「모의전」 전편을 놓고 보았을 때 남편이 일찍 죽은 여성은 경강(敬姜)과 모사(母師)의 두 명으로 이들은 모두 재가하지 않고 예교에 순종하면서 여생을 아들을 위하여 헌신한다. 이들이 과연 재가하였다면 「모의전」이라는 명예의 전당에 오를 수 있었을까? 그런데 이들은 모두 공교롭게도 전국시대의 노(魯)나라 출신이다. 그러나 이들이 대유인 공자를 배출한 노나라 출신인 데다가 『열녀전』의 성립 시기가 유교를 통치 이념으로 채택한 한대였음을 고려한다 해도 이들의 수절과 희생은 자연스러워 보이지 않는다. 왜냐하면 한대에는 여전히 재혼이 자유로웠고 재혼을 금지하는 예제와 법률이 만들어진 적이 없었기 때문이다. 『전한서(前漢書)』를 예로 들어 보면 무려 다섯 번이나 재가한 여성이 나오며 이와 비슷한 기록이 여러 군데 등장하는 것을 볼 수 있는데,[69] 어디에도 비난의 어조는 눈에 띄지 않는다. 한대에는 이혼 뒤에 재혼하는 것, 배우자와 사별하고 재혼하는 것, 전쟁 등으로 이별하여 재혼하는 것, 혹은 배우자가 장기간 돌아오지 않아서 재혼하는 몇 가

68 「노계경강」: "仲尼聞之曰, 女知莫若婦, 男知莫若夫. 公父氏之婦知矣. 欲明其子之令德."

69 『전한서(前漢書)』「진평전(陳平傳)」: "戶牖富人張負有女, 五嫁, 夫輒死, 人莫敢娶." 『전한서』「외척전(外戚傳)」: "孝景王皇后. 父王仲. 爲仲妻, 生男信與兩女, 而仲死, 臧兒更嫁爲長陵田氏婦."

지 경우가 있었으며 모두 정당한 것으로 받아들여졌다. 또한 재혼의 횟수도 한 번으로 제한되지 않았고 재혼율도 매우 높았다.[70] 사회적인 배경이 사실은 이러했음에도 불구하고 수절하면서 "여자에게는 삼종(三從)의 도가 있어 독단적으로 행동해서는 안 된다. 어려서는 부모를 따르고, 시집가서는 남편을, 늙어서는 자식을 따라야 한다"[71]고 며느리들을 회계하는 모사의 모습은 바로 시대의 이데올로기에 부합하여 모성을 강요받아야 했던 여성의 단면을 보여준다.

아들을 통한 맹모(孟母)로의 거듭나기, 「모의전」에서는 이상적인 어머니로의 과정을 이렇게 규정하고 맹모가 된 어머니를 칭송한다. 그러나 이제 「모의전」의 어머니는 더 이상 찬양의 대상이 될 수 없다. 왜냐하면 온갖 고난을 감수하며 웃고 있는 인자한 어머니 뒤로는 유교의 예교에 묶여 신음하였던 어머니가 있었음을 우리는 알고 있기 때문이다.

## 5. 모성의 새로운 정의를 위하여

이 글에서는 신화로부터 한대의 『열녀전』에 이르기까지 문헌 자료를 중심으로 그 안에 반영된 여성 이미지의 변화와 생성 과정을 살펴보고자 하였다. 『열녀전』의 어머니를 신화시대의 처녀로부터 굳이 이끌어 내고자 한 것은 여신의 처녀성이 다름아닌 우리 안에 내재되어 있는 잠재력으로, 앞으로의 우리의 변화를 가능케 할 수 있으리라는 믿음에서이다. 신화시대의 여성은 주체적으로 생명과 우주를 창조하고 육성할 수 있었던 신성한 존재였다. 여신의 몸은 바로 만물이 움트는 대지요,

---

70 소빙(蘇冰) · 위림(魏林), 앞의 책, pp. 117-9.

71 「노지모사(魯之母師)」: "婦人有三從之義, 而無專制之行. 少繫於父母, 長繫於夫, 老繫於子."

지는 듯하다가 다시 차오르는 달의 영원불멸함처럼 그녀의 생명력은 경외의 대상이었다. 그러나 가부장제로 가면서 여와나 서왕모의 권위 있던 처녀신의 모습은 점차 약화되고 남성신에 대한 배우자의 자리에 머문다. 남성을 보완하는 역할이 바로 그 시대에 요구되는 여성상이었기 때문이다.

중국 신화 안에는 이러한 변화가 은밀하게 이루어지고 있다. 홀로 진흙을 빚어 인류를 창조하고 천지를 바로 세우던 여와는 남성신의 도움으로 인간을 창조할 수 있게 되고 더욱 후대로 가면 남성 배우신인 복희의 배우자로서 결국 자리잡는다. 『산해경』에서 형벌을 관장하고 중성적인 이미지를 보여주었던 서왕모 역시 『목천자전』·『신이경』으로 가면 목왕과 동왕공의 배우자로서 보조적인 여신의 모습으로 변화된다. 인간이 아닌 신들의 허구적인 이야기지만 신화는 황당한 이야기의 수준을 넘어서서 현실보다도 영향력 있는 가상 현실로서 작용하였을 것이다. 이처럼 여성이 처녀신에서 어머니로 변화되는 과도기적 사회 배경이 반영된 또 다른 예는 시조모(始祖母) 전설로, 거기에는 처녀의 신비로운 출산이라는 모계사회의 흔적들과 위대한 아들을 잉태한 어머니에 대한 숭배가 드러나 있다. 그리고 이러한 신화 속 여성 이미지의 변화는 유교가 지배 원리로 부상하는 한대라는 시기와 조우하면서 더욱 가속화된다.

「모의전」의 어머니는 한대라는 특정한 사회 배경에서 시대적 요구에 맞추어 만들어진 여성의 모습이다. 신화 속 처녀신들의 자유로운 몸과 힘은 이제 가부장제하에서 통제의 대상이 되며 여성은 모성을 통해서 가치를 부여받고 아들을 낳아서 부자(父子)의 계보를 이어 주는 역할을 완수해야 하였다. 처녀성은 아버지의 절대적인 권위에 도전하는 위험한 힘이었기에 부정한 것으로 간주되어 은폐되어야 했고 결국 격리되고 시련을 감수하면서 모성으로 다시 태어나야 했다. 이러한 고난의 과정을 감내하면서 「모의전」 안에서 어머니는 자신을 가부장제의 인간관계 안에 성공적으로 조화시킨다. 그녀는 더 크고 아름다운 사회의 조화를 위하여 자신의 존재를 최소화시키며 자신의 몸을 부계를 잇기 위한 도구로 기꺼이 헌신한다. 그리고 아들을 낳고 아들을 통해서 가부장제 사회 속의 여성으로서 정체성을 얻게 된다. 아들이 태어나기 전에도 어머니는 태교의 온갖 금기에 구속받고 아들이 죽어서는 아들의 덕을 알리기 위해 끊임없이 노력해야 하며, 이러한 온갖 노력에도 불구하고 끝내 주변에서 맴돌 수밖에 없는 타자이다. 이처럼 「모의전」의 어머니는 가부장적 문화에 순응하며 계속해서 스스로를 변화시켜야 했던 여성의 운명을 반영한다.

『열녀전』이라는 책은 성립 시기를 놓고 보면 전한대(前漢代)에 쓰여진 고전이다. 그러나 이 책을 읽으면서 느낀 점은 그 안에 기록된 많은 여인들은 바로 오늘날 사회에서 요구되는 이상적인 여성 이미지와 크게 다르지 않다는 것이다. 여전히 여성들은 가부장적인 사회 안에서 조화를 위하여 희생을 감내해야 하는 어머니이자 부인·딸로서 최후의 피난처이다. 신화에서 『열녀전』에 이르는 여성 이미지의 변화 양상을 통해서 여성의 정체성이 역사적 구성물로서의 성격이 농후한 것으로 본다면 앞으로의 그림은 어떻게 그려져야 할까? 그것은 바로 오늘을 살고 있는 우리 모두의 남겨진 과제가 될 것이다.

제5장

# 그녀는 추하기가 짝이 없었다 *그리고* 왕비가 되었다

김영미*

**원본 디스크[1]**

트랙 1. 못생긴 외모/허구 – 왜 그녀는 못생겨야만 했나
트랙 2. 파편화된 여성/혼재, 혼합 – 그녀는 새로운 대안인가
트랙 3. 부재하는 여성성/단절 – 감추어진 그녀를 찾아라

## 트랙 1 : 못생긴 외모/허구

손은 부드러운 띠 싹 같고 살결은 윤 흘러 엉긴 기름.
목은 나무좀. 이는 박씨. 매미 이마에 나방이 눈썹. 웃으면 보조개.
예쁜 그 눈매. 훌륭하신 임 헌칠하시고.

—『시경(詩經)』「국풍(國風)」 석인(碩人)[2]

* 한국외국어대학교 중국어과 강사.

유혹적인 '그녀'이다. 그녀의 아름다운 외모는 '뒤척이어 잠 못 들게' 한다.[3] 그러나 칭송받아야 할, 그리고 사랑받아야 할 그녀의 결말은 그다지 행복해 보이지 않는다.

> 달기는 주왕의 짝이었네, 마음을 유혹하여 정신을 혼미하게 하는 것을 밥먹듯 하였다네.
>
> 주왕에겐 도가 없어졌고, 망가진 것을 더 망가지게 하고야 말았네.
>
> 사람을 구워가며 좋다고 웃어대었고, 간언하는 자는 가슴을 도려내거나 가두어 두었다네.
>
> 결국 목야에서 패하였으니, 상나라는 망하고 주나라가 서게 되었네.[4]

남보다 뛰어난 재주(材力過人)와 남의 꾀에도 빠지지 않을 지혜(智足以距諫)를 갖추고 있던 완전하던 한 남자의 파멸의 원인은 마음을 유혹할 정도로 아름다웠던 달기(妲己)에게 주어졌고 그녀는 '아름다운 죄'를 짓게 된다. 여기서 남자의 파멸은 단순히 한 개인의 파멸이 아닌 한 국가

---

1 필자가 채택한 트랙(track)의 개념은 한 주제를 가지고 제작된 음반 디스크(disk) 안에 실려 있는 각 '곡'의 물질적인 개념으로서 '한 칸'을 의미한다. 각 곡은 서로 다른 성질을 띠면서 동시에 한 주제 안에 통일되어 있게 된다. 따라서 본인이 채택한 이 세 가지의 서로 다른 트랙의 내용은 앞뒤의 순서를 이루면서 동시에 전체적으로 "그녀는 추하기가 짝이 없었다 *그리고* 왕비가 되었다"의 어색한 서사 구조의 한 부분으로서 그 기능을 담당하게 된다.

2 『시경(詩經)』「국풍(國風)」 석인(碩人): "手如柔荑, 膚如凝脂. 領如蝤蠐, 齒如瓠犀. 螓首蛾眉, 巧笑倩兮. 美目盼兮, 碩人敖敖."

3 이 표현은 『시경(詩經)』「국풍(國風)」 택파(澤陂) 가운데서 가져온 것이다. 이 시는 아름다운 여인을 보고 나서 그녀가 그리워 어찌할 줄 모르는 상태를 그리고 있다. 그 원문을 보게 되면 다음과 같다. "저 어여쁜 아가씨 헌칠한 키, 복된 얼굴. 자나 깨나 그 생각에 뒤척이어 잠 못 드네(有美一人, 碩大且儼. 寤寐無爲, 輾轉伏枕)."

4 『열녀전(列女傳)』: "妲己配紂, 惑亂是脩. 紂旣無道, 又重相謬. 指笑炮炙, 諫士刳囚. 遂敗牧野, 反商爲周."

의 운명과 맥을 같이하면서 이후 중국 사람들에게 기억될 가장 이상적인 국가 주(周)가 서게 되는 원인으로 작용하게 된다.

은(殷)과 주(周)로 대비되는[5] 중국 문화의 전환점은 이렇게 한 여인의 '아름다움'에서 갈라지고 있었다. 자아(內心)를 움직이게(動) 하는 외부 조건(外物)인 그녀의 아름다움이 문제인가? 그녀의 아름다움에 자아가 흔들리는 자신이 문제인가? 또 한 여인의 아름다움은 어떻게 한 국가의 운명과 상관성을 가지게 되는 것인가?

공자가 남긴 이런 말씀이 있다.

> 기뻐도 너무 방탕할 정도로 기뻐하지 말고 슬퍼도 마음이 상할 정도로 슬퍼하지는 말아라.[6]

이것이 소위 '중용(中庸)의 덕(德)'이라는 것으로 양극단으로 치우치는 것은 위험하다는 경고의 메시지를 담고 있다. 그녀는 '너무도' 아름다웠던 것이다. 그녀는 하지 말아야 할, 또는 넘지 말아야 할 금지된 항에 위치하고 있었던 것이다.

반면에 '너무도' 추했던 여인이 있었다. 그녀의 이름은 종리춘(鍾離春)이다. 그녀는 제(齊)나라 선왕(宣王)의 정식 왕비(正后)가 된 사람으

---

5 중국 문화에 흐르는 두 가지 맥으로서 인문주의(유교)와 비인문주의(도교)의 처음 분기점을 '은'과 '주'로 보기도 한다. 정재서 교수는 '예(禮)를 존중하고 실천을 숭상하는' 인문정신은 '주' 이후에 세워진 중국의 관방 문화를 형성하게 되고, 그 앞 시기인 '은'의 문화는 저변에 흐르는 비체계적이며 탈중심적인 형태로 존속하였다고 한다. 은나라에서 주나라로 교체되는 시기는 단순한 정권의 전복이 아닌 전체 중국의 사유 방식의 변화를 가져온 계기로 작용되고 있음을 볼 수 있다. 이에 관해서는 정재서, 『불사의 신화와 사상』(민음사. 1994), pp. 245-6 참조.

6 『논어(論語)』「팔일(八佾)」: "樂而不淫, 哀而不傷."
공자는 『시경(詩經)』「주남(周南)」 첫 편에 나오는 관저(關雎)에 대해서 평가하면서, 이 시가 남녀간의 사랑을 표현함에 어느 한쪽으로 치우치지 않았음을 칭송하고 있다.

[그림 1] 청 영송본 『고열녀전』에 실린 제나라 종리춘.

로, 원래는 너무도 못생겨서 나이 마흔이 되도록 아무도 그를 짝하여 데려가지 않았다. 홀로 감히 선왕의 궁전으로 찾아가 배필로 삼아 줄 것을 건의하고, 수수께끼 같은 행동과 날카로운 정견(政見)이 담긴 언변으로 목표삼은 바 '시집가는 것'(그녀는 왕비가 되었다)을 얻어 내게 된다. 또한 그녀가 선왕의 배필이 되고 나서 제나라는 크게 안정된다.

공자의 말대로라면 종리춘의 못생김 역시 '너무'라는 금지항으로 치우치게 됨으로써 중용의 덕을 벗어나게 된다. 그녀가 가진 보통 이하의 외모 조건은 너무도 뛰어나게 아름다웠던 달기와 정확히 반대항에 위치되어 그와 똑같은 죄가를 부여받아야 마땅하다. 하지만 아름다운 달기는 역사 속으로 묻혀 추해졌고, 못생긴 종리춘은 제나라의 정식 왕비가 되고 또 나라도 안정시킴으로써 행복하고 아름다워졌다.

> 마음을 유혹하여 정신을 혼미하게 하는 것을 밥먹듯 하였다네.(달기)
> 네 가지 위태로움 조목조목 나누어 말하였네.(종리춘)

양 끝에 자리잡고 있던 두 가지 금지된 항에 부여된 서로 다른 결과의 원인은 여기서 가닥이 잡힐 듯하다. 즉 지나치게 아름다움은 상대방을 혼미하게 하여 위태로움에 빠지게 하지만, 반대항에 있는 지나치게 추함은 정신을 혼미하게 하지 않기 때문에 위험하지 않다. 금지하고 싶은 것은 결론적으로 그 상대방의 마음 상태와 연결되어 있는 것임을 알게 된다. 아름다운 달기는 그 자체가 유혹이었다. 시선을 뗄 수 없는 아름다움은 상대방이 주체적으로 행동하는 것에 제어장치로 기능하지만, 그러한 제어장치가 없는 못생긴 종리춘의 외모는 이내 다른 곳으로 상대방의 관심을 이동시킨다. 차라리 저 못생긴 여자의 외모는 1차적인 시선을 통과하여 2차적인 접근법인 마음속의 간언을 여과없이 할 수 있게 하는 투과막의 역할을 한 셈이다. 아름다운 외모는 '살아서' 팔딱거리며 군자를 괴롭히지만, 못생긴 외모는 '허물어져' 군자와 진정으로 만나게 해준다.

한편, 고대 한국의 못생긴 여자들은 모두 진짜 '허물 벗는 작업'을 진행한다. 이 작업은 한쪽 끝에 서 있었던 너무도 추한 모습이 다른 한쪽 끝에서 반대항을 이루고 있는 너무도 아름다운 모습의 자리를 대신함으로써 이 두 가지의 은유적 등가성(等價性)에 대한 시사를 해준다.

> 그래 거 앉은께로 박도사가 참 염불을 해. 염불을 한참 하디. 한참 하고 머리를 탁 때린께 고마 해딱 다 벗어. 얼굴이 해딱 다 벗어여. 해딱 다 벗으이 얼굴이, 고만 매미 말이라 허물 벗듯 고양 다 벗었어. 그래가, "자 이건 너 가주온 상자에 옇어라. 이거 안 옇으면 너 모른대이." (경북 선산군 옥성면 설화, 「박부인과 임경업 장군」)[7]

---

7 『한국구비문학대계』 1-7편.

이것은 한국에 '별당아씨'로 널리 알려진 『박씨부인전』[8] 가운데의 허물 벗는 장면이다. 박씨 부인은 못생겨서 구박을 받지만, 앞을 내다볼 줄 아는 뛰어난 능력을 소유함으로써 외모 때문에 생길 수 있는 불리한 요소를 무화시키고 만다. 그리고 그녀는 마지막에 가서 허물을 벗게 된다. 그리하여 한국의 못생긴 여인들은 예쁜 모습으로 '돌아와' 집안의 복덩어리가 된다.

한국에서는 박씨부인 이외도 그녀와 같이 못생겼으면서 신기한 능력을 가진 '이인 며느리'들[9]이 모두 "못생긴 그녀, 구박받다 – 능력을 발휘하다 – 허물 벗고 사랑을 독차지하다"라는 동일한 서사 구조 속에 반복되고 있음을 본다. 한국의 못생긴 그녀들은 '허물 벗는' 과정을 통해서만 훌륭한 며느리라는 기존 질서 안으로 편입될 수 있다.

중국이나 한국이나 못생긴 그녀들은 결론적으로 행복하게 된다는 데 있어, 중국의 못생긴 종리춘의 경우는 처음부터 끝까지 못생김을 유지한 반면 한국의 못생긴 며느리들은 원래는 아름다운 여인이지만 허물을 벗기 전까지 우여곡절을 겪게 되는 셈이다. 그렇다면 '허물'은 훌륭한 능력을 드러내기 위하여 잠시 아름다움을 '숨기는' 역할을 했을 뿐이다.[10]

---

8 여기서는 본인이 주 텍스트로 삼은 구비문학으로서 『박씨부인전』과 조선 인조조의 이시백의 아내의 이야기라고 알려진 전통 역사소설인 『박씨부인전』이 구별되어야 마땅하다.

9 박씨부인 이외의 이인 며느리로는 다음과 같은 사람들을 꼽을 수 있다.
① 유명인: 서약봉(강화군 화도면)
② 유명인의 딸: 갈처사의 딸(전남 승주군 서면)
③ 무명인: 못생긴 각시(경북 임하면), 변신 능력 지닌 며느리(경북 봉화군 명호면), 신이한 며느리(경북 대구시), 이인 며느리(경북 대구시), 천상 사람인 이인 며느리(경북 달성군 화원면)

10 윤주필은 설화 의미 층위 분석을 하면서, "지위와 능력을 지니고 있으면서도 내면을 감추고 어떤 기대를 하고 있는 대상에게 충족이든 좌절이든 일정한 행위를 했을 때 그 주체는 감춤과 드러남의 괴리로 인하여 어느 정도 이인적 특징을 지니게 된다"라고 하여, 나중에 훌륭하게 된 케이스를 강조하기 위하여 이러한 설정은 극명한 대비를 이루어 인

이런 식으로 못생긴 그녀 밑으로는 너무 아름다운 그녀라는 의미가 숨어 있음을 발견하게 된다.[11]

$$\frac{\text{허물을 쓴 못생긴 그녀(드러난 기표)}}{\text{너무 아름다운 그녀 (숨겨진 기의)}}$$

종리춘의 못생긴 외모는 결국 허물이 채 벗겨지지 않은 아름다움과 동항을 이루게 되고 결론적으로 그녀의 못생긴 외모는 허구임이 밝혀진다. 즉, 아름다운 외모에 이끌리지 않으면서도 그녀의 능력을 인정하기 위해서 절대적으로 그녀는 '못생겼어야 했던' 것이다.

그렇다면, 왜 이런 가면(허물)을 써야 했을까?

우리는 여기에서 앞서 살펴본 주(周)나라의 시간 속으로 흘러 들어가야 한다.

> 자기 자신을 이겨내고 예의로 돌아가야 한다.[12]

멋대로 굴지 않으며 자중할 줄 아는 '예'는 바로 미덕이었으며, 그것은 바로 '질서'라는 이름 아래 놓인 사람과 사람 사이의 윤리학이었다.

---

물의 '숨어 있어야 할' 성격에 부합된다고 보고 있다. 윤주필, 「이인 설화의 의미 층위와 문제점」, 『설화문학연구(하)』(단국대학교출판부. 1998), p. 389.

**11** 이것은 라캉이 연산식으로 공식화한 다음과 같은 모양에 맞추어 설명될 수 있겠다.

$$\frac{S\text{ (기표)}}{s\text{ (기의)}}$$

겉으로 드러난 기표인 못생긴 그녀는 기표와 기의를 구분하는 선(bar)에 의하여 마음 속 열망하는 타자인 아름다운 그녀라는 의미를 가로막게 된다. 우리는 겉으로 드러난 기표를 읽을 뿐인 것이다. 이상 라캉의 연산식은 라캉, 『욕망이론』(문예출판사. 1994), 권택영 엮음, p. 54 참고.

**12** 『논어(論語)』「안연(顔淵)」: "克己復禮."

즉 앞서 보았던 금지된 영역을 침범함으로써 위태로워진 상(商)나라를 바로잡을 그 법칙은 바로 이러한 중용의 덕을 지킬 줄 아는 '예(禮)' 속에 있었던 것이다. 여기서 우리는 가면의 장치가 바로 이러한 규칙 속에서 서로 다른 질서의 법칙과 연관성을 가지게 됨을 볼 수 있다.

'예(禮)'라는 것은 '사람과 사람 사이의 관계'를 나타냄과 동시에 '나 자신의 주체성과의 대립'[13]과도 관련된 것으로, 남을 위해서 나를 자중할 줄 알아야 하는 것이니 결국 모든 '예가 없다는 것(無禮)'의 출발점은 바로 나와 나 속에 있는 나와의 관계에 있게 되는 것이다. 즉, 양끝에 있던 금지된 사항에 '여성' 자체가 놓여 있는 것이 아니라(외부로 인한 자극이 아니라) 자아 속에 깃들여 있는 '섹슈얼리티(色)'가 있게 되는 것이다(내부의 갈등에 있게 된다). 즉 윤리 덕목으로서 '예'와 관련하여 논의를 진행시켜 본다면 양끝의 선 '(외부적 조건으로서의) 너무 아름다운 남/녀'라든가 '너무 못생긴 남/녀'가 아닌 자아 속에 있는 '(내부 구성 상태로부터의) 너무 음욕으로 흐르고 있는 나' 혹은 '너무 금욕하여 멀리 떨어져 있는 나'가 문제인 것이다. 하지만 '예'는 표면상 지켜져야 하고(욕망은 자제되어야 하고), 주체인 '나'는 그 억눌린 욕망을 투과할 '타자'를 필요로 하게 된다.

유향(劉向)은 새로운 윤리 체계와 접촉했을 가능성이 크다. 한대(漢代)라는 시기는 유교가 확립되는 시기이기도 하지만 반면 주(周)나라 이전 은대(殷代)의 민간 문화적 성분이 다시 세련된 형태로 모습을 드러낸 시기[14]이기도 하다. 또 다른 '나열(列)'의 시리즈물로서 『열선전(列仙

---

13 여기서의 '주체성'이라는 것이 근대 이후 서양철학에서 대두된 일반적인 의미에서의 주체를 의미하지는 않는다. 그것은 내 자신 속의 '자아'라고 해석될 수도 있다.

14 강생(姜生)은 선진 중국의 종교와 윤리가 거쳤을 3단계를 '정반합(正反合)' 논리에 맞추어 설명하고 있다. 그는 1단계를 하은주(夏殷周) 3대와 그 이전 시기로 잡고 이 시기는 종교적인 성분이 신격화되던 시기로 종교의 정(正)에 해당한다고 보았고, 2단계는 춘추전국시대로 이 시기에 제자백가사상에 의하여 종교가 부정되는 반(反)의 시기이

傳)』이 그에게 가탁되고 있는 점[15] 역시 그가 이러한 새로운 사조를 접하고, 나아가 그것을 이용했을 가능성을 높여 주는 방증이 될 수 있다. 이 시기 도교(道敎)는 완전한 종교의 모습을 띠고 있는 것은 아니었지만, 그에게는 새로운 상상력으로서 다가왔을 가능성을 생각해 볼 수 있다. 즉 그는 그 자신의 욕망을 실어 줄 누군가를 이러한 도교적 상상력을 통해서 가탁하게 되는 것이다. 그 증거는 깜짝할 사이 사라지는 그녀의 수수께끼와 같은 행동으로 제시된다. 이것은 유향의 욕망이 담긴 못생긴 여자 종리춘을 화려하게 변신할 수 있도록 해주면서 동시에 새로운 담론을 구성하는 매개 고리로 작용된다.

> 왕이 물었다 "무엇에 뛰어나신가?" 오래도록 있더니 "숨는 걸 조금 합니다" 하고 대답하였다. 선왕은 "숨는 것이라면 본디 나도 원하는 바인데, 한 번 시험삼아 해보시오"라고 하니, 말을 마치기도 전에 갑자기 보이지 않게 되었다. 선왕은 너무도 놀라서는, 벌떡 일어서 숨는 것에 대하여 적혀 있는 책을 펼치고서 읽었다. 책을 물리고서 그것을 헤아려 본들 알 리가 없었다. 다음날, 다시 그녀가 알현을 오자 그것에 대해서 물어보았다. 하지만 그녀는 대꾸도 하지 않았다. 다만 눈을 부릅뜨고 이를 앙다물고는, 손을 들어 무릎을 치면서 "위태롭습니다. 위태로워요" 하는 것이었다.[16]

---

며, 3단계는 진한(晋漢)의 시기로 이 시기 다시 종교는 권력의 상층부로 흘러들어 세련된 합(合)의 모습으로 돌아왔다고 보고 있다. 강생(姜生), 『한위양진남북조도교 윤리 논고(漢魏兩晋南北朝道教倫理論稿)』(四川: 四川大學出版社. 1994), p. 77.

15 정재서 교수에 따르면, 후대에 『열선전』을 근거로 지어진 갈홍(葛洪)의 『신선전』으로 인하여 작자의 진위와 상관없이 일단 『열선전』이 지어진 시기가 동진(東晋) 이전이라는 사실은 움직일 수 없으며, 현재 통용되고 있는 『열선전』은 그 문체로 보아 대체로 당(唐) · 송(宋) 이후의 판본이라고 한다. 자세한 내용은 정재서, 『도교와 문학 그리고 상상력』(푸른숲. 2000), pp. 177-9 참조.

못생긴 여자가 이러한 '숨는' 능력(수수께끼와 같은 행동/납득이 가지 않는 행동)을 지닌 것에 대한 배경은 설명되지 않는다. 또한 그녀가 왕비가 되고 나서 이 능력을 발휘할지에 대한 여부도 제시되지 않는다.

이러한 행동에 대한 저술은 작자 유향의 의도화된 환상주의 기법[17]인가 아니면 그의 사상적 다양성의 표현인가? 분명한 것은 이러한 그녀의 능력에 해당하는 '행동'은 인식적으로 체계적으로 부당하다는 것이다. 따라서 그녀의 비체계적인 행동은 탈경전화(脫經典化)하면서 '하찮은 이야깃거리(小家之言)'로 층위를 달리하게 된다. 같은 의미를 두되 층위를 달리하는 표현법, 그것이 유향이 선택한 방법론이었다. 하지만 그는 동시에 사건과 말을 다큐멘터리식으로 아무 보탬이나 뺌이 없이 기록한다는 '기사기언(記事記言)'의 정신에 입각한 정확하게 전달한다(傳)는 의미의 '전(傳)'이라는 형태론을 취함으로써 자칫하면 별 볼일 없는 사람들의 말(小家之言)로 빠질 수도 있는 위험성에 대한 장막을 치기도 한다.[18]

---

16 『열녀전(列女傳)』: "王曰, 雖然何喜? 良久曰, "竊嘗喜隱" 宣王曰, 隱固寡人之所願也, 試一行之. 言未卒, 忽然不見, 宣王大驚, 立發隱書而讀之. 退而推之, 又未能得. 明日. 又更召而問之, 不以對. 但揚目銜齒, 擧手拊膝曰, 殆哉殆哉."

17 그녀의 신기한 행동이 서양에서 말하는 환상주의가 될런지의 여부는 여기서 길게 논할 수는 없다. 정재서 교수는 토도로프에 비추어 볼 때 동양의 환상은 '경이'에 가깝다고 한다(「중국 환상문학의 역사와 이론」, 『중국어문학지』, p. 139). 하지만 이미 토도로프와 완전히 환상 문학을 반대로 정의하고 있는 톨킨에 따르게 되면 역시 환상의 큰 무리에 속하게 되고, 세부적으로 그것은 1차 세계를 무대로 하되 그 안에 과학적으로 설명될 수 없는 부분이 있는 하위 환상에 귀속된다(이상 황병하, 「환상문학과 한국문학」, 『세계문학』, 1999년 여름호). 이 두 가지 견해와는 전혀 달리 환상문학이 문학의 한 장르로서 분리되는 것조차 반대하는 반장르론적 입장에 서 있는 랩킨(황순재, 「1990년대 환상문학론 비판」, 『오늘의 문예비평』, 1996년 겨울호)도 있으므로, 여기서는 환상주의 '기법'이라고 보는 것이 더욱 타당하겠다.

18 사실, 당대(唐代) '전기(傳奇)' 작품에는 그 '전(傳)'하는 목적을 지식인의 사명이라고 밝힘으로써 정당성을 확보하려는 움직임도 보이고 있다. 가령, 이공좌(李公佐)의 『사소아전(謝小娥傳)』에서 이공좌 자신이 이 글을 쓰는 것이 바로 "선을 알고 있으면서 기록

한국의 이인 며느리들 역시 이러한 비체계적인 행동을 강행하고 있지만 이미 다른 담론의 체계로 흡수되는 현상을 목도하게 된다.

1. 한국 이인 며느리들의 능력－삽시간의 행동

한날은 정승의 모임인데 갈라고 무슨 갑옷을 해 입어야 …… 고마아 다리다가 섶을 눌콰 뿌렀어(태워 버렸어). 마구 안에서 걱정이 야단이 난다, 그 그 저게 병시이가 들어보이, 그래 구무밥 주는 종을 불렀어.

"그러지 말고, 그 옷을 나를 갖다 달라꼬. 옷을 나를 갖다 달라" …… "조끔 있다아 가지 가라."

거민 감짝겉이 새기냈어, 감짝겉이. 그래 고마 표가 없어. 그래 새기내가 준다. 그래 우제 입고 갔어.

2. 한국 이인 며느리들의 능력－일을 꿰뚫어 보는 능력

이런 안에서 옥비루를 내조.

"아나, 서방님 과게 보러 가는데 이걸 가주 가라 케라. 이걸 가주고 오늘 여 화제가 나올 터이 이 가주 가먼 대번 된다" 하고 옥비루를 내조……

제목이 나오기를 바래이 제목을 딱 앞에다 딱 써 붙이는데이 옥비루가 나왔어.

그녀들의 능력은 단순히 숨는 능력을 가지고 있던 종리춘에 비해서 더 많은 수련을 쌓은 듯 화려해졌다. 이것은 가볍게 지나갈 수도 있는 정도의 비중을 차지하던 못생긴 여자의 능력이 시간이 지나면서 덧보태어

---

하지 않는다는 것은 『춘추』의 뜻이 아니므로 이에 전을 지어서 선행을 칭찬하여 여러 사람에게 널리 알리려 한다(知善不錄, 非春秋之義也. 故作傳以旌美之)" 라고 하여 그의 글쓰기는 지식인의 사명감과 연결되어 있음을 볼 수 있다.

졌다는 것을 증명해 주고 있다. 말하자면 종리춘의 신비한 행동은 작자의 텍스트 이전의 세계에서 묻어 나오는 '근원적 소기(所記)'인 것이다.[19]

반면 이러한 그의 텍스트 저변의 도교적 의미는 한국에서 이미 고정된 상태로 읽혀져 이야기 구조를 이룬다. 말하자면 유가라는 체계적인 인식 세계 안으로 비체계적인 도교의 신비적 요소만을 따오게 됨으로써 다른 담론을 이루게 되는 것이다.[20] 한국의 이인 며느리들은 도사님의 딸들이기도 하며,[21] 어떤 경우에는 천상에서 내려오기도 한다.[22] 그녀들에게는 종리춘과 달리 신비한 능력의 근거가 마련되면서 아버지 밑으로 상하 층위를 이루는 혹은 누가 누구를 낳았다는 식의 가부장적 이데올로기와 만나는 모습을 볼 수 있다. 결국 유가라는 범주 속으로 말려들어가면서 초기에 텍스트의 표면에 읽히지 않았던 작은 탈출구인 못생긴 여인의 행동은 그 근거를 확실하게 못박게 된다.[23]

그녀의 환상적인 그리고 비체계적인 행동들은 유교라는 체계 속에서 충분히 설명될 수 있는 그로 대변되는 남성들의 '욕망의 투사(透射)'였던 것이다. 하지만 그녀들은 '추한/못생긴' 여자라는 제3의 중간 존재[24]로 그곳에 남성들 자신의 욕망을 투사시키는 모습으로 나타났던 것이

19 김형효, 『구조주의의 사유 체계와 사상』(인간사랑. 1989), p. 263. 근원적 소기는 텍스트에 속하지 않고 텍스트 이전의 알 수 없는 세계와 관계됨으로써 우리는 한 부분만을 가지게 된다.

20 서사 구조의 변형에 대한 것은 트랙 3을 참고.

21 가령 박씨부인은 도사 박도영의 딸이며, 본인의 이름이 거명되지 않은 '갈처사의 딸'도 있다.

22 「천상 사람인 이인 며느리」, 경북 달성군 화원면 설화.

23 한국의 이인 며느리들은 종리춘이 직접 자신의 능력을 보일 기회를 얻고서 시집을 가게 되는 결과를 얻는 것과 달리, 아버지의 선처로 시집을 가는 것이 먼저 앞의 구조를 이루고 있다. 따라서 종리춘은 시집가기 이전의 행동과 그 행동으로 인한 결과를 얻게 되지만, 한국의 못생긴 여인들은 시집을 가고 나서(이미 가부장제 아래 놓이고 나서부터) 그녀들의 능력을 발휘하게 된다.

다.[25] 못생긴 여자는 '여자'가 아닌 셈이다. 바로 남자들 자신의 욕망을 대상화시킨 '자신'이 되는 것이다.

또 아름다운 외모에 허물을 뒤집어쓴 못생긴 여자가 있었다는 구조를 통해서 아름다운 외모의 자리와 남자 자신이 함께하게 됨을 보게 된다. 그리고 다시 이 항에는 '욕망'이 위치하게 되는 것이다.

| 아름다운 외모 | + | 허물 | = | 못생긴 여자 |
|---|---|---|---|---|
| 남성 자신의 욕망 | | 가면 | | 욕망을 감춘 (가면을 쓴) '나' |
| A항 | | ↑ | | B항 |

따라서 A항에 속하는 달기는 유혹적인 상대방이며, 유교의 논리하에서 나의 욕망을 이겨야 하는 거부되어야 할 '대상'일 뿐이며 동시에 '결핍'일 뿐이지만, B항에 있는 종리춘은 '가면'을 써야만 결합할 수 있는 욕망화된 자기 자신을 의미하는 것이었다. 결국 유가의 하나의 논리, 즉 "군자는 색(色)을 멀리하여야 한다"는 커다란 중심 테제 안에서 달기와 종리춘은 남성 자신의 주체를 설명하는 또 다른 이름의 욕망이었을 뿐이었다. 유가의 남성은 때로는 달기를 단죄하는 것으로 자신의 욕망을 '거세'하면서, 또 때로는 종리춘을 왕비로 만들어 '이상화된 자아(君子)'와 일치시키려는 '희열'을 맛보았던 것이다.

---

24 남성들의 마음속 열망하는 '타자'는 아름다운 여인이다. 즉 실재계에서 남성들의 타자가 될 수 있는 것은 '아름다운 그녀'이지 '못생긴 그녀'가 아니다. 따라서 '못생긴 그녀'는 환상계에 속하면서 실재계를 떠난 제3의 존재가 되어 버린다.

25 타자는 내 욕망이 겨냥하는 '대상'이라기보다, 오히려 주체의 의식이 말하는 '장소'와 다르지 않다. 김형효, 『구조주의의 사유체계와 사상』, p. 269.

## 트랙 2 : 파편화된 여성/혼재, 혼합

> 남성미 넘치는 근육질을 소유한 여성 주인공 시고니 위버는
> 여성 고유의 무기인 가슴을 돋보이게 하여 총기를 난사하면서
> 때로는 유혹적인 자세로 때로는 힘세고 강하게 괴물을 퇴치하고
> 더 이상 유혹적이지 않은 여자(어머니)로 돌아온다.
>
> —영화 「에일리언 2」

강력한 파워로 다가오는 여성 전사 시고니 위버의 양성(兩性)이 혼재된 모습 속에서 관객의 시점은 이동된다.[26] 그것은 피카소의 「아비뇽의 여인」과 같이 양성이 혼재된 시고니 위버의 모습 속에서 관객의 욕망의 파편들이 모여 새로운 여성 전사 이미지를 만들어 내게 되고, 또 그러한 이미지를 통하여 욕망하고 싶은 만큼의 여성을 얻어 가게 된다.

> 풍만한 가슴, 섹시한 포즈, 젖어 있는 머리칼들

볼거리(spectacle)로 여겨지는 시고니 위버의 이러한 시각적인 여성 이미지들은 교묘하게도 그에 상응하는 또 다른 남성적인 이미지들과 한 몸에 혼합됨으로써 그녀의 성적 정체성은 모호해지게 된다.[27] 또한 여성 전사인 시고니 위버는 외계인이자 이방인인 '에일리언(이방인)'의 숙주가 됨으로써 경계의 혼란을 이중으로 안게 된다.[28] 영화 「에일리언 4」에

---

26 코위는 구조로서의 환상에 주목하기 때문에 영화의 환상 구조는 관객에게 다양한 주체적 위치의 교차 가능성을 제공한다고 한다. 이희원, 「여성, 관객성, 쾌락」, 『성 · 미디어 · 문화』, p. 369.

27 이러한 경우, 성적 이데올로기를 파기하기보다는 오히려 더욱 여성의 모습을 확인하는 형태로 재현된다. 로자 카파버 · 그리젤다 폴록, 「여성 · 미술 · 이데올로기」, 『미술과 페미니즘』(문학과학사. 1997), p. 44.

는 시고니 위버와는 다른 새로운 여성 전사, 위노나 라이더[29]가 출현한다. 시고니 위버가 힘찬 검은 머리칼에 남성과 같은 몸을 가지고 무섭게 노려보는 역할을 맡았다면 위노나 라이더는 남성미라고는 전혀 개입되지 않은 부드럽고 순수하며 연약한 소녀의 이미지로 대립항을 이루고 있다. 그녀의 새로운 여성 전사 이미지는 바로 인간과 기계가 합성된 사이보그(cyborg)라는 데에서 대안을 찾은 것이다. 이 두 여성 전사들의 성과 인간 자체의 경계를 넘나듦은 '이방인'으로서 지구 밖 경계를 떠나 떠돌아다니는 미래의 행성과도 같이 새로운 통일체를 보여주고 있다.

미래로 사고를 진전시키지 않고도 이러한 모든 경계를 가로지르는 여성 전사들을 찾아볼 수 있는 곳이 있다. 1990년 이후 서극(徐克) 감독이 선보인 새로운 무협 영화 「동방불패(東方不敗)」 속의 임청하가 바로 그 주인공이다. 영화 속에서 그녀는 원래 남자였지만 도교의 비법을 전하는 『규화보전』을 전수한 무술의 달인이 됨으로써 남성성을 잃게 되고 그 결과 여자도 남자도 아닌 비(非)인간으로 신격화되어 나타난다. 여기서 중요한 것은 임청하라는 '여자 배우'가 그 양성이 혼재된 역할을 맡았다는 것이다. 이것은 곧 영화의 내용과 같이 남성이 고유의 남성성을 잃은 것이 아님을 의미하는 것이다. 또한 더 중요한 것은 남성 배우의 경우 남성성을 포기하였을 때 나타나는 양성이 혼재된 모습을 연출해 낼 수 없다는 것이다. 시각적 볼거리는 여자 배우만이 제공해 줄 수 있기 때문이다. 따라서 남성 전사가 아닌 여성 전사로 등장하게 되는 것이다.

교묘하게도 위노나 라이더와 같은 연약한 여성 전사도 역사적 시간

---

28 「에일리언 3」에서 리플리는 에일리언의 새끼를 품음으로써 퀸 에일리언이 되고 만다.

29 우리는 영화를 보면서 이야기 속의 인물을 보는 것이 아니라 그 인물을 연기해 내는 연기자를 본다. 특히 이러한 에일리언과 같은 시리즈물에서는 리플리(시고니 위버 분)라든가 에널리 칼(위노라 라이더 분)을 기억하는 것이 아니라 그녀들이 주었던 이미지로 기억을 할 뿐이다.

속에 배치되었다. 그것은 「와호장룡(臥虎藏龍)」 속에 등장하는 장쯔이가 맡은 소룡(小龍)이라는 역할이다. 그녀의 가냘픈 모습과 엄청난 길이의 검(劍)은 웬지 부조화를 이룬다는 느낌마저 준다. 또한 제목이 암시하는 바와 같이 호랑이와 용은 숨어 있어야 하는데, 여기서 호랑이에 해당하는 그녀의 애인은 무력하기만 하다. 그녀는 중국 고전 전통에서 찾은 새로운 모습의 여성 전사였다.[30]

눈 깜짝할 사이 하루살이로 변해서 창자 속으로 들어갈 수 있었던[31] 섭은랑(聶隱娘)과 피아노 줄을 매달지 않고도 순식간에 날아갈 수 있는 홍선(紅線),[32] 남장(男裝)을 하고서 아버지와 남편을 죽인 도적에게 복수한 사소아(謝小娥), 또 사람과 동물 사이의 경계에 있었던 마담 백사(白蛇),[33] 가상적인 동물(龍)과 인간 사이에서 있었던 인물이라는 특수한 위

---

30 이상, 이안(李安) 감독의 「와호장룡」(2000년 골든 글로브 외국어상).
이 영화 안에 대립하는 두 가지 항들은 크게 다음과 같이 나누어 볼 수 있다.
첫째는, 여성 전사인 시아오롱(小龍)과 맞서는 무당산의 최고 검법자 리무바이(李慕白: 周潤發 扮)가 크게 '남'과 '여'라는 세력으로 대를 이룬다. 리무바이는 최고 검범자로서 중앙 세력(남자로 구성)이 되지만, 그와 같은 스승을 두고 있었던 '푸른 눈을 가진 여우(碧眼狐狸)'와 그녀의 제자인 '용(小龍: 章子怡 扮)'은 강호의 진정한 도를 습득하지 못한 주변 세력(여자로 구성)을 구성하고 있다. 또한 이러한 두 항의 정당화를 공고히해 주는 인물은 바로 또 다른 여자인 시우리엔(俞秀蓮: 楊紫瓊 扮)이 됨으로써 이러한 주변 세력으로서의 여성이라는 이미지는 지속되게 된다. 둘째, 공간적으로 시간적으로 대별되는 실재계와 환상계가 존재한다. 용(龍)의 실제 생활은 북경이라는 수도에서 이루어지지만 그녀의 환상 같은 사랑과 죽음은 서역에서 이루어진다. 또한 그녀는 낮에는 귀족집 규수로 겉으로는 가장 모범이 되면서 사실상 가식된 생활이 존재하지만, 밤에는 검을 훔치는 도둑이 됨으로써 진정 자신이 원하는 바를 실현하게 된다. 또한 이것은 제목(臥虎藏龍)에서 시사하는 바와 같이 '용'과 '호랑이'(張震 扮) 두 주인공의 삶과 연결하여 문제를 풀고 있다. 그녀의 공간과 시간을 자유롭게 해주는 부분은 바로 밤이면서 서역이 됨으로써 환상이라는 실재계를 떠난 방법을 통해서 이미지가 전사됨을 볼 수 있다.

31 본문 중에 이러한 내용이 있다. "當化爲蠛蠓, 潛入僕射腸中聽伺."

32 본문 가운데 홍선이 머리에는 오만계 모양을 하고, 금작차를 꽂고, 옷은 자주색 수를 놓은 짧은 저고리를 입고서, 푸른 실로 만든 가벼운 신발을 신고, 가슴 앞에는 용무늬의 비수를 차고, 이마에는 태을신의 이름을 쓰고서 인사를 하고 갑자기 사라졌다가 새벽을 알리는 호각 소리에 이미 돌아온 것으로 되어 있다.

치에서 다시 노호(盧浩)라고 하는 인간으로 환생하여 실제와 비실제적 인 세계까지 넘나드는 여러 겹의 경계를 가로지르는 여인인 용녀(龍女)[34]와 같이 경계를 가로지르는 여인들은 1990년 이후 중국에서 새롭게 제시한 여성 전사의 원형에 해당하는 중국 고전 속에서 활약하였던 '그녀'들이다.

하지만 중국 고전 속의 이러한 여성 전사는 전사의 '이미지'에서 출발한 것이 아니라 '이야기'로서의 의미로 출발하였다.[35] 여기에는 실제로 있을 법하지만 이야기 속에서 실제 이상의 능력을 발휘함으로써 생기는 경이로움을 내재하고 있다거나, 혹은 그 결과 생기는 환상과 같은 서사적 장치가 발견된다. 그리고 이러한 평면적 서사 구조 내에서 숨어 있던 이야기의 구성 요소인 여성 전사는 상업주의와 결합함으로써 시각적인 이미지로 부각되는 결과를 가져오게 되는 것이다.

중국에서 여성 전사라는 이미지가 부각되는 시기는 청대(淸代) 중엽 이후이다. 그것은 화부(花部)라고 불리던 지방극에서 출발하여 북경이라는 수도 생활을 기반으로 자리를 잡은 경극(京劇)이라는 새로운 극종(劇種)에서 보였다.

옛날에 보화부는 본래 곤곡 극단이었지만, 작년부터 난탄극이나 없어

33 민간 전설을 소재로 삼은 『백사전(白蛇傳)』에 나오는 백소정(白素貞: Madame 백사)은 아미산(峨眉山)에서 도를 닦던 뱀의 정령(蛇精)이었으며, 남편 허선(許仙)을 사랑한 죄로 도사에게 저주를 받아 뇌봉탑(雷峰塔)에 갇히게 된다. 여기서 그녀는 좀더 요조숙녀의 모습으로 나타난다. 하지만 역시, 허선을 살리기 위해서 도사와 싸움을 벌이는 순간 그녀는 한치의 양보도 하지 않는 도술가로 변모해 있다.

34 이상은 이조위(李朝威)의 『유의전(柳毅傳)』.

35 가령 위에서 열거한 사소아 · 홍선 · 섭은랑과 같은 이들이 출현한 곳은 당대(唐代) 전기(傳奇) 작품이다. 전기는 그 특성상 "기이한 것을 전한다"는 것이므로 기이한 소재를 이야기화(傳)하는 것으로 해석해 볼 수 있다. 그런 의미에서 그녀들은 역시 소재 거리로서 이야기의 구조를 이루고 있는 것이지 이미지로 남는 것은 아니다.

지고 자빠지는 등의 극을 섞어 공연하면서, 소주 지방의 뛰어난 배우들을 사서, 문 · 무 두 부로 나누었다.[36]

이 기록이 이루어진 시기는 건륭(乾隆) 50년(1785)이다. 이미 청(淸)이라는 한 국가는 중기로 접어들고 있었다. 기록에 보이는 '보화부'라는 극단은 원래 명말(明末) 사대부들에게 인기가 있었던 곤곡을 위주로 공연하고 있었다. 하지만 이 시기 관객들은 점차 곤곡에서 난탄(亂彈)으로 이행하고 있었고,[37] 극단은 관객의 이동에 따라 위기를 느끼고 있던 상황이었다. 곤곡 극단이 생존법으로 택한 방식은 곤곡에 이제까지 없었던 무술 연기라는 연기 기술을 무대에 도입한 것이었다. 그들의 무기(武技) 선택은 앞으로 이어질 청대 극단의 노래를 부르면서 아름다운 선율을 '듣던(聽)' 감상 습관에서 볼거리(spectacle)란 요소를 가미해서 '보는(看)' 감상 습관으로의 이행을 예고한 것이었다.[38]

관객 구성 측면에서 살펴본다면 여성 전사라는 이미지가 출현한 것은 극 소재의 다양화라는 측면에서 당연한 일이었다. 즉 극에서 상업주의는 관객 유치와 직접적인 관련을 맺고 있으며, 극단은 그러한 관객들의 취미에 영합할 수밖에 없었던 것이다. 그래서 지속적으로 관객을 이끌 시각적인 볼거리가 필요하였으며 이러한 무대 연출상의 필요성에 걸맞

---

36 「연란소보(燕蘭小譜)」, "昔保和部, 本崑曲, 去年雜演亂彈 · 跌撲等劇, 因購蘇伶之佳者, 分文 · 武二部." 『청대연도이원사료(淸化燕都梨園史料)』(北京: 中國戲劇出版社, 1991), 張次溪 編, p. 40.

37 곤곡과 난탄이 서로 대립하며 당시 극단에서 맹위를 떨치고 있던 상황을 흔히 청대 극단에서는 '화아지쟁(花雅之爭)'이라고 하며, 이것은 곧 아부(雅部)에서 화부(花部)로의 이행을 말하는 것이다. 난탄은 곧 곤곡을 제외한 기타 극이라는 의미에서 화부에 속하는 지방극이라고 볼 수 있다. 이상 자세한 사항은 김영미, 「초기경극형태연구」(한국외국어대학교 중국어과 박사학위 논문. 1999), pp. 109-15 참고.

38 이상의 '극을 듣는 것(聽戲)'에서 '극을 보는 것(看戲)'으로의 이행에 대한 자세한 내용은 졸고, 「초기경극형태연구」, p. 7 주 18을 참고할 것.

는 새로운 인물에 대한 이미지들의 산출은 불가피하였다. 그중에서 무술과 여자가 결합한다는 것은 아주 독특한 위치를 차지할 수 있는 조건을 마련하게 된다.

(단이 말한다) 남자인 그대가 낙점을 하시지요.
(이어서 노래한다) 훌륭한 칼과 구부러진 활을 이 내 손 안에서 사용하리라.
자신만만하게 붉은 구슬을 두드려 답을 해보네.
삼군 진영에는 그들의 히히거리는 웃음소리 가득하구나.
활을 잡아당겨 화살 하나 날려 본다.
화살은 돈구멍을 맞혀 움직이지 않는구나.
잘 다듬어진 화살 세 개로 답을 하려네.
(정이 말한다) 어찌 쏘지 않는 것인지요.
(단이 이어서 노래한다) 무서운 계략이 맘 속에 있기 때문이지.
(정이 말한다) 어찌하여 활을 멈추고 쏘지 아니하시는지요.
(단이 말한다) 제가 멈추고 쏘지 않는 것이 아닙니다.
그대여, 저는 잉어를 나란히 쏘아 맞추고 싶군요.
(정이 말한다) 만약 잉어를 나란히 쏘아 맞추신다면 제가 말 앞에서 무릎을 꿇고 항복하겠습니다.
(단이 말한다) 오기, 반드시 그 말에 대한 약속을 지키셔야 합니다.
(정이 말한다) 어찌 감히 그대에게 약속을 지키지 않겠소이까.
(단이 말한다) 오기님 당신, 정확히 보시지요.—
(이어서 노래한다) 오기는 나의 계획에 속아 넘어갔네.
위왕에게 서쪽으로 돌아가라고 할 수 있게 되었네.
(위왕이 화살을 맞고 죽어서 퇴장하고 여러 사람들이 혼란스럽게 죽어 나가자빠져 퇴장한다.)

(오기가 쟁을 맞대고 싸우다가 패하여 퇴장하고, 부하들과 싸우던 단은 칼을 오기에게 들이대고 오기는 다시 패하여 무대를 한 바퀴 돌다가 퇴장한다. 다시 오기와 단은 대항하고 오기가 패하여 퇴장한다.)(곤봉으로 패하여 퇴장한다.)[39]

이와 같은 대사는 영락없는 임전 태세의 장수들의 대화에 해당한다. 여기서 여성이 주인공이라는 사실을 알아낼 방법은 없다. 단지 그것이 무대화되었을 때 나타나는 인물의 성별로 알 수 있을 뿐이다. 그리고 그녀의 이름은 그녀 자신이 극을 시작하면서 밝히지 않는다면 알 길도 없다. 바로 이 남성과 같은 그리고 실제로 남성이 연기하였을 '여성 전사'는 한대 유향에 의하여 알려진 '못생긴 종리춘'이다. 이 극은 이미 왕비가 되고 난 이후의 상황에 대한 전개를 하고 있다. 제나라를 잘 다스린 주체는 왕비에게 넘어감으로써 그녀는 이제 일국의 왕비일 뿐 아니라 나라를 구하는 영웅이기도 하다.

종리춘은 한국의 이인 며느리들이 이미 제도권 안으로 들어온 이후 그들의 능력을 펼쳐 낸 것과 같은 길을 걷고 있다. 또 그녀는 남성에게 보여지는 '한 인물'일 뿐이다. 더 심하게 나가서 그녀는 '볼거리'다.

우선 종리춘이 이렇게 화려하게 나오게 된 여러 가지 상황을 조명하여야 한다. 종리춘 역할을 잘하던 연기자들을 기록한 자료를 보면, 동치(同治) 12년(1872)에 씌어진 『국부군영(菊部群英)』에 종리춘 역할에 뛰

39 경극(京劇) 『상강회(湘江會)』 (『희고(戲考)』本. 1921): "(旦白)匹夫你打點了.(接唱)寶刀彎弓手內提, 滿滿答上珠紅扣. 滿營三軍笑喜喜, 推弓放出一枝箭, 箭射金錢不着移. 三枝凋翎來答起. (花白)怎麼不射. (旦接唱)猛然一計在心裏. (花白)了頭爲何停箭不射. (旦白)非是娘娘停箭不射. 「娘娘要射鯉魚」行. (花白)「若射得鯉魚」行. 某家馬前跪降.(旦白)吳起. 須要言而有信. (花白)豈肯失信與你. (旦白)吳起你來看准了. (接唱)吳起中了娘娘計. 管叫魏王命歸西. (魏王中箭死下衆鬨殺下)(對鎗吳起敗下打奴子旦對刀吳起又敗下打連環下又對便吳起又敗下)(又打棍子下)."

어나 그것을 주요 장기로 삼는 연기자들 이름이 모두 네 명 기록되어 있다. 이들은 모두 무단(武旦) 혹은 도마단(刀馬旦)으로 이름이 난 사람들이었다.[40] 이어서 광서(光緒) 12년(1886)에 씌어진 『국대집수록(菊臺集秀錄)』에도 진동선(陳桐仙) 도마단, 장채린(張彩麟)(도마단 겸 도마단) 등 두 명의 연기자들이 이 작품에 뛰어났었다고 기록되어 있다. 이 시기는 이미 경극이 고조에 달하여 여러 가지 양상이 연출된 상황에 해당된다. 그렇다면 이러한 자료를 통하여 앞 시기 그녀를 중심 인물로 삼은 텍스트의 존재 여부와 상관없이 시대적인 수요에 부응해서 그녀가 탄생하였을 가능성을 진단할 수 있는 것이다. 경극 속에 나오는 여자 영웅들은 바로 '텍스트 내의 한 볼거리'에 해당하는 소재에 지나지 않았음을 의미한다.[41]

더 나아가 종리춘과 같은 여성 전사 역할의 경우 경극에서는 무단(武旦)이나 도마단(刀馬旦)[42]이라는 특수 유형적 인물(行當)이 담당하고 있다. 근대로 넘어오는 시기의 「이원구화(梨園舊話)」 기록의 이 유형적 인물에 대한 전체적인 평가를 보자.

---

40 『국부군영(菊部群英)』 속에 보이는 종리춘 역할을 장기로 한 연기자는 다음과 같다: 張芷芳(武旦)/ 盧長福(崑旦 겸 刀馬旦)/ 張天元(青衫 겸 花旦, 刀馬旦) / 杜阿十(武生 겸 刀馬旦) 이상 4명.

41 1998년 이화여자대학교에서 열린 「몸과 미술」 국제 학술 심포지엄에서 일본의 지노 가오리 교수는 13세기 말에 제작된 두루마리 형태의 에마키(繪卷) 한 작품을 분석하면서, 이곳에 그려진 추녀의 시각적 장치에 대해 주목하였다. 그는 여기에 그려진 '추녀'들이란 당시 남성들의 통제하에 있는 여성성으로부터 제외된 이들이라고 하면서 단지 이러한 여성은 남성 권력 구도의 한낱 도구에 지나지 않았음을 설파하였다. 지노 가오리, 「추녀는 왜 그려졌는가」, 『몸과 미술』(이화여자대학교출판부. 1999), 한림미술관 · 이대 기호학연구소 엮음, pp. 55-66.

42 무단과 도마단은 모두 여성으로서 무술을 할 수 있는 유형적 인물로, 그 둘의 차이는 출신 성분이라든가 그 밖의 무대 도구와 복장에 있게 된다. 하지만 둘 다 여성 전사 이미지를 반영해 내는 점에서는 같은 유형이라 할 수 있다. 자세한 내용은 졸고, 「초기경극 형태연구」, p. 220 참고.

> 무단으로 이름이 드러난 자는 매우 드물다. 그 이유는 각 당의 제자들 대부분은 청삼 · 화단 익히고, 목소리도 없고 거기다가 얼굴까지 평범한 자들만이 (무단 역할을) 연습하기 때문이다.[43]

말하자면, 무단이나 도마단이란 유형적 인물(行當)은 주인공이 아니라 오로지 자신의 한 가지 무술 장기만으로 극단에 살아남은 자들을 가리키는 것이다.

또 다른 측면으로는 관객 구성층과 연관을 맺어 볼 수 있는데, 그것은 명(明) 이후 청(淸)이라는 이민족의 유입으로 문화 상층부의 구성이 달라짐에 따른 '새로운 구조화된 구조' 요구라는 좀더 근본적인 것에서 그 원인을 찾아볼 수 있다.[44] 즉 여성 영웅 이미지를 감상할 수 있는 계층은 청대 만주족 남성 그리고 2차적으로 무대에 근접할 수 있는 중산 계층과 일부 하층 부류의 남성들로 한정된다.[45] 그렇다면 여성의 시선을 배제한 채 진행되는 여성 영웅, 그것도 남성들이 바라는 요조숙녀의 모습이 아

---

43 「이원구화(梨園舊話)」: "武旦一行, 鮮著名者, 以各堂弟子多習青衣`花旦, 惟無嗓音貌又平常者始習之." 장차계(張次溪) 편저(編著). 『청대연도이원사료(淸代燕都梨園史料)』(北京: 中國戲劇出版社. 1991), p. 826.

44 이것은 부르디외의 아비튀스 개념에서 따온 것이다. 그는 문학적 능력이 '차등적' 습득에 의한 '사회적'이고 '역사적'인 범주이므로 서로 상이한 아비튀스를 갖는 사람은 그것을 이해할 수 없다고 지적하였다. 현택수, 「문학예술의 사회적 생산」, 『문화와 권력』(나남. 1999), p. 39. 청대 곤곡이 명대(明代) 한족(漢族) 귀족계급의 문화의 장의 연속이었다면, 이것과 다른 아비튀스를 가지는 만족(滿族) 귀족들은 상이한 문화를 형성할 수밖에 없는 것이다.

45 경극 관람 계층으로 여성이 등장한 것은 1919년 이후의 일이라고 한다. 그러나 이것이 실제로 여성 관객이 없었다는 것을 의미하는 것은 아니다. 어떠한 방식으로든 직 · 간접적으로 여성 관객이 극을 접촉하였을 가능성은 열려 있었겠지만 극단 경영주가 고려해야 할 관객 범주에 포함될 경우에 한해서만 '여성 관객'이 의미를 지닐 수 있기 때문에 그들 여성 관객은 능동적인 주체로서 '관객'에 포함될 수는 없겠다. 북경시예술연구소(北京市藝術硏究所) · 상해예술연구소(上海藝術硏究所) 편저(編著), 『중국경극사(中國京劇史) 중(中)』(北京: 中國戲劇出版社. 1990), p. 23.

[그림 2] 종리춘의 얼굴 분장 모습.

[그림 3] 일반 도마단의 복장 모습.

닌 영웅의 무리 속에 설 수 있는 그녀들의 활약상은 무엇을 의미하는가?

다음과 같은 종리춘의 무대 복장과 화장은 그러한 복잡한 심리를 반영하고 있다.

일반적으로 도마단 역할을 하는 이의 경우, 오른쪽 그림과 같은 소검(素臉) 분장에 봉관(鳳冠)을 머리에 쓰고 여자 배자(女蟒)를 입게 된다.[46] 이 경우 우리는 훨씬 아름다운 모습으로 여성 전사를 대할 수 있다. 그러나 종리춘의 경우, 왼쪽 그림과 같이 남성 역할을 하는 이들 가운데 특별히 싸움에 뛰어난 사람들이 하는 분장[47]과 여성 전사 복장을 함께 선보임

---

46 종리춘의 복장은 황전기(黃殿祺), 『중국희곡검보문집(中國戲曲臉譜文集)』(北京: 中國戲劇出版社. 1992年), p. 105를 참고.

47 종리춘의 분장은 검보(臉譜)의 분류상, 남쇄화검(藍碎花臉)에 속한다. 이러한 분장에 속하는 인물로 『취낙양(取洛陽)』 가운데 한나라 무제(武帝) 수하의 장군인 마무(馬武)와 『쇄오룡(鎖五龍)』 가운데 이세민(李世民)이 당(唐)을 세우는 데 중요한 공헌을 한 단웅신(單雄信)과 같은 장군이 있다. 이러한 분장에서 주의할 사항 두 가지가 있는데, 하나는 푸른색이 의미하는 바이고, 또 하나는 이마에 그려진 문양에 관련된 것이다. 푸른

으로써 남성 영웅들과 한 대열에 설 수 있도록 장치하고 있다. 여기서 여자 영웅이란 결국 새로움의 대상, 즉 남성 관객들의 '남성성'을 더욱 뒤집어씌운 여자인 셈이다. 그녀는 가시적인 아름다움을 지닌 볼거리로서의 '여자'이지만, 그 능력과 활동력이 '남성'의 영역에 확고히 남음으로써 제3의 성이 되는 것이다. 이렇게 2차원에 머물렀던 욕망의 글쓰기는 다시 화려한 가면을 쓰면서 3차원 볼거리와 결합하게 되었다. 즉 종리춘은 상업화되면서 진짜 허물을 벗고 대신 남성의 시선 앞에 또 다른 가면을 쓰게 되었던 것이다.

최근 이미지 산업의 정점에 오른 애니메이션의 경우 역시 이러한 오류를 한치도 벗어나지 않고 있다. 가령, 오시이 마모루 감독의 「공각기동대(Ghost in the Shell)」에 나오는 쿠사나기의 경우, 그녀는 이미 여자도 남자도 아니다. 또한 인간도 기계도 아니다. 그녀는 남자의 도움을 받은 여자, 기계의 도움을 받은 인간이다. 새로운 가능성으로 부각된 인간의 제3의 성은 이러한 '남자/여자'와 '기계/인간'의 중간 지점에 있는 그 무엇이다.

도나 해러웨이(Donna Haraway)는 그녀의 『사이보그선언문(*A*

---

색은 위의 예에서 보이는 두 장군과 같이 푸른 피를 소유하고 있음을 의미하므로, 그녀가 매우 충직하면서 용감한 인물이라는 사실을 알 수 있게 해주며, 이마에 그려진 연꽃무늬와 마름꽃 잎은 극중 인물의 특성과 연결되어 있음을 의미한다. 가령 『일지도(一枝桃)』 극 가운데 주인공인 사호(謝虎)는 그의 도호(綽號)인 '일지도'에 따라 이마에 복숭아를 그려 넣었으며, 『대재복(大財福)』 가운데 나오는 재물신(財神)은 이마에 엽전 모양을 하고 있다. 하지만 그녀에게 연꽃무늬와 마름꽃 잎이 무엇을 의미하는지에 대한 연구는 없다. 다만 그것이 극중 주인공의 성격과 관련되어 있다는 것과 연관하여 더러운 곳에서 피어난 연꽃과 마름꽃 잎(못생긴 그녀는 왕비가 되었다. 이것은 가장 훌륭한 변신이 될 것이다)이라는 상징적인 의미가 아닌가 추측해 볼 수는 있다. 또한 대부분의 이마에 이러한 상징적인 문양을 한 경우는 역사 속의 실존 인물이 아니라 떠도는 이야기 속에나 나오는 허구적인 인물이거나 신(神)인 경우가 허다하다는 점을 고려할 때, 이러한 문양을 그녀의 존재가 허구와 관련되어 있음을 드러내 주는 결정적인 증거로 삼을 수 있겠다.

[그림 4] 「공각기동대」의 여성 전사 쿠사나기.

*Cyborg Manifesto*)』을 통하여 저항과 재결속의 신화로서 사이보그를 선택하여 여성의 미래를 확언하였다. 그녀가 선택한 사이보그는 바로 제3의 성을 가탁하는 형식이 아닌 '경계를 가로지름'이라는 각도로 조명되면서 거꾸로 그것이 새로운 정치 역량으로 이용될 수 있음을 시사하고 있다.

> 궁극적으로 가장 '단단한' 과학이란 가장 애매모호한 영역들에 관한 것이다. ……
>
> 따라서 내가 말하는 사이보그 신화란 진보적인 사람들이 정치적 작업을 필요로 하는 한 부분으로 확장할 수 있는, 경계를 벗어난 영역이자 가장 설득력 있는 뒤섞임이며, 또한 위험스러운 가능성을 다루게 된다.[48]

하지만, 이러한 제3의 성이 지향하는 정치성은 무엇인가? 무엇이 이 시점에서 해러웨이의 전복 가능한 위험한 기계 인간에서 쿠사나기나 종리춘과 같은 전혀 위협적이지 않으면서 그리고 오히려 그 반대로 너무도 유혹적인 한낱 '여자'로 탈바꿈하게 하는가?[49]

푸코(Michel Foucault)가 지적한 바 계몽철학자 라 메트리(Julien Offroy de La Mettrie)의 『인간 기계론(*L'omme-machine*)』의 취지는 그 답을 준다.

> 라 메트리의 인간 기계론은 정신의 물질론적 환원임과 동시에 교육 훈련의 일반적 이론이었고, 그런 입장의 중심에는 분석 가능한 육체에로 조정이 가능한 육체를 결부시키는 **순종의 개념이 지배한다**. 복종시킬 수 있는, 유용한, 변형되고 완성될 수 있는 신체야말로 순종하는 신체이다.[50]

따라서 쿠사나기의 몸을 지배하는 닝교추가이(인형사)는 그러한 여자 사이보그 전사를 조정하는 권력의 실체일 수밖에 없다. 결국 야성을 지니면서 기계적이려면, 그리고 제일 중요한 것은 '순종적'이어야 하는데, 이러한 성질을 만족시켜 줄 성은 역시 '여자'밖에는 없다. 너가 아니면 나인데, 제3의 그 누군가는 어디에서 올 수 있는가? 그것은 경계를 허물며 나타나는 것이 아니라 다시 권력의 구조를 영속화하려는 음모 속에 은폐될 뿐이다.

다시 임청하상과 연결하여 중국 고전 속의 여자 영웅의 모습에서 우리는 새로운 주체를 찾을 수 있는가? 단지 이들은 남성들의 욕망의 무대

---

48 Donna Haraway, *A Cyborg Manifesto*(New York: Routledge. 1991), pp. 153-4.

49 이것이 '추녀'와 '사이보그' 양자가 그 출발점이 다름에도 불구하고 상업주의 아래 조작된 실체라는 공통점을 갖게 하는 부분이 될 것이다.

50 미셸 푸코, 『감시와 처벌』(강원대학교출판부. 1989), 박홍규 옮김, pp. 184-5.

를 제공[51]할 뿐이지, 그것 자체가 새로운 대안이 될 수 없다는 것을 알게 된다. 남자는 다시 지배 권력의 구조를 영속화시키게 된다.

### 트랙 3 : 부재하는 여성성/단절

사실 『열녀전』에는 종리춘 이외에 또 다른 못생긴 여인으로 혹부리 여자(宿瘤女)와 쫓겨난 여자(孤逐女)가 등장한다. 이 여자들은 모두 이름조차 없다. 혹부리 여자는 그 못생긴 정도가 그녀의 이름이 되었고, 쫓겨난 여자는 못생겨서 생겨난 결과가 이름으로 쓰이고 있다. 또한 그녀들은 모두 하나같이 가장 존귀한 남자의 부인이 되었다.[52] 그리고 그 못생긴 얼굴을 잊어버리게 할 수 있는 뛰어난 언변이 있었다.[53]

그렇다면 종리춘과 나머지 두 여자들의 이야기가 지니는 기본적인 서사 구조는 다음과 같은 형태임을 알 수 있다.

> 못생긴 여자는 심하게 구박받지만(트랙 1)
> 속에 갖추어진 신비한 능력으로 인하여(트랙 2)
> 왕비의 자리까지 오른다(트랙 3).

일찍이 미건 모리스(Meaghan Morris)는 원본 디스크라고 여겨지는 서사 구조 하나가 제작되고 난 이후 지속적으로 버전만 달리하여 같은 메시지를 담고 있음으로써 지니게 되는 '반복성' 속에 감추어진 '빈틈'

---

51 임옥희, 「환상, 그 위반의 시학」, 『여/성이론』 2호(여성문화이론연구소. 2000), p. 82.

52 혹이 난 여자는 제나라 민왕(閔王)의 왕후가 되었고, 쫓겨난 여인은 제나라 재상의 처가 되었다.

53 그녀들은 모두 언변에 뛰어난 여자들을 모아 놓은 「변통전(辯通傳)」에 분류되었다.

에 주목할 것을 요구[54]하였다. 그 빈틈이란 결국 '만들어진 여성' 이미지일 것이기 때문이었다. 말하자면 이러한 '못생겨 놓고도 행복을 쟁취한 여인'들의 서사 구조는 트랙 1, 2, 3을 기본적으로 밟아 가면서 같은 메시지를 반복할 예정에 있었다고 할 수 있다.

그렇다면, 어떠한 근거에서 종리춘은 못생겨 놓고도 행복을 쟁취한 여인들의 원본 디스크가 되는가?

첫째, 그들의 '너무도 못생긴(甚醜)' 정도에 대한 기술 방법에서 보이는 차이점에서 그 변화의 모습을 읽을 수 있다.

종리춘의 못생긴 정도는 이러했다.

> 절구통 같은 머리에 푹 들어간 눈, 길고 긴 손가락 발가락에 굵디굵은 마디까지 맺혀 있었다. 코는 들창코에 목구멍이 튀어나왔고, 목 뒤로는 두둑하게 살이 찐 데다가 머리칼이 띄엄띄엄 나 있었다. 허리는 굽었고 가슴이 튀어나왔으며 피부는 옻칠을 한 듯 검었다.[55]

상상하기 어려울 정도의 못생김에 대한 기술은 매우 상세하다 하겠다. 나머지 못생긴 여자 두 명의 경우는 어떠한가? 혹부리 여자는 "목 뒤에 큰 혹이 있었다(項有大瘤)"가 고작이며, 쫓겨난 여자의 경우는 그나마 어느 정도 못생겼는가에 대한 기술이 전혀 없다. 이것은 상징적인 의미의 못생김만 갖추었다면, 못생겨 놓고도 왕비가 되었다는 서사 구조의 주인공이 되기에 충분하다는 것을 의미한다.

둘째, 종리춘과 나머지 두 여인들의 행동에 관한 처리이다.

---

54 수잔나 D. 월터스, 『이미지와 현실 사이의 여성들』(또하나의 문화. 1999), 김현미 외 옮김, p. 149.

55 『열녀전(列女傳)』「변통전(辯通傳)·제종리춘(齊鍾離春)」: "臼頭深目, 長指大節. 卬鼻結喉, 肥項少髮. 折腰出胸, 皮膚若漆."

결론적으로 세 여인은 모두 훌륭한 남자와 만날 수 있기에는 썩 좋지 않은 조건의 여자들이었는데 어떻게 그들과 접촉할 수 있었는가? 우리는 그녀들의 행동을 서술하는 행간을 통하여 그 빈틈을 찾아낼 수 있다.

> 나이가 사십이 되어 가도록 아무도 받아들여 주지 않았다. 시집을 가려고 여러 곳을 돌아다니며 자신을 알리고 다녔지만 아무도 데려가지 않아 버려졌다. 그래서 누추한 옷을 털어내고 단정히 차려입고는 자기 스스로 선왕을 뵈러 갔다.[56]

종리춘은 이렇게 자신이 시집가기 위해 목표를 두고 여러 가지 노력을 한 끝에 누추한 자신의 옷을 떨쳐 입고는 왕에게 다가갔던 것이다. 나머지 두 여인의 경우 소극적인 자세를 취하는데, 이러한 그녀들의 모습은 교묘하게도 감추어지게 된다.

> 처음으로 민왕이 동곽으로 놀러 나가게 됐다. 백성들은 모두 왕을 열심히 보고 있는데 혹이 난 여인만은 여전히 자기가 하던 뽕따는 일을 그대로 하고 있었다. 왕은 이상하게 생각해서 그녀를 문 앞으로 불러다가 물어보았다.[57]

> 시집갈 나이가 넘었는데도 아무도 그를 데려가지 않았다. 제나라 재상의 부인이 죽었다. 쫓겨난 여인은 양왕의 문으로 알현을 갔다.[58]

---

56 위의 책: "行年四十, 無所容入. 衒嫁不售, 流棄莫執. 於是乃拂拭短褐, 自詣宣王."

57 『열녀전(列女傳)』「변통전 · 제숙류녀(齊宿瘤女)」: "初閔王出遊東郭. 白姓盡觀, 宿瘤採桑如故. 王怪之, 召門曰."

58 『열녀전(列女傳)』「변통전 · 제고축녀(齊孤逐女)」: "過時無所容. 齊相婦死. 逐女造王襄王之門."

얼핏 보면 아주 자연스러운 접근이지만, 여기에 큰 빈틈이 놓여져 있음을 발견할 수 있다. 그녀들은 스스로 자신의 조건에 따라서 주체적으로 행동을 결정한 것이 아니다. 대신 상대방에서 먼저 그녀들이 다가갈 수 있는 조건을 마련하여 주고 있다. 못생겼기 때문에 그녀가 뽕을 계속 따고 있었던 것인지, 혹은 그 재상이 외모와 상관없이 예를 잘 아는 부인을 재취로 삼은 것인지, 또 못생긴 여인이 재상에게 시집을 가려고 일찍이 맘을 먹고 있어서 부인이 죽기만을 노리고 있었는지에 대한 아무런 인과관계는 보이지 않는다. 상대방이 그녀들을 기다리고 있었던 것처럼 장치는 교묘하게 비껴가고 있다. 즉 종리춘의 경우 못생겼기 때문에 노력을 하다가 실패하여 '*그래서*(於是)' 결국은 왕에게까지 갈 수밖에 없는 자신의 행동에 대한 마땅한 이유를 가지고 있음에 비하여 나머지 못생긴 여인들은 못생겼기 때문에 가질 수 있는 상대방과의 접근법에 대한 아무런 연계성을 지니지 않은 셈이다. 오히려 상대방이 허용한 접근 가능한 여지로 인하여 훌쩍 다가감을 본다.

또 그녀들이 왕의 눈에 띄었을 때에도 그녀들은 종리춘과 같은 신통방통하게 훌쩍 사라지는 수수께끼 행동을 하지 않는다.

먼저 목에 혹이 난 여인의 경우를 보자.

> 1. 곧은 여자는 예가 갖추어지지 않으면 죽는 한이 있더라도 따르지 않는 법입니다.[59]

> 2. 요임금과 순임금은 인의로 스스로를 꾸몄습니다. 비록 천자였지만 절약과 근검 속에서도 만족하였습니다.[60]

---

59 『열녀전(列女傳)』「변통전 · 제숙류녀」: "貞女一禮不備, 雖死不從."
60 위의 책: "堯舜自飾以仁義, 雖爲天子, 安于節儉."

[그림 5] 청 영송본 『열녀전』에 실린 제나라 숙류녀.

그녀의 서사 구조에는 수수께끼 행동 대신 예절과 근검절약이라는 항목이 추가되었다.

쫓겨난 여인의 경우는

> 저는 "현명한 군주가 사람을 등용할 때는 하나만으로도 미루어 짐작할 수 있어 그를 등용하였다. 그러므로 초나라에서는 우구자를 기용함으로써 손숙오를 얻을 수 있었고, 연나라에서는 곽외를 기용함으로써 악의를 얻을 수 있다"고 들었습니다.[61]

라고 하여 일반적으로 옆에서 간언을 하는 충신의 역할을 대신하고 있는 유교의 철저한 신봉자의 모습을 보여주고 있다.

여기서 원본 디스크와 복제 디스크의 가장 큰 차이점이 드러나게 되는데, 그것은 즉 종리춘이 '수수께끼 행동과 훌륭한 언변'을 정점으로

---

61 『열녀전(列女傳)』「변통전 · 제고축녀」: "妾聞明王之用人也, 推一而用之. 故楚用虞丘子而得孫叔敖, 燕用郭隗而得樂毅."

그 이전의 아무것도 가질 수 없었던 상태에서 벗어나 왕비라는 중요한 의미를 획득하게 되는 것에 비하여, 이들에게는 못생겨서 받을 수 있는 구박을 벗어날 탈출구에 해당하는 '수수께끼 행동'이 사라지면서 '훌륭한 언변'만이 남는 모습을 본다.

이것은 앞에서 살펴보았던 한국의 못생긴 이인 며느리와는 또 다른 가부장제로의 편입이 이루어지는 것을 보여주는 대목이다. 특히 혹부리 여자의 경우는 '예'를 앎으로써, 또 쫓겨난 여인은 성인의 이데올로기 속으로 편입됨으로써[62] 초기의 못생긴 여자가 지니고 있던 일반인을 넘어서는 그리고 작가의 직접적인 환상이 개입되었다고 생각되는 '사라져버리기'라는 수수께끼 행동을 잃어버리고, 앞으로 전개될 여러 가지 덧붙임 버전의 초기 모습을 간직하게 되는 것이다.

수많은 버전 3,4……들은 앞으로도 무수히 쏟아질 태세를 갖추고 있었던 것이다. 그것은 라캉 "~~THE~~ WOMAN"과도 같이 전체(혹은 하나)가 아닌 여인들에 대한 '지워짐'을 의미하는 것이다.[63] 서사 구조가 반복되면서 그녀의 본질 자체에 대한 모든 '지움'에 대한 흔적은 그 어디에서도 찾아볼 수 있게 되는 것이다. 따라서 앞에서 살펴본 남성들의 숨겨진 욕망인 '능력 있는 못생긴 여자 종리춘'이라는 화려한 명사 앞에 전개된 '여자'를 지우고 났을 때, 우리는 몇 가지로 덧붙여진 혹은 제거된 모습들을 찾아볼 수 있게 되는 것이다.

완벽한 이야기 속에 욕망하는 대상을 그려 가는 서사 구조는 욕망하

---

62 "~라고 들었다, 라고 합니다"라는 것은 제3의 믿을 만한 사람이라는 타자를 인용해서 자신의 이론을 정당화시키는 대표적인 방법이 될 것이다. 또한 여기에 나오는 보충의 형태들은 바로 상대방을 납득시키는 수단으로 작용하게 된다. 토도로프, 「서술자로서의 등장 인물」, 『산문의 시학』(문예출판사. 1992), 신동욱 옮김, p. 91.

63 Jacques Lacan, "God and the Jouissance of The Woman," *Feminine Sexuality* (New York · London: Norton & Company. 1985), Edited by Mitchell and Jaceuline Rose, p. 144.

기에 의도적인 구조를 가질 수밖에 없고, 이러한 의도에는 빈틈이 존재할 수밖에 없는 것이다. 그것은 개편된 것이며 실재의 이야기가 아니다. 실재를 가장한 허구일 뿐이다. 조작적이기 때문에 이러한 '욕망의 빈틈'은 처음 이러한 서사 구조를 만들어 낸 의도자의 가장 직접적인 메시지로 작용할 것이고, 견고하면서 보편적인 양상으로 스며들어 갈 수 있게 된다.[64] 이것이 종리춘이라는 원본 디스크를 가지고 불려 나가면서 이루어진 조작의 전모이다.

다시 우리는 원본 이야기(종리춘 모델) 구조 자체가 지니고 있는 빈틈 역시 찾아낼 수 있다.

> 못생긴 여자는 심하게 구박받지만(트랙 1)
> 내면에 갖추어진 신비한 능력으로 인하여(트랙 2)
> 왕비의 자리까지 오른다.(트랙 3)

앞에서도 살펴본 바와 같이 이것이 바로 '못생긴 여자' 원본 디스크의 서사 구조에 나타난 '이야기'의 원래 상태이다.[65] 이 이야기에서 행해지거나 일어나는(do/ happen) 사건의 종국에는 왕비가 위치한다. 다시 시작점으로 가서 무엇이 존재(is)하고 있는가 하는 것을 볼 때 '못생긴 여자'라는 인물과 만나게 된다.[66] 이 서사 구조에서 중요한 사건은 왕비

---

64 이러한 문제는 뤼스 이리가라이(Luce Irigaray)가 "체험의 장소에 남아 있는 여성은 정작 그러한 실생활을 조직하는 문제에서는 타자에게 맡기고 있다"라고 지적하고 있는 그대로이다. 뤼스 이리가라이, 『나, 너, 우리』(동문선. 1998), 박정오 옮김, p. 37.

65 이 글의 전체 목차인 트랙 1,2,3은 바로 이러한 못생긴 여자 종리춘의 서사 구조를 확대하여 풀어 낸 것이다.

66 DO/HAPPEN/IS의 개념은 시모어 채트먼(Seymour Chatman)에게서 빌려 왔다. 그는 담화가 두 가지의 이야기 진술법에 의거하고 있는데 그 하나가 과정 진술에 관한 '행위 DO'와 '사건 HAPPEN'이고, 또 하나가 정태 진술에 관한 '이다 IS'라고 말하고 있다. 시모어 채트먼, 『영화와 소설의 구조』(민음사. 1990), 김경수 옮김, p. 35.

가 되었다는 것이고, 구조 전체로 볼 때에 "못생긴 여자였기 때문에 왕비가 되었다"는 인과관계는 성립되어 보이지 않는다. 따라서 위에서 지적한 상징적 의미의 못생긴 외모는 왕비가 되었다는 결과를 강조하기 위하여 부수적으로 첨가된 사실이라는 것을 알 수 있게 된다.

더욱이나 여기서 중요한 것은 주인공인 종리춘은 바로 주인공이 아니었다는 사실이다. 처음부터 지속적으로 종리춘의 입장에서 종리춘의 이야기를 서술하던 형태는 마지막에 이제까지 펼쳐지던 이야기 형태를 운문(韻文)으로 읊어 내는 '송(頌)' 부분에 가면 완전히 주인공이 그의 남편인 '왕'이라는 사실을 드러내 주고 있다.

> 무염의 여자가 제선왕에게 간언하였네. 네 가지 위태로움 조목조목 나누어 말하니, 선왕이 그녀 말대로 사방의 문을 열고 비로소 태자를 세워 종리춘을 왕비로 맞이하였구나.[67]

그녀는 '스스로 왕비가 되었다'가 아니라 '왕비로 모셔졌다(拜君)'라고 묘사됨으로써 능력을 행사하는 것이 아니라 간택의 요소 가운데 'A(외모)'가 아니라 'B(능력)'가 취해졌음을 보여주고 있다. 이러한 교묘하게 시점이 이동된 상황, 그러니까 그녀가 왕비로 선택된 피동적인 결말이 처음에 주체적으로 그녀 스스로 왕을 선택하러 갔던 것을 무화시키고 만다. 그녀에 대한 사건 나열은 그녀를 칭송한 것이 아니라 '칭송받으려면'에 대한 순응적 모습을 숨길 뿐이다.

또 한 가지, 못생긴 여자 시리즈 세 명의 사건에 등치되어 인용한 『시경(詩經)』 부분을 보게 되면 그녀는 주인공이 아니라 주인공의 '짝'에

67 『열녀전(列女傳)』「변통전 · 제종리춘」: "無鹽之女, 干說齊宣. 分別四殆, 稱國亂煩. 宣王從之, 四辟公門. 遂立太子, 拜無鹽君."

지나지 않았음을 드러내 주고 있다.

> 군자를 만났으니 내 마음이 기쁘도다(旣見君子, 我心則喜). ─종리춘
>
> 군자를 만났으니 즐겁고도 예의바르네(旣見君子, 樂且有儀). ─숙류녀
>
> 군자를 만났으니 나란히 앉아 북 장단에 거문고를 즐기고 싶네(旣見君子, 並坐鼓瑟). ─고축녀

그녀들은 이미 사랑으로 맺어진 부인으로서가 아니라, '군자(君子)'로 위치하고 있었던 것이다. 그리고 그러한 군자에 해당하는 그녀들은 이미 유혹의 대상이 아닌 형제애를 느낄 수 있는 좋은 벗으로서 위치해야 하며, 따라서 외모가 아닌 내면적인 덕목을 지닌 훌륭한 자로 기록될 만한 것이었다. 그녀들은 여자가 아니라 군자의 친구인 '또 다른 군자'일 뿐이었다.

따라서 추하기 짝이 없음에도 불구하고 왕비가 된 여인은 '여인'일 수가 없다는 텍스트 너머에 유향이 생각한 허구를 여실히 증명한 셈이다.[68] 즉, 남성 작가인 유향은 욕망의 장면에 자신을 대상화시켜 무대에 올렸던 것이다.

그렇다면 이러한 허구적인 구조는 결국 여성을 제외한 남성들만의 문화를 재생산하여 젠더 이데올로기를 공고히 하는 장치인 '성 장치'[69]의

---

68 이 글의 큰 제목인 "그녀는 추하기가 짝이 없었다. *그리고* 왕비가 되었다"에서 선택된 '*그리고*'는 앞뒤 두 문장을 매끄럽지 못하게 연결함에도 불구하고 과연 '그럼에도 불구하고'가 아닌 '그리고'로 '연결'됨으로써 이러한 서사 구조를 제목으로 삼은 가시적인 장치에 주목하게 만든다. 즉 앞뒤 모순되는 두 문장은 자연스러운 순접의 상태를 이루기 위해서는 '그럼에도 불구하고'라고 하여야 더욱 그럼직하지만, 서사 구조 전체를 에워싸고 있는 남성들의 욕망 가탁의 드러나는 '빈틈'으로서 선택되게 됨을 볼 수 있다.

69 성 장치라는 개념은 고정갑희의 개념에서 가져온 것이다. 고정갑희, 「성 장치와 여성주의 문화론」, 『여/성이론』 2호(여성문화이론연구소. 2000), p. 11.

[그림 6] 청 영송본 『열녀전』에 실린 제나라 고축녀.

교묘한 은닉 형태라고 할 수 있다. 따라서 여성을 제재로 하고 여성에 의해서 만들어진 그 모든 구성물에 대한 근본적인 정치성을 의심하게 되는 것이다.

새벽 화장 막 마치었네.
짙은 색 탁자 위로 가볍게 몸을 드리우는 그 사나이.
그녀는 사나이를 향해 약간 입을 벌리어 입 속 정향 한 알을 드러내 보이네.
반주없이 흥얼거리는 노랫가락 한 자락, 잠시 앵도를 끌어당겨 콕 깨문다.

비단 소매에 향기 배어 남아 은색으로 얼룩지고,
잔 속 깊이 향기로운 술 향기가 배어 남아도는데,
수놓은 침상에 비스듬히 기대고서 교태로이 하는 몸짓 척 늘어졌으니.

그녀는 붉은 부들을 자작자작 씹었다가, 웃으며 탁자 위 사나이에게 씨를 뱉는구나.[70]

그녀는 유혹이며, 필자와 독자는 이 사건을 지켜보는 시선의 주체인 '사나이'와 공모하여 남성들의 시선과 욕망을 '거북하게' 즐기게 된다. 반면, 온고 지순한 여인으로 포장되어 또 다른 욕망을 분출하는 경우도 있다.

신부는 초록 저고리와 다홍치마로 귀밑머리만 풀리운 채 신랑하고 첫날밤을 아직 앉아 있었는데, 신랑이 그만 오줌이 급해져서 냉큼 일어나 달려가는 바람에 옷자락이 문 돌쩌귀에 걸렸습니다. 그것을 신랑은 생각이 또 급해서 제 신부가 음탕해서 그 새를 못 참아서 뒤에서 손으로 잡아 당기는 거라고, 그렇게만 알고 뒤도 안 돌아보고 나가 버렸습니다. 문 돌쩌귀에 걸린 옷자락이 찢어진 채로 오줌 누곤 못 쓰겠다며 달아나 버렸습니다.

그러고 나서 40년인가 50년이 지나간 뒤에 뜻밖에 딴 볼일이 생겨 이 신부네 집 옆을 지나가다가 그래도 잠시 궁금해서 신부방 문을 열고 들여다보니 신부는 귀밑머리만 풀린 첫날밤 모양 그대로 초록 저고리 다홍치마로 아직도 고스란히 앉아 있었습니다. 안쓰러운 생각이 들어 그 어깨를 가서 어루만지니 그때서야 매운 재가 되어 폭삭 내려앉아 버렸습니다. 초록 재와 다홍 재로 내려앉아 버렸습니다.(서정주의 『신부』)

70 이욱(李煜), 「일곡주(一斛珠)」: "曉妝初過. 沈檀輕注些兒個. 向人微露丁香顆. 一曲清歌, 暫引櫻桃破. 羅袖裛殘殷色可. 杯深旋被香醪涴. 繡牀斜憑嬌無那. 爛嚼紅茸, 笑向檀郎唾." 당규장(唐珪璋), 『당송사에 대한 간략한 해석(唐宋詞簡釋)』(臺北: 宏業書局印行. 1983).

이곳의 '참는 여인'은 바로 '극기복례'하면서 자중할 줄 아는 여성이며, 남성들의 '소유 욕망'을 그려 내는 못생긴 여인과 같은 항에 짝지을 수 있는 '군자의 좋은 배필'이기도 하다. 그리고 이것은 '사랑'이라는 환상계를 실재계라고 착각하며 살아가는 '재즈를 믿는 너희들'[71]에 속함으로써 그 구조 속에 동참하는 '짝'으로 전락해 버리고 만다.

이 두 가지가 모두 합쳐져서 남자들의 욕망을 온몸에 실은 경우도 있었다. 가령 1920년대 이후 중국 무대에 나타나서 중국의 경극이 세계적으로 알려지게 하였던 네 명의 남자 단(四大名旦)이 여기에 속한다. 이들은 남자들로 여성의 역할을 한 이들이다. 이들의 유명세는 각자의 장기로 그것을 드러냈는데, 매란방(梅蘭芳)의 경우는 단아하면서도 부귀한 여인의 모습을, 정연추(程硯秋)의 경우는 가난한 부녀자의 고통스러운 삶을, 상소운(尙小雲)은 여자 협녀로서의 당당함을, 순혜생(荀慧生)은 귀엽고 천진난만한 소녀의 모습을 연기하는 것[72]으로 그들 각자가 바라본 '여인'의 특징을 연기해 냈다. 그것은 1919년 이후 중국 역사의 새로운 단절을 가져온 서구의 문물 아래 부여잡고 있던 마지막 유교의 나체쇼였다고 하겠다. 그들은 이렇게 '여성'이라는 가면을 쓰고 결국 자신들의 욕망을 숨김없이 드러내면서 '즐기는' 마지막 남근을 자청한 셈이었다.

결국 여성을 제재로 한 이 모든 것들은 각각의 위치에 서서 계속 환유를 하고 있는 서로 다른 모습의 '남성 자신의 욕망'이라는 기의에 다름 아닌 것이다.

---

71 이것은 장정일의 『너희가 재즈를 믿느냐』(민음사. 1994)가 시사하는 바에 착안한 것으로, '재즈'는 여기서 물신화되어 있음을 알 수 있다. 우리는 환상계에 있는 그것을 실재계에 물신화시킴으로써 남성들의 페티시즘에 순진하게 속게 된다.

72 임명휘(任明輝), 『경극의 뛰어난 4명의 여장 배우(京劇奇葩四大名旦)』(北京: 東南大學出版社. 1994), pp. 3-119 참고.

모든 기존의 재현 형식과 단절하여야 한다는 페미니즘 영화에서 찾은 변혁 모식[73]은 바로 이 지점에서 조우하게 된다. 남성들의 욕망을 투사하는 장으로 이용된 모든 서사 구조, 그리고 그들의 담론 자체가 문제인 것이다. 거대한 구조의 변혁 없이 단어의 치환이란 무의미하기 때문이다. 하지만, 그것은 표현 형식의 차이를 나타내는 아방가르드식의 난해함을 가장한 형식이 아닌 진정 '왜' 다른 서사 구조를 필요로 하는가 하는 문제와 연결되는 것이다. 임옥희는 환상적 공간에서의 차이들의 충돌과 화해 사이에서 그 문제점을 찾아보고자 했다. 탈출하기 위해서는 결국 '핑계'가 필요한 것이며, 그 모든 허구와 가식을 벗겨 내고 나서 남은 그것을 다시 이용하여 '위반하는 것', 그것이야말로 여성적 글쓰기의 현안으로 제시될 수 있을 것이다.

유교 이데올로기 아래서 남성들은 자신의 욕망을 다른 인식 체계로 표현할 수 있었다. '불가능(imposible)'한 사회는 '불가능한' 방법을 통해서 가능성을 담지할 수 있었다. 그리고 그것은 이야기의 형태로 지속적으로 타인을 향한 메시지로 남아 메아리치고 있었다.

---

73 로버트 랩슬리 · 마이클 웨스틀레이크, 『현대 영화이론의 이해』(시각과 언어. 1999), 이영재 · 김소연 옮김, p. 43.

# 제6장

# 요조숙녀, 군자의 이름으로 부르는 여인

김종미*

## 1. '몸'은 여전히 유효한가?

한대(漢代)에 편찬된 문헌에서 "남녀유별은 예의 시작이다," "사람을 다스리는 방법으로 예(禮)보다 더 시급한 것은 없다," "남녀유별은 나라를 다스리는 데 가장 중요한 근본이다"라고 하여 남녀유별과 부부간의 도를 국가의 경영과 연결시키는 서사 방식을 자주 발견하게 된다. 각 문헌에 흩어져 있는 서술을 정리하면 "남녀유별은 예의 시작 → 예는 치국의 근본 → 남녀유별은 치국의 근본"이라는 삼단논법이 성립하며 예 ⇄ 남녀유별 ⇄ 치국(治國)이 매우 긴밀하게 연결되어 있음을 알 수 있다.

근자에 유교의 예(禮)에 관한 논의는 개인의 내적 · 도덕적 수양이 자연스럽게 흘러 내비치는 자발적인 몸의 표현으로 예를 해석한다. 개인의 말 · 행동 · 눈빛을 통하여 그의 내적 성숙도를 간파할 수 있다는 것

* 이화여자대학교 교육대학원 교수.

은 맹자의 학설로서, 근대적 이성 중심주의 내지는 몸/정신의 이분법에 지친 현대인은 유교의 심신일원론(心身一元論)을 미래적 대안으로까지 모색한다.[1]

몸과 마음을 상호 영향을 주고받는 관계로 파악하는 동아시아의 전통적 사유 방식은 분명 서구의 근대적 사유와는 다른 지평에 서 있다. 그러나 유교의 심신일원론에 대한 현재의 담론 속에 여성에 관한 질문을 던지면 대답은 모호해진다. 한나라 때의 몸에 관한 생각들, 다시 말해 남성

1 유교의 심신일원론적 특성은 양유빈(楊儒賓), 『유가신체관(儒家身體觀)』(臺北: 中央硏究院. 1996)에 의하여 논의되었다. 이승환(「눈빛 · 낯빛 · 몸짓」, 『감성의 철학』, 민음사, 1996)은 서구의 이성 중심주의에 대한 안티테제로 유가의 심신일원론이 '몸'에 대한 담론이요 '감성'에 대한 담론이었음을 중시한다. 그는 플레스너(Helmuth Plessner)의 행위 이론을 빌어 의식의 개입으로 이루어지는 '행위'와 의식이 개입하되 스스로 통제할 수 없는 '표현'을 구분하고 유가의 몸을 공동체 안의 상호 주관적인 시선 아래 놓인 '표현'하는 몸으로 풀이한다. 그에 의하면 '나의 '몸'은 공동체 구성원의 독해를 기다리는 '기표'가 되며 내면의 덕과 감정은 이에 상응하는 '기의'가 된다.' 그는 맹자가 말하는 맑은 눈빛과 더불어 『예기』의 "효자의 제사는 (그 낯빛을 보고) 알 수 있다. 자기의 위치에 섬에 공경하는 낯으로 허리를 숙이고, 신주 앞에 나아감에 공경스럽고 기쁜 빛이 감돌며, …… 자기 자리로 물러나서 제자리에 섬에 곧 부모의 명을 받들려 하는 것 같고, 제물을 철거하고 물러날 때까지도 공경하고 삼가는 빛이 얼굴에서 사라지지 않으면 효자의 제사이다"라는 내용을 "내면 감정의 자연스런 '흘러 내비침'"으로 설명한다. '근대 서양철학적 주제'를 '철학 일반의 주제'로 오도해 온 한국 동양학 풍토에서 '작은 이야기'들을 복원하여 동양의 자생적인 감성의 철학을 세우려는 그의 논의가 지니는 의미는 지대하다. 그러나 그의 '작은 이야기'들에는 유교 담론 속에서 작아질 수밖에 없었던 여성과 작은 사람들(小人)의 이야기는 없다. 나아가 남성 권력자의 이야기 속에서도 예를 들어 『예기』의 효자 찬양은 한(漢) 제국이 이상으로 내세운 효치(孝治) 이데올로기에 대한 점검과 더불어 재해석되어야 하지 않을까? 의지적인 '행위'로서의 낯빛, 몸짓과 비의지적인 '표현'으로서의 낯빛 · 몸짓을 누가 어떻게 구분할 수 있을 것인가? 그것을 명확히 구분할 수 있다고 여기는 주체의 오만함이 권력의 외피를 입고 인간을 억압해 온 동양의 역사는 어떻게 설명해야 할까? 해체를 결여한 재구성은 그 낭만적 아름다움으로 인하여 다시 한 번 자신의 정치성을 드러내게 되는 것은 아닐까?
이숙인(「유가의 몸 담론과 여성」, 『여성의 몸에 관한 철학적 성찰』, 2000)의 경우 유교 몸 담론 속에 '여성'이 소외되었음을 문제시하지만 기본적으로 이승환의 논의를 계승하여 유교의 심신일원론을 현대 사회의 대안책으로 제시하는 등 이승환과 대동소이한 논지를 전개하였다.

과 여성의 몸의 구별을 예의 근본이자 치국의 요체로 간주하고자 하였던 각종 장치들을 어떻게 이해할 것인가? 남성과 여성의 구별도 도덕적 수양의 일환인가? 국가 권력이 남녀의 성별 문제에 그토록 집착하였던 이유는 무엇일까?

이에 대한 대답을 얻기 위해서는 한(漢)이라는 국가의 성격을 이해해야 한다. 한나라는 중국 최초로 제국을 건설하면서 대일통(大一統)을 달성하기 위하여 중국적인 것과 비중국적인 것을 중화/오랑캐의 화이론(華夷論)으로 구별하고 천자(天子)를 정점으로 하는 수직적인 계급 질서를 공고히한 시기이다. 즉 중심/주변을 구분하여 중화 중심주의, 유교 중심주의, 남성 중심주의라는 제국의 질서를 마련하였다. 이 속에서 여성은 남성에 대해서는 약자요 주변인으로 위치하는 동시에 여성 내부에서는 유교적 예를 실천하는 '요조숙녀'와 예를 모르는 필부(匹婦)로 다시 구분된다. 한나라의 몸에 대한 이해는 순자(荀子)적 방식, 즉 몸은 예의 실천을 통해서만이 가치를 지닐 수 있으며, 이 때 예는 구별과 차별을 도모하는 국가 장치라는 인식선상에서 접근할 때 예 ⇄ 남녀유별 ⇄ 치국(治國) 삼자 간의 관계가 선명히 모습을 드러낼 것이다.

## 2. 군자의 이름으로 호명하기

중국 역사상 실존하였던 유명한 러브 스토리의 주인공 양산백과 축영대의 이야기를 영화화한 「양축(梁祝)」을 보면 주인공들이 『시경』을 암기하기 위하여 온갖 방법을 동원해 가며 애를 쓰는 장면이 나온다. 실제로 『시경』은 공자가 시를 암송해야만 자기 감정을 제대로 표현하고(興) 세상 물정을 알며(觀) 원만한 사회생활을 하고(群) 서운함을 효과적으로 전달할 수 있다(怨)고 하여 시의 필요성을 적극 강조한 이래 유교적 수신(修身)의 교과서로서 막강한 영향력을 발휘하여 왔다.

『시경』 305편의 시 중 제일 처음에 놓여 옛날에 글줄이나 읽는 사람이면 모두 줄줄 암송하였을, 아니 까막눈의 필부필부와 심지어는 서당개조차도 암송하였을 법한 시구가 "요조숙녀는 군자의 좋은 배필이로다"를 노래한 「관저(關雎)」 편이다. 「관저」는 비교적 간단하고 짧은 시인데 그중에 '요조숙녀'를 세 번이나 배치하여 그녀를 찾아 헤매는 군자의 애타는 마음을 반복적으로 강렬하게 전달하고 있다.

남성 화자가 요조숙녀를 그리워한다는 언술은 여성 청자에게 요조숙녀가 되어야 한다는 욕망을 불러일으킴으로써 여성의 자발적인 참여를 야기하는 효과를 달성한다. 「관저」 시의 제작 연대가 지금으로부터 약 3천 년 전인 것을 감안하면 인류가 요조숙녀를 부르고 여성이 이에 화답해 온 역사도 3천 년이 넘은 셈이 된다.

그러나 「관저」 편에서 부른 요조숙녀가 확실하게 사람들의 마음에 각인되는 계기는 아무래도 한(漢)나라 때에 마련되지 않았나 싶다. 한대에 비로소 『시경』을 비롯한 유교 사상이 국가 장치로 자리하였을 뿐만 아니라 중국 최초로 여성들만의 이야기를 다룸으로써 여성 교육의 지침서요 남성들에게는 좋은 여자와 나쁜 여자를 구분하는 준거로 작용한 『열녀전』이 출현하였기 때문이다.

『시경』은 사실 가요 모음집으로서 요조숙녀뿐 아니라 대담하고 적극적인 이성 관계를 구가한 여성에 관한 민요가 다수 채록되어 일관된 이데올로기 창출이 어렵다. 반면 『열녀전』은 여성에 관한 각종 신화 · 전설 및 역사를 모자이크하는 과정에서 필연적으로 서로 다른 다양한 문맥이 교차할 수밖에 없음에도 불구하고 저자 유향(劉向)이 '군자왈(君子曰)'의 형식을 빌어 봄날 풀린 물들이 강으로 흘러들 듯 이야기의 물줄기를 한 방향으로 틀어줌으로써 강력한 이데올로기를 발산하고 있다.

예를 들어 기(棄)의 어머니 강원에 대하여 군자의 이름으로 그녀를 찬양하는 대목을 보자.

> 기의 어머니 강원이여, 맑고 고요하고 전일(專一)하여라.
> 발자국을 밟고 잉태하자 두려워 아기를 들판에 버렸네.
> 새들이 덮어 주고 짐승들이 감싸안자
> 다시 데려와 구휼하였네.
> 아기가 자라 천자의 오른팔이 되니
> 어머니로서의 도리를 다하였도다.[2]

들판에서 거인의 발자국을 밟고 임신을 하였다는 것은 상고시대 남녀 야합의 흔적이며 '기의 어머니(棄母)'라는 호칭은 '아이를 버린 어머니'라는 배타항을 환유적으로 암시함에도 불구하고 저자는 그녀를 어머니의 모범이요 '맑고 고요하며(淸淨)' '전일(專一)한' 여인이라고 찬양해 마지않는다.

『열녀전』의 서사 구조는 다른 텍스트로부터 발췌해 온 각종 설화를 기록한 부분과 저자가 군자왈의 명목으로 이에 대하여 평가하고 송찬(頌讚)이라는 중국의 전통적인 운문 형식으로 칭송함으로써 전(傳)을 매듭짓는 부분으로 크게 나뉜다. 그런데 역사 속 여성들의 미추 · 선악에 대하여 평가하는 '군자왈' 부분에는 한나라의 고위 관료/경학가/남자로서의 저자와 한나라 초기 여태후나 당시 외척 세력에 대한 반감이라는 다양한 편찬 동기가 감추어지게 된다. '군자왈'의 총평은 유교적 관점에서 보자면 '정명(正名)'의 일환인데 '명명을 바르게 한다'는 정(正, zhèng)은 정치의 효과를 의미하는 정(政, zhèng)과 호환되어 "두 표의

2 「모의전(母儀傳) · 기모강원(棄母姜嫄)」: "棄母姜嫄, 淸靜專一. 履跡而孕, 懼棄於野. 鳥獸覆翼, 乃復收恤. 卒爲帝佐, 母道旣畢."

문자가 서로의 등에 올라타는 형상"을 이루면서 "사실상 그리고 합법적으로 정치적인 개념"이 된다.[3] 더욱이 군자는 매 전에 대하여 정전(正傳, canon)의 지위에 오른 『시경』을 인용하여 자신의 평가에 권위를 불어넣음으로써 아버지의 이름으로 딸/아내/어머니를 호명하는 효과를 확고히 한다.

『열녀전』에 기록된 여성들이 백여 명에 달하지만 군자왈의 평가가 전형적이고 반복된 어휘를 되풀이하는 것도 각인의 효과를 더해 주는 서사 장치이다. 동일한 어휘를 반복함으로써 암송하는 데 적절한 리듬이 생기기 때문이다. 반복을 통한 각인의 효과 중 자주 등장하는 글자가 정일(貞一)·전일(專一)·수일(守一)이다.

일반적으로 동아시아 사회에서 요조숙녀에 대한 요구는 정숙(貞淑)·정조(貞操)·정결(貞潔) 등 '정(貞)'에 초점을 두어 왔다. 숙녀(淑女)의 현대 사전적 정의는 '정숙하고 품위 있는 여자'인데 봉건시대에 '정숙(貞淑)'은 '순결(純潔)'·'절개(節槪)'의 의미망 속에서 처녀성의 문제를 연상시킨다. 그러나 『열녀전』 텍스트 속에서 정숙을 의미하는 정(貞)은 종종 일(一)과 동의어로 쓰임을 발견할 수 있다.

유교 경전에서 '정'의 강조는 『주역』에서 비롯된 것이다. 『주역』의 양과 음을 대표하는 건괘와 곤괘는 모두 '정'의 덕을 지니는데 건괘의 정이 반듯함(正)을 특색으로 하는 반면 곤괘의 정은 암말의 정으로 유순(柔順)함을 특색으로 한다.[4] 그러나 유향은 「정순전(貞順傳)」이라는 여

3 정화열, 「비코와 몸의 정치의 비평적 계보」, 『몸 또는 욕망의 사다리』(한길사. 1999), 이거룡 외 공저, pp. 125-6. 그는 브라운(Norman Brown)의 논의를 빌어 정(正)과 정(政)을 성적으로 결합하는 형상으로 해석하고 유가의 정명(正名) 사상을 '몸의 정치의 개념이거나 사실상 그리고 합법적으로 정치적인 개념'으로 이해한다.

4 이에 관한 자세한 논의는 김종미, 「양강(陽剛)과 음유(陰柔)의 변주: 규정(閨情)을 노래하는 남자와 제가(齊家)를 담당하는 여자의 이야기」, 『유교사상연구』 제14집(한국유교학회. 2000), pp. 87-91 참고.

성 분류항에서 '정'과 '순'을 함께 배치하여 『주역』을 계승하면서도 문맥상 정의 의미를 유순함보다는 전일(專一)하고 수일(守一)함이라고 하여 일(一)로 강조점을 옮기고 있다. 전일의 전(專)은 '오로지 한다'는 의미로 일(一)의 동의어 반복에 불과하고 수일(守一)은 일을 지킨다는 것이니 '일(一)'에 초점이 모아진다. 한나라의 '정조'는 처녀성이나 순종이 아니라 '하나를 지켜 바꾸지 않는(守一不改)' 품성이며 '정녀(貞女)'는 '수일(守一)하는 여자'이다.[5]

『속열녀전』을 편찬하여 유향의 뒤를 계승함으로써 여자 성인이라고 불리는 반소(班昭)는 여자에 대한 지침서인 『여계(女誡)』를 편찬하면서 정(貞)보다는 전(專)을 강조하여 「전심장(專心章)」을 배치하였다.

> 예에 남편이 재취를 얻으려는 마음이 있어도 아내는 재혼하는 법이 없으니 이런 까닭으로 남편을 하늘이라고 하였다. …… 한 사람의 마음을 얻어도 이로써 끝까지 함께 간다고 하고, 한 사람의 마음을 잃어도 이로써 끝까지 마친다라고 한다.[6]

「전심장」의 내용을 통해서도 한 사람에 대한 한결같은 복종의 의미를 담은 전(專) 즉 일(一)의 중요성을 확인할 수 있다.

부부 호칭에서도 '일(一)'의 강조가 나타난다. 한나라 때에 부부의 호칭은 부부(夫婦) 또는 부처(夫妻)이다. 한자는 형성자로 의미와 발음이 밀접한 관련을 맺어 역대로 글자를 해석할 때 유사한 발음의 글자를 빌어 쓰는 경우가 많았다. 부부의 부(婦)는 발음이 '푸[fù]'로 『설문』에 의하면 빗자루를 들고 청소하는 여자이지만 『백호통』에 의하면 '푸[服

5 『현명전(賢明傳)·송포여종(宋鮑女宗)』: "以專一謂貞, 以善從爲順."

6 『여계(女戒)』「전심장(專心章)」: "禮, 夫有再娶之義, 婦無二適之文, 故曰夫者天也. …… 得意一人, 是謂永畢, 失意一人, 是謂永訖."

fú]' 즉 예(禮)로써 남편에게 굴복하는 자로 정의된다.[7] 부처(夫妻)의 경우 처(妻)는 발음이 '치[qī]'로 『백호통』에서는 '치[齊 qí]' 즉 남편과 더불어 종신토록 하나되는 자로 정의한다.[8]

요조숙녀에 대한 요구로서 명청대 혹은 조선 시대의 정(貞)과 한대의 일(一)은 다만 한 글자의 바뀜 그 이상의 의미를 지닌다. 정은 물론 문자적으로 절개와 곧음의 의미를 내포하여 일(一)의 의미와 교차하는 부분이 있다. 그럼에도 불구하고 정은 처녀성이나 혼인과 관련하여 개인의 선택이자 결단의 영역에 속하는 사적인 문제라는 느낌을 강하게 준다. 반면 일(一)은 황제 일인을 중심으로 하는 제국의 질서 성립이라는 국가 장치로서의 유가 이데올로기를 선명히 노출한다.

중국 역사상 수일(守一)의 강조는 제후국의 통일을 눈앞에 두었던 전국시대 말기 『순자』의 법후왕(法後王) 사상에서 분명히 나타난다.

> 권력은 한 사람으로부터 나오면 강하지만 두 사람으로부터 나오면 약해진다.[9]
>
> 성왕의 발자취를 따르려면 그 흔적을 찬란히 간직한 자를 본받아야 하니, 후왕(後王)이 바로 그분이다.[10]

순자의 사상은 군주 일인에게 절대적인 권력을 부여함으로써 전국시대의 권력 분할이 진(秦) · 초(楚) 두 나라로 집중되어 가던 전국 말의 시대 상황에 부합하는 것이다. 진시황의 천하 통일은 너무 짧았고 진의 정

---

7 『백호통(白虎通)』「석성명장(釋姓名章)」: "夫者, 扶也, 以道扶接. 婦者, 服也, 以禮屈服."

8 『백호통(白虎通)』「석성명장(釋姓名章)」: "妻與夫齊, 與夫齊體" "一與之齊, 終身不改, 故夫死不嫁."

9 『순자(荀子)』「의병(議兵)」: "權出一者强, 權出二者弱."

10 『순자(荀子)』「비상(非相)」: "欲觀聖王之跡, 則於其燦然者也矣, 後王是也."

권을 넘겨받은 한나라는 동중서(董仲舒)라는 인물을 만나 제국의 이데올로기를 창출하게 되는데 그는 순자의 법후왕 사상과 음양 사상을 결합하는 방법으로 황제 한 사람에게 권력을 집중한다.

> 옛날에 문자를 만든 자는 획을 세 번 긋고 그 중간을 연결하여 왕(王)자를 만들었다. 세 개의 획은 천지인(天地人)을 상징한다. 그 중간을 연결한 것은 천지인의 도에 통달하여 하늘과 땅, 사람의 중앙을 관통한 것이니 왕이 아니면 누가 이 같은 경지에 이를 수 있으리요.[11]

> 양은 귀하고 음은 천하다. 선한 부류는 양이 되고 악한 부류는 음이 된다. 선한 것은 왕에게 돌아가고 악한 것은 신하에게 돌아간다.[12]

동중서는 왕을 천지인을 관통할 수 있는 유일한 인물로 풀이하고 왕을 양 중의 양 위치에 놓아 절대적인 선과 권력을 부여하였다. "죽을 때까지 하나만을 섬긴다(從一而終)"는 것은 제국의 정초를 마련하던 시기의 『춘추번로』에서 제국의 이데올로기를 총결산하는 『백호통』에 이르기까지 재삼 강조된 중요 덕목이었던 것이다.

한대의 일(一)의 강조는 학술 사상뿐 아니라 화(和)보다는 동(同)을 강조하는 미학상의 변화라든지 복식, 건축 양식 등 문화 여러 방면에서 보편적으로 나타난다. 예를 들면 중국 미학의 대표적인 특징으로 거론되는 조화의 미학(和諧美)은 한대 이후로 중화미(中和美)로 변모하는데

---

11 『춘추번로(春秋繁露)』「왕도통(王道通)」: "古之造文者, 三畵?而連其中, 謂之王. 三畵者, 天地與人也, 而連其中者, 通其道也, 取天地與人之中以爲貫, 而參通之, 非王者熟能當是."

12 『춘추번로(春秋繁露)』「양존음비(陽尊陰卑)」: "貴陽而賤陰, …… , 惡之屬盡謂陰, 善之屬盡謂陽, ……, 善蓋歸於君, 惡蓋歸於臣."

이 때 미의 핵심은 조화가 아니라 중(中)으로 옮겨지고 한나라의 중(中)은 긍정적인 가치로서의 중용(中庸)이 아니라 중심, 즉 글자 중(中)－왕(王)에서 공통으로 발견되는 하나의 획을 중시하게 된다. 그리하여 목·화·토·금·수의 오행(五行)에서 중앙에 해당하는 토(土)를 숭상하여 한나라는 토덕을 계승하였다고 자임하고 토의 색인 황색(黃色)으로 복식을 바꾸고 임금을 황제(黃-皇 huang ′ )라고 호칭하였다.[13]

따라서 『열녀전』에 보이는 여성에 대한 수일(守一)의 요구는 유향 개인의 취향이 아니라 황제 일인 지배 체제를 확립하여야 하는 한(漢)이라는 시대가 요구하는 덕목이었다고 볼 수 있다. 황제 앞에서 신하가 악을 대표하는 음으로 물러나듯이 남자 앞에서 여자가, 지아비 앞에서 지어미가 음의 자리로 물러나 하나의 양을 섬겨야 하는 의무를 지니게 되는 것이다.

한나라는 문서상으로는 효의 통치(孝治)를 표방하였다고 알려져 있다. 한고조의 여러 부인 중 한 명이었던 당산부인(唐山夫人)이 지은 「국가의 평안을 기원하는 아녀자의 노래」에서도 '효'는 국가를 정비하는 중요 모티브로 작용한다.[14] 효(孝)-충(忠)의 패러다임은 동아시아의 역사에서 기나긴 효력을 발생해 왔다. 그러나 효 이데올로기에 앞서 남녀유별의 성 이데올로기가 먼저 작동하였음을 간과해서는 안 된다. 아들/아버지, 신하/군주라는 남자들 사이의 수일(守一)의 요구 이전에 여성의 남성에 대한 수일의 요구가 선행하였던 것이다. 진리의 왕국에서 시인을 추방하는 서구적 사유와 달리 시어(詩語)를 통하여 국가를 경영하고

---

13 김종미, 『하늘과 인간 그리고 왕충의 문학사상(天人和王充文學思想)』(北京: 中國社會科學文獻出版社. 1994), 제2장 제3절 참고.

14 황언리(黃嫣梨), 「고제당산부인(高帝唐山夫人)」, 『한대여성문학 오가연구(漢代婦女文學五家硏究)』, p. 19. 「안세방중가(安世房中歌)」의 내용은 크게 효를 강조하고 유가사상을 선양하는 부분, 종묘제례악으로 가공송덕(歌功頌德)하는 부분, 한나라의 공업을 칭송하여 건국의 기초를 공고히 하는 부분으로 나뉜다.

자 하였던 중국적 사유는 '일(一)'의 요구를 군신 관계 혹은 군민 관계에 부과하기 전에 남녀 관계에 적용하는 은유적인 방법을 택하였다. 이는 전국 말에서 서한 초에 이르는 전적들 속에서 남녀/부부 관계를 국가 질서의 근본으로 삼는 언급들이 눈에 띄게 증가하는 것에서도 확인할 수 있다.

남녀유별은 '예'의 시작이다. '예'는 '몸'을 다스리는 방법이며[15] 형식이다. '예'는 '몸'의 장악을 통하여 세계를 경영하는 국가 장치이다. 일찍이 순자(荀子)가 예를 별(別)이라 하고 『예기』에서는 예를 이(異)라고 하여 정치의 중요 요소로 간주하고 한비자 역시 유별(有別)의 정치적 효과를 강조한 것은 형식이 내용을 제어할 수 있다는 믿음에서 비롯된 것이다. 형식이 더욱 강화되면 법치 국가로 나아간다. '법'과 '예'의 어감이 다른 것처럼 중국 문화의 예의 강조는 억압과 은닉의 흔적을 지우고 '상징계'를 장악하는 행위였다.[16]

유교 미학이 문질빈빈(文質彬彬)이라 하여 형식과 내용의 통일을 추구하고 유교의 심신일원론이 몸과 마음의 통일을 지향하였다면 그 때 유교 심신의 통일은 마음과 몸의 통일이 아니라 마음과 예의 통일, 즉 속마음을 적절한 예절로 표출할 것을 요구하는 것이다. 몸에 무늬(文)를 놓아 주는 형식이 '예'이기 때문이다. 이것이 '마음에서 출발하여 예의

15 『순자(荀子)』「수신(修身)」: "禮者, 所以正身也."

16 김근, 「중국. 그 읽기와 쓰기」, 『동아시아 연구, 글쓰기에서 담론까지』(살림. 1999), 정재서 엮음, pp. 66-74. 그는 '중국을 읽고 씀'에 있어서 중국 문학의 '겉'에 해당하는 형식의 구성과 놀이를 중요시한다. 그는 "예란 사치하기보다는 차라리 검소한 편이 낫다"라는 『논어』의 구절로부터 사치/검소의 대립 구조가 내용이 아닌 형식의 대립임에 주목하여 중국 문화에서의 '예(禮)'는 '문자'와 마찬가지로 형식의 강조였음을 주장한다. 따라서 '예'에도 '문자'와 마찬가지로 은닉과 억압/폭로와 해제의 흔적이 드러난다. 즉 "군자 앞에서의 예는 '문화적'임을 드러낼지 모르지만 권력 앞에서의 예는 아첨과 굴욕의 흔적을, 대적자(對敵者) 앞에서의 예는 허세와 두려움의 흔적을, 신세대 앞에서의 예는 시대착오의 흔적을 각각 드러낼 수도 있다"고 본다.

로 귀결되는(發乎情, 止乎禮義)' 유가 미학의 이상이다. 유가의 몸의 긍정은 신체의 아름다움이나 감정과 욕망의 긍정이 아니라 '수례(守禮)'의 연장선상에 있다.

『열녀전』에는 수일(守一)의 덕목 외에 '예를 안다(知禮)', '덕이 있다(有德)'라고 하여 예와 덕에 대한 요구도 자주 등장한다. 그런데 철학서나 학술서에는 서로 별개의 것으로 설명되는 일, 예와 덕이 정숙한 요조숙녀의 몸에서는 매우 유사한 시니피에를 형성하며 얽히게 되는 것이다. 물론 여자는 어떠어떠해야 한다는 명시적인 담론에서가 아니라 여성에게 허락된 공간 · 움직임 · 시선 등 사소한 것들 속에서, 바람(風)처럼 와 닿는 속삭임을 통해서 말이다.

동양적 사유 전통으로부터 출발하여 '몸'에 각인된 의미의 뿌리를 캐어 보자는 어느 책에서 「여성주의적 시각에서 본 몸」과 같은 글을 배제한 이유를 "현대사회가 요구하는 효율성 · 전문성 · 세분화 이데올로기에 주눅들지 않고 좀더 근본적인 물음과 사유를 통하여 '새로운 인간성'의 포괄적 이상을 드러내 줄 인문적 지평을 찾아보고자 하는 욕심 때문에"라고 답한 편집자의 변[17]이 인상적이었다. 여성의 몸은 포괄적 이상을 드러내 주는 보편적인 것이 아니라 여성들만의 전문적이고 세분화된 어떤 영역일까? 동아시아적 사유의 근원을 추적하다 보면 남성의 몸과 여성의 몸은 별개가 아니라 대문자 타자로부터 늘 소외된, 국가와 군자의 호명으로부터 한치도 벗어나지 못하는 소문자 타자들의 고독한 울림이며 그 속에서 역설적이게도 여성의 몸은 더 은유적이면서도 더 분명하게 억압의 흔적을 드러냄을 발견하게 된다.

17 윤형식, 「너의 몸은 전쟁터다」, 『몸 또는 욕망의 사다리』(한길사. 1999), p. 26.

## 3. 요조숙녀의 몸가짐

여자는 열 살이 되면 규문 밖을 나가서는 안 된다.
밖에 나갈 일이 있으면 반드시 얼굴을 가려야 한다.

—『예기 · 내칙』

나는 움직이지 말라는 명령을 받았다.

—바버라 크리커

여성의 몸을 출산과 정조로 읽으려는 것은 국가의 권력 행사에 의한 것으로 여성의 몸에 부가된 출산과 정조 이미지는 그 이데올로기성이 자주 비판되어 왔다. 이데올로기임을 아는 이상 의식적 저항의 가능성도 열려 있다. 그러나 유교에서 말하는 '눈빛, 낯빛, 몸짓'처럼 일상적인 행동거지에 깊숙이 침투하여 습관처럼 되어 버린 예의범절, 매너 같은 것은 안개 속을 거닐고 난 후 축축해진 몸처럼 의식할 수 없는 것이기에 뚜렷한 계기가 없는 이상 각성하기 힘들다. 이렇게 아비투스(habitus)화된 여성적 몸가짐의 하나가 '공간'과 관련된 움직임이다.

아인슈타인의 상대성원리는 시간과 공간이 좌표 위의 x축과 y축처럼 고정된 한 점으로부터 끝없이 확장하는 직선이 아니라 거미줄보다 섬세하여 아무리 미세한 숨결에도 출렁이는 그물망과 같은 것이라고 알려주었다. 시간과 공간은 누구에게나 동일하게 적용되는 객관적인 법칙이 아니라 시대 · 성별 · 개인 등 여러 다양한 요소들의 영향을 받으며 끊임없이 상대적으로 재구성된다. 시 · 공간을 떠나서 존재할 수 없는 여성이 가변적이고 상대적인 시 · 공간을 살아왔다면 그 여성의 시 · 공간은 어떻게 구성되어 왔으며, 어떻게 재구성되어야 할 것인가? 나는 나의 시공을 주체적으로 선택해 온 것일까?

일반적으로 여성은 순환적이고 반복적인 리듬으로 시간을 받아들이는 데 비하여 남성은 직선적이고 진보적인 시간관을 지닌다고 알려져 있다. 그러나 서양과 비교하면 동양이, 이성적 사유와 비교하면 신화적 사유가 상대적으로 시간을 순환론적으로 파악함으로써 시간 개념은 남성과 여성, 서양과 동양, 이성과 신화가 교차하는 다양한 접근을 필요로 한다.

이에 반하여 공간은 동서를 막론하고 열림과 닫힘의 장치가 성별에 매우 밀접하게 적용된다. 남성의 공간이 외부를 향하여 열려져 있고 상승 이동을 하며 활발한 변화를 보이는 반면에 여성의 공간은 내부를 향하여 닫혀 있고 이동이 활발하지 않으며 회귀 성향이 더 강하게 드러난다는 것이 그것이다. 전통 시대일수록 차이는 더욱 뚜렷하다. 한나라 때의 주요 경전인 『예기(禮記)』의 "남자는 안의 일을 언급하지 않고 여자는 밖의 일을 언급하지 않는다"는 사유 방식은 남주외, 여주내(男主外, 女主內)의 법칙으로 굳어져 전통 시대 남녀의 공간을 획분(劃分)하였다. 그리하여 전통 시대의 여성은 문학이라는 상상의 공간에서조차도 외부 세계를 욕망하지 못하고 담장 안으로, 규방 속으로 숨어드는 현상을 보인다.

르페브르(Henri Lefebvre)는 사회적 권력이 공간의 지배로부터 시작된다고 하였는데[18] 안/밖이라는 여자와 남자의 공간 구분에는 어떠한 권력이 작동한 것일까? 집안에 여자가 있으면 편안하다는 글자 '安'처럼, '부엌'이나 '거실'을 소재로 등장하는 요시모토 바나나의 소설이나 여성주의 연극처럼 여성의 몸은 생래적으로 안에 위치하는 것을 편안하게 여겨 왔던 것일까? 여성주의적 공간 해석의 출발점은 유일하고 객관적이라는 공간 개념에 도전하는 것이라고 하였는데[19] 우리는 무엇에 도전

18 르페브르, 『현대 세계의 일상성』(세계일보. 1990), 박정자 옮김, 제1장.

하고 무엇을 전망하여야 하는 것일까?

이러한 물음에 대하여 『열녀전』은 좋은 시사를 던져 준다. 여성의 열린 공간과 닫힌 공간이 충돌하고 공간을 닫는 여성들을 정순하다고 찬미하는 군자의 서사를 발견할 수 있기 때문이다. 물론 그녀들의 공간이 의식적으로 부각되는 것은 아니다. 글자와 문맥에 감추어진 여백을 통하여 안/밖::여/남의 대결뿐 아니라 안/밖::여/여의 갈등을 읽어 낼 따름이다.

### 열린 공간, 자유로운 이동

'공간'에 주목하여 『열녀전』을 읽으면 대부분 집안에서 남편이나 아들 · 친인척을 상대로 전개되는 서술 구조 속에 산 · 들판 · 냇가 · 나루터 · 시장 등 개방적인 공간과 가다 · 달리다 · 오다 · 떠나다 등 왕래 발착 동사를 사용하여 활발한 이동을 암시하는 이야기 유형이 섞여 있음을 발견하게 된다.

> 강을이 벼슬을 잃으니 그의 어머니 마음이 좋지 않았네.
> 이미 파직하고 집에 돌아와 있을 적에 베 여덟 심을 도둑맞았네.
> (그의 어머니 왕을 찾아가)
> 도둑맞은 일이 영윤의 책임임을 설파하니 매우 설득력이 있었네.
> 왕은 다시 강을을 기용하고 어미에게 금과 베를 하사하였네.[20]

> 진나라 평공이 활을 만들도록 명하니

---

19 김은실, 「시간과 공간의 문화성과 역사성」(또문대학 2000년 겨울 강좌).

20 「변통전(辯通傳) · 초강을모(楚江乙母)」: "江乙失位, 乙母動心. 旣歸家處, 亡布八尋. 指責令尹, 辭甚有度. 王復用乙, 賜母金布."

활 만드는 이가 삼 년 만에 완성하였네.
활을 쏘아도 맞지 않아 활 만든 이를 죽이려 하자
그의 아내가 찾아가 왕을 설득하였네.[21]

경공이 홰나무를 매우 아꼈는데
한 백성이 술에 취해 나무를 꺾었네.
경공이 노하여 죽이려 하자
그의 딸이 놀라 두려워 안자에게 달려가 고하였네.[22]

조간자가 강을 건너려는데 사공이 술에 취해 있었네.
사공을 죽이려 하자 그의 딸 연이 벌벌 떨면서
노를 저으며 조간자를 설득하여 아비 목숨을 구하였네.[23]

열린 공간과 자유로운 이동은 특히 「변통전(辯通傳)」에서 집중적으로 보인다. 아들을 파면한 왕을 찾아가 부당함을 호소하는 어머니, 남편을 죽이려는 왕에게 잘못은 활을 못 쏘는 왕 자신에게 있음을 설복시키는 장인의 아내, 꽃나무를 꺾어 죽게 된 아버지를 살리기 위하여 재상을 찾아가 설득하는 딸, 술 취한 아버지를 구하고 노를 젓다가 왕비로 간택되는 딸 등 「변통전」의 여성들은 매우 적극적이다. 물론 「변통전」의 서술은 여성이 얼마나 논리 정연한 언변으로 상대를 설득하였는가에 초점이 모아지고, 여성의 지혜와 언변을 찬양하면서도 그 능력을 여성 자신이나

21 「변통전(辯通傳) · 진궁공처(晉弓工妻)」: "晉平作弓, 三年乃成. 公怒弓工, 將加以刑. 妻往說公."

22 「변통전(辯通傳) · 제상괴녀(齊傷槐女)」: "景公愛槐, 民醉折傷. 景公將殺, 其女悼惶. 奔告晏子."

23 「변통전(辯通傳) · 조진여연(趙津女娟)」: "趙簡渡河, 津吏醉荒. 將欲加誅, 女娟恐惶. 操檝進說, 父得不喪."

혹은 어머니 · 언니 등 또 다른 여성을 위해서가 아니라 주로 아들 · 남편 · 아버지의 위기를 구하는 데 한정한다는 한계를 드러낸다. 그러나 그 과정에서 찾아가고(往), 달리고(奔), 뛰어서(走) 적극적으로 문제를 해결하는 전국시대의 여성상을 발견할 수 있다.

「변통전」의 여성들이 공간 이동상에 제약을 받지 않은 것은 논리적이고 재치 있는 언변으로 문제를 해결한 여성의 열전이라는 입전(立傳) 성격과 관련이 있을 것이다. 그런데 또 한 가지 주목할 만한 점은 적극적이고 개방적인 공간 이동을 보이는 여성들이 대부분 뱃사공의 딸, 장인의 아내, 술에 취한 필부의 딸 등 하층민이라는 점이다.

「변통전」 외에 여성들의 공간 이동이 긍정적으로 묘사된 경우는 맹모삼천(孟母三遷)의 고사를 탄생시킨 맹자의 어머니와 도교의 『열선전(列仙傳)』에 오른 노래자(老萊子)의 아내에게서 찾을 수 있다. 우선 맹자의 어머니 고사를 음미해 보자.

> 추나라 맹가의 어머니를 맹모라고 부른다. 원래 집이 묘지 근처에 있었다. 맹자는 묘지에서 일어나는 일을 흉내내며 놀았다. 발을 구르고 봉분을 쌓고 땅에 묻는 일을 따라 하였다. 맹자의 어머니는 "이곳은 내 자식이 자랄 만한 곳이 못되는구나" 하고는 그 집을 떠나 시장 근처로 이사를 갔다.[24]

자식 교육을 위하여 세 번이나 집을 옮긴 맹자의 어머니는 공간을 선택하고 확장하였다는 측면에서 기타 『열녀전』의 여성들과는 구별된다. 그런데 맹모삼천을 가능케 한 배경에는 혹시 몰락한 지식인이라는 맹자

---

24 「모의전(母儀傳) · 추맹가모(鄒孟軻母)」: "鄒孟軻之母也, 號孟母. 其舍近墓. 孟子之少也, 嬉遊ㅜ爲墓間之事, 踊躍築埋. 孟母曰, 此非吾所以居處子也. 乃去, 舍市傍."

가족의 출신이 적용된 것은 아닐까? 맹자의 일생은 상세히 전하지 않지만 홀어머니 밑에서 자랐으며 집이 묘지 근처, 시장 근처에 있었다는 점에서도 한미한 집안 출신이었음이 확인된다. 더욱이 맹자의 어머니는 '아들의 교육'을 위해서라는 유교적 명분을 확보하고 있다. 아들을 낳은 어머니는 여성으로서 유일하게 양강(陽剛)의 역할을 승인받지 않는가?

반면 노래자의 아내는 유교적 여성 공간과는 또 다른 공간 이동을 보여준다.

> (초나라의 노래자는 초야에 묻혀 사는 은사[隱士]인데 초나라 왕이 그를 훌륭하다 여겨 그를 찾아와 조정으로 나와 줄 것을 간청하자 노래자가 허락하였다. 왕이 떠난 뒤……)
>
> 노래자의 처가 삼태기를 메고 겨드랑이에는 땔감을 끼고서 돌아왔다. "무슨 수레바퀴 자국이 저리도 깊이 패여 있나요?" …… "술과 고기를 먹여 주는 자는 채찍과 곤장을 내릴 수 있고 관직과 봉록을 주는 자는 도끼를 가지고 내리칠 수 있다고 들었습니다. 이제 당신이 남의 술과 고기를 먹고 남의 관직과 봉록을 받게 된다면 그 사람의 다스림을 받게 됩니다. 그러니 재앙을 피할 수 있겠습니까? 저는 다른 사람의 통제를 받고 싶지 않아요." 말을 마친 노래자의 처는 망태기를 벗어던지고 떠나갔다.[25]

인형의 집을 나가는 노라처럼 남편과 뜻이 충돌하자 어깨에 메었던 망태기를 벗어던지고 그 자리에서 집을 나가는 노래자의 아내는 유교의 삼종지도와는 거리가 멀다. 노래자는 신선들의 열전인 『열선전』에 오른 인물로 도가적 은사의 대표격에 해당하는 자이지만 『열녀전』의 관점에

---

25 「현명전(賢明傳)·초노래처(楚老萊妻)」: "其妻戴畚萊, 挾薪樵而來, 曰, 何車跡之衆也. …… 妾聞之, 可食以酒肉者, 可隨以鈇鉞. 今先生食人酒肉, 受人官祿, 爲人所制也, 能免於患乎. 妾不能爲人所制. 投其畚萊而去."

의하면 신선의 자질은 아내가 더욱 농후하다. 노래자의 아내는 도가적 여성의 한 전형이라고 할 수 있는데 유교적 여성과 비교할 때 남편이나 가족보다는 스스로를 우선하고 의존적이기보다는 주체적인 모습을 보여준다. 노래자의 아내 역시 망태기를 메고 식량과 땔감을 줍는 하층민 여성임에는 틀림없다.

그 밖에 『열녀전』의 여성 공간은 들판이나 냇가에서의 자유로운 성관계를 암시하는 신화시대의 강원(姜嫄)과 간적(簡狄)의 고사에서 읽을 수 있는 성(性)의 공간, 남편을 따라 순회하는 공간, 왕자를 데리고 도망다니는 유모나 힘에 부치자 친자식을 버리고 조카를 데리고 전쟁을 피하여 산으로 달아나는 여자의 피난의 공간, 빨래나 뽕잎 따기, 물긷기, 방아찧기 등 노동의 공간을 제외하면 외부로 향한 공간 이동이 보이지 않는다.

## 자발적인 공간의 억제

반 훌릭(Robert Van Gulik)의 『중국성풍속사』에 의하면, 고대 중국의 여성은 성생활에서 이중적인 모습을 보여주는데 하층민이 개방적 · 유동적인 데 반하여 상류층은 폐쇄적 · 고정적이라고 한다.[26] 역사적 고증에 의하면 전국시대는 물론 한대의 상류층도 이혼과 재혼이 매우 자유로워 황족으로서 재혼한 경우도 적지 않다.[27] 그럼에도 불구하고 『열녀

---

26 반 훌릭, 『중국성풍속사』(까치. 1196), 장원철 옮김, pp. 35-42. 민중의 혼사는 '분(奔)'이라 하여 야합(野合)의 성격을 띠며 지배계급의 혼사는 '혼(婚)'이라 하여 황혼에 혼례의식을 치른다. 일반 서민의 서출의 딸들은 일반적으로 지배계급의 처녀들보다 훨씬 자유로운 성생활을 누렸으며, 지배계급의 경우 미혼녀보다는 기혼녀가 행동이 비교적 자유로웠다.

27 두방금(杜芳琴), 『여성 발견의 역사: 중국여성사논집(發現婦女的歷史-中國婦女史論集)』(中國: 天津社會科學院. 1996), p. 81.

[그림 1] 청 영송본 『열녀전』에 실린 여나라 장공의 부인.

전』은 반복적으로 정숙한 여인을 찬양함으로써 새로운 여성의 이미지를 제작하여 유포한다. 예를 들어 앞의 노래자의 처 설화에서 남편과 뜻이 맞지 않자 흔쾌히 떠남으로써 남편을 자신에게 복종시킨 여성의 이야기가 있었는데 반대로 「정순전(貞順傳)」에는 남편이 싫다고 하여도 떠나지 않고 일부종사를 고집하는 여성들을 찬양한다.

> 여(黎)나라 장공(莊公)의 부인에 관한 이야기이다. 시집을 갔는데 장공과는 취미도 다르고 하고 싶은 일도 달라서 장공이 만나려고조차도 하지 않으니 심기가 매우 불편하였다. 부모(傅母)가 그녀를 보니 착한데도 남편에게 받아들여지지 않아 실의의 나날을 보내는 것이 안쓰럽고, 떠나기에는 너무 늦은 시점에 막상 이혼을 당하게 될까 봐 염려하였다. 부모가 말하였다. "부부의 도란 뜻이 있으면 합하고 뜻이 없으면 떠나는 것입니다. 지금 뜻을 얻지 못하였는데 어찌 떠나지 않으십니까?"
>
> 부인이 말하였다. "부인의 도는 하나일 뿐입니다. 그가 비록 나를 못마땅해 하지만 내가 어찌 부인으로서의 도를 저버릴 수 있겠습니까?[28]

---

28 「정순전(貞順傳)·여장부인(黎莊夫人)」: "黎莊之夫人也. 既往而不同欲, 所務者異, 未嘗得見, 甚不得意. 其傅母閔夫人賢, 公反不納, 憐其失意, 又恐其已見遣, 而不以時去, 謂夫人曰, 夫婦之道, 有義則合, 無義則去. 今不得意, 胡不去乎? …… 乃夫人曰, 婦人之道, 壹而已矣. 彼雖不吾以, 吾何可以離於婦道乎?"

고대의 혼례법에 귀족 여인이 결혼할 때 보모(保姆)와 부모(傅母)를 동반하는데 보모는 신체를 보살펴 주는 유모이고 부모는 예의 범절을 가르쳐 주는 선생님에 해당한다. 위의 이야기에서 바로 그 선생님이 부부의 도를 "뜻이 있으면 합하고 뜻이 없으면 떠나는 것"이라고 정의하고 더 늦기 전에 남편을 떠날 것을 독려하는 것을 보면 부모의 견해가 당시의 보편적인 혼인관을 반영하는 것이 아닌가 짐작케 한다. 그러나 군자는 장공 부인의 입을 빌어 "부인의 도는 하나(一)일 따름이다," "끝내 정일(貞一)을 고집하여 부도(婦道)를 저버리지 않았다," "부인은 하나를 지켜(守一) 끝내 돌아가지 않았다"라고 하여 짧은 문장 내에 일(一)을 세 번이나 반복하면서 하나를 섬겨야 함을 강조하고 있다.

남편이나 결혼 상황을 두고 떠나야 하는가 머물러야 하는가의 갈등은 「현명전(賢明傳)·송포여종(宋鮑女宗)」, 「정순전(貞順傳)·위선부인(衛宣夫人)」·「정순전·채인지처(蔡人之妻)」 등 여러 편에서 보인다.

「현명전」 송나라 포소의 처 여종의 이야기는 남편이 외지로 부임을 가서 그곳 여자와 새로 결혼한 경우이다. 여종의 손위 동서가 "떠나도 괜찮다. 남편이 새로 좋아하는 사람이 생겼는데 왜 떠나지 않는가?"라고 충고하는데 주인공은 "왜 떠나라고 하느냐"면서 언쟁을 벌이고 자신이 떠날 수 없는 이유로 "여자는 한 번 시집가면 마음을 바꾸지 않는다(婦人一醮不改)"는 명분을 댄다. 또 남편이 아내를 내칠 수 있는 경우는 일곱 가지나 되지만 아내가 남편을 내칠 수 있는 경우는 한 가지도 없다고 반박한다.

「정순전」 위나라 선부인은 시집을 가는 길에 성문 밖에서 남편이 죽으니 보모가 "친정으로 돌아가는 것이 좋겠다"고 하는데도 기어코 시집으로 들어가 삼년상을 치르고 수절하는 여자의 이야기이다. 그녀는 "내 마음 돌이 아니니 굴릴 수 없고/ 내 마음 돗자리가 아니니 말 수 없다"[29]라는 『시경』의 유명한 구절을 들어 수절을 고집하고, 군자는 그녀를 정일(貞一)하다고 찬미한다.

「정순전」 채나라 사람의 처는 남편이 악질에 걸리자 어머니가 개가할 것을 권유하는데 남편의 불행이 나의 불행이라며 거절하는 이야기이다. 그녀는 "시집 온 여자의 도리는 오로지 하나로 남편과 더불어 살아야 한다"고 하고 군자는 "매우 정(貞)하고 일(一)하도다", "일정(一精)하도다" 라고 찬미하여 역시 동일한 문장 내에서 일(一)을 세 차례 반복하여 강조한다.

이상의 설화에서 주인공 여자의 어머니·동서·부모·보모가 한결같이 이혼이나 개가를 당연시하며 여성의 공간을 개방하고 있는 반면 열전에 오른 주인공들은 여자의 도로서 '하나(一)'를 강조하며 자신을 남편 한 사람에게 귀속시키고 있다. 또한 채나라 사람의 처를 제외하면 대부분이 제후의 딸, 군왕의 아내, 관료의 아내 등 귀족 여성이다.

한나라는 역사상 최초로 재가하지 않은 여성에게 비단을 주어 표창하였을 뿐만 아니라[30] 남편을 버리는 여성을 경계하기 시작하였다. 『한서(漢書)』「주매신전(朱買臣傳)」에는 "주매신의 처가 생활고에 시달리다 못해 남편을 버리고 떠나 새 사람과 결혼을 하였다. 우연히 주매신을 만난 아내는 주매신이 굶주린 것을 보고 먹을 것을 주었다. 후에 주매신이 벼슬길에 올라 회계 태수가 되었는데 마침 관의 노비로 일하는 전처 부부를 만나게 되어 음식을 접대하였다. 전처는 부끄러워 오래지 않아 자결하였다"는 이야기가 실려 있다.[31] 후한 시기에 편집된 『한서』는 남편을 버리는 아내를 인과응보의 방법으로 단죄한 것이다.

수일(守一)의 강조와 남편으로의 귀속은 여성의 공간에 변화를 일으

---

29 『시경(詩經)』「패풍(邶風)·백주(柏舟)」: "我心匪石, 不可轉也. 我心匪席, 不可卷也."

30 『한서(漢書)』「선제기(宣帝紀)」: "詔賜貞婦順婦帛."
『후한서(後漢書)』「장제기(章帝紀)」: "加賜河南女子百戶牛酒."

31 『한서(漢書)』「주매신전(朱罵臣傳)」.

킨다. 뛰고, 달리고, 벗어던지고 떠날 수 있었던 여성은 이제 하루 만에 다녀올 수 있는 가까운 거리의 친정 방문도 남자의 허락을 받아야만 가능해지는 것이다.

> 여자의 도리는 친정 부모의 상을 당하지 않으면 시가(媤家)를 나갈 수 없다. 그러나 내 친정 부모는 집안에 아이들이 어려서 세모(歲暮)에 지내는 제사를 못 지내고 있다. 나는 너희(아들들)의 의견을 따르겠지만 가서 제사지내는 것을 돌볼 수 있게 해주었으면 좋겠다. …… 비록 정식의 예를 넘어선 것이긴 하지만 막내와 함께 가서 부인의 출입에 필요한 법도를 갖추고 싶구나. 그동안 너희는 방문 단속에 신중히 하여야 할 것이니라. 나는 저녁에 돌아올 것이다.[32]

어머니의 모범(母師)이라는 칭호를 얻은 노나라 여성은 제사를 지낸다는 명분 앞에서도 아들의 허락을 얻고 막내아들을 앞세우고서야 시집문을 나서고자 하였다. 이 여성에 대하여 군자는

> 여자가 출가하기 전에는 부모를 하늘로 삼고 출가한 후에는 남편을 하늘로 삼는 것이 예이다. 친정 부모의 상에 상복을 일 년만 입도록 낮추는 것은 두 하늘을 섬기지 않는다는 뜻이다.[33]

라고 하며 그녀가 '예를 알았다(知禮)'고 찬미한다. 자신의 공간을 시가

32 「모의전(母儀傳)·노지모사(魯之母師)」: "婦人之義, 非有大故, 不出夫家. 然吾父母家幼稚, 歲時禮不理, 吾從汝謁往監之. …… 雖踰正禮, 願與少子俱, 以備婦人出入之制. 諸婦其慎房戶之守, 吾夕而反."

33 「모의전(母儀傳)·노지모사(魯之母師)」: "夫禮, 婦人未嫁, 則以父母爲天, 旣嫁, 則以夫爲天. 其喪父母, 則降服一等, 無二天之義也."

(媤家)에 한정하는 여성에 대하여 '두 하늘을 섬기지 않는다'로 이어지는 군자의 예찬에서 공간의 폐쇄－지례(知禮)－수일(守一)의 세 점이 긴밀한 관련을 맺으며 여성을 호명하는 목소리를 들을 수 있다.

지례와 관련하여 여성의 공간은 더욱 많은 제약을 받으며 공간의 폐쇄에 가속도가 붙는다.

> 계강자가 경강의 집에 왔다. 경강은 문을 열어 두고 그와 이야기를 나누었다. 둘 다 문지방을 넘지는 않았다. 또 시아버지 도자의 제사를 지내는데 계강자가 참석하였다. 경강은 계강자가 돌리는 잔을 받지 않았다.[34]

노나라 계손씨의 부인 경강과 계강자는 친척인데 경강은 조정의 일(外朝), 집안을 다스리는 일(內朝), 침문(寢門) 안의 일을 철저히 구분하여 침문 안의 일이 아닌 것은 계강자가 의견을 물어도 일절 대꾸하지 않았고, 수수불친(授受不親)은 물론이고 대화조차도 문을 열어 두고 계강자는 문지방 바깥에 있고 자신은 문지방 안에 있어야 나누었다. 남녀유별을 철저히 하고 이른바 여성의 일에만 충실한 것이다. 공자(孔子)와 군자는 경강에 대하여 "남녀간에 지켜야 할 예를 잘 구별하였다," "사리에 통달하고 예를 알았다"라고 찬양하였다. 그런데 이 대목에서 여성에게 요구된 '예'의 내용이 과연 무엇인지에 대하여 의문을 가지게 된다. 인 · 의 · 예 · 지의 유교적 덕목은 남성과 여성에게 똑같이 적용되는 보편적인 윤리인가? 남성의 덕목과 여성의 덕목은 동일한가? 여성에게 적용된 '예'의 내용을 살펴보자.

『열녀전』의 인물 중 예를 가장 좋아하고 정일(貞一)하다고 칭송받아

---

34 「모의전(母儀傳) · 노계경강(魯季敬姜)」: "康子嘗至, 敬姜開門而與之言, 皆不踰閾. 祭悼子, 康子與焉, 酢不受."

예절녀의 화신이라 할 수 있는 제나라 효공의 부인 맹희(孟姬)에 관한 설화를 살펴보자.

1) 맹희는 예를 좋아하고 정일(貞壹)하였다. 남자의 자리를 밟지 않았고 밖의 일에 대해서 말하지 않았으며 남녀유별을 각별히 하여 오해할 소지를 피하였다.

2) 맹희의 부모는 딸을 전송하면서 대청 아래에 내려서지 않았다. 어머니는 방안에서 초례(醮禮)를 행하고 혼례 장식을 매주며 당부하였다. 아버지는 동쪽 계단에서 훈계하였다. 작은어머니들은 양쪽 계단 사이에서 훈계하였다. 고모들은 대문 안에서 당부하였다.

3) (맹희가 수레를 타고 가다가 수레가 부서져 남편 효공이 장막 없는 수레를 타도록 하였는데) "저는 '임금의 비나 후가 궐 밖을 나서게 되면 반드시 앉아서 타는 수레에 앞뒤로 장막을 쳐야 하고, 당을 내려올 때는 반드시 부모(傅母)와 보모를 대동하여야 한다. 나아가고 물러날 때 패옥을 차서 소리를 내고, 집안에서는 옷을 단정히 묶고, 야외에서는 휘장으로 수레를 철저히 가려야 한다. 그렇게 해서 마음을 바르게 하고 뜻을 하나로 하여(正心一意) 스스로를 절제하고자 한 것이다'라고 들었습니다. 그런데 지금은 서서 가는 수레에다 앞뒤를 가리는 장막도 없으니 감히 명을 받자올 수 없고 들판에서 가리울 곳이 없으니 오래 머물 수도 없습니다. 예를 세 가지나 어겼으니 너무 많습니다. 예 없이 사느니 일찍 죽는 것이 낫겠습니다." …… 맹희는 스스로 목숨을 끊었다.[35]

---

35 「정순전(貞順傳) · 제효맹희(齊孝孟姬)」: "好禮貞壹, …… 不躡男席, 語不及外, 遠別避嫌." "父母送孟姬不下堂. 母醮房之中, 結其衿縭, …… 父誡之東階之上曰, …… 諸母誡之兩階之間曰, …… 姑姊妹誡之門內曰……." "妾聞妃后踰閾, 必乘安車輜軿, 下堂必從傅母保阿. 進退則鳴玉環佩, 內飾則結紐綢繆, 野處則帷裳擁蔽. 所以正心壹意, 自斂制也. 今立車無軿, 非所敢受命也, 野處無衛, 非所敢久居也. 三者失禮多矣. 夫無禮而生, 不如早死. …… 則自經矣."

[그림 2] 청 영송본 『열녀전』에 실린 제나라 효공 부인 맹희.

1)에서 3)으로 이어지는 맹희의 예를 지키는 방법은 다양한데 목적은 모두 철저한 남녀유별의 실천과 공간의 엄격한 구분으로 모아진다. 장막없이 서서 가는 수레를 탔다고 자결하는 여인을 키우는 데 가정교육도 일조를 한 셈인데 당상(堂上)/당하(堂下), 동쪽/중앙/서쪽, 대문 안/대문 밖을 가르는 가족의 노력은 남녀유별이라는 유가적 명제 및 '뜻을 하나로 한다(一意)' '정일(貞壹)하다'는 국가적 요구와 맞물려 공간의 개방에 대하여 자살이라는 극단적인 방법으로 맞서도록 격려하는 것이다.

공간의 개방과 자발적인 이동에 대하여 '예(禮)'와 '수일(守一)'의 이름으로 저항하고 마침내 죽음을 택하는 여성의 예는 『열녀전』 곳곳에 보인다.

> 백희가 공공에게 시집간 지 십 년이 되던 해에 공공이 세상을 떠나자 백희는 과부가 되었다. 어느 날 밤 백희의 궁에서 불이 났다. 주변에 있던 사람들이 달려가 "부인! 잠시 불을 피하시오"라고 하였다. 그러나 백희는 "부인은 보모(保姆)와 부모(傅母)가 없이는 밤에 당을 내려갈 수 없는 법이오. 보모와 부모가 올 때까지 기다리겠소"라고 하였다. 잠시 후 보모는 도착하였으나 부모가 아직 이르지 못하였다. 다시 좌우의 사람들이 "잠깐 불을 피하십시오!"라고 하였다. 백희는 "부인의 의(義)는 부모를 대동하지 않으면 밤에 당을 내려가지 않는 법이오. 의를 저버리고 살

[그림 3] 청 영송본 『열녀전』에 실린 송나라 공공의 부인 백희.

기를 바라는 것은 의를 지키다가 죽는 것만 못하오"라고 말하였다. 마침내 그녀는 불을 피하지 않고 타 숨졌다.[36]

(남편을 기다리기로 약속한 정자를 떠나지 않고 홍수가 나자 물에 떠내려가 죽은 여인) "첩이 듣건대 정녀(貞女)의 행동은 약속을 어기지 않는다고 하였습니다. 용기 있는 자는 죽음을 두려워하지 않으니 하나의 절개를 지킬(守一節) 따름입니다."[37]

『공자의 이름으로 죽은 여인들』이라는 자극적인 서명으로 우리에게 알려진 전여강(田汝康)의 책에 의하면 과거시험에 낙제한 출로 없는 다수 남성 지식인들과 전제주의의 절정에 다다른 명대의 억압적인 사회심리가 암암리에 여성의 자살을 강요하였다[38]고 하지만 『열녀전』에 이

---

36 「정순전(貞順傳)·송공백희(宋恭伯姬)」: "伯姬旣嫁於恭公十年, 恭公卒, 伯姬寡. 至景公時, 伯姬嘗遇夜失火, 左右曰, 夫人少避火. 伯姬曰, 婦人之義, 保傅不俱, 夜不下堂. 待保傅來也. 保母至矣, 傅母未至也. 左右又曰, 夫人少避火. 伯姬曰, 婦人之義, 傅母不至, 夜不可下堂. 越義求生, 不如守義而死. 遂逮於火而死."

37 「정순전(貞順傳)·초소정강(楚昭貞姜)」: "妾聞之, 貞女之義不犯約, 勇者不畏死, 守一節而已."

38 전여강(田汝康), 『공자의 이름으로 죽은 여인들』(예문서원. 1999), 이재정 옮김, pp. 125-34.

미 자살의 흔적은 '트라우마'로 남아 신경증처럼 되살아날 준비를 하고 있는 것이다.

위의 설화에서 또 하나 주목할 만한 점은 '부인의 의(義)'는 '부모를 대동하지 않으면 밤에 당을 내려가지 않는다'는 정의이다. 유교적 인의예지신의 덕목은 여성에게 차별적인 의미를 지니게 된 셈인데 여성의 '의'나 '예'라는 것은 남녀유별이고 남녀유별은 다시 공간의 내외 구별로 집약되어 나타난다. 이것은 '덕'의 경우도 마찬가지이다. 한나라 이전의 여덕(女德)은 '여자의 매혹적인 힘'을 지칭하곤 하였으나[39] 한나라에 이르면 예의범절을 잘 지켰다, 즉 구별(別)을 잘 하였다는 의미로 변모한다. 『열녀전』에서 '위엄 있는 풍모에 덕행을 갖추었다'고 찬양하는 주나라 선왕의 부인 강후(姜后)에 대하여 군자는 『예기(禮記)』「내칙(內則)」의 다음 구절을 적용한다.

> 후부인이 임금을 모실 때 촛불을 밝히고 가 군의 처소에 이르면 불을 끄고 방안으로 들어간다. 조정에서 입는 예복을 벗기고 평상복으로 갈아입힌다. 그런 후 다가가 임금에게 시중 든다. 새벽 닭이 울고 악사가 북을 쳐서 새벽을 알리면 후부인은 패옥을 울리며 물러간다.[40]

'예'의 요구는 매우 엄격하고도 상세하다. 아침에 일어나 세수하고 옷을 입는 것에서 밤에 잠자리에 들 때까지 가능한 여러 행동에 대하여

---

39 반 홀릭, 『중국성풍속사』, p. 26. 여덕(女德)이 여성의 매혹적인 힘 또는 여성의 아름다운 미모로 사용된 경우는 사마천(司馬遷)의 『사기(史記)』 39권 「진공중이(晉公重耳)」에서 "여자의 덕을 흠모하여(懷女德)" 사랑에 빠진 공자의 이야기와 『춘추좌씨전(春秋左氏傳)』 소공(昭公) 24년의 "젊은 여자의 덕은 한이 없고 기혼녀의 원망은 끝이 없다(女德無極, 婦怨無終)"는 기록에서 보인다.

40 「현명전(賢明傳)·주선강후(周宣姜后)」: "夫禮, 后夫人御於君, 以燭進, 至於君所, 滅燭, 適中, 脫朝服, 衣褻服, 然後進於君. 鷄鳴, 樂師擊鼓以告旦, 后夫人鳴佩而去."

자세하게 순서와 방법을 제시한다. 위의 인용문은 임금의 후궁 중 제일 높은 위치의 후부인이 임금을 시중하는 순서와 방법을 설명한 것이다. 후부인이 임금을 만나려면 촛불을 밝히고 걸음 → 촛불을 끄고 입실함 → 임금의 옷을 갈아입힘 → 시중을 듦 → 패옥을 울리며 물러남이라는 정해진 순서에 따라 행동하여야 하며 이 예절의 준수가 덕의 내용인 것이다.

여덕(女德)과 관련하여 한나라 화제(和帝)가 왕비를 간택하는 과정은 시사적이다.

> 정후는 애초에 귀인(貴人)이었다. 황후 양씨와 함께 황제를 만나게 되었는데 감히 똑바로 앉지 않았다. 매사에 몸을 움츠리고 스스로를 낮추었으며 황제가 물을 때마다 머뭇거리는 듯 주저하는 듯 망설이며 황후 양씨가 대답한 다음에야 입을 떼었다. 황제가 감탄하며 말하였다. "얼마나 노력하여 덕을 수양하였으면 이와같이 되었을까!"[41]

마침내 화제는 황후 양씨를 폐위하고 정귀인을 황후로 지목하였다. 공간의 폐쇄와 이동의 억제를 요구하는 『열녀전』의 서사는 자세를 낮추고 말을 회피하는 몸가짐이 여덕의 표본이 되어 황후의 자리에 오르는 현실로 나타난 것이다.

제자백가 사상과 유가 사상의 차이는 '예(禮)'를 존중하였는가의 여부로 나뉠 정도로 유교에서 '예'의 의미는 매우 중요하다. 공자의 '극기복례(克己復禮)'의 명제는 송나라 주희(朱熹)에 이르러 "사사로운 이기심을 극복하고 천지의 절문(節文)을 회복하는 것"[42]으로 재해석되어

41 『동관한기(東觀漢記)』; "鄭后先爲貴人, 與陰后同時進見, 不敢正坐. 行則僂身自卑. 帝每有問, 常逡巡, 後陰后對. 帝嘆曰, 修德之勞乃如是."

'예'는 보편적이고 형이상학적인 가치를 획득하게 되었다. 그러나 주희가 남성들의 일거수일투족을 구분하고 제한하는데 『주자어류(朱子語類)』의 많은 부분을 할당했듯이 현실 생활 속의 '예'는 몸을 제한하는 형식이자 억압으로 귀결되기 일쑤인 것이다. 하물며 남성의 몸이 부여받은 수신-제가-치국-평천하의 이상에서 다시 한 번 소외되어 수신제가의 기능만을 담당하게 된 여성의 몸임에랴. 여성의 몸을 수식하는 예는 주로 수수불친(授受不親)하고 친정에 다녀와도 되는지를 묻고 장막을 가린 수레와 쓰개치마 속에 몸을 감추는 '구별(別)'의 요구에 부응하는 것으로 집약되지 않는가?

여성에게 적용되는 '예' '덕' '의'의 '구별(別)'은 '수일(守一)'과 더불어 국가 이데올로기의 각인에 다름 아니다. 이 국가 장치에 공작 부인이나 왕비 같은 이들이 적극 호응하기 시작한 것이다. 앞서 언급한 『속열녀전(續列女傳)』과 『여계(女誡)』의 저자인 반소(班昭)는 황제의 초청을 받아 궁궐의 황족에게 예를 강의하게 되었는데 반소는 당상(堂上)에서 강의하고 청중은 당하(堂下)에 위치해 목소리가 들리지 않았지만 시녀들이 반소의 말을 일일이 당하로 내려와 전달하는 불편을 감수하면서도 공간의 분리를 철저히 준수하였다는 역사 기록이 있다. 이른바 예의범절이나 매너라는 것은 궁중 귀족이 자신을 돋보이도록 하는 차별화 전략으로, 시간이 지남에 따라 궁중 귀족의 매너는 주변으로 확산·하락하는 경향을 보인다.[43] 평민 계층의 여성에게서 나타나는 열린 공간과는 반대로 귀족 여성이 공간을 구별하고 몸을 가리는 것을 예의로 삼았다면 이 귀족 여성의 행동은 세련된 상류층 매너가 되어 다시 한 번 필부(匹婦)를 유혹하게 되는 것이다.

---

42 주희(朱熹), 『사서장구(四書章句)』 「논어집주(論語集注)」: "克, 勝也. 己, 謂身之私欲也. 復, 反也. 禮者, 天理之節文也."

43 노버트 엘리아스, 『문명화 과정: 매너의 역사』(신서원. 1995), 유희수 옮김.

## 작은 발, 권태로운 몸

중국 문화가 여성의 몸에 가한 폭력의 대명사처럼 여겨지는 전족은 오대 남당의 황제 이욱의 조정에서 출현하여 궁정 내 무희 등 일부 특수 계층에서 유행하다가 북송 말기에 민간으로 유포되어 20세기 초반에 이르기까지 천 년을 지속한 중국적 풍습이다. 전족은 발의 성장을 억제하고 기형으로 구부려 향유할 뿐 아니라 몸의 특수 부위를 발달시키는 효과를 기대하는, 섹슈얼리티와 관련된 중국적 신체 장치이다.[44] 전족이 이상적으로 삼는 발의 크기는 세 치, 즉 10cm 내외이니 '두 쪽의 전족을 만들기 위하여 눈물 한 항아리를 흘려야 했던' 여성들의 탄원과 그 작은 발을 찬미하는 남성들의 노래 속에서 장자의 비웃음을 듣는 듯하다. 역사의 수레바퀴라는 거대한 바퀴 아래서 깔려 죽는 줄도 모르고 희롱하는 벌레들처럼 말이다.

당나라 말기 궁정에서 왜 전족이 출현하게 되었을까? 북송 말엽에 어떻게 민간으로까지 확대될 수 있었을까? 12세기 북송 말엽은 신유학이 성립된 시기이기도 한데 전족의 유행과 신유학의 성립이 시기적으로 일치하는 것은 단지 우연일 뿐일까? 전족이라는 풍습을 만들어 낸 중국적 사유 방식의 단초를 한나라 때에 '예'의 이름으로 장려된 여성의 자발적인 공간의 구별과 폐쇄를 통하여 발견하는 것은 지나친 억측일까?

한나라의 유교 문화가 여성의 역사에서 가지는 의미는 매우 다양하다. 중국 최초로 여성 열전을 편찬하였고 전문적인 여성 교육서가 출현하였으며 정녀(貞女)를 표창하고 기부(棄夫) 풍속을 경계한 외에, 여성의 용모와 걸음걸이 등 자태에 대한 기록이 출현한 것이다.

---

44 이스트만, 『중국 사회의 지속과 변화』(돌베개. 1999), 이승희 옮김, p. 45.

[그림 4] 민정(閔貞), 「흰 비단 부채를 든 미녀」.

> 조후는 허리가 너무 가늘고 우보(踽步)를 잘하였다. 걸어가는 모습이 마치 사람의 손에 든 꽃가지가 하늘하늘 떨리는 듯, 다른 사람은 결코 흉내내지 못하였다.[45]

조후는 조비연을 가리킨다. 조비연은 바로 『열녀전』의 저자 유향과 동시대 인물로 성제의 총애를 받아 정권을 농단한 여성이다. 그녀는 얼마나 작고 가냘픈지 장군의 손바닥 위에서 춤을 추었다는 고사가 있다. 『열녀전』은 조비연과 같은 경국지색의 미인을 경계하려는 목적을 가지고 있었겠지만 공간을 격리하고 폐쇄하고자 하는 동기는 작고 가냘픈

45 『조후유사(趙后遺事)』: "趙后腰骨尤纖細, 善踽步, 行若人手執花枝顫顫然, 他人莫能學也."

여성의 걸음걸이에 대한 찬미와 유사한 사회심리를 형성하는 것이다. 「변통전」의 지혜와 말솜씨로 문제를 해결하러 뛰어다니는 여성들이 조비연과 같은 걸음걸이를 할 수는 없지 않은가?

동한 시대에는 다음과 같은 기록이 있다.

> 양기의 처 손수는 허리를 꺾으며 걷기를 잘하였다. 허리를 꺾으며 걷는 사람은 발이 체중을 못 이겨서 그렇게 하는 듯 보였다.[46]

> 한나라 원가 시기에 서울 여자들이 모두 허리를 꺾으며 걸었다. 허리를 꺾으며 걷는 사람은 발이 몸 아래 붙어 있지 않았다. 처음에 양기의 처가 하던 걸음걸이를 서울 여자들이 모두 아름답다고 여기고 나중에는 온 나라 여자들이 흉내내었다.[47]

양기(梁冀)는 동한 말 사람이고 원가 시기는 항제(恒帝, 147~167)의 재위 시기이니 역시 동한 말이다. 허리를 꺾으며 걷는다는 것은 한자 절요보(折腰步)의 직역으로 허리가 꺾일 만큼 심하게 엉덩이를 흔들며 걸었다는 중국적 표현이다. 『열녀전』이 출현한 지 150여 년이 지난 후에 장안의 여자들이 모두 엉덩이를 흔들며 걸어다녔다는 사실은 억압과 은닉, 폭로와 해체라는 차연(差延)의 놀이를 연상시킨다. 수일(守一)의 요구에 의한 정(貞)의 강조와 공간의 억압이 여성의 몸을 섹슈얼리티로 고정하는 상반된 의미를 환기시키기 때문이다. 물론 걸음걸이나 몸의 변화가 권력의 작동에 의해서만 가능한 것은 아닐 것이다. 푸코(Michel Foucault)에게 가해지는 비판처럼 살아 있는 유기체로서의 '능동적인

---

46 『후한서(後漢書)』「양기전(梁冀傳)」: "梁冀妻孫壽作折腰步, 折腰步者, 足不任體."

47 『후한지(後漢志)』: "元嘉中, 京都婦人作折腰步, 折腰步者, 足不在體下. 始自梁冀家所爲, 京都歙然, 諸夏皆仿效."

몸'이 자체의 리듬에 의하여 지향하는 어떤 변화를 상정할 수도 있다. 그러나 그것 역시 관례적으로 공유되는 '몸 관용구'[48]라는 사회적 구속으로부터 자유로울 수는 없는 것이다.

'절요보'의 유행은 양기의 처와 조비연에 대한 선망으로부터 비롯했겠지만 동한 시대에 이미 여성의 몸을 섹슈얼리티로 고정하고 여성의 이동을 극히 소극적으로 제한하는 사회심리가 형성되었음을 짐작할 수 있다. 그리하여 위진남북조 이후 유행한 시사(詩詞) 속에서 그려지는 여성의 몸은 '힘없고 느릿한 동작'을 미녀들의 '몸 관용구'로 사용하게 된다.

> 북창 안의 여인 무료하여 낮잠을 청하네
> 남쪽 처마엔 아직 해도 기울지 않았는데.[49]

> 나른한 듯 힘없이 일어나 눈썹을 그리고
> 느릿느릿 화장하고 머리를 빗는다.[50]

> 늘어뜨린 쪽머리를 게을리 빗질하고
> 근심에 찬 아미를 억지로 그리는
> 모든 일이 다 시들해진 나의 심사.[51]

---

48 크리스 쉴링, 『몸의 사회학』(나남출판. 1999), p. 125. 고프만(Goffman)의 이론으로 몸 관용구는 "의복, 태도, 동작과 위치, 소리의 크기, 손짓과 인사와 같은 육체적 제스처, 얼굴 표정 및 기타 광범위한 감정 표현" 등을 가리키며, 이러한 관습화된 비구어(非口語)적 의사소통 양식이 우리에게 몸이 보낸 정보를 분류하고 이 정보에 따라서 사람들을 낙인찍고 서열화하는 범주들을 제공한다는 것이다. 따라서 몸은 개인에게 속한 것이지만 그 중요성과 의미는 사회에 의하여 결정된다.

49 소강(蕭綱), 「안사람의 낮잠(詠內人晝眠)」: "北窗聊就枕 南簷日未斜."

50 당(唐) 온정균(溫庭筠), 「보살만(菩薩蠻)」: " 懶起畵蛾眉 弄粧梳洗遲."

51 송(宋) 유영(柳永), 「금당춘(錦堂春)」: "墮鬟慵梳 愁蛾懶畵 心緒是事闌珊."

공간의 확장과 활발한 이동을 특징으로 하는 남성 앞에서 정지한 채 규방 안에 갇혀 있는 여성은 독수공방을 운명처럼 경험하게 될 것이다. 단장하는 손놀림마저도 시들해졌다는 것은 님의 부재가 그만큼 오래 지속되었다는 것이고, 기대와 실망을 반복하면서도 그 공간을 박차고 나갈 수 없는 여성은 하는 일 없이 무료하게 낮잠이나 청해 볼 수밖에 없는 것이다.

「안사람의 낮잠(詠內人晝眠)」은 남조 양나라의 왕자 소강(蕭綱)의 시로 주로 궁정 여인들의 자태를 묘사한 궁체시(宮體詩)이다. 따라서 나른하고 권태로운 몸은 궁정 여인의 몸가짐이라고 볼 수 있다. 그러나 당송 시대로 오면 온정균(溫庭筠)과 유영(柳永)의 활동 배경을 통해서도 알 수 있듯이 일반 사대부나 기녀들 사이에 확산된 것으로 보인다. 이제 여성은 뛰어다녀서는 안 된다. 천천히 느리게 움직일수록 섹슈얼리티는 빛을 발한다.

> 장안의 기녀들은 보폭이 매우 좁아서 아주 느릿느릿하게 움직였다. 그녀들이 시중 드는 차는 식어 있기 마련이어서 장안의 기녀 방을 드나드는 사람들을 속어로 '냉차를 마신다'고 불렀다.[52]

혹시 당나라 장안의 기녀들이 궁정 취향을 흉내내어 전족을 하고 발이 아파서 종종걸음을 치며 천천히 걸어다닌 것은 아니었을까? 작은 발, 엉덩이를 흔드는 걸음걸이, 나른하고 권태로운 몸, 좁은 보폭, 느린 움직임을 찬미하는 사회심리와 더불어서 말이다.

당대 원진(元稹)의 소설 『앵앵전(鶯鶯傳)』의 서술은 예와 섹슈얼리티의 차연(差延)의 놀이를 선명히 눈앞에 드러낸다.

---

52 『헌거록(軒渠錄)』: "長安妓女步武極小, 行皆遲緩. 所度茶必冷, 故過其地者謂之吃冷茶."

[그림 5] 당나라 벽화 중의 「차를 나르는 시녀」.

> 남자 주인공 장생(張生)은 남들로부터 '의지가 굳어 예의에 어긋난 일이라면 상종도 하지 않는' 인물이라는 평판을 듣지만 정작 본인은 '나야말로 진정한 호색가이다. 다만 아직 마음에 드는 상대를 못 만났을 뿐'이라고 생각하고 있다. 그런 장생이 우여곡절 끝에 앵앵을 만났는데 어머니의 성화에 못 이겨 남자와 인사를 나누게 된 것이 못내 못마땅한 듯 장생에게는 눈길 한번 주지 않고 시선을 고정한 채 딴전을 부리는 앵앵에게 첫눈에 반하고 만다. 장생은 갖은 방법으로 그녀에게 구애하나 그녀는 '정조를 신중히 지키므로 비록 귀한 신분의 사람이라도 도리에 맞지 않는 말로써는 범할 수가 없는' 여성으로 장생에게 "예의에 벗어난 행동을 하는 것이 부끄럽지도 않으신지요? 아무쪼록 예의에 따라 신중하시고 문란한 행동일랑 하지 말아 주세요"라고 면박을 준다.[53]

소설 속에서 앵앵은 장생을 만나기 전까지는 깊은 규방의 숙녀로서 앵앵의 남녀유별하고 예절 바른 태도가 바로 장생의 마음을 애타게 하는 동기로 작용한다. '예의에 어긋나는 일이라면 상종도 하지 않는' 장생은 마침내 호색한(好色漢)의 능력을 발휘할 대상을 발견하고 앵앵과 '혼례를 치르지 않은 사랑 → 버림 → 다른 여성과의 결혼'이라는 통속 소설의 수순을 밟으며 막을 내린다. 장생은 앵앵을 버린 이유에 대하여 "대체로 하늘이 미녀에게 내리는 운명은 미녀 자신에게 재앙을 내리지 않으면 반드시 다른 사람에게 재앙을 미치게 하는 법"인데 자신은 경국지색의 미녀를 감당할 만한 덕이 부족하였기 때문이라고 설명하고 소설 말미에 "그 당시 사람들은 장생이 자신이 저지른 잘못을 잘 수습한 사람으로 인정하였다"라는 평어(評語)가 붙는다. 남성과 사회의 권력 앞에 타자화된 여성의 몸을 여과없이 보여준다.

장생이 앵앵의 미모와 덕을 묘사하는 대목도 당나라 미녀의 '몸 관용구'를 보여준다는 면에서 흥미롭다.

> 힘 없어 팔조차 못 움직일 듯,
> 애교 많아 곧잘 몸을 가리운다.[54]

> 수줍음을 품은 아리따운 자태로 힘이라곤 자기의 몸조차 가누지 못할 만큼 약해 보였다.[55]

> 대체로 최낭자(앵앵)가 다른 사람보다 돋보이는 점은 무슨 기예든지 그 실력은 수준급이면서도 겉으로는 모르는 체하는 것이고, 또 말솜씨도

---

53 원진(元稹), 『앵앵전(鶯鶯傳)』(성균관대학교출판부. 1995), 정범진 편역, pp. 234-55에서 발췌 요약함.

54 앞의 책, p. 250.

55 앞의 책, p. 241.

민첩하고 조리 있었으나 여간해서는 다른 사람의 말에 대꾸하는 일이 드물었던 것이다. …… 근심스러울 때나 부러울 때도 감정을 마음속 깊숙이 품은 채 겉으로는 언제나 아무것도 모르는 듯한 표정을 지어서 기뻐하거나 미워하는 얼굴 모습을 나타내는 일이 거의 없었다.[56]

앵앵의 아무것도 모르는 듯한 어리숙한 표정, 극도의 감정과 언어 표현의 절제는 한나라 때에 귀인(貴人)의 신분에서 왕후의 자리에 올랐던 정후(鄭后)를 연상시킨다. 자기의 몸조차 가누지 못할 만큼 힘없는 자태는 작은 발, 느린 행동과 더불어 규방이라는 제한된 공간에 갇힌 여성들의 공통적인 몸짓이다. 『열녀전』의 군자의 호명(呼名)이 당나라 때에 그 효력을 여실히 발한 것이다. 더욱이 송나라 때에 이르면 신유학의 성립과 더불어 내외 구별과 몸의 억압이 대대적으로 선양되었으므로 미인의 몸 관용구는 궁정에서 기방으로, 사대부 여성에게로, 다시 민간으로 확산될 준비를 마치게 되는 것이다.

### 시선의 금지

수일(守一)의 예와 공간의 폐쇄, 이동의 억제와 관련하여 읽을 수 있는 여성적 몸가짐의 하나로 시선은 매우 중요하다. 오늘날 시선은 근대성과 남성성으로 비판을 받는다. 타자를 시각화한다는 것은 코기토적 주체가 낯선 이방인을 관찰하고 판단하고 분류하는 남근 중심적 행위이다. 여성은 신비롭고 낯선 이방인이다.

시각의 남성성을 비판하는 이리가라이(Luce Irigaray)는 보는 것 대신에 여성적인 몸의 표현으로 촉각을 강조한다. 만지고 보듬고 느낌으로

---

**56** 위의 책, p. 242.

써 친밀성을 획득한다는 것이다. 시선에 담긴 남성적 권력을 폭로하는 것은 중요하다. 그러나 시각/남성적::촉각/여성적이라는 분류는 이리가라이가 여전히 서구적 이분법을 탈피하지 못하는 것이 아닌가 의심케 한다. 여성에게 객관적이고 과학적인 사유가 결여된 것이 아니라 사유의 목적이 다르다는 말처럼 여성은 '응시'하지 않는 것이 아니라 응시의 방법과 목적이 다른 것이다. 더욱이 여성은 역사적으로 응시를 '금지'당하지 않았던가.

동아시아 사회에서 여성의 '응시'에 대한 금지는 한나라 때에 시작된 것 같다. 몸을 움츠리고 말을 회피하여 황후의 자리에 오른 정부인이나 장생을 외면한 앵앵처럼 시선의 회피는 여성의 덕을 가늠하는 중요한 형식으로 받아들여진 것이다.

『열녀전』에는 여성이 대상을 바라보는 방법에 대하여 특징적인 기술이 있다. 곁눈으로 보다(側目), 몰래 엿보다(窺), 다른 사람이 모르게 가만히 보다(伺) 등이 그것이다.

> (노나라 대부의 부인 경강이 아들 문백의 거동을 살피다.)
>
> 문백이 공부를 마치고 돌아왔다. 경강이 곁눈으로 가만히 살피니 아들이 당에 오를 때나 내려올 때에 친구가 계단을 앞서지 아니하고 물러나 걸으며, 칼을 들어 주고 신발을 바로 놓아 주는 것이 마치 부형(父兄)을 섬기듯 하며, 아들은 마치 자신이 어른인 듯 구는 것을 보게 되었다. 경강은 아들을 불러 하나하나 꾸짖었다.[57]

> (마부의 아내 명부가 남편이 수레를 모는 모습을 엿보다.)
>
> 아내 명부가 마부인 남편이 재상의 수레를 모는 모습을 몰래 엿보았

---

57 「모의전(母儀傳)·노계경장(魯季敬姜)」: "文伯出學而還歸, 敬姜側目而盼之. 見其友上堂, 從後階降而卻行, 奉劍正履, 若事父兄. 文伯自以爲成人矣. 敬姜召而數之曰, ……."

다. 큰 마차 덮개를 덮고 네 필의 말을 거느리는데 기세가 얼마나 등등한지 아주 만족해하는 모습이었다. 남편이 돌아오자 아내가 말하였다. "당신이 비천하게 사는 것도 당연하군요."[58]

(조나라 대부 희부기의 아내가 진나라 공자 중이의 모습을 엿보다.)

중이가 겨드랑이가 붙어 있다는 소문을 듣고 그의 숙소 근처로 가서 다른 사람이 모르게 가만히 엿보다가 그가 목욕을 하려고 하자 얇은 휘장을 치고 뒤에서 그를 관찰하였다.[59]

문백의 어머니 경강이나 마부의 아내 명부, 그리고 희부기의 아내는 모두 아들이나 남편에게 직설적인 언사를 서슴지 않으며 그들을 꾸짖고 계도한 매우 적극적인 인물들이다. 희부기의 아내는 심지어 중이의 사람됨을 가늠하기 위하여 그가 목욕하는 모습마저 관찰하는 대담한 여성이다. 그런데 저자는 이 여성들이 상대를 평가하는 과정에 한결같이 곁눈으로 보다(側目), 몰래 엿보다(窺), 몰래 살피다(伺)와 같은 동사를 사용하고 있다.

『열녀전』에는 대화의 상황으로 보아 여성이 상대방을 똑바로 바라보며 이야기하는 내용임을 짐작케 하는 편들이 있다. 그중 위의 인용은 여성의 시선을 특징적으로 기술한 편들인데, 공통적으로 몰래 엿보고 곁눈으로 살핀다는 방식이 석연치 않다. 예를 들어 마부의 아내의 경우 남편의 거동을 몰래 엿보는 성격의 여성이 남편이 귀가하자마자 다짜고짜로 "당신이 비천하게 사는 것도 당연하군요"라고 직격탄을 날리는 것은 너무 급작스러운 반전이다. 더욱이 측목(側目)·규(窺)·사(伺)에 무서워

58 「현명전(賢明傳)·제상어처(齊相御妻)」: "命婦窺其夫爲相御, 擁大蓋, 策四馬, 意氣洋洋, 甚自得也. 既歸, 其妻曰, 宜矣, 子之卑且賤也."

59 「인지전(仁智傳)·조희씨처(曹僖氏妻)」: "聞其駢脅, 近其舍, 伺其將浴, 設微薄而觀之."

서 바로 보지 못하거나 아랫사람으로서 윗사람의 눈치를 살핀다는 자의(字意)가 덧붙는 것을 보면 저자의 의도를 의심하게 된다.

조선 시대 『여계서』에는 다음과 같은 내용이 있다.

> 시선을 얼굴에만 두면 오만한 인상을 주고
> 허리띠에 두면 근심 띤 인상이 되며
> 너무 기울이면 간사한 인상을 준다.

『열녀전』에 암묵적으로 나타나는 시선의 규제는 『여계서』에 이르면 대상을 똑바로 쳐다보지 말 것과 시선을 상대방의 얼굴 아래로 내릴 것을 명시하게 되었다.

'응시(the Gaze)'하는 남성 앞에 응시를 금지당한 여성은 적나라하게 노출된다. 남성의 응시는 종종 여성의 몸을 섹슈얼리티로 파악하는 목적을 담는다. 역사적으로 남성은 바라보는 자, 여성은 보여지는 자였다. 조선 시대 혜원 신윤복(蕙園 申潤福)의 그림 「월하정인도(月下情人圖)」의 여인 역시 고개를 돌리고 시선을 떨굼으로써 짐짓 요조숙녀다운 몸가짐을 포기하지 않는 반면 남성은 여인을 응시하며 어디론가 인도하는 적극적인 자세를 취하고 있다.

남성이 시선의 권력을 행사하는 데 반하여 여성이 시선을 회피하는 것은 종종 여성을 하나의 광경(sight)으로 처리하게 한다. 광한루에 서서 내려다본 것은 이도령이고 그네타는 모습이 보여진 것은 춘향이었다. 단오절 푸르른 오월의 녹음 속에서 춘향 역시 한떨기 꽃 같은 풍경으로 묘사된다. 『열녀전』에 등장하는 계곡에서 빨래하는 처녀와 그녀를 바라보는 공자 일행의 이야기는 여러 면에서 시사적이다.

> 공자가 남쪽을 유람하던 중 아곡의 산길을 지나다가 패옥을 찬 처녀가

빨래하고 있는 것을 보았다. 공자가 자공에게 말하였다. "저 빨래하는 처녀와 이야기를 나눌 수 있을까?" 공자가 술잔을 꺼내어 자공에게 주며 말하였다. "이것으로 말을 건네 그녀의 뜻을 알아보고 오너라." …… 공자가 거문고를 꺼내어 기러기 발을 빼고 자공에게 주며 말하였다. "이것으로 말을 건네 보아라." …… 공자가 갈포 다섯 필을 꺼내어 자공에게 주며 말하였다. "이것으로 말을 건네 보아라." …… 처녀가 말하였다. "길 가는 손이 이렇게 오래 한탄하시며 재물을 꺼내 촌에 버리시다니. 제 나이 아주 어린데 어떻게 당신을 받아들일 수 있겠습니까? 당신은 아직 혼인을 못하셨군요. 그러나 저는 정혼자가 있습니다."[60]

『열녀전』의 군자는 공자의 행동에 대하여 "그 처녀를 이상히 여겨 그녀의 용태를 살피고자" 한 것이라고 매듭을 지었다. 그러나 빨래하던 처녀가 자공에게 네가 아직 혼인을 못해서 이러는구나 동정하면서 끝내 자기는 나이가 어리다, 정혼자가 있다고 밝히는 것을 보면 아무래도 위의 상황은 희롱의 혐의를 갖게 한다. 자공을 부린 것은 공자인데, 섹슈얼리티의 측면에서 조명하면 성인도 재해석될 수 있는 것일까?

혼인한 지 닷새 만에 고향을 떠났다가 돌아오는 길에 뽕 따는 아낙이 자기 아내인 줄도 모르고 돈을 주며 수작을 건네다가 아내가 치욕스러워 자결하게 만드는 「절의전(節義傳) · 노추결부(魯秋潔婦)」 추호자의 고사를 보더라도 종종 길에서 만난 여성은 보여지는 광경이며 희롱의 대상이 되었던 것으로 보인다.

만일 「월하정인도」의 여성이, 빨래하던 처녀가, 뽕 따는 아낙이 고개

---

60 「변통전(辯通傳) · 아곡처녀(阿谷處女)」: "孔子南遊, 過阿谷之隨, 見處子佩璜而浣. 孔子謂子貢曰, 彼浣者, 其可與言乎. 抽觴以受子貢曰, 爲之辭, 以觀其志. …… 抽琴, 去其軫, 以受子貢曰, 爲之辭. …… 抽絺紘五兩, 以受子貢曰, 爲之辭. …… 處子曰, 行客之人, 嗟然永久. 分其資財, 棄於野鄙. 妾年甚少, 何敢受子? 子不早命, 竊有狂夫名之者矣."

를 들어 남성과 눈을 마주쳤다면 그 눈은 남성에게 어떻게 읽혀졌을까? 『열녀전』은 남성과의 눈 마주침에 대하여 다음과 같이 경고한다.

> 초나라 성왕이 누대에 올라 후궁을 내려다보고 있었다. 궁녀들이 모두 올려다보는데 자무(子瞀)만 자세 하나 변치 않고 똑바로 걸으며 돌아보지 않았다. 왕이 말하였다. "저기 가는 여인이여, 돌아서서 나를 보라." 자무는 돌아보지 않았다. 왕이 다시 말하였다. "돌아서서 나를 보라. 그러면 내가 너를 부인으로 삼으리." 자무는 여전히 돌아보지 않았다. …… "소첩은 여자는 모름지기 단정한 몸가짐과 온화한 낯빛을 지녀야 한다고 들었습니다. 이제 대왕께서 누대 위에 계신데 소첩이 돌아본다면 예를 저버린 것이 됩니다. 그래서 돌아보지 않았습니다."[61]

자무가 성왕에게 간택되어 왕비가 된 결정적인 이유는 그를 돌아보지 않았기 때문이다. 위의 고사에서 남성과의 눈 마주침은 단정하지 않은 몸가짐이요 실절(失節)로 해석된다. 심지어 몸에 혹을 달고 추녀의 대명사로 불리어졌던 제나라의 숙류녀도 왕의 행차를 쳐다보지 않음으로써 오히려 왕의 주목을 받고 마침내 왕비로 간택된다.[62] 왕을 보지 않아 예를 지킨 한 명의 여성과 왕을 보아 예를 저버린 다수의 여성을 대립시키고 한 명의 여성에게 승리의 월계관을 씌움으로써 여성의 시선에 대한 경계를 확고히 하는 것이다.

초성왕과 자무의 만남과 매우 유사한 또 다른 장면에서 적극적으로 행동한 여성은 집안을 망친 「얼폐전」의 여성이다.

---

61 「절의전(節儀傳) · 초성정무(楚成鄭瞀)」: "成王登臺臨後宮, 宮人皆傾觀, 子瞀直行不顧, 徐步不變. 王曰, 行者顧. 子瞀不顧. 吾以女爲夫人. 子顧復不顧. …… 子顧曰, 妾聞婦人以端正和顏爲容今者大王在臺上, 而妾顧, 則是失儀節也."

62 「변통전(辯通傳) · 제숙류녀(齊宿瘤女)」.

장공이 누대 위에 올라 최서의 집을 내려다보며 누대 위에서 최서의 아내 동곽강과 희롱하였다.[63]

동곽강은 유부녀임에도 불구하고 누대 위에 있는 장공과 희롱하는데 장공이 누대에서 내려와 동곽강을 쫓아가는 장면이 이어지는 것을 보면 그녀는 장공의 수작(酬酌)을 기꺼이 받아 준 모양이다. 이를테면 둘은 눈이 맞은 셈인데, 우리말의 '눈이 맞다'는 남녀가 시선을 교환하는 것이고 남성이 늘 여성을 보고 있는 데 반하여 시선을 회피하여야 할 여성이 눈길을 주어 눈을 마주침은 사통(私通)의 가능성을 암시하며 자신의 성을 개방하거나 유혹하는 몸짓으로 읽히는 것이다.

『금병매』의 주인공 서문경과 반금련이 처음 만나는 장면을 떠올려 보자. 반금련이 장대로 발을 걷다가 바람이 불어 마침 그 집 앞을 지나가던 서문경의 두건을 떨어뜨리게 된다.

"어머, 이 일을 어쩌나." 깜짝 놀란 금련이 미안해서 어쩔 줄을 모르며 남자를 바라보았다. 땅바닥에 떨어진 두건을 주워 든 남자는 화가 치민 얼굴로 금련을 돌아본다. 큰 소리로 꾸짖으려던 남자는 금련과 시선이 마주치자 그만 일그러진 얼굴이 활짝 펴지며 싱그레 웃음이 떠오른다. 뜻밖에 보기 드문 미녀가 두 손을 모아 쥐고 머리까지 숙이며 미안해하는 기색을 두 눈에 듬뿍 담고 있질 않은가. ……

남자는 빙그레 웃으며 두건에 묻은 흙을 툭툭 털어서 도로 머리에 쓴다. 그리고 살짝 고개를 숙여 금련에게 눈인사를 던지고는 걸음을 떼놓는다. 남자의 걸어가는 뒷모습을 금련은 가만히 서서 지켜보고 있다. 남자도 몇 걸음 가다가 뒤를 돌아본다. 시선이 마주치자 두 사람은 약속이

---

63 「얼폐전(孽嬖傳) · 제동곽강(齊東郭姜)」: "公登臺以臨崔子之宮, 由臺上與東郭姜戲."

라도 한 듯 살짝 웃는다.[64]

서문경과 반금련은 단 한 번의 눈 마주침으로 파멸의 나락으로 굴러 떨어진다.

『금병매』는 일반적으로 중국을 대표하는 성애 소설로 알려져 있지만 데이빗 로이(David Roy)는 이를 유교 이데올로기를 표방하는 유교 소설로 보았다. 남자 주인공 서문경은 명말에 유행한 사대(四大) 소설의 주인공 중 유일한 악인인데, 서문경이 부덕하고 음란한 소인배로 묘사될 수밖에 없는 것은 그의 출신 성분 때문이다. 소설 속의 서문경은 한약재를 매매하는 총도매상으로 이를테면 독점자본에 해당하는 인물이다. 『금병매』가 출현한 명나라 사회는 강남의 상인 계층이 급격히 부상하여 자본주의 발달의 맹아적 단계에 도달한 시기로, 그들은 사상적으로는 왕양명 좌파를 기반으로 하였다. 왕양명 좌파는 몸과 욕망과 여성을 긍정하는 상당히 급진적인 사상이다. 당시 강남 문화에 대한 정부 차원의 대응은 왕양명 좌파의 주동자인 이지를 사형에 처하고 그의 책들을 분서(焚書)하는 것이었고 위기의식을 느낀 유학자들의 대응은 상인 계층의 한계를 폭로하는 것이었다.

『금병매』를 유학자들의 폭로로 본다면 소설의 서막을 여는 서문경과 반금련의 눈 마주침은 파멸을 예고하는 서막이자 시선에 대한 경계로 매우 중요한 의미를 띠게 된다. 반금련의 응시가 실절(失節)로 읽히는 것은 두말할 나위도 없지만 서문경의 응시도 금기를 범한 것이 된다. 강한 양(陽) 앞에서 약한 양(陽)이 음(陰)으로 물러나듯이 보수적인 선비들에게 서문경은 응시를 금지당한 약자요 비천한 음으로 위치하기 때문이다. 군자의 응시는 관찰일 수 있지만 소인의 응시는 응징을 기다린다.

---

64 소소생(笑笑生), 『금병매』(고려원. 1994), 하근찬 옮김, p. 62.

## 4. 군자의 환상, 여인의 응답

> 누군가 나의 이름을 불러다오
>
> 나도 그에게로 가서 그의 꽃이 되고 싶다.
>
> —김춘수, 「꽃」

동아시아 사회에서 여성의 몸에 대한 억압은 한나라 때에 매우 본격화하였다. 한나라는 중국 최초의 대일통(大一統) 국가를 건립하면서 황제 일인에게 권력을 집중하는 제국의 질서를 확립하는 데 총력을 기울였다. 왕(王)을 천지인을 중개할 수 있는 유일한 인물로 승화하고 토덕(土德)의 중시, 황색 예찬, 중화미의 추구 등 다양한 문화 장치를 마련하는데 그 지향점은 '하나를 지킨다(守一)'로 모아진다. 한나라는 효의 통치를 표방하여 아들의 아버지에 대한, 신하의 군주에 대한 복종을 요구하였지만 남자들 사이의 계급 관계 이전에 선행된 것은 성별 즉 여성의 남성에 대한 복종과 수일(守一)이었다.

유향은 『열녀전』을 편찬하면서 군자의 이름으로 역사 설화를 총평하는데 매번 정전의 지위에 오른 『시경』을 인용하여 호명의 효과를 확실히 하였으며, 문맥의 교정(正)을 통하여 정치 권력(政)의 이데올로기적 효과를 전달하였다. 군자가 호명을 통하여 반복적으로 여성에게 각인한 것은 '예' '덕' '의'로 포장한 '수일(守一)'의 요구에 다름아니다. 동아시아적 여성 덕목인 '정(貞)'도 출발은 처녀성이 아니라 수일의 예에 있다.

예는 몸을 무늬 놓는 형식이며 구별과 차별의 효과를 도모하는 국가 장치이다. 여성의 몸이 수행하여야 하는 예는 공간의 내외 구별과 안으로의 폐쇄를 내용으로 한다. 신화시대의 활발한 성의 공간, 노동의 공간, 언제든 남편을 떠날 수 있는 자유의 공간과 문제 해결을 위하여 적극적으로 뛰고 달리며 찾아갈 수 있었던 평민 여성들의 활발한 이동은 한나절 거리의 친정 방문도 남자의 허락을 받고 보모가 없다고 불에 타 죽고 남편과의 약속을 지키기 위하여 익사하고 장막이 없는 수레에 탔다고 자결하며 여성에 대한 칠거지악은 있어도 남편에 대해서는 일거지악도 없다고 항변하는 귀족 여성들의 매너 앞에 무릎을 꿇는다. '예'를 강조하는 여성의 몸 나아가 유가의 몸은 심신의 통일이 아니라 감정과 예절의 통일을 추구하고 이 때 예는 몸이라는 '기표'와 내면의 덕이라는 '기의'가 일 대 일 대응할 수 없는, 아니 대응하고 싶지 않은 필부필부(匹夫匹婦)에 대한 철저한 억압이다.

억압은 폭로되며 미끄러진다. 공간의 억압과 수일의 강조는 여성의 몸을 섹슈얼리티로 고정하는 독법을 제공한다. 한나라의 역사 기록에 등장한 허리를 흔들며 걷는 여성의 걸음걸이, 남북조시대 이후로 미인의 몸 관용구가 된 느리고 권태로운 몸놀림, 『앵앵전』에 보이는 예의 바른 규중 숙녀를 진정한 유혹의 대상으로 삼는 남성과 그녀의 기운 없고 짐짓 어리석은 듯 무표정한 태도, 남당(南唐)의 궁정 취향에서 명말 민간 풍습으로 확산한 작은 발의 찬미와 전족의 유행은 한나라의 문화 심리와 불가분의 관계에 있다.

섹슈얼리티로 읽히는 여성의 몸은 보여지는 몸이다. 남성의 응시 앞에 대상화된 몸이다. 약자는 시선을 금지당한다. 군자의 응시는 '관찰'이지만 여성의 응시는 실절(失節)이며 소인(小人)의 응시는 응징을 기다린다. 서문경과 반금련은 벌을 받는다. 강한 양 앞에서 언제든지 음으로 물러나 예절을 준수하여야 하는 몸은 성별을 떠나 얽혀 있다.

공간을 닫고 몸을 움츠리고 시선을 회피하는 여성에 대하여 군자는 이렇게 말한다.

> 강후(姜后)의 덕행은 남자의 마음을 아교풀로 붙게 하는 것과 같다.[65]

나라 안은 그녀의 정순함을 칭찬하는 말로 가득했다.[66]

왕이 사자를 보내 황금 백일을 가지고 가 그녀를 맞이해 오도록 하였다.[67]

많은 귀인들이 앞다투어 청혼하였다.[68]

누군가 나의 이름을 불러 주면 나는 그에게로 가 꽃이 되고 싶다고 하였다. 유일한 여인이라고 속삭이는 낭만적 사랑으로 남자는 여자를 구속한다고 하였다. 더욱이 '남자의 마음을 사로잡는다'라든지 '귀인들이 앞다투어 청혼하였다' '왕이 황금의 예물을 갖추어 그녀를 맞이하였다'로 이어지는 군자의 호명은 충분히 유혹적이다. 요조숙녀는 군자의 좋은 짝이라고 하지 않았던가. 이데올로기로서의 '수일(守一)'의 요구는 남녀유별이라는 예와 덕의 옷을 입고 군자의 청혼을 받으리라는 환상을 키우며 여성의 몸과 마음에 깊이 각인되는 것이다.

군자가 요조숙녀를 부르고 여성이 이에 화답한 역사, 이 역사의 끝자락에서 나는 나의 시선을 어디에 둘 것인가? 나의 공간을 어떻게 구성할 것인가? 이는 여성 자신의 문제이자 동시에 늘 음의 자리로 돌아설 수밖에 없는 작은 이들의 문제이기도 한 것이다.

---

65 「현명전(賢明傳) · 주선강후(周宣姜后)」: "夫婦人以色親, 以德固. 姜氏之德行, 可謂孔膠也."

66 「정순전(貞順傳) · 제효맹희(齊孝孟姬)」: "齊國稱其貞. 孝公聞之, 乃修禮親迎於華氏之室."

67 「변종전(辯通傳) · 제숙류녀(齊宿瘤女)」: "王遣歸, 使使者以金百鎰, 往聘迎之."

68 「정순전(貞順傳) · 양과고행(梁寡高行)」: "梁貴人多, 爭欲取之."

제7장

# 여자 · 여우 · 귀신

## -도산씨 설화로부터

김지선*

### 1. "그대를 기다리지요(俟人兮猗)"

도산씨(塗山氏), 그녀가 불렀던 노래는 어쩌면 사라진 낙원에 대한 그리움일지도 모른다. 그것은 분명 자연 속에서 풍요롭고 창조적인 여성 원칙으로서 나타난 것이었다. 하지만 인류의 운명을 결정하였을 그녀의 노래는 우(禹)라는 문화적 영웅의 자취 뒤로 사라지면서 경멸적이고 저주받은 금지의 노래가 되고 만다. 그들의 만남이 야합이라는 비합법적인 성적 행위로 이루어졌다는 사실 때문에 상상력 속에서 에로스의 원죄적 흔적은 감추어지고 도산씨에 관련된 설화가 지니고 있던 원형의 구조는 후대의 서사에 이르러 순결한 희생 혹은 윤리적인 이야기라는 이름으로 여러 차례의 굴곡을 맞게 된다. 근원적으로 도산씨 설화는 인간과 초월적 존재 사이의 소통을 추구하였던 '인신연애(人神戀愛)'의 모티프에 토

---

* 이화여자대학교 중어중문학전공 강사.

대를 둔 것이었지만 섹슈얼리티에 대한 관습적 편견의 문제와 결부되면서 내면의 다양한 맥락들은 은폐되고 특히 중화(中和)라는 미학적 질서를 중시하였던 한대(漢代) 유학자들의 해석을 거치면서 배제, 전환 등의 과정으로 나아가게 된다. 더욱이 예에 어긋난 행동을 하였다는 것 때문에 도산씨에 대하여 가해졌던 비난은 다시 그녀를 여우의 부정적인 이미지와 연결시키기에 이른다.

그런데 여기에서 흥미로운 점은 그들의 만남에 관한 이야기의 구조가 당대(唐代) 전기(傳奇)의 애정 이야기에서 오늘날 『구미호(九尾狐)』나 『천녀유혼(倩女幽魂)』 등에 이르기까지 서사들의 그것과 크게 다르지 않다는 점이다. 즉 여성으로 변신한 여우나 귀신(혹은 기생)과 인간 남성과의 애정을 다룬 이야기들 속의 여인들은 주로 분녀(奔女), 곧 예를 갖추지 않고 남성과 육체적 결합을 맺는 것으로 묘사되고 있으며 그러한 서사들의 결말이 대부분 비극적으로 끝을 맺고 있다는 것이다. 이러한 상황 설정은 고대 중국에서의 여성에 대한 남성의 이중적이고 모순된 심리와 무관하지 않을 것이며, 그 속에는 '조화' 혹은 '화해'라는 고요한 질서 아래에서 일어나는 균열이 내재되어 있었다. 그렇다면 도산씨 설화에 내재되어 있는 문화적 · 종교적 · 민속학적 맥락은 어떻게 해석될 수 있는 것인지, 그리고 그러한 의미들이 가려진 채 도산씨의 이미지는 전통시기 중국의 서사에서 어떠한 양상으로 끊임없이 반복적으로 변주되어 나타났는지 살펴보고자 한다.

## 2. 도산씨 설화, 변형되어 가는 원형

기원전 3세기 광인처럼 강남(江南)의 광야를 떠돌아다니며 울분과 원망을 토로하였던 굴원(屈原, B.C. 339?~278?)의 노래는 지금도 여전히 읽는 이들로 하여금 그 환상으로의 여행에 몰입하게 한다. 그러한 환상의 탐색 과정에서 그는 하늘을 향하여 우주의 신비함과 생명의 근원에 대하여 거침없이 질문들을 내던지지만 그의 외침은 어떠한 해답도 찾지 못한 채 미망 속에 갇혀 있다. 그런데 우리는 미로와 같은 수많은 질문들 중 조금은 낯설어 보이는 의문의 문장을 발견하게 된다. 『초사(楚辭)』 「천문(天問)」에서 굴원은 다음과 같이 하늘에게 묻는다.

> 우(禹)는 힘써 공적을 이루어 땅으로 내려가 사방을 살피다가 어찌하여 저 도산(塗山)의 여인을 얻어 대상(臺桑)에서 정을 통하였는가? 짝을 이룰 후비를 찾아 근심하다가 그 몸은 후사를 잇게 되었으나 어찌하여 입맛이 다른 사람과 같지 않아 하루아침의 배부름으로 만족하여야 했는가?[1]

고대 중국의 역사에서 우(禹)가 천하의 홍수를 다스리고 하대(夏代)를 창업하였다는 사건은 익히 알려진 바이다. 하지만 위의 문장에서 그려지고 있는 우의 모습은 기존의 역사 기록에서 기술되었던 위대한 영웅과는 사뭇 달라 보이며 그의 여인에 대한 이야기 역시 다소 생소하게 다가온다. 분명 두 사람 사이에는 어떤 내밀한 느낌으로 이루어진 만남이 있었던 것 같은데 공식 담론 속에서 도산씨에 대한 언급이 그다지 익숙하게 거론되지 않았던 것은 사실이다. 그렇다면 어쩌면 그러한 상황의 배경 뒤에는 뭔가가 은폐되고 흔적 지우기 같은 해찰이 작용하였던 것은 아니었을까? 즉 영웅의 이야기 속에 가려진 어떤 여인의 희생과 슬픈 운명 같은 것 말이다. 물론 위의 문장 속에서 굴원 역시 두 사람의 육

---

1 「천문(天問)」에서의 원문은 다음과 같다. "禹之力獻功, 降省下土四方, 焉得彼嵞山女, 而通之于臺桑? 閔妃匹合, 厥身是繼, 胡維嗜不同味, 而快鼂飽?" 여기에서 '미(味)'자와 '포(飽)'자, 즉 '입맛'과 '배부름'으로 번역될 수 있는 이 글자들은 성욕에 대한 은유적인 표현으로 해석된다.

체적 결합은 후손을 얻기 위한 것이었다고 변명하고 있지만 그래도 뭔가 석연찮게 다가오는 부분이 있다. 무슨 연유에서인지 밝혀지지 않은 채 우는 도산씨를 남겨 두고 떠났고 결국 도산씨는 행복한 신부가 되지 못한다. 우는 왜 떠날 수밖에 없었던 것이며, 그들의 만남은 왜 비극적인 결말을 맞을 수밖에 없었던 것일까? 다시 굴원이 고스란히 전해 주고 있는 원형의 이야기[2]의 구조를 정리해 보자면 다음과 같다.

① 우는 홍수를 다스리기 위하여 천하를 순수(巡狩)하고 있었다.

② 당시 우는 아내를 맞아들이지 않은 상태였고 그 문제에 대하여 고심하고 있었다.

③ 우는 우연히 대상(臺桑)이라는 곳을 지나다가 도산씨와 부부의 정을 맺게 된다.

④ 그 후 우는 결국 도산씨를 남겨두고 떠났다.

물론 우 역시 역사적 과업을 완수하여야 할 '임무'와 사랑하는 여인에 대한 '감정'의 경계에서 많은 갈등과 고뇌를 하였을 것이다. 그리고 그러한 대립과 갈림길의 상황에서 시대적 영웅이 선택할 수밖에 없었던 것은 도산씨를 떠나는 것—적어도 표면적인 해석은 여기에서 그친다—이었을 것이다. 하지만 굴원이 던져 준 모호한 질문들은 그렇게 단순하게 해결되지 않을 문제들인 것 같다. 우리를 가장 곤혹스럽게 하는 것은

---

2 중국 남방의 초(楚) 지역을 중심으로 유행하였던 『초사(楚辭)』는 고대의 신화와 전설 및 초 지역의 방언이나 풍속 등 신화학적 · 민속학적 · 종교학적으로 매우 풍부한 내용을 보유하고 있는 문화적 유산이다. 더욱이 초사는 오늘날 신화나 전설의 원형을 연구하는 데 중요하게 다루어지고 있는데 작품들 대부분이 중국의 정통성이 확립되었던 한대(漢代) 이전에 쓰여졌다는 것과 위치적으로 중앙의 제도적 구속으로부터 자유로웠던 남방에서 유행하였다는 것, 즉 이러한 시간적인 문제와 공간적인 문제는 고대부터 구전된 전승들의 원형을 이해하는 데 큰 이점을 준다.

위의 구조 중 ③번 즉 '대상'이라는 장소에서 벌어진 그들의 '야합(野合)'이라는 사건인데 이후의 논의에서 밝혀 나가겠지만 ④번이라는 결과는 ③번이라는 원인이 놓여져 있었다는 추론에서 시작한다. 대상과 야합—이 두 단어는 분명 심층적으로 고대의 민속학적 · 문화적 맥락과 연결되어 있지만 그럼에도 불구하고 야합이라는 '불명예스러운' 행위 때문에 그들의 만남은 이후 서사를 해독하고 만들어 나갔던 이들의 곱지 않은 시선들에 의하여 왜곡되고 변형되었을 상황을 짐작해 볼 수 있다. 이 때문인지 우와 도산씨의 이야기에 대한 후대의 전승에서 ③번의 구성 요소는 유독 심하게 굴곡되지만 ④번이라는 결과는 여전히 유지되고 있음을 발견하게 된다. 성급한 결론인지는 모르겠지만 더 나아가 당대(唐代)의 전기(傳奇) 이후부터 남녀의 애정을 주제로 다룬 서사 중 비극으로 끝나는 상황—이 때 여자 주인공은 주로 기생이거나 여우가 여자로 둔갑한 자들로서 결국 비참하게 남자에게 버림받는다—의 배경에는 ③번과 ④번의 과정을 겪은 도산씨의 그림자가 원형으로 남아 있었던 것임에 틀림없다.

다시 이 문제를 해결할 단서를 찾기 위하여 『여씨춘추(呂氏春秋)』「음초편(音初篇)」의 한 문장을 살펴보면 다음과 같다.

> 우는 공적을 쌓고 도산의 여인을 만났다. 우가 아직 배필을 만나지 못하고 남쪽의 땅을 돌면서 살피고 있는데 도산씨의 여인은 이내 그 하녀를 시켜 도산의 남쪽에서 우를 맞아들이게 하였다. 그리고는 노래를 지어 "그대를 기다리고 있지요"라고 불렀으니 실제적으로 남음(南音)의 시초가 되었다.[3]

---

3 『여씨춘추(呂氏春秋)』「음초편(音初篇)」: "禹行功, 見塗山之女, 禹未之遇而巡省南土. 塗山氏之女乃命其妾待禹于塗山之陽, 女乃作歌, 歌曰: '候人兮猗!' 實始作爲南音."

「음초편」이란 각 지역에서 발생한 노래, 음의 기원에 대하여 설명한 기록인데 그래서인지 이 문장에서 이야기의 중심은 우와 도산씨의 만남과 헤어짐이 아니라 도산씨와 그녀가 만들어 부른 노래에 초점이 맞추어져 있는 것으로 보인다. 그리고 이제 도산씨는 「천문」에서의 소극적인 모습에서 벗어나 적극적으로 자신의 사랑을 찾아나서는 여인으로 움직이고 있다. 우가 도산의 근처를 지나가고 있다는 사실을 안 도산씨가 하녀를 시켜 맞아들이게 하고 노래를 지어 불렀다는 이야기는 『오디세이』의 항해에서 사이렌이 황홀한 노래로 율리시즈를 불러들였던 전설만큼이나 매혹적이다. 하지만 도산씨의 불행은 바로 그 지점에서 시작되는 것 같다. 그것은 그저 평범하고 단순한 노래일 뿐이었으나 불리어지자마자 어떤 마력을 발휘하여 모든 것을 황홀함 속으로 빠져들게 하는 것이 되었다. 그리고 남자를 기다리며 노래를 불렀던 그녀의 목소리는 급기야 음란하다는 혐의를 받으며[4] 허구적이고 위험한 것으로 전락되고 말았다. 역시 같은 원전의 「당무편(當務篇)」에서 작자가 "우는 음란한 뜻을 품었다"[5]고 기록하고 있듯이 우와 도산씨의 만남에 대한 편견은 이미 그 이전부터 전해져 왔음을 알 수 있다. 어쩌면 도산씨의 행위는 인간으로서 지닐 수밖에 없는 본능인 에로스의 원칙을 스스로 받아들였다는 데에서 비롯된 것일 수 있으며 그녀 자체는 다산·풍요·자연의 힘 등

4 문일다(聞一多)는 여자가 자신의 정욕을 자유분방하게 표현하면서 남자를 기다리며 불렀던 노래의 시초를 『시경(詩經)』「조풍(曹風)」·「후인(候人)」으로 보는데 특히 "어리고 예쁜 소녀들이야 굶주리는 수밖에(婉兮孌兮, 季女斯飢)"라는 마지막 구절에서 '굶주림'으로 해석되는 '기(飢)'자를 앞서 각주 1)에서 언급되었던 '입맛'과 '배부름' 즉 '미(味)' 자와 '포(飽)' 자와 상통하는 표현으로 분석한다. 바로 이러한 맥락은 『여씨춘추』에서 우를 기다리며 노래를 불렀던 도산씨의 모습으로 이어지게 되는데 이로써 도산씨는 '음란한 여인'으로 낙인찍히는 것에서 벗어날 수 없었을 것이다. 문일다(聞一多), 「고당신녀 전설에 대한 분석(高唐神女傳說之分析)」, 『신화와 시(神話與詩)』(上海: 華東師範大學出版社. 1997), pp. 86-90.

5 『여씨춘추(呂氏春秋)』「당무편(當務篇)」: "禹有淫湎之意."

다양한 의미의 층위들을 내포하는 여신을 표상하는 존재로 해석될 수도 있을 것이다. 하지만 이야기의 순수함은 곧 정지되어 버리고 거기에는 금기를 위반하였다는 혐의, 즉 야합이라는 비합법적인 성행위를 한 것에 대한 박해의 굴레가 씌워진다. 그녀의 관능적 욕망은 죄악시되었으며 이로써 '우'라는 성현의 개인적 존엄성에는 균열이 일어나게 되었다. 분명 후대의 유학자들은 고대로부터 물려받은 에로틱한 이야기를 어떻게 받아들여야 할지 당황하였을 것이며, 이에 대한 해석의 최선책으로 유가적 알레고리를 사용하여 이를 압축 혹은 변절시키는 일에 동참하였을 것이다. 이제 유교가 지배 이데올로기로 정착되어 갔던 한대(漢代)의 문헌들 속에 이르면 도산씨는 우의 합법적인 후비로 묘사되고 그들의 야합은 삭제되거나 정당화된다. 매우 흥미로운 현상이 아닐 수 없다.

주지하듯이 한대, 특히 무제(武帝)가 재위하였던 50여 년(B.C. 141~87)은 황실의 통일, 중앙집권의 강화, 변경의 개척 및 대외 관계의 발전이라는 일련의 계획들을 통하여 미증유의 번영을 맞게 된다. 그리고 철학적 · 과학적 · 문화적 기틀에서도 변화가 일어나는데 황제의 통치권을 우주 체계의 핵심적인 요소로 간주하는 동중서(董仲舒, B.C. 179~104) 사상의 대두, 새로운 역법(曆法)의 개정, 제국의 이데올로기를 노래한 부(賦)의 유행 등은 중국의 정체성 확립에 중요한 역할을 하게 된다. 바로 이러한 시대적 흐름 속에서 상고 시기의 황제에서 무제에 이르는 약 3천 년간의 역사를 기전체(紀傳體)로 서술한 역사 기록이 출현한 상황은 매우 의미심장한 일이라 할 수 있다. 이는 곧 한대가 황제(黃帝)부터 하(夏) · 은(殷) · 주(周) · 진(秦)으로 이어지는, 정당한 정복에 의한 계승자로 스스로 인정하려는 관념들을 생산하게 되는데 한대의 정체성의 본질이 시간적으로 어떠한 근원으로부터 형성되어 왔는가를 찾으려는 노력은 특히 화하족(華夏族)의 시조, 중화 문명의 창시자로 표상되는 황제(黃帝)에 대한 행적을 『사기(史記)』의 첫머리에 배치하였던 데에서 극명하게 드러난다. 더욱이 자기 존재의 근거를 마련하려는 시도들은 최초로 통합된 국가로 인정되는 한대에 대한 기록, 「하본기(夏本紀)」의 서두와 말미에서 서술되고 있는 문장의 구조 속에서도 찾아볼 수 있다. 이렇듯 기원에 대한 고심은 "누구의 아버지는 누구이고 그 아버지의 아버지는 누구이다," 혹은 "누구가 죽자 그의 아들이 그 자리를 계승하고 그 아들이 죽자 그 아들의 아들이 뒤를 이었다"[6]로 기술되는 계보학으로 이어지고, 이러한 담론이 필연적으로 강력한 가부장적 위계질서를 세우는 데 중심적인 배경으로 작용하였을 것이라는 점에는 의심할 여지가 없다.

이렇듯 공식 담론의 언어는 권력과 시간을 의미 있고 새롭게 연결시키려는 모색을 하게 되고 역사의 언어가 경험적으로 과거의 실제적 사건을 참조할 때 어떤 돌연변이적인 상황에 대한 설명은 새로운 권위에 의하여 대체된다. 일찍이 지라도트(N. J. Girardot)가 지적하였듯이 오늘날 우리에게 전해지는 고대 성왕들이나 영웅들에 대한 원전들을 대할 때 주의하여야 할 것은 그것이 한대에 정통성을 확보한 유생들의 편집에 의하여 역사화되고 도덕화된 2차 자료라는 점이다.[7] 역사의 윤곽에 짜맞추려는 한대의 체계적인 노력이라는 여과지를 통과한 원전들은 이러한 과정을 통하여 다양한 주변의 담론들을 왜곡시키고 억누르기도 하는 작용을 하였을 것이다. 이 과정에서 이질적이면서 때로는 이단이기도 한 담론의 형태들이 검열 · 전환 · 생략 등의 과정을 통하여 무시되었

6 예를 들어 『사기』 「하본기」는 "하우의 이름은 문명이라고 하였다. 우의 아버지는 곤이라고 하였으며 곤의 아버지는 전욱이라고 하였다. 전욱의 아버지는 창의라고 하였으며 창의 아버지는 황제라고 하였다(夏禹, 名曰文命. 禹之父曰鯀, 鯀之父曰帝顓頊, 顓頊之父曰昌意, 昌意之父曰黃帝.)"로 시작하여 "공갑이 죽자 아들인 고가 즉위하였고 고가 죽자 아들인 발이 즉위하였다. …… (孔甲崩, 子帝皐立. 帝皐崩, 子帝發立.……)"로 끝을 맺고 있다.

7 N. J. Girardot, "The Problem of Creation Mythology in the Study of Chinese Religion," *History of Religions* (1976). Vol. 15, No. 4.

을 가능성을 배제할 수 없다.[8] 사마천(司馬遷, B.C. 145~86)은 마치 『여씨춘추』에서 "우는 음란한 뜻을 품었다"고 하였던 평가에 대해 변론이라도 하듯 『사기』 「하본기」에서 다음과 같은 사건을 기록하고 있다.

> 순(舜)이 이르기를 "단주(丹朱)처럼 오만하여 오직 게으르게 놀러다니는 것만 좋아하지 말아야 하며 강에 배를 띄우고 계집에 빠져들어 이로써 세상일과 멀리 떨어지지 말아야 하니 너는 능히 이를 따를 수 없을 것이다"라고 하자 우는 "저는 나흘 동안 도산의 여인을 맞았고 계(啓)가 태어났으나 저는 그 아이를 아들로 여기지 않아 이 때문에 홍수를 다스리는 공적을 쌓을 수 있었습니다. ……"라고 하였다.[9]

이로써 우는 오랜 시간 동안 받아 왔던 누명에서 완전히 벗어나 절도를 지킴으로써 개인의 내적인 욕구와 정을 자제하는 성군(聖君)의 전범[10]으로 각색된다. 물론 이러한 맥락이 가능하기 위해서는 최소한 도산씨의 내조와 희생이 전제되어야 할 것인데 사마천에게 도산씨에 대한 자리매김은 매우 힘든 작업이었을 것이다. 왜냐하면 사마천이 『예기(禮記)』 「내칙(內則)」에 "예를 갖추어 맞아들이면 처가 되고 예를 갖추지

---

8 Sheldon Hsiao-peng Lu는 고대 중국의 서사의 문제에 대하여 여러 담론의 형성이 국가의 공식적 기관에서 비롯되었던 점을 특징으로 들면서 이 때문에 모든 서사의 문제는 '사(史)'로 귀결될 수밖에 없었으며, 더 나아가 사(史)를 중심으로 한 공식 담론은 문학을 비롯한 기존의 다른 담론의 구조를 무시하거나 규제하는 작용을 하였다고 지적한다. Sheldon Hsiao-peng Lu, *From Historicity to Fictionality*(Stanford: Stanford University Press. 1994), p. 38.

9 『사기(史記)』 「하본기(夏本紀)」: "帝曰, '毋若丹朱傲, 維慢游是好, 毋水行舟, 朋淫于家, 用絶其世. 予不能順是.' 禹曰, '予娶塗山, (辛壬)癸甲, 生啓予不子, 以故能成水土功.' ……"

10 예컨대 『여씨춘추(呂氏春秋)』 「정욕편(情欲篇)」에는 성인(聖人)에 대하여 "성인은 절도를 다스림으로써 욕구를 막으니 이 때문에 그 정을 넘어서는 행동을 하지 않는다(聖人修節以止欲, 故不過行其情也)"라고 설명하는 문장이 보인다.

않고 결혼하면 첩이 된다"[11]라고 명시된 규율을 모를 리 없었을 것이고 그렇다면 도산씨는 우의 '합법적'인 황후가 될 수 없었기 때문이다. 하지만 도산씨가 비록 우와 '점잖지 못한' 관계로 맺어진 여인이지만 우와 그의 아들인 계로 이어지는 하대의 건립 과정에서 우의 '아내' 혹은 계의 '어머니'로서의 도산씨라는 존재 자체는 거부될 수 없었을 것이다. 이 때문인지 도산씨에 대한 어휘에는 선별 혹은 통제가 일어나고 그녀는 새로운 관계의 질서 속에서 위치지어진다. 『사기』「외척세가(外戚世家)」의 서두는 다음과 같이 시작한다.

> 옛부터 하늘의 명을 받은 제왕이나 선대를 이어 백성을 편히 다스리는 군자는 심중의 덕이 넉넉하였던 것만이 아니라 역시 외척의 도움이 있었기 때문이다. 하의 흥기는 도산씨로 인한 것이었지만 걸(桀)의 방탕함은 말희(末喜)로 인한 것이었으며 은의 흥기는 유융(有娀)으로 인한 것이었지만 주(紂)의 죽음은 달기(妲己)를 총애하였기 때문이고 주의 흥기는 강원(姜原)과 태임(太任)으로 인한 것이지만 유왕(幽王)이 생포된 것은 포사(褒姒)에 미혹되었기 때문이다.[12]

『사기』「외척세가」에서 다루어지는 인물들은 황후나 후비들에 한정되어 있기는 하지만 이들에 대한 독립적인 기록이 설정되었던 것은 중국에서 여인들이 최초로 역사의 무대에서 개입해 들어간 계기가 되었다고 할 수 있겠다. 하지만 '도산씨::말희', '유융::달기', '강원과 태임::포사'의 구도로 이들을 대립적 관계에 놓고 전자를 '후비의 덕(德)'을 실현

---

11 『예기(禮記)』「내칙(內則)」: "禮聘爲妻, 奔則爲妾."

12 『사기(史記)』「외척세가(外戚世家)」: "自古受命帝王及繼體守文之君, 非獨內德茂也, 蓋亦有外戚之助也. 夏之興也以塗山, 而桀之放也以末喜. 殷之興也以有娀, 紂之殺也嬖妲己. 周之興也以姜原及太任, 而幽王之禽也淫于褒姒."

한 여인들로, 후자를 나라를 망하게 한 화근으로 설명한 것에서 작자의 의도는 분명하게 드러난다. 사관(史官)으로서의 사마천의 입장에서 후비라는 존재는 통치자의 후손을 낳아 주는 여인으로 인식될 뿐이었으며 만약 이러한 경계를 넘어설 때, 즉 왕의 총애라는 개인적인 감정이 국가 혹은 집단의 행복이나 이익과 충돌하였을 때 그들의 광란적인 사랑은 '음란함(淫)'의 경계로 떨어지는 동시에 일종의 폭력과도 같은 위험한 것으로 죄악시되었음을 알 수 있다. 이러한 관점에서의 서술은 이들과 남성 곧 제왕들과의 결합이 이성간의 개인적이고 심리적인 감정으로부터가 아닌 사회적 관계에서 맺어진 결과물로 이해되고 있었음을 보여준다고 하겠다.[13]

이에 더 나아가 여성들의 다양한 유형과 전범을 제시한 텍스트였던 유향(劉向, B.C. 79~8)의 『열녀전(列女傳)』이 한대에 출현하였다는 점 역시 주목할 만하다. 유향은 『열녀전』에서 모두 모의(母儀)·현명(賢明)·인지(仁智)·정순(貞順)·절의(節義)·변통(辯通)·얼폐(孽嬖) 등 일곱 가지의 유형으로 이상적인 여성상을 제시하였는데 이렇게 설정된 기표들 아래로 여성을 분류하는 작업이란 가부장제 내에서 규정된 바의 여성의 이익을 대변하는 장치로 조직하는 데 유용한 전략으로 작용하였을 것이다. 특히 유향이 「모의전」을 선두에 두었다는 점은 당시 여성의 최우선 과제를 아내와 어머니로서의 역할에 두었던 것을 보여주는데, 이렇듯 『열녀전』은 하나의 지배 담론으로 작용하면서 여성의 위치와 책임을 위치지을 뿐 아니라 남성 지배의 심리와 이데올로기를 낳게 하는 기제가 된다. '모의'라는 기표 아래로 묶여 버린 도산씨에게 자신의 사랑을 찾아나서는 도발적인 모습은 완전히 삭제되며 금지되고 지워진 원래

13 현준(玄峻), 『연상과 인증—중국사상에 대한 새로운 이해[聯想與印證—對中國思想的重新理解]』(北京: 東方出版社. 1994), pp. 23-4.

의 자리에는 '내조'와 '강한 모성'이라는 새로운 의미가 채워진다. 그리고 그렇게 승화된 도산씨의 모습은 매우 성스러워 보이기까지 한다.

> 계(啓)의 어머니는 도산씨의 장녀이다. 하우(夏禹)가 그녀를 아내로 맞아 비(妃)로 삼았다. 이미 계가 태어나고 나흘이 지나자 계는 울기만 하였지만 우는 치수를 위하여 떠나 버렸다. 우는 오직 홍수를 다스리는 과업에만 힘을 썼으니 세 번이나 그 집을 지나갔지만 문 안으로 들어가지도 않았다. 도산씨는 홀로 교훈을 밝히고 교화에 힘썼다. 계가 장성하게 되자 그 덕으로 교화되어 가르침을 따랐으니 마침내 아름다운 이름을 다하였다. 우는 천자가 되었고 계는 왕위를 계승하여 우의 공적이 실추되지 않게 지켰다.[14]

『초사』「천문」에 주를 달았던 유향은 누구보다도 우와 도산씨의 만남에 얽힌 이야기의 원형에 대하여 잘 알고 있었을 것이다. 하지만 그는 굳이 도산씨의 행적을 『열녀전』「모의전」 속으로 분류해 넣고 마침내 우의 '비'로 승격시키면서 그들의 야합을 합법적인 혼인의 형식으로 정당화시킨다. 작자의 이러한 각색은 『열녀전』이 씌어진 의도가 분명하게 드러나는 단서가 된다. 그렇다면 『열녀전』은 이후 동한(東漢) 반소(班昭, 생졸년 미상)의 『여계(女誡)』로부터 청대(清代)에 이르는 중국의 전통 시기에 이상적 여성의 도덕과 윤리 문제를 제시하는 주요한 지침서로 다루어졌음에도 불구하고 과연 '누구'를 위하여 쓰여진 것이었던가? 그것은 바로 '남성'들의 관점에 의하여 생각되고 쓰여지고 가르쳐진, 그들의 행위에 형태를 부여하기 위하여 완성된 텍스트에 다름 아니다. 미

14 『열녀전(列女傳)』「모의전(母儀傳)」: "啓母者, 塗山氏長女也. 夏禹娶以爲妃. 既生啓, 辛壬癸甲, 啓呱呱泣, 禹去而治水. 惟荒度土功, 三過其家, 不入其門. 塗山獨明教訓而致其化焉. 及啓長, 化其德而從其教, 卒致令名. 禹爲天子, 而啓爲嗣, 持禹之功而不殞."

셸 푸코(Michel Foucault)가 성과 권력, 담론의 상호작용에 대하여 논의하였던 바, 17~18세기 당시 성을 대상으로 한 프랑스의 통치가 금지의 엄격함이 아니라 유용하고 공적인 담론들에 의하여 성을 규제하여 왔으며 성에 대한 지혜로운 규제가 국가의 내적 역량을 굳건히 증대시키는 데 이바지해 왔다는 그의 지적[15]은 『열녀전』의 출현이 한대라는 시기에 이루어졌던 배경을 이해하는 데 도움을 준다.

현실을 통제하고자 하는 남성들의 욕망은 새로운 '이름붙이기'의 욕망에서 비롯되며,[16] 이상적인 여인상을 제시하는 데 가장 효과적인 방법은 여신에 대한 상징 조작이었을 것이다. 「모의전」에서 첫 번째 조목에서 여섯 번째 조목에 이르는 여인들이 시조 신화 속에서 등장하였던 여신들이라는 점은 이러한 의도를 잘 보여주는 예라 하겠다. 그 과정에서 불안하게 길항하던 도산씨의 형상은 이후 더욱 곡절을 맞게 된다. 때로는 여우로 혹은 돌로 변형된 모습으로 나타나기도 하고 급기야 후대에 이르러서는 음란한 여인의 선조로 묘사되기도 한다. 풍요로움과 너그러움, 땅을 닮은 여신은 더 이상 위대한 지모신(地母神)의 모습이 아니다. 그저 인간 사회에서 타자로, 주변으로 내몰린 여성들의 모습과 그대로 겹쳐지게 된다.

## 3. 여자 · 여우 · 귀신

섹슈얼리티를 노골적으로 말하고 싶은 위반적인 생각들, 욕망, 관능적 상상력은 이제 가장 관념적이고 허구적인 요소로 변모해 간다. 개인

15 미셸 푸코, 『성의 역사(제1권 앎의 의지)』(나남출판. 1990), 이규현 옮김, p. 43.
16 토릴 모이, 『성과 텍스트의 정치학』(한신문화사. 1994), 임옥희 외 옮김, p. 181.

의 사사로운 욕망이 투여됨으로써 저속하고 추잡한 것이 되어 버린 섹슈얼리티의 문제에는 대상에 대한 전환 · 변형 등의 다양한 효과가 기대되며 자칫 집단의 통일성을 깨뜨릴 위험을 안고 있는 도산씨라는 표상은 움직이는 균열들 속에서 불안하게 길항한다. 아버지-군주의 법이 이미 사회의 원리로 확고하게 정착해 나갔던 동한(東漢) 시기의 원전들 속에서 다시 이러한 징표들을 찾아볼 수 있다. 『오월춘추(吳越春秋)』에는 도산씨와 우의 만남에 대하여 다음과 같이 전하고 있다.

> 우는 나이 서른이 되도록 아내를 맞지 않고 있었는데 결혼할 때가 늦어져 후사를 잇지 못하게 될 것을 걱정하였다. 이에 "내가 아내를 얻을 때에는 반드시 어떤 징조가 나타날 것이다"라고 말하였더니 이내 아홉 개의 꼬리가 달린 흰 여우가 우에게 다가왔다. 우는 "흰색은 나의 옷색깔이며 꼬리가 아홉 개인 것은 내가 왕이 될 징조이다. 도산의 노래에 '짝을 찾아 어슬렁거리는 흰 여우, 아홉 개의 꼬리는 크고 탐스럽기도 하여라. 우리 가문은 경사스럽게도 맞아들인 손님이 왕이 되었네. 가문을 일으켜 나는 저 번창함을 이루게 되었도다. 하늘과 인간의 만남은 여기에서 이루어졌네'라고 하였으니 이는 징조임에 틀림없다"라고 말하였다. 우는 이로 인하여 도산의 여자를 아내로 맞아 그녀를 여교(女嬌)라 불렀다. 우임금은 여교와 신(辛) · 임(壬) · 계(癸) · 갑(甲) 나흘을 같이 보내다가 떠나 버렸다. 열 달이 지나서 여교는 아들 계를 낳았는데 계는 태어나서 아비를 보지 못하여 밤낮으로 울었다.[17]

---

17 『오월춘추(吳越春秋)』「조왕무여외전(趙王無余外傳)」: "禹三十未娶, 行到塗山, 恐時之暮, 失其制度. 乃辭云, '吾娶也, 必有應矣. 乃有九尾白虎造于禹. 禹曰, '白者, 吾之服也. 其九尾者, 王者之證也. 塗山之歌曰, 綏綏白虎, 九尾龐龐. 我家嘉夷, 來賓爲王. 成家成室, 我造彼昌. 天人之際, 于玆則行. 明矣哉. 禹因娶塗山, 謂之女嬌. 娶辛壬癸甲, 禹行. 十月, 女嬌生子啓. 啓生不見父, 晝夕呱呱啼泣."

꼬리가 아홉 개 달린 여우, 구미호는 중국뿐 아니라 우리의 설화 문학, 심지어 오늘날 영상 매체에서도 매우 익숙하게 다루어지는 대상이다. 하지만 위의 예문에서 보여지는 구미호의 이미지는 오늘날 우리가 인식하고 있는 그 익숙함처럼 흉악하고 음란하고 사람을 해치는 존재로 보이지 않는다. 『시경(詩經)』이나 『산해경(山海經)』 등의 원전들 속에서 찾아볼 수 있는 바, 여우라는 동물이 표상하였던 원래의 이미지는 처음부터 부정적인 이미지를 내포하고 있지는 않았던 것으로 보인다. 더 나아가 적어도 위진남북조시대 이전의 원전들, 예를 들어 『예기(禮記)』나 『백호통의(白虎通義)』 등에서도 확인해 볼 수 있듯이 여우의 초기의 이미지는 유가적 덕목을 갖춘 존재로 나타난다.

우선 여우는 『시경』 중 특히 발랄하고 건강한 남녀의 애정을 부른 노래에서 사랑을 찾아나서는 심정에 대한 메타포에 주로 사용되었던 모티프였다.[18] 그리고 다른 한편으로 여우는 매우 영험한 힘을 발휘하는 짐승으로 설명되기도 하였는데 『산해경』 「남산경(南山經)」의 내용에 의하면 여우를 잡아먹은 사람은 요사스러운 기운을 물리칠 수 있다고 전해졌음을 알 수 있다.[19] 동진(東晉)의 곽박(郭璞, 276~324)은 『산해경』 「대황동경(大荒東經)」 중 청구국(靑丘國)의 구미호에 대하여 "천하가 태평하면 나타나니 상서로움의 징조가 된다"고 주를 달기도 하였는데[20] 곽박이 살았던 동진은 이미 여우가 부정적인 이미지로 인식되기 시작한 시기였지

18 「제풍(齊風) · 남산(南山)」에는 "남산은 높다란데 숫여우는 어슬렁거리며 다니네(南山崔崔, 雄狐綏綏)"라고 되어 있으며 「위풍(衛風) · 유호(有狐)」에는 "어슬렁거리는 여우는 기수 돌다리를 배회하고 있네(有狐綏綏, 在彼淇梁)"라는 구절이 보이는데 여기에서 '수수(綏綏)'라는 표현은 홀로 짝을 찾아 헤매는 모습을 형용한 것이다.

19 『산해경』 「남산경」에는 "이곳의 어떤 짐승은 생김새가 여우 같은데 아홉 개의 꼬리가 있으며 그 소리는 마치 어린애 같고 사람을 잘 잡아먹는다. 이것을 먹으면 요사스러운 기운에 빠지지 않는다(有獸焉, 其狀如狐易九尾, 其音如嬰兒, 能食人. 食者不蠱)"라고 되어 있다.

만 당시만 해도 길조로서의 구미호의 이미지가 여전히 유효하였던 것으로 보인다. 더욱이 길조로 인식되었던 구미호에 대한 기록은 『백호통의』에 자세히 설명되어 있다. 『백호통의』 「봉선(封禪)」에서 구미호는 봉황(鳳凰)이나 기린(麒麟), 흰 호랑이 등과 함께 길조로 다루어졌는데 작자는 구미호의 아홉 개의 꼬리에 대하여 황제가 아홉 명의 비(妃)를 얻어 자손이 번창하게 되는 징조로 해석하였다.[21] 이 때 흰색의 구미호에서 '희다'는 색깔은 '중화(中和)'의 의미를 상징하는 것으로 인식되었으며[22] '9'라는 숫자는 고대 중국에서 전통적으로 '길함', '많음', '우주'를 형상화한 기호로 해석되기도 하였다.[23] 마이클 로이(Michael Loewe) 역시 구미호의 9는 『천문』에서의 '곤륜구벽(崑崙九壁)', 『회남자(淮南子)』에서의 '구천(九天)', 위진남북조 시기 도교 제의에서 사용되었던 구화등(九華燈) 등의 이미지와 무관하지 않으며 여기에는 곧 낙원의 의미가 내포되어 있다고 지적한다.[24] 더 나아가 『예기(禮記)』 「단궁(檀弓)」 상(上)이나 『백호통의』 「봉선」에 기록되어 있듯이 여우는 죽을 때 살았던 곳을 향하여 돌아보는 동물로 알려지면서 근본을 잊지 않는 정신, 즉 '인(仁)'

---

20 『산해경』 「대황동경」 중 "청구국에는 구미호가 있다(青丘之國, 有狐九尾)"라는 문장에 대해 곽박은 "태평하면 나타나니 상서로움의 징조가 되었다(太平則出而爲瑞也)"라고 주를 달았다.

21 『백호통의』 「봉선」에는 "반드시 아홉 개의 꼬리라고 하는 것은 무엇을 말하는가? 아홉 명의 비를 얻어 자손이 번창한다는 것이다(必九尾者何? 九妃得其所, 子孫繁息也)"라는 문장이 보인다.

22 『설문해자』의 '호(狐)'자에 대한 해석에서 "그 색은 중화(中和)이다(其色中和)"라는 언급이 보인다.

23 고대 중국에서 최대치의 수는 '9'라고 인식되었는데 조국화(趙國華)는 신강(新疆)에서 출토된 부석에 남성의 성기와 '卍'이라는 부호가 동시에 새겨져 있는 사실—卍은 구(九) 자의 형태와 유사해서 숫자의 의미를 지닌다—로부터 9는 신성함, 다산 혹은 생식을 의미하는 숫자로 숭배되었다고 지적한다. 조국화(趙國華), 『생식숭배문화론(生殖崇拜文化論)』(北京: 社會科學出版社. 1990), p. 199.

24 Michael Loewe, *Ways to Paradise* (London: George Allen & Unwin Ltd. 1979), pp. 107-8.

에 대한 비유로도 자주 거론되었는데 이러한 문장들은 오늘날 우리가 보편적으로 이해하고 있는 여우의 이미지가 그 원형이 매우 심하게 굴곡된 이후의 형태라는 것을 보여준다.[25]

이렇듯 여우는 초기에 긍정적인 평가를 받았음에도 불구하고 언제부터인가 그 이미지는 점차적으로 굴절되기 시작한다. 앞서 인용하였던 『오월춘추』의 문장에서 분명 흰색의 구미호는 우에게 환영받는 존재로 묘사되고 있지만 전혀 개연성이 없어 보이는 도산씨와 여우라는 두 존재는 서로가 환영처럼 하나의 인물 속에서 교묘하게 겹쳐진다. 우가 맞아들인 아내는 과연 사람으로서 도산씨라는 여인이었던가 아니면 여우라는 동물 그 자체였던가? 후대로 이르면서 그들의 결혼에 관한 이야기들은 끊임없이 변질되고 조작된다. 도산씨의 육체가 지니는 의미는 이미 상실되었고 엄숙한 유교 중심의 사회에서 고안된 혼례의 장치에 의하여 도산씨의 성적 욕망은 변형되고 말았다. 그리하여 우라는 남성에 반사되고 물화된 대상의 이미지 속에 얽히게 되면서 여우로 둔갑하기 시작한 도산씨는 당대의 전기에 이르면 '도산구미호(塗山九尾狐)'로, 청대의 『요재지이(聊齋志異)』에는 급기야 여우의 선조로 불린다.[26] 규율과 도덕의 구조화에 의하여 지지되는 가부장제에서 남성의 섹슈얼리티는 당연하게 여겨질 수 있었지만 여성의 그것은 대부분 의문어린 시선에 의하여 통제된다. 어쩌면 도산씨에 대한 적대적인 이미지의 형성은 천

25 『예기』「단궁」상에는 "옛사람들이 말하기를 '여우는 죽으면서 언덕의 머리를 향한다고 하였는데 이는 인(仁)이다'라 하였다(古之人有言曰, 狐死正丘首, 仁也)"라고 기록되어 있으며, 역시 『백호통의』「봉선」에는 "구미호란 무엇인가? 여우는 죽으면서 자신이 살았던 언덕을 향하여 돌아보니 근본을 잊지 않는다(狐九尾何? 狐死首邱, 不忘本也)"라는 문장이 보인다.

26 『요재지이』 중 「청봉(靑鳳)」에는 사람으로 둔갑한 늙은 여우인 수(叟)가 "나는 도산씨의 후예입니다(我塗山氏之苗裔也)"라고 말하는 문장이 보인다. 이렇게 볼 때 도산씨와 여우의 이미지의 결합은 당대 전기로부터 시작하여 청대에 이르러서는 민간에서도 익숙하게 인식되었던 것으로 보인다.

재적인 예술적 감성을 지니고 있거나 의술(醫術)을 지닌 여인들이 그들의 두드러짐을 거부하는 사회에서 남성을 위협하는 존재로 낙인찍히면서 받았던 박해, 마녀사냥과도 같은 맥락에서 이해될 수도 있을 것 같다. 도산씨가, 아니 구미호가 불렀던 노래는 이제 사이렌이나 로렐라이가 불렀던 그것보다 더욱 파괴적인 힘을 발휘하는 것으로 간주된다. 역시 이 문맥에서도 두 사람의 만남이 비극적으로 끝나는 것에 주목해 볼 필요가 있다.

그런데 여러 신화학자들은 민속학적 연구 결과에 토대를 두고 『오월춘추』에서의 여우는 여우를 토템으로 숭배하였던 도산씨라는 씨족을 상징한 것이라고 해석하기도 한다.[27] 문일다(聞一多)는 고대의 고매신(高禖神)에 대하여 분석하면서 도산씨를 서왕모(西王母) · 여와(女媧) · 고당신녀(高唐神女) 등과 함께 고대의 선비(先妣)로 숭배되었음을 고증한 바 있다.[28] 진굉(陳宏) 역시 여우는 하 · 은 · 주 3대에 걸쳐 결혼과 애정, 생명을 관장하는 고매신으로 숭배되었으며, 특히 『오월춘추』에서의 내용은 하민족이 여우를 토템으로 숭배하였던 사실을 증명해 주는 예라고 주장한다.[29] 확실히 도산씨는 고대에서 고매신으로 숭배되었던 것으로 보이는데 이에 대한 또 다른 흔적을 『한서(漢書)』의 주에서 찾아볼 수

---

27 그 대표적인 논의로 공유영(龔維英), 「고대신화와 명청 장편소설[古神話與明清長篇小說]」[『명청소설연구(明清小說研究)』. 1998. 第3期]과 하신(何新), 「중국 신화 중 여우 이야기에 대한 새로운 해석(中國神話中狐狸精故事新解)」[『서림(書林)』. 1998. 第1期] 등을 들 수 있겠다. 그 외에 요립강(姚立江), 「여우 이야기에 대한 또 다른 해석(狐狸精怪故事別解)」[『민간문학논단(民間文學論壇)』. 1990. 第5期]; 주애명(周愛明), 「여우 아내 이야기의 발생과 발전에 대한 논의(論狐妾故事的生成與發展)」[『민간문학논단(民間文學論壇)』, 1990, 第5期]; 진굉(陳宏), 「여우 이야기 원형에 대한 문화적 해석(狐狸精原型的文化闡釋)」[『북방논총(北方論叢)』. 1995. 第2期] 등에서도 『여씨춘추』에서 도산씨가 여우로 표현되었던 맥락에 대하여 하민족(夏民族)이 여우를 토템으로 숭배하였던 흔적으로 해석한다.

28 문일다(聞一多), 「고당신녀 전설에 대한 분석을 보충하여(高唐神女傳說之分析補記)」, 『신화와 시(神話與詩)』(上海: 華東師範大學出版社. 1997), p. 121.

있겠다.

> 우가 홍수를 다스리고 헌원산(轘轅山)을 지나다 곰으로 변하였다. 우가 도산씨에게 일러 말하기를 "음식을 보내려면 북소리를 듣고 이내 오시오"라고 하였다. 우가 돌 위로 뛰어올랐는데 잘못하여 북을 치게 되었다. 도산씨가 갔는데 우가 막 곰으로 변하려는 것을 보고는 부끄러워하며 떠나 버렸다. 숭고산(嵩高山) 아래에 이르러 돌로 변하여 막 계를 낳으려고 하는데 우가 "나의 아들을 돌려다오!"라고 하자 돌은 북쪽으로 향하여 쪼개어지고 계가 태어났다.[30]

위의 예문은 당대 안사고(顔師古, 630년 전후로 활약한 사학자)가 『한서』「무제기(武帝紀)」의 주에 『회남자』를 인용하면서 기록한 문장인데 현재 전해지는 『회남자』 판본에는 찾아볼 수 없다. 『천문』이나 『여씨춘추』·『오월춘추』 등에서 보이는 내용과는 매우 다른 구조를 취하고 있는 것을 볼 때 아마도 작자는 문언으로 기록되어 전해지는 것 이외에 당시 민간에서 유행하고 있었던 또 다른 전승을 듣고 기록한 것으로 추측된다. 그런데 여기에서 도산씨가 돌로 변하였다는 상황 설정은 매우 흥미롭다. 중국뿐 아니라 세계적으로 고대의 고매(高禖) 제의에서 돌이 다산(多産)을 상징하는 주물(呪物)로 숭배되었던 것을 감안한다면 도산씨와 돌 이미지와의 결합은 그다지 낯설어 보이지는 않는다. 돌로 변한 도산씨, 우의 외침, 그리고 어머니의 죽음에 이은 계의 탄생—영웅의 출

---

29 진굉(陳宏), 「여우 이야기 원형에 대한 문화적 해석(狐狸精原型的文化闡釋)」, 『북방논총(北方論叢)』, 1995, 第2期.

30 『한서(漢書)』「무제기(武帝紀)」: "禹治鴻水, 通轘轅山, 化爲熊. 謂塗山氏曰, '欲餉, 聞鼓聲乃來.' 禹跳石, 誤中鼓. 塗山氏往, 見禹方作熊, 慚而去. 至嵩高山下, 化爲石, 方生啓. 禹曰, '歸我子!' 石破北方而啓生."

생—에 관한 설화에서 어머니의 흔적이 지워지는 이러한 시퀀스는 마치 종법(宗法)이 구체화된 부계 사회의 종적인 권력 구조의 모습을 보여주는 듯하다. 더욱이 돌 · 나무 · 물 등은 종종 영웅의 탄생에 관련된 전설에서 집약적으로 쓰여졌던 상징물들인데 중국의 신화에서 도산씨 · 우 · 고매 · 사(社)는 모두 신성함, 태초의 풍요로움, 창조, 출산 등 돌과 관련된 의미의 그물망을 형성하게 된다.[31] 특히 사(社)에서 고매신에게 드리는 제사는 국가적으로 다산과 풍작을 비는 주술적 차원에서 거행되었는데 『예기』「월령(月令)」에는 다음과 같은 기록이 보인다.

> 음력 2월 …… 이 달이 되면 현조(玄鳥)가 날아온다. 현조가 온 날에 태뢰(太牢)로 고매신에게 제사를 드린다. 천자가 친히 행차하며 후비는 아홉 명의 후궁을 거느린다. 이내 천자가 행차한 곳에 예를 갖추어 활과 활집을 가지고 가서 화살과 활을 고매신 앞에 드린다.[32]

천자가 아홉 명의 후궁들을 거느리고 제의를 지내는 모습은 구미호의 아홉 개 꼬리에 대한 『백호통의』의 문장, 즉 천자가 아홉 명의 후궁을 얻어 자손이 번창하게 되는 것에 대한 은유적 해석을 연상시킨다. 문일다는 사(社)에서의 제사에 대하여 '시녀(尸女)'를 바쳤던 것과 비슷하다고 지적하는데[33] 이 때 시녀는 사지를 펴고 엎드려 있는 모습을 모방한 자로서[34] 그렇다면 시녀란 성행위의 동작을 모방하여 춤추는 무녀였다고 추측해 볼 수 있을 것이다.[35] 한편 "고매신의 제단에 활과 화살을 두었다"

---

31 Wang Jing, "The Mytholgy of Stone: A Study of Intertextuality of Ancient Chinese Stonelore and Three Classic Novels" (University of Massachusetts Ph. D. Dissertation. 1985), pp. 155-7.

32 『예기(禮記)』「월령(月令)」: "仲春之月 …… 是月也, 玄鳥至. 至之日, 以太牢祠于高禖. 天子親往, 后妃帥九嬪御, 乃禮天子所御, 帶以弓韣, 授以弓矢于高禖之前."

33 문일다,「고당신녀 전설에 대한 분석(高唐神女傳說之分析)」, 앞의 책, p. 102.

는 남녀의 교합을 상징하는 것으로 해석되기도 하는데[36] 이렇게 볼 때 사(社)라는 제단에서 거행되었던 제의에는 여러 상징적이고 비유적인 장치를 통하여 일종의 극을 재연하였던 형식이 가미되어 진행되었던 것으로 보인다. 그러한 과정에서 분명 어떤 강력한 효과를 얻기 위하여 때로는 음란한 춤이나 난행(亂行)이 이루어졌을 것이다.

이러한 제의적 행위는 황실뿐 아니라 민간에서도 성행하였는데 특히 음력 2월에 이루어진 광란의 축제에는 남녀가 집단적으로 성교를 벌였던 것으로 전해진다.[37] 음력 2월은 곧 3월 말에서 4월 초에 해당되는 시기인데 만물이 생성하는 봄의 절기에 남녀가 모여 넉넉하게 먹고 마시고 즐기다가 연회가 끝나면 야합을 하였던 풍속은 곧 고매신에 대한 숭배라는 종교적 의미를 지닌다고 하겠다. 역시 이는 서구의 주신제(酒神祭)에서 풍요를 보장받기 위하여 행하였던 집단 혼음 즉 오르기(orgy)와도 유사함을 보여준다. 집단적 환각 상태와 파괴적인 행위는 자연의 창조력과 생산적인 진보를 일으키며 사회의 심층부에 내재된 무한한 욕망

---

34 호적(胡適)이나 문일다 등 많은 학자들이 『설문해자』에서의 '시(尸)' 자에 대한 해석, 즉 "시(尸)는 펼쳐진 것이다. 누워 있는 형상을 본떴다(尸, 陳也, 象臥之形)"라는 의미에서 시녀(尸女)의 의미를 해석하고 있다.

35 하신(何新), 『신(神)의 기원(起源)』(동문선. 1990), 홍희 옮김, p. 178.

36 만건중(萬建中), 「중국 고대의 사랑의 명절 – '중춘지회'의 형성과 발전(中國古代的性愛節日 – "仲春之會"的形成及衍化)」, 『동방총간(東方叢刊)』, 1995, 2輯.

37 장명원(張銘遠)의 민속학적 연구에 의하면 고대 중국에서 봄마다 이루어졌던 집단 혼음의 축제는 주로 운남(雲南)과 귀주(貴州) 일대, 광서(廣西) 지역의 소수민족 사이에서 매우 성행하였는데 이러한 풍습은 거의 1930년대까지 이어졌다고 한다. 한편 한족(漢族)의 지역에서는 한대 애제(哀帝) 시기, 관동(關東) 지역에서 서왕모(西王母)에게 기우제를 지내면서 집단적인 혼음이 행해졌다고 전해지는데 사천(四川) 성도(成都)에서 출토된 대량의 벽돌에서 야합도(野合圖)가 전해지는 것을 보건대 동한(東漢) 시기까지만 해도 야합의 풍속은 민간에 남아 있었던 것으로 보인다. 하지만 유교의 제도적 영향으로 민간에서의 이러한 풍습은 일찍이 사라지고 이후 동성(同性)간, 특히 남성들 위주로 행사가 진행되었다고 전해진다. 장명원, 『생식 숭배와 죽음에 대한 저항(生殖崇拜與死亡抗拒)』(北京: 中國華僑出版公司. 1991), pp. 19-33.

을 이야기한다.[38] 어쩌면 그들의 집단 혼음은 그들 스스로 음양의 조화를 체현해 냄으로써 우주의 조화를 불러올 수 있다는 믿음, 곧 일종의 불가사의한 에테르처럼 보이는 사물을 매개로 하여 하나의 사물에서 다른 사물로 신비스러운 공감이 일어나 상호작용을 일으킨다는 주술적 사유[39]에 토대를 둔 행위였을 것이다. 더욱이 『주례(周禮)』의 기록에 의하면 이러한 모임은 매씨(媒氏)라는 관리에 의하여 주도된 것으로 전해지는데[40] 이로부터 음력 2월의 축제는 어느 정도 강제성을 띤 것이었으며, 더 나아가 자연과의 조화를 꾀하고 국가적 기원(祈願)을 목적으로 한 정책과 무관하지 않았던 행사였다고 할 수 있겠다.

그렇다면 『천문』에서 굴원이 던졌던 첫 번째 문제로 다시 돌아가 보자. "도산씨와 우는 왜 대상에서 정을 통하였던가?" 이들의 만남은 어쩌면 단순히 사랑 이야기를 넘어서 고대 농경 문화의 유풍, 바로 다산과 풍요에 대한 기원에서 비롯된 풍요 제의(fertility rites)에 상관된 문학적 표현으로 이해될 수는 없을까? 프라이(Herman Northrop Frye)의 지적처럼 '서술'이란 하나의 행위 모방으로서가 아니라 제의, 즉 인간 행위 전체의 모방으로 진행되는 것이라고 한다면[41] 고도로 상징화된 언어의 형식으로 전해지는 서사 이면에는 고대로부터 반복적으로 행해진 제의적 관

---

38 장 뒤비뇨(Jean Duvignaud)는 거대한 파괴 행위를 구성하는 사건들이 모든 문화와 문명에서 야기되는 변형과 진보를 의미한다고 보았는데 축제는 그것이 지니는 전도성으로부터 근본적으로 이데올로기와 무관할 수 없었다고 지적한다. 이에 대한 논의는 『축제와 문명』(한길사. 1998), 류정아 옮김, p. 252.

39 J. G. 프레이저, 『황금의 가지』(을유문화사. 1983), 김상일 옮김, p. 43.

40 『주례(周禮)』「지관(地官)·매씨(媒氏)」에는 "매씨는 만민의 재판을 관장한다. …… 음력 2월에 남녀들을 교합할 수 있게 하는데 이 때 예를 갖추지 않고 결혼을 하여도 금하지 않는다. 만약 까닭없이 이 명령을 어기는 자는 벌을 받는다. (매씨는) 미혼인 남녀들을 회합하는 일을 관장한다(媒氏掌萬民之判. …… 仲春之月, 令會男女, 于是時也, 奔者不禁. 若無故而不用令者, 罰之. 司男女之無夫家者而會之)"라고 기록되어 있다.

41 노스롭 프라이, 『비평의 해부』(한길사. 1982), 임철규 옮김, p. 148.

습이나 문화적 유산들이 잠재되어 있다는 말이 된다. 그리고 우리는 '서술'과 '제의'라는 두 논리의 긴장으로부터 숨어 있는 무언가를 분석해 내야만 하는데 여하튼 고대의 제왕이 가장 강력한 신권을 보유함으로써 제사장의 위치를 같이할 수 있었다는 장광직(張光直)의 주장[42]은 도산씨와 우의 야합이 개인적인 문제를 떠나 국가 혹은 집단의 안녕과 이익을 위하여 행하여졌던 종교 행사와 무관하지 않았음을 뒷받침하여 준다.

여기에서 특히 우리의 주의를 끄는 대목은 그들의 야합이 대상(臺桑)이라는 장소에서 일어났다는 점인데, 초기의 원전들 속에서 신이나 조상들이 사는 곳 혹은 하늘의 땅의 중심축(axis mundi)인 우주적 나무로 상징되었던 부상(扶桑)나무[43] 아래에서 벌어진 신화적 사건은 분명 어떤 현실적 맥락과 맞닿아 있었을 것이다. 상대(商代) 탕(湯)이 상림(桑林)에 몸을 바치면서 기우제를 지냈다는 사실 역시 부상나무(곧 뽕나무)가 지니는 상징적인 의미를 잘 대변해 주는 예라 하겠다. 만건중(萬建中)은 『여씨춘추』「순민(順民)」의 "하늘이 크게 가물어 5년 동안 수확이 없자 탕은 이내 상림에 몸을 바쳐서 빌었다"[44]는 문장에 대하여 "상림은 구름을 일으키고 비를 내리게 할 수 있다(桑林……能興雲作雨也)"는 고유(高誘)의 주를 인용하면서 운우(雲雨)라는 단어는 성교에 대한 은어였으며 탕이 상림에서 기우제를 지냈을 때에는 음란한 행위를 해보임으로써 비

---

42 장광직은 고대 중국에서 하늘은 바로 인사(人事)에 관한 모든 지식이 쌓여 있는 곳으로 천지간의 교통이 끊긴 뒤부터 하늘과 통할 수 있는 수단을 장악할 수 있는 사람만이 정치적인 지식, 즉 권력을 잡을 수 있었으므로 당시 제왕은 곧 무당의 우두머리였다고 주장한다. 특히 3대 왕조를 건설한 창립자들의 공적들은 모두 무속과 초자연적인 색채를 띠고 있으며 갑골 복사에 왕이 무당춤을 추며 기우제를 올리는 장면이나 꿈을 해몽하는 등의 기록들은 그들이 무당이었음을 증명하여 준다고 지적한다. 장광직, 『신화·미술·제사』(동문선. 1990), 이철 옮김, pp. 85-6 참고.

43 Sarah Allan, *The Shape of the Turtle* (Albany: State University of New York Press. 1991), p. 44.

44 『여씨춘추』「순민」: "天大旱, 五年不收, 湯乃以身禱于桑林."

가 내리도록 유도하였을 것이라고 지적한다.[45] 더욱이 『묵자(墨子)』「명귀편(明鬼篇)」의 기록에서도 보이듯이 조(祖)·사직(社稷)·상림(桑林)·운몽(雲夢) 등의 장소는 모두 남녀가 교합하면서 축제를 벌였던 장소[46]인 동시에 고매신에게 제사를 드렸던 신성한 장소였다는 사실은 대상 역시 그러한 의미를 지니는 공간이었을 것이라는 추측을 가능하게 한다.

봄의 광란의 축제 그 한가운데 있었던 것은 고매신이었고 시초에 도산씨 혹은 여우는 분명 고매신으로서 풍요와 다산, 생명력에 대한 거룩한 느낌으로 다루어지는 대상이었다.[47] 하지만 남녀의 자유로운 만남에 대한 상징이었던 고매신·도산씨·여우는 관습적으로 성적 행위에 가해지는 금기들로부터 음성적인 존재로 전락하게 된다. 비록 그것이 고대로부터 관습적으로 남겨진 유산이라고 할지라도 사회적으로 미치는 파장은 폭발적인 것이었을 것이다. 축제가 해방시켜 주는 것은 단순히 본능 혹은 동물성이 아니라 신성일 것이다. 이 때 신성한 것은 금지된 것과 같으며 더 나아가 속세적 삶의 영역에서 배척된 것이다.[48] 곧 축제의 충동은 인간 속에 내재된 동물적 힘들을 해방시키고 이러한 폭발적인 해방은 일상의 실존적 흐름을 중단시킨다. 규칙의 단절 내지 파괴. 그것

---

45 만건중(萬建中), 앞의 논문.

46 『묵자』「명귀편」에는 "연(燕)에는 조(祖)가 있는데 제(齊)의 사직(社稷), 송(宋)의 상림(桑林), 초(楚)의 운몽(雲夢)에 해당한다. 이곳은 남녀가 모여서 관람하는 곳이다(燕之有祖, 當齊之社稷, 宋之桑林, 楚之雲夢也. 此男女之所屬而觀也)"라는 문장이 보인다.

47 진굉(陳宏)은 「여우 이야기 원형에 대한 문화적 해석(狐狸精原型的文化闡釋)」(『북방논총(北方論叢)』 1995. 第2期)이라는 논문에서 여우의 형상을 '고매신으로서의 여우', '상서로운 동물로서의 여우', '요물로서의 여우'로 분류하고 있다. 그는 여우가 『시경』에서 남녀의 애정에 대한 은유적 표현으로 쓰였을 뿐 아니라 결혼과 애정, 생명력을 관장하는 고매신으로 숭배되었던 점에서 이미 음란한 여인의 의미와 결합될 수 있는 가능성이 내재하고 있었던 것으로 설명한다.

48 조르주 바타이유, 『에로티즘의 역사』(민음사. 1998), 조한경 옮김, p. 127.

은 분명 공포를 불러일으키는 상태였을 것이다. 역시 바타이유(Georges Bataille)는 에로티즘의 문제를 합리적 질서 즉 노동과 이성의 세계와 대비되는 파괴적 위반, 더 나아가 죽음과 폭력의 세계로 파악한다.[49] 그렇기 때문에 정상적 삶을 떠난 성적 충동, 스스로를 파멸시키고 싶은 관능적 욕망은 욕망이기에 앞서 공포이며 금기되어야 할 대상이었을 것이다. 과거의 제의적 관습으로부터 형성된 부정적인 원형은 유용성의 규칙이 지배하는 세속적 삶과 사물들의 질서에 의하여 타자화된다.

이제 남성 중심적 문화의 맥락에서 의미들의 연쇄 작용은 '여우 = 요물 = 여자'를 동일시하게 하며 이 단어들은 사회에서 거부되고 금기시된다. 동한(東漢)의 『설문해자(說文解字)』에서부터 여우는 귀신이 타고 다니는 요사스러운 짐승으로 설명되기 시작하여[50] 위진남북조 시기에 씌어졌다고 전해지는 『명산기(名山記)』에는 "상고시대의 음란한 여인"[51]으로 불린다. 이 지점에서 여우 · 요물 · 음란한 여인은 서로에 대한 은유적 관계를 맺음과 동시에 서로가 서로의 자리에 환치될 수 있는 환유적 관계로 작용한다. 과연 '누구'가 '무엇'을 두려워하였던 것인가? 그것은 자연과 생식의 원칙 자체를 거부하는 것이 아니라 바로 '음(淫)', 즉 뭔가에 미혹되는 것, 그리하여 이성적 사유의 경계로부터 벗어나서 과도한 상태에 이르러 스스로를 죽음으로까지 몰고갈 수 있는 욕망에 대한 '남성'들의 두려움이었을 것이다. 『여씨춘추』「정욕편(情欲篇)」의 문장에서도 확인되듯이[52] 인격체의 최고의 경지로 불리었던, 아마도 전통 시기의 동양에서 모든 남성들이 추구하였던 이상적인 상이었을 성인

---

49 조르주 바타이유, 『에로티즘』(민음사. 1989), 조한경 옮김, pp. 48-9.

50 『설문해자』에는 호(狐)에 대하여 "여우는 요사스러운 짐승이다. 귀신이 타고 다닌다(狐, 袄獸也. 鬼所乘之)"라고 해석하고 있다.

51 위진남북조 시기에 씌어졌다고 전해지는 『명산기(名山記)』의 문장이다. 『예문유취(藝文類聚)』 권95에 인용된 『명산기』의 원문은 다음과 같다. "狐者, 先古之淫婦也."

52 각주 10의 내용을 참조할 것.

(聖人)은 절제나 금욕의 수행을 통하여 완성될 수 있다고 인식되었고 인간의 본성을 초극하는 절제나 금욕 등은 진리의 존재 자체에 더욱 가까이 접근할 수 있게 하는 덕목으로 부각되었던 현실에서 이러한 관념이 형성되었던 것은 어쩌면 자연스러운 현상일 수도 있을 것이다.

그런데 고대 중국의 성에 대한 관념에서 이러한 남성 중심적 사고가 형성될 수 있었던 배경에는 '원기설(元氣說)'이라는 개념이 자리잡고 있었음을 주목해 볼 필요가 있다. 전국(戰國)시기부터 출현하기 시작한 '원기'의 개념은 처음에는 우주의 가장 근원적인 원리로 쓰여졌지만 이후 도교의 전통에서 매우 중요하게 다루어지면서 인간의 원천적인 힘, 즉 '정기(精氣)'의 의미까지 포괄하는 범위로 확장되기에 이른다. 이는 다시 득선(得仙)의 과정에 필수적으로 요구되었던 수련법 중 하나였던 '채보술(采補術)'과 결합하게 되는데 이로써 원기는 남성 중심적인 개념으로 정착하게 되었던 것으로 보인다. 채보술이란 오늘날 방중술(房中術)이라 불리는 도교의 수련법으로서 이미 『한서』「예문지(藝文志)·방기략(房技略)」에 방중팔가(房中八家)가 기록되어 있는 것을 볼 때 방중술의 역사는 매우 오래되었다고 하겠다. 남녀의 성적 결합을 통하여 득선할 수 있다고 믿었던 채보술의 핵심은 음(陰)의 기운을 얻어서 양(陽)의 기운을 보충한다는 '채음보양(采陰補陽)' 혹은 정기의 소모를 극도로 억제하여 그것을 최대한 체내에 축적할 수 있게 하는 '환정보뇌(還精補腦)'에 있었다.[53] 뭔가를 빼앗긴다는 느낌, 그래서 가능한 이를 막고 손실된 것은 어디로부터 보충해 와야 한다는 강박관념은 성적 행위에 대한 남성 중심적 사고의 전형을 보여주고 있다. 행위의 격렬함, 흥분되고 자제가 되지 않는 상태에 대한 두려움, 그러한 상태로부터 육체나 영혼의 중요한 부분이 소모되고 해롭게 될 것이라는 공포심. 물론 동양에서 성

53 사카이(酒井忠夫) 외, 『도교란 무엇인가』(민족사. 1990), 최준식 옮김, p. 238.

적 행위 자체가 지니는 가치에 대한 인식이 서구의 기독교 전통에서 이를 악이나 타락, 죽음과 연결시키는 것과는 근본적으로 차이가 있다고 하더라도 육체의 소모라는 측면에서 성적 활동과 죽음을 연결짓는 관념은 서구와 크게 다르지 않은 것으로 보인다. 그리고 이러한 관점의 이면에는 성행위를 정액의 방출이라는 '남성적' 형태와 동일시하려는 관념이 위치하고 있었다고 할 수 있겠다.[54]

기론(氣論)은 이에 더 나아가 도교의 우주론, 만물의 변화를 설명하는 원리에 토대[55]가 된다. 모든 실체를 기의 집산(集散) 과정의 결과물로 인식하면서 기가 변하여 우주를 형성한다고 믿었던 기화우주론(氣化宇宙論)은 고대의 중국뿐 아니라 동아시아 문화권 일대에서 정령이나 귀신에 대한 이야기가 성행하였던 배경이 되기도 한다.[56] 원시신앙을 흡수한 도교적 사유에서 특히 오래된 사물은 그 속에 정령이 깃들어 산다고 믿어졌으며 그 자체로도 영험함을 지니는 존재로 인식되었는데[57] 아마도 이러한 사유는 고대 중국인들의 무한한 상상력을 자극하였을 것이다. 예를 들어 변신을 자유자재로 할 수 있는 여우에 관한 이야기에서 그 여

---

54 미셸 푸코, 『성의 역사(제2권 쾌락의 활용)』(나남출판. 1990), 문경자 · 신은경 옮김, p. 155.

55 예를 들어 『운급칠첨(雲笈七籤)』 권56 「원기론(元氣論)」에는 기의 작용에 대하여 다음과 같이 언급하고 있다. "혼돈에서 분리된 후 천(天) · 지(地) · 수(水) 세 가지 으뜸되는 기가 인륜(人倫)을 생성하고 만물을 길러 내었다. 인간도 역시 이를 본받아 삼초(三焦) · 삼단전(三丹田)이라고 불렀으니 이로써 몸의 형체를 기르고 정신과 기를 다스린다(混沌分后, 有天地水三元之氣, 生成人倫, 長養萬物. 人亦法之, 號爲三焦 · 三丹田, 以養身形, 以養神氣)."

56 이풍무(李豐楙)는 위진남북조 시기에 정령이나 귀신 이야기가 성행할 수 있었던 배경에 대해 우선적으로 당시 문사(文士)들의 기화철학(氣化哲學)이 크게 작용하였을 것이라고 지적한다. 그리고 이러한 토대 위에서 애니미즘을 비롯한 원시신앙과 민간에서 유행하였던 이단적인 방술이나 도술 등의 요소가 복합적으로 지식인들에게 수용되어 정령이나 귀신 이야기들이 쓰여졌다고 주장한다. 이풍무(李豐楙), 「육조의 요괴 전설과 도교의 법술 사상(六朝精怪傳說與道教法術思想)」, 『중국고전소설연구전집(中國古典小說研究專集) 3』(臺北: 聯經出版公司. 1982), pp. 2-4.

우는 언제나 '늙은' 여우였다는 점을 상기하여 보자. 정령이나 귀신 이야기에서 주로 노인 혹은 오래 묵은 동물이 등장하여 환술을 부리고 변신하였던 것에 대한 묘사는 이러한 사상적 배경에 토대를 두었다고 할 수 있겠다. 『현중기(玄中記)』에는 오래 묵은 여우에 대하여 다음과 같이 단계적으로 설명하고 있다.

> 여우는 50년을 묵으면 여인으로 변할 수 있다. 백년을 묵으면 미녀가 될 수 있으며 신통한 무당도 될 수 있다. 혹은 남자가 되어서 여인과 관계를 맺기도 한다. 천리 밖의 일도 훤히 알 수 있으며 사람을 잘 홀려서 정신을 못 차려 이성을 잃게 한다. 천년을 묵으면 하늘과 통하는 천호(天狐)가 된다.[58]

인내와 고통 속에서 오랜 시간을 거친 여우는 이제 인간이 경험할 수 있는 시간을 초월한 영험함, 심지어 성스러움의 영역까지 넘나들면서 '두려움'과 '경외'의 대상이 된다. 그런데 여우로부터 느끼는 두려움은 거기에서 그치지 않는 것 같다. "수련을 통해서 신선이 될 수 있다(修煉成仙)"는 신선사상의 원칙은 인간뿐 아니라 만물에도 적용되는 것으로 확장되면서 여우가 득선할 수 있는 관건 중 하나는 채보술에 있다고 여겨졌기 때문이다.[59] 여우가 사람의 정기(精氣)를 끌어모음으로써 신선이

57 신선(神仙)사상을 집대성하였던 갈홍(葛洪, 283-343)의 『포박자(抱朴子)』「내편(內篇)」에는 오래 묵은 사물이 지니는 영험함에 대해 다음과 같이 기록하고 있다. "또 오래된 만물에 깃든 정령은 모두 사람의 형체를 빌어 올 수 있어서 사람의 눈을 현혹되게 하기도 하고 항상 사람을 시험해 보기도 한다(又萬物之老者, 其精悉能假託人形, 以眩惑人目而常試人)."

58 『현중기(玄中記)』에서의 원문은 다음과 같다. "狐, 五十歲能變化爲婦人, 百歲爲美女, 爲神巫, 或爲丈夫, 與女人交接. 能知千里外事, 善蠱魅, 使人迷惑失智. 千歲卽與天通爲天狐."

될 수 있다는 관념[60]은 여우를 이제 더 이상 단순한 동물로서가 아닌 '여우+요물'의 합체, 즉 인간의 기를 빼앗고 해칠 수도 있다는 느낌을 불러일으키는 대상으로 인식되게 한다. 이로부터 일어나는 연상 작용은 '양(陽)—혼(魂)—사람' :: '음(陰)—백(魄)—요물'의 대립 구도로 연결될 수 있을 것인데[61] 여기에서 매우 묘한 것은 '사람' 다음의 자리에 '남성', 그리고 '요물' 다음의 자리에 '여성'이라는 기표가 덧붙여져도 논리의 문맥이 자연스럽게 이어질 수 있다는 사실이다. 여성 대명사나 혹은 여성의 의미를 부각시켜 주는 어미가 없었던 중국어에서 모호한 성별을 지니고 있었던 여우는 어쩌면 이러한 연쇄적인 의미 작용에 의하여 부정적인 아니마(anima), 잔인하고 파괴적인 힘으로서의 여성성을 부여받은 것일지도 모른다.[62] 그리고 그러한 과정을 거치면서 '여우=요물=여성'이라는 등가물들은 점차적으로 남성의 시각에서 기피되어야 할 존재로 전락하게 되었을 것이다.

---

59 요립강(姚立江), 「여우 이야기에 대한 또 다른 해석(狐狸精怪故事別解)」, 『민간문학논단(民間文學論壇)』(1990. 第5期).

60 이는 청대(淸代)의 문언 소설 『열미초당필기(閱微草堂筆記)』 권3에서 늙은이로 변신한 여우가 "무릇 여우가 신선이 되는 데에는 두 가지 길이 있는데 그중 하나는 사람의 정기를 끌어모으는 것이다(凡狐之毬仙有二途. 其一采精氣)"라고 하였던 대목에서도 잘 나타난다.

61 당대(唐代) 배형(裴鉶)의 작품인 「손각(孫恪)」에는 장생(張生)이라는 도사가 다음과 같이 말하고 있다. "무릇 사람은 양의 정기를 하늘에서 받고 요괴는 음의 기운을 받는다. 혼이 백을 가려 죄다 없어지게 하면 사람은 오래 살 수 있지만 백이 혼을 가려 막아 버리면 사람은 바로 죽게 된다. 그런 까닭에 귀신과 요괴는 아무런 형태가 없이 전부 음으로 되어 있고 신선은 그림자도 없이 전부 양으로 되어 있다(夫人稟陽精, 妖受陰氣, 魂掩魄盡, 人則長生. 魄掩魂銷, 人則立死. 故鬼怪無形而全陰也, 仙人無影而全陽也.)"

62 자이틀린(Judith T. Zeitlin)은 청대 문언 소설인 『요재지이(聊齋志異)』에서 요괴가 성별의 모호함을 감추면서 양성(兩性)을 교차하는 존재로 묘사될 수 있었던 것은 영어의 경우와는 달리 중국어에서 여성에 대한 언어적 표시가 부재하였던 사실에서 비롯된 것이라고 지적한다. 이에 대한 논의는 Judith T. Zeitlin, *Historian of the Strange*(Stanford: Stanford University Press. 1993), p. 101 참고.

고매 제의에서 숭배되었던 도산씨와 남녀의 애정과 결혼을 관장하던 여우 토템은 인간과 자연의 합일을 추구하였던 주술적 전통으로부터 필연적인 관계로 맺어졌지만 그들의 불행한 조우는 이미 예고된 것이었다. 개인의 본능과 사회적 질서, 규율의 위반과 그것에 대한 금기의 대립 속에서 그것은 버려지고 극복되어야 할 대상이 될 수밖에 없었던 것이다. 이러한 측면에서 볼 때 프로이트(Sigmund Freud)가 제시하는 억압의 가설은 어느 정도의 타당성을 확보할 수 있는 것 같다. 삶의 본능(에로스)과 죽음의 본능(타나토스)이라는 인간의 본능이 무제약적으로 전개되는 쾌락 원칙이 우리의 어느 한 끝에서 움직이고 있다면 이성이 지배하는 현실 원칙은 그 반대편에서 외부 세계의 강요에 의하여 본능들에 대하여 끊임없이 수정을 가하는 총체로 작용한다.[63] 즉 정상적인 것과 사회적으로 유용한 것, 선한 것 사이의 등식을 강요하는 현실 원칙이라는 억압적 질서 속에서 무의식적인 충동에 의하여 지배되는 쾌락 원칙의 표명 방식은 '승화', '투사', '억압' 등으로 변화된다는 것이다.

하지만 '억압' 그리고 그것에 대한 '극복'의 과정이 인간 사회와 문명을 발전시켰던 원동력이 되었다고 하는 프로이트의 관점은 여전히 유효한가? 이는 과연 억압되기는커녕 오히려 끊임없이 자유로움을 누려왔던 성적 욕망, 이와 공모 관계에 있었던 권력의 작용, 그리고 그 담론들이 맺었던 역학적 관계를 어떻게 설명할 수 있을 것인가? 밑에서 올라오는 야성의 에너지와 이것을 가로막으려고 애쓰는 위로부터의 질서 사이의 상호작용보다 더 근원적인 방식에 의하여 권력과 욕망은 연결되어 있다.[64] 성은 권력에 의하여 '허용' 혹은 '금지'의 아래에 놓이게 되고 권력은 이해 가능성의 형태로 기능하는 질서를 성에 부과시킨다. 그리고

---

63 현실 원칙과 쾌락 원칙에 관한 논의는 프로이트의 『쾌락 원칙을 넘어서』(열린책들. 1997), 박찬부 옮김, pp. 48-9를 참조.

64 미셸 푸코, 앞의 책(제1권), p. 96.

이에 대한 공략은 사회적 윤리와 도덕에 대하여 합법적 지위를 부여하는 담론 행위로 이어진다. "정에서 나오지만 예의에서 그친다(發乎情, 而止乎禮義)"는 유교 중심적 사회의 맥락에서 최고의 미학적 토대가 되었던 「모시서(毛詩序)」에서의 이 문장은 이제 고대 중국의 서사에서 남성 중심의 시각을 대변해 주는 논리로 작용하게 된다. 그러한 구도 내에서 여성(특히 기생)·여우·요물은 남성의 욕망의 대상이 되었다가 이내 파괴되고 손실되고 결국에는 거부되는 타자가 되어 버린다.

## 4. 은밀한 고백과 권력, 그리고 서사 담론

당대(唐代)의 과거제도와 맞물려 성행하였던 전기(傳奇)라는 서사가 남녀의 애정 문제를 집중적으로 다루기 시작하였다는 점은 우리의 논의를 뒷받침해 주는 증거가 된다. 일반적으로 당대 전기의 창작 배경에 대한 논의에서 항상 '행권(行卷)'의 문제가 거론되었는데 행권이란 과거시험에 응시하기 전에 미리 응시자의 시문(詩文)을 주사(主司, 시험관)나 당시의 유명 인사에게 보여주었던 제도를 말한다.[65] 당대의 고조(高祖) 무덕(武德) 4년에 이르러 수대(隋代)의 진사과(進士科)가 회복된 후 산동(山東)의 구귀족(舊貴族) 세력에 대한 견제라는 통치 계층의 필요에 의하여 진사과의 지위가 크게 부상한다. 특히 한문(寒門) 출신의 선비들은 진사과를 통해서만 등용될 수 있었기에 진사과에 합격하기 위한 경쟁은 치열하였고 행권을 통하여 자신의 이름을 알리고자 하는 욕구 또한 강할 수밖에 없었다. 행권은 처음에는 주로 시(詩)·부(賦)·문(文)

65 이하 행권(行卷)에 관한 논의는 최진아, 「배형(裴鉶)『전기(傳奇)』의 시론(試論) 및 역주(譯註)」(이화여자대학교 중문과 석사학위 논문. 1995)를 참조.

등의 형식으로 씌어졌다가 점차 전기가 그 자리를 대신하게 되는데 전기는 어떤 '이야기'를 제재로 한 소설의 형식으로 쓰여진 것이었기에 읽는 이들의 관심을 집중시킬 수 있었다.[66] 더욱이 행권은 성권(省卷)과는 달리 과거의 당락 여부를 결정하는 공식적인 참고 사항이 아니었기에 형식이나 내용적인 측면에서 비교적 자유로웠다고 할 수 있는데,[67] 이 때문에 애정 이야기를 다룬 소설 형식의 전기는 시험관과 응시자의 관계에 있는 '남성'들 사이에서 눈길을 끌 수밖에 없었을 것이다.

이러한 배경에서 성장한 전기는 당시 남성들의 성적 욕망을 늘어놓을 수 있는 담론으로 작용하였을 것이다. 비공식적으로 내밀하게 주고받았던 문장들 속에서 어떤 욕망에 대하여 말하고 싶다는 욕구와 그것에 대하여 흥미를 느끼고 귀기울이려는 기대는 공모 관계에 놓이게 된다. 무한하게 확장될 수 있었던 관능적 상상력과 욕망을 은밀하게 표출하는 기제였던 전기는 이제 마치 '고백'의 형식처럼 말하는 자와 듣는 자 사이의 막연한 친밀감을 조성한다.[68] 그러한 친밀감은 사회적 윤리와 도덕

---

66 노신(魯迅)은 「중국 소설의 역사적 변천(中國小說的歷史的變遷)」에서 시 위주였던 행권이 전기로 바뀐 이유에 대하여 다음과 같이 설명하고 있다. "개원(開元) · 천보(天寶) 연간 이후에 이르게 되면 점점 시에 대한 염증이 일어나서 이에 소설을 행권에 넣어서 이름을 얻게 되는 경우가 생기게 되었다. 그래서 이전에 소설에 대해 불만스럽게 생각했던 이들도 이 때에 이르게 되면 대부분이 소설을 짓기 시작하였으며 이로 인하여 전기소설이 일시에 극성하게 되었다." 노신, 『중국소설사략』(살림. 1998), 조관희 역주, p. 715.

67 하원수는 「당대(唐代)의 진사과(進士科)와 사인(士人)에 관한 연구」(서울대 동양사학과 박사 논문, 1995, pp. 173-4)에서 공경(公卿)에게 바친 것은 '행권', 지공거(知貢擧)에게 바친 것은 '성권'이라고 정의내리고 있다. 그의 견해에 의하면 성권은 과거의 당락 여부를 결정할 때 공인된 참고사항이었기에 형식이 매우 제한되어 있었던 것에 비하여 행권은 비공식적인 습속이었으므로 성권보다는 형식상 자유로울 수 있었다고 한다.

68 푸코는 고백의 형식에 대해 논의하면서 고백하는 자는 언표 행위만으로 자신의 무고함을 인정받고 속죄되고 정화될 수 있으며 이 때 고백에 전제되는 비밀은 어떤 높은 가치에 연결되어 있는 것이 아니라 막연한 친밀함과 저열함에 관련되어 있다고 지적한다. 이에 대한 논의는 앞의 책(제1권), p. 79 참조.

에 어긋나는 저 밑바닥의 저열한 생각을 고백하는 것조차 허용한다. 기생과의 사랑, 여자로 변신한 여우나 귀신과의 결혼 이야기 등에 대한 상상력 혹은 진실은 남성들이 권력과 자유를 적절히 활용하는 한에서 비난받지 않을 수 있었으며 본능의 유희를 실천할 때 혼외 관계의 행위도 그들에게는 합법적인 것이 되었다. 만일 에로티즘이 비합법적 성행위로부터 발전하였다는 바타이유의 주장을 수용할 수 있다면[69] 쾌락과 유희의 문제는 생산 기능으로서만 의미가 부여되었던 아내와 남편과의 관계 밖의 영역에 위치해 있는 것이다.

예컨대 진현우(陳玄祐)의 『이혼기(離魂記)』라는 작품 속에서 우리는 이러한 남성 중심적 쾌락과 유희의 심정을 분석해 낼 수 있다. 『이혼기』는 오늘날 우리도 익히 알고 있는 영화 「천녀유혼(倩女幽魂)」 즉 인간의 남자와 귀신의 여자가 사랑을 나누는 애절한 이야기의 원형이 되었던 작품으로 왕주(王宙)라는 남자와 천낭(倩娘)이라는 여자가 현실의 세계에서 실패한 그들의 사랑을 영혼의 힘을 빌어 이루어 낸다는 이야기인데 그 대강은 다음과 같다.

> 그들은 원래 남몰래 사랑하는 사이였지만 그 사실을 모르는 천낭의 아버지 장익(張鎰)은 천낭을 다른 사람에게 시집보내기로 허락한다. 왕주가 실의에 빠져 그곳을 떠나는 길에 천낭도 같이 따라나섰다는 사실을 알고 만나게 된다. 둘은 같이 달아나 5년 동안 같이 살다가 부모의 허락을 받기 위하여 천낭의 집으로 돌아가기로 하였는데 왕주가 막상 거기에 갔을 때 5년 동안 몸져누워 있는 천낭을 발견하고 놀라게 된다. 그리곤 영혼으로서의 천낭이 원래 사람의 몸 속으로 들어가 다시 살아나게 되면서 그녀의 부모는 두 사람의 결혼을 인정하게 된다.

---

69 조르주 바타이유, 『에로티즘의 역사』(민음사. 1998), 조한경 옮김, p. 169.

이러한 행복한 결말 앞에 이른 독자들은 아마도 그들의 사랑이 성공적으로 맺어졌던 것에 대하여 안도감 혹은 즐거운 기분까지 들었을 것이다. 하지만 그러한 행복한 결말 이면에는 어떤 은폐된 억압의 현실이 내재되어 있을 것이라는 의구심을 떨쳐 버릴 수 없다. 장주를 찾아 쫓아간 천낭은 왜 인간의 몸이 아닌 영혼의 형체를 빌 수밖에 없었던가? 비합법적인 형식으로 이루어진 그들의 혼인은 주위 사람들에게 어떻게 인정받을 수 있었던 것인가? 그러한 결말이 가능할 수 있었던 조건은 천낭을 귀신으로 변신시키는 것으로 설정된 이야기 속의 장치에서 이미 갖추어져 있었던 것은 아니었을까?

분명 천낭은 부모의 명령을 거역하고 혼인의 예를 갖추지 않고 남자를 쫓아간 '분녀(奔女)'[70]였고 이러한 행위는 사회적으로 비난을 피할 수 없는 것이었다. 일찍이 남녀의 애정을 솔직하고 대담하게 표현하였다고 평가받는 『시경(詩經)』의 민간 가요에서도 "아내를 맞아들이는 것은 어떻게 하나요? 중매가 없으면 얻을 수 없지요. 아내를 맞아들이는 것은 어떻게 하나요? 반드시 부모에게 알려야 하지요"[71]라는 가사를 전하고 있다. 즉 혼인에서 가장 중시되었던 것은 남녀 두 사람의 선택권보다 중매를 통하여 예를 갖춘 형식에 있었다는 것이다. 역시 『맹자(孟子)』「등문공(滕文公) 하(下)」에도 "부모의 명령과 중매의 말을 듣지 않고 구멍을 뚫어 서로 엿보며 담장을 뛰어넘어 서로 쫓아다니면 곧 부모와 나라의 사람들이 모두 그들을 천시하였다"[72]고 기록되어 있는데 더욱이 "예를 갖추어 맞아들이면 처가 되고 예를 갖추지 않고 혼인하면 첩이

70 분녀(奔女)에서 분(奔)자는 "예를 갖추지 않고 결혼하다"는 의미를 지닌다.

71 『시경(詩經)』「제풍(齊風)·남산(南山)」: "娶妻如之何? 匪媒不得. 娶妻如之何? 必告父母."

72 『맹자(孟子)』「등문공(滕文公) 하(下)」: "不待父母之命, 媒約之言, 鑽穴隙相窺, 踰牆相從, 則父母國人皆賤之."

된다"는 『예기(禮記)』「내칙(內則)」에서의 명시는 고대 중국에서 혼례의 격식이 얼마나 엄격하고 중요하게 다루어졌는지를 보여주는 문장이라 하겠다.[73] 하지만 그럼에도 불구하고 『이혼기』의 이야기 속에서 장주와 천낭이 5년간 지냈던 비합법적인 결혼 생활은 비난받지 않는다. 아니 작자는 비난받지 않을 장치를 미리 마련해 놓고 있다. 그것은 천낭의 실체를 분열시킴으로써 영혼의 형식으로 떨어져 나온 또 다른 분신에 분녀의 혐의를 씌우는 것이었다. 떠돌았던 영혼은 원래의 몸 속으로 다시 합체되면서 폐기되어 버리고 이로써 천낭과 왕주의 5년간의 비도덕적 행위에는 면죄부가 부여된다. 마치 사건을 깨끗하게 처리하는 완전범죄와도 같은 결말이다.

『이혼기』의 결말 부분에서 작자는 이 이야기가 자신이 꾸며낸 것이 아니라 실제로 있었던 일을 듣고 기록한 것이라고 친절하게 밝히고 있다. 전기의 작품들 말미에서 종종 이러한 '찬(讚)'[74]의 형식을 찾아볼 수 있는데 작자들은 주로 이를 통하여 이야기를 듣게 된 경로와 그것을 작품으로 쓰게 된 동기를 설명한다. 허황되고 황당해 보이는 그러나 독자의 호기심을 자극하는 이야기들을 쏟아낸 작자들은 이러한 글쓰기의 공

---

73 고대의 혼례에서 '명매정취(明媒正娶)' 즉 중매를 세워서 정식으로 아내를 맞아들이는 것은 매우 엄격하게 지켜져야 할 격식이었는데 이를 어기고 결혼한 여자는 합법적인 아내인 처(妻)의 대우를 받을 수 없었으며 처(妻)와 첩(妾)의 경계 또한 매우 분명하게 분리되어 다루어졌다고 전해진다.이에 대한 논의는 왕소새(王紹璽),『첩의 역사(小妾史)』(上海: 上海文藝出版社. 1995), p. 22 참고.

74 일종의 'meta language' 혹은 'meta narrative'인 찬(讚)은 곧 주석(註釋)의 형식으로 서사 속에서 서술하는 자의 개성이 끼여들 수 있게 하는 장치이다. 서사 속에서 이러한 언어는 한편으로는 역사적 사건이나 인물을 재현하는 동시에 다른 한편으로 텍스트 내부의 메커니즘에 관심을 갖게 한다. 즉 단순히 객관적으로 기술하기보다는 역사가 언어로 구성된 내러티브의 형식에 지나지 않다는 점을 부각시키면서 역사 자체의 허구성을 드러나게 한다. 당 전기 작품들의 결말 부분들은 바로 이러한 주석의 역할을 하고 있다고 볼 수 있다. meta narrative에 관한 설명은 김욱동, 『포스트모더니즘의 이론』(민음사. 1992), p. 139 참조.

간을 적극적으로 활용하면서 자신은 단순히 이야기를 재현한 전달자일 뿐이었다는 사실을 부각시킨다. 하지만 어쩌면 거기에는 장주라는 허구적 인물을 빌어서 분출시키고 싶은 작자의 성적 욕망이 숨어 있는 것일지도 모른다. 즉 생산 기능으로서의 의미가 부여되는 합법적인 성적 행위에 대한 욕망이 아니라 쾌락과 유희 자체만을 오로지하는 본능의 요구에 충실하고 싶다는 갈망이 투영되었을 것이다. 작자의 내면 저 아래에 억눌려 있었던 야성은 이내 꿈틀거리면서 스스로 느끼기에도 민망하고 불경스러운 생각들을 떠올리게 하고는 이를 분출하게끔 하였을 것이다. 남의 입을 빌어서 말하고 있지만 실은 작자 자신의 심경을 토로하였을 고백의 형식은 작자로 하여금 속죄되고 정화될 수 있는 계기를 마련해 주고 더 나아가 도덕적인 비난으로부터 해방될 수 있게 하였을 것이다.[75] 비록 내면의 본능을 무한대로 확장시키고자 하는 상상력에 대해 현실의 원칙이 가하는 위력은 극복되기 힘든 것일지라도 쾌락 원칙은 현실 원칙의 검열로부터 피할 수 있는 기제를 끊임없이 만들기 마련이다. 적어도 애정 이야기를 다룬 전기라는 서사에서 이러한 기제를 수월하게 만들어 주는 장치는 기생 혹은 여우나 요물로 변신한 여자를 성적 욕망의 대상으로 설정하는 데에 있었을 것이다. 하지만 서생인 남자와 변질된 형체의 여자와의 애정 이야기는 대부분은 아니지만 종종 비극적인 결말로 끝을 맺는다. 분명 이러한 구조의 근원에는 성적 욕망의 대상으

75 예를 들어 원진(元稹)의 작품인 『앵앵전(鶯鶯傳)』은 이러한 고백의 형식이 효과적으로 쓰인 경우라고 할 수 있다. 내용은 우리의 『춘향전』과 유사하지만 장생이 결국 앵앵을 버리게 되는 비극적인 결말은 『춘향전』의 해피 엔딩과는 대조를 이룬다. 작품의 결말 부분에서 장생은 친구이자 작자인 원진에게 여자의 아름다움은 재앙의 화근이며 자신이 결국 앵앵을 버린 것은 덕으로 감정을 다스린 결과였다고 토로하고 있다. 작자는 역시 작품 끝에 자신이 이를 글로 쓴 의도는 남성들로 하여금 한때 미색에 빠졌던 장생처럼 되지 말라고 경고하려는 데 있다고 밝히고 있다. 이렇듯 아름다운 사랑 이야기에 대한 서술의 결말이 교훈적으로 끝나는 구조는 작자를 비롯하여 장생으로 대표되는 남성들의 성적 욕망의 서사를 정당화시키려는 장치로 해석된다.

로서 여성에 대한 남성의 모순된 심리가 숨어 있다.

담학순(譚學純)은 이러한 문제에 대하여 고대 중국에서 기방(妓房)에 대한 표현으로 '옥루(玉樓)'와 '와사(瓦舍)'라는 용어가 동시에 쓰였던 점에 착안하여 '옥(玉)'과 '와(瓦)'라는 글자의 대립적인 설치는 여성에 대한 남성의 이중적인 심리를 보여주는 예라고 지적한다.[76] 즉 옥(玉)은 귀한 것, 쉽게 가질 수 없는 어떤 것이기에 만인이 추구하는, 더 나아가 심미적 관찰의 대상이 된다. 더욱이 아름다운 여인의 피부는 옥기(玉肌)로, 그 얼굴은 옥안(玉顔) 등으로 묘사되었던 것에서 우리는 옥이 지닌 이미지가 심미적 관찰의 대상으로서의 여인과 상통하고 있음을 알게 된다. 반면 와(瓦)는 곧 기왓장을 뜻하는 글자인데 그것은 주위에서 손쉽게 얻을 수 있는, 그래서 별로 가치가 없는 존재로서 이는 어쩌면 기생을 기왓장처럼 쉽게 얻을 수 있지만 그만큼 쉽게 버릴 수 있다고 생각하였던 남성들의 심리에 대한 은유적 표현으로 읽혀질 수 있다.

기녀로 대변되는 여성, 물론 그 여성은 남성들의 성적 욕망을 불러일으킬 수 있는 아름다움이 전제되어야 하는데 남성들의 욕망이 분출되고 소유하기를 요구하는 순간에 그들은 옥(玉)으로 표상되었다가 그 욕구가 충족되고 만족되면 다시 와(瓦)로 표상된다. 남성들의 심리 속에서 때로는 옥으로, 때로는 와로 끊임없이 가치가 환치되었던 여성은 라캉(Jacques Lacan)의 표현을 빌리자면 '박탈당한 남근'[77]이 된다. 이 때 환상 속의 대상은 주체[78]가 상징적으로 박탈당한 것을 대신하는 다른 요소이며 주체는 대상을 남근(phallus)으로 믿고 자신의 욕망을 타자의 욕망

---

76 담학순(譚學純). 「'옥'과 '기와' : 남성 담론 속에서의 중국 여성의 형상('玉' 和 '瓦' : 男性話語中的中國女性形象)」, 『동방총간(東方叢刊)』(1995. 第4輯).

77 자크 라캉, 『욕망이론』(문예출판사. 1994), 권택영 외 옮김, pp. 268-9.

78 이 문장에서의 '주체'는 '원자적 자아'라는 개념을 의미하는 것으로서가 아니라 라캉의 정신분석학적 의미로 쓰였음을 밝혀 둔다.

에 종속시킨다. 하지만 그 타자가 남근이 아닌 허상이라는 것이 드러나는 순간 특권을 가진 기표(privileged signifier)는 사라진다.

이러한 측면에서 볼 때 심기제(沈既濟)의 『임씨전(任氏傳)』은 성적 욕망의 대상으로서 여성에 대하여 옥(玉)-와(瓦)의 이중적 가치를 부여하였던 남성들의 심리가 잘 드러난 작품이라 할 수 있다. "임씨는 여자의 탈을 쓴 요물이었다"는 문장으로 시작하는 『임씨전』의 줄거리는 사실 지극히 통속적인 것으로 임씨라는 기생으로 변신한 여우와 정생(鄭生)이라는 서생이 만나 사랑을 나누다가 임씨가 인간이 아니라는 사실이 밝혀지고 결국에는 비극적으로 결말을 맺게 되는 구조로 되어 있다. 그런데 우리는 이 작품을 분석하기에 앞서 이러한 문제를 제기해 볼 수 있다. 왜 이렇듯 아름답고 슬픈 이야기는 임씨가 요물이었다는 전제로부터 시작하여야만 하는가? 이에 반하여 가난하고 처가의 힘에 의지해서 살아가는 무능한 남자 정생이 주인공으로 설정된 것은 '성공'한 온달이 되고픈 작자의 심리가 투영된 것은 아닐까? 현실 속에서 끊임없이 느끼는 결핍을 채워 줄 대상, 그러한 요구를 실현시켜 줄 수 있는 인물을 등장시키기 위해서 평범하고 정숙한 여성은 우선 작자의 시선에서 제외될 수밖에 없다. 마치 피그말리온(Pygmalion)[79]이 그의 이상적인 여성상의 틀을 만들었던 것처럼 작자 혹은 정생은 자신에게 부귀와 명예, 성적 욕망을 충족시켜 줄 완벽한 여성의 이미지를 상상하였을 것이다. 결국 현실의 욕구를 즉각적으로 채워 줄 수 있는 희열의 대상은 비범하면서 초자연적인 힘을 지닌 존재이어야 했고 그러한 필요에 의한 조건은 아름다운 여성, 그 이면에 내재된 신비한 능력의 소유자인 임씨가 탄생하게 되었던 것이다.

---

79 그리스 · 로마의 신화에 나오는 인물. 상아로 만든 여자의 상을 사랑하여 아프로디테에게 그 상과 비슷한 여자를 내려줄 것을 빌었는데 정말로 상이 여자로 변하여 그녀와 결혼하게 된다.

한편 『임씨전』의 전체 구조에서 임씨와 정생 이외에 이야기를 끌어가는 또 하나의 주요한 인물, 곧 정생의 친구인 위음(韋崟)이라는 자가 등장하는데 작품 전체를 놓고 볼 때 그의 위치는 조연 이상의 의미를 지니는 것 같다. 위음은 임씨가 정생과 이미 정을 통한 것을 알고서도 겁탈하려고 하였으나 기생임에도 불구하고 임씨가 정생에 대한 절개를 지키는 것을 보고 자신을 부끄럽게 여기게 된다. 그 후 위음과 임씨는 서로 위급할 때 도와주기도 하면서 허물없이 지내는 절친한 친구 사이가 된다. 각기 다른 형식의 끈으로 연결되어 있는 세 인물의 위치를 설정해 보자면 다음과 같은 삼각형이 그려질 것이다.

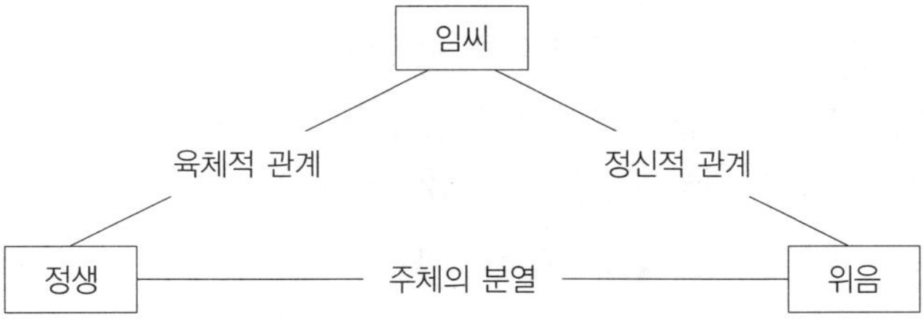


정생은 임씨가 여우라는 것을 알면서도 그 미색을 포기하지 못하고 육체적 관계를 유지하지만 이와 대조적으로 위음은 우정과 의리로써 임씨와 정신적인 교류를 맺는다. 그렇다면 작자는 왜 정생과 대조적인 위음이라는 인물을 설정하였을까? 어쩌면 이 이야기는 '현실의 나'와 '되고 싶은 나', 그리고 '내가 소유하고 싶은 여성'이라는 삼각형이 작자의 욕망으로 투사되어 만들어 낸 것은 아니었을까? 주체는 형성되기 위하여 분열을 그 대가로 치러야 한다는 라캉의 견해[80]를 인정할 수 있다면 정생은 사랑의 요구가 채워지기는커녕 욕망의 회로 속으로 들어가는 결핍의 상태, 대상을 향해 원초적인 욕구를 드러냄으로써 남근이 자신의 기능을

**80** 라캉, 앞의 책, p. 269.

상실하는 상태로 해석된다. 반면 위음은 그 욕구를 억압함으로써 스스로를 보호하는 상태, 이로써 남근이 자신의 기능을 드러내는 상태에 대한 분열이 일어난 상태로 이해될 수 있다. 하지만 정생과 임씨의 육체적인 관계에서 정생의 욕망은 임씨라는 대상에 의하여 충족되는 순간 만족하지 못한 상태로 바뀌게 되며 욕망의 순환계 속에서 또다시 등장하는 요구나 모호함의 형태는 이중의 의미화를 만들어 낸다. 드러나기 전에는 권위를 지니지만 드러난 이후에는 허구가 되어 버리는 대상은 '가을날의 부채'[81]와도 같은 운명 속에서 치환되는 과정을 겪게 된다.

하지만 남성들의 이러한 욕망의 회로는 다시 감각과 쾌락과 충동의 영역에 속한 쾌락 원칙에 대한 비방으로 이어지게 되며, 여기에 가해지는 현실 원칙의 권력은 서생과 특히 여우나 요물이 변하여 나타난 여인의 행복한 만남 자체를 부정하게 된다. 중국 전통 시기의 미학적 가치에서 중심축을 이루었던 「모시서(毛詩序)」의 문장—"정에서 나와 예의에서 그친다"—은 이제 인간의 본능과 감정을 철저하게 현실 원칙에 귀속하고자 하는 원리가 된다. 여기에서 정(情)이 개인화된 내재적 충동이라고 한다면 예의(禮義)는 사회화된 현실의 질서, 문명 사회의 행위 규범이 될 것이다. 곧 '정'과 '예의' 사이에 충돌이 일어나면 개인의 본능은 반드시 사회질서 내에 귀속되어야 한다는 것을 의미한다. 이렇게 볼 때 현준(玄峻)이 중국의 철학에서 진정한 감성적인 범주로서의 '애(愛)'에 대한 개념이 부재하였다고 지적한 언급은 매우 설득력 있다고 하겠다.[82] 즉

81 『곽소옥전(霍小玉傳)』에서 곽소옥이 이생(李生)으로부터 버림받은 자신의 처지를 빗대어 묘사한 표현이다. 이 작품 역시 기생과 서생의 비극적인 애정 이야기를 다루고 있는데 처음 소옥이 이생의 성적 욕망의 대상으로 추구되었을 때 "옥구슬 나무들이 서로 비추어 번쩍거리는" 자태로 묘사되었던 부분은 옥(玉)과 와(瓦)의 쓰임에 대한 논의를 증명해 줄 수 있는 예문 중 하나라 하겠다. 하지만 이생은 결국 소옥을 버리게 되고 버림받은 소옥은 자신을 '가을날의 부채'로 비유한다.

82 현준(玄峻), 앞의 책, p. 29.

사회적 단합 혹은 조화를 강조하였던 유교의 전통 속에서 개인적이고 순수한 이성간의 관계인 '애(愛)'보다는 공적이고 윤리적 제약을 받는 관계인 '은(恩)'이 우선시될 수밖에 없었으며, 더욱이 공자(孔子)의 '인자애인(仁者愛人)'이나 묵자(墨子)의 '겸애(兼愛)'에서의 애(愛)는 합리주의 혹은 공리주의적 범주로 이해되는 개념이라는 것이다.

현준의 이러한 지적은 다시 개인의 본능이 사회적 질서를 전도시키지 못할 경우에는 여성이 남성에 의하여 옥(玉)으로 인정받지만 그것이 국가에 대한 충성 혹은 남성들간의 우정에 위협적인 것이 되었을 경우에는 여성이 와(瓦)로 다루어질 수밖에 없었다고 논의한 담학순(譚學純)의 견해[83]와 상통하는 바가 있다고 하겠다. 남성들의 은밀한 성적 욕망은 언어의 매개에 의하여 변형되고 그 공간 속에서 언어는 욕망을 금지하는 동시에 보호하고 응답하기도 한다. 인간 존재의 본질을 이해하고자 노력하였던 철학의 범주에서조차 이성과 억압의 결속은 굳건히 보존된다. 그렇다면 과연 이러한 사랑 이야기가 자아내는 슬픈 결말이 작자가 비극적 파토스(pathos)를 극대화시키려는 효과를 위하여 고안해 낸 것이라고 말할 수 있을 것인가? 이성의 질서에 적대적이고 해가 된다고 간주되었던 영역에 대한 평가는 이렇듯 일상어 속에서도 그대로 유지되며 그렇기에 본능과 감각의 영역 속에서 이루어진 정생과 임씨의 이야기는 처음부터 비극적인 결말을 지니고 시작할 수밖에 없었다. 결국 두 사람의 만남은 이루어지지 못하거나 어느 한쪽을 희생양으로 만들어야 할 운명에 놓여 있었다. 물론 남성인 서술자의 시각에서 그러한 상황이 가능하기 위해서는 여성을 희생시키는 편이 나았을 것이며, 설사 여우 혹은 귀신이 변신한 여성을 죽음으로까지 몰고 가게 하더라도 그들의 죽음에 대하여 죄책감을 느끼는 경우는 없었을 것이다.

---

83 담학순(譚學純), 앞의 논문, pp. 201-2.

판도라의 세계에서도 볼 수 있듯이 성욕과 쾌락과 같은 여성의 원리는 분열적이고 파괴적인 저주로 나타난다. 왜 여성의 아름다움과 그 여성이 약속하는 행복은 문명과 노동의 질서에 치명적인 것이 되었는가? 축복과 저주가 뒤섞여 있는 그녀들의 이미지는 영원히 원죄적인 것이 될 수밖에 없는 것인가? 마르쿠제(Herbert Marcuse)도 지적하고 있듯이 쾌락의 구제, 시간의 정지, 고요, 밤, 낙원 이러한 이미지 다발들은 에로스가 파괴나 공포가 아니라 평화나 아름다움이라는 사실을 일깨워 준다.[84] 이 때 에로스가 지닌 힘은 조종되거나 지배되지 않고 해방된 세계의 경험을 상기시키는 데 있을 것이며, 감각이고 놀이고 노래인 생산성의 이미지를 지닌 자유로운 에로스가 창조한 만족의 질서는 동태에 대한 정태의 승리일 것이다. 하지만 최초의 분녀(奔女) 도산씨가 저변으로 밀려남으로써 그 질서는 이미 파괴되고 말았다. 그 낙원의 꿈을 다시 실현할 수 있을 것인가?

## 5. 에로스의 복원을 기다리며

'중화(中和)'라는 미학적 질서에 충실하고자 하였던 고대 중국의 서사 속에서 도산씨의 이미지는 마치 형식을 달리하는 것 같지만 그 저변에 단일한 주제의 선율이 살아 있는 변주곡과도 같이 반복되고 있었다. 대지모신, 생산력에 대한 상징으로 표상되었던 도산씨 혹은 여우와의 사랑 이야기는 근원적으로 '인신연애(人神戀愛)' 모티프에 토대를 둔 것으로서 이는 곧 인간이 애정이라는 형식을 통하여 초월적 존재와 합일하는 경지에 다다를 수 있다는 샤머니즘적 사유가 문학적으로 표현된 것

84 마르쿠제, 『에로스와 문명』(나남출판. 1989), 김인환 옮김, p. 167.

이었다. 하지만 동양인의 사유 속에서 원형을 형성하면서 보편적인 정신 내면에 얽혀 있었던 문화적 · 종교적 · 민속학적 콘텍스트들은 예교(禮教)라는 거대한 틀에 의하여 은폐되었고 화해(和諧)라는 질서의 고요함 속에서 이질적이고 다양한 목소리들의 흔적들은 변질되었다. 모든 현상과 그것의 존재 이유는 그 출현을 숨기는 내부적인 체계에 담겨 있는 것일 터인데 본능적인 에로스의 신비한 힘을 드러내었다는 이유로 목소리를 박탈당하였던 도산씨는 이후 중국 전통 시기의 서사에서 여전히 불행한 신부의 이미지로 남아 있었다. 특히 '구미호 이야기'—이는 아름다운 사랑 이야기일 뿐이라는 전제에 둘러싸여 우리에게 전해지지만 그 속에 내재된 왜곡의 시선은 여전히 서사의 구조를 움직이고 변형시키고 있었던 것이다. 표면적으로 알고 있고 이해하고 있는 이야기들에 겹쳐져 있었던 관념 혹은 편견들을 들추어 내기, 소박하나마 적어도 이러한 문제의식에서 읽혀지기를 바라면서 이 논의를 마친다.

# 제8장

# 고대 여인의 죽음과 그 그림자

## -기량의 아내 이야기를 중심으로

조숙자*

### 1. 죽음에 이르기까지

자살, 곧 인간이 자신에게 주어진 목숨을 스스로 끊는다는 것은 인간 존재의 한계 상황이요 극점이다. 삶의 공포가 죽음에 대한 공포를 넘어설 때 자살은 선택될 수 있으며, 이 때의 정신적인 고통은 그 어떤 육체의 고통도 마비시킬 정도로 극한에 도달하게 된다. 죽음은 그 자체가 이러한 한계적인 상황을 의미하기 때문에 인간의 죽음에 관한 탐색은 그를 죽음으로 내몬 삶에 대하여 그 어떤 것보다도 자세하고도 강렬한 성찰을 가능케 해준다.

유향의 『열녀전』에는 이처럼 극한 상황에 부딪혀 스스로 자신의 목숨을 저버린 적지 않은 고대 여인들의 일화가 담겨져 있다. 여기에서 그들의 자살은 숭고한 인간 정신의 승리이며 후세에 길이 남도록 칭송되어

* 서울대학교 중어중문학과 박사.

야 마땅한 '아름다운 죽음'으로 제시되어 있다. 죽음의 원인을 보면, 그 기록이 「정순전(貞順傳)」과 「절의전(節義傳)」에만 등장하는 것에서 알 수 있듯이 정절과 예의를 지키기 위한 경우가 대부분이고, 이 밖에 결백함을 밝히거나 혹은 난국을 타개하기 위하여 자신을 희생하는 경우도 있다(표 참조).

이들이 죽음을 선택하여야 할 상황이란 예법의 수호가 흔들릴 때, 그리고 대의를 위하여 자신을 기꺼이 바치는 희생정신이 요구될 때이며(*의 경우), 이 때에는 언제나 '정절 수호'라는 것이 그들을 죽음으로 이끄는 확고한 이유가 된다. 그런 후 이들의 죽음은 통치자들에게 공덕으로 평가받는다. 그러나 오늘날 우리에게 이들의 죽음은 그들이 처하였던 현실에 대한 궁금증과 함께 의문으로 다가온다. 과연 저들은 누구에 의하여 또 누구를 위하여 칭송되어야 하는가? 죽음이라는 공포를 앞지를 만한 삶의 공포란 과연 무엇이란 말인가? 그들의 죽음 그리고 그에 대한 칭송이 지금 우리에게 암암리에 던져 주고 있는 진정한 현실은 무엇인가? 결론적으로 그들의 죽음은 칭송받을 정도로 아름다운 것인가?

필자는 당시 여성의 죽음이 고대 중국의 남성 중심적 유교 이데올로기라고 하는 거대 담론과 밀접한 관계가 있다고 본다. 물론 이데올로기와 죽음 문제를 연결시키는 데에는 몇 가지 다른 양상들이 있을 수 있다. 오늘날과 같은 사회에서는 자본주의 · 물질 만능주의의 부정적인 측면이라 할 수 있는 인간 소외의 측면에서 죽음을 바라볼 수 있을 것이고, 예술적 · 학문적 신념을 지키기 위하여 자신의 목숨을 희생하는 경우 문화적인 맥락에서 죽음을 바라볼 수도 있을 것이다. 또 가장 흔한 예로는 정치적 이데올로기에 의한 죽음들 곧 학생운동, 노동 분규 등에서의 죽음을 논의할 수 있을 것이다. 인간은 누구나 자신의 자존감과 정체성을 상실하는 국면에 도달하면 자살의 가능성을 생각하기 마련인데, 바로 이러한 한 인간의 자존감과 정체성을 결정해 주는 것이 바로 거대 담론인

| 권 수 | | 제 목 | 내 용 |
|---|---|---|---|
| 4권<br>정순전 | 2 | 송공백희<br>宋恭伯姬 | 궁중에 불이 났는데도 보모가 없다는 이유로 도망가지 않다가 그 자리에서 불에 타 죽음. |
| | 6 | 제효맹희<br>齊孝孟姬 | 예를 갖추지 않은 수레를 탔다는 이유로 자살 시도 (구제됨). |
| | 7 | 식군부인<br>息君夫人 | 식나라를 점령한 초나라 임금이 처로 삼고자 하자 이를 거절하고 자살함. |
| | 8 | 제기량처<br>齊杞梁妻 | 남편 기량이 죽자 정절을 지키기 위하여 물에 빠져 죽음. |
| | 10 | 초소정강<br>楚昭貞姜 | 왕이 약속한 부신을 기다리다가 물에서 익사함. |
| 5권<br>절의전 | 7 | 대조부인<br>代趙夫人 | 동생이 남편을 죽이자 남편에 대한 절개와 동생과의 인의 사이에서 고민하다 자살함.* |
| | 9 | 노추결부<br>魯秋潔婦 | 의롭지 못한 남편에 대해 수치감을 느껴 자살함. |
| | 12 | 양절고자<br>梁節姑姊 | 불이 난 상황에서 자신의 아들만 구하게 되자 의롭지 못하다는 평판을 얻게 될까 봐 불에 타 죽음. |
| | 14 | 합양우제<br>郃陽友娣 | 오빠를 죽인 것이 남편임을 깨닫고 오빠와 남편에 대한 도리 문제로 고민하다가 자살함.* |

이데올로기이다. 고대 중국의 여성들이 속해 있던 시기는 남성적 지배 이데올로기, 다시 말해 유교적 지배 이데올로기가 무언의 실체로서 작용하던 때였다. 따라서 이들의 자살을 바라보는 데 있어 거대하고 막강한 이 이데올로기의 힘을 고려하지 않을 수 없게 된다.

그러나 개인의 죽음은 때로는 상술한 '이데올로기'에서 한걸음 떨어져 나와 극히 개인적인 욕망의 차원에서 빚어지기도 한다. 우선 '자기해체적인 욕망'에서 비롯된 죽음을 들 수 있는데, 이것은 현실의 고통으로 숨이 막히거나 절망감에 빠질 때 자신을 자해하거나 혹은 다른 누군가에 의하여 살해되는 것을 바라는 인간의 욕망을 말한다. 이 때 해체를 꿈꾸는 인간은 결코 자신에 대하여 일말의 미련도 갖지 않는다. 저 세상에 대한 희망도 없이 그저 해체 그 자체에 대한 욕망만을 가지게 된다.

다음으로는 유토피아적 희구에 의한 자살을 들 수 있는데 이것은 현실을 절망으로 생각하고 죽음을 이상향으로 설정하는 것이다. 이 때의 죽음은 소멸이 아닌 새로운 탄생 곧 새로운 세상으로의 이행이 된다. 이들은 현실 어느 곳에도 자신을 일체화시키지 못한 채 자신의 모든 소망을 죽음 그리고 그 이후의 세계로 연결시킨다.

이 밖에 주체성의 혼란에서 야기된 죽음도 생각해 볼 수 있다. 이것은 한 자아가 자신의 삶을 살지 못하고 타자의 삶이 자신의 삶이 되어 버린 경우, 혹은 그것이 강요된 상황에서 자행된 죽음이다. '자아'라는 것이 그를 둘러싼 '타자'에 의해서 확인되는 것이기에, 타자와 자아 사이에 주체성이 도착되거나 착종되는 일은 한 개인에 대한 정체성의 혼란을 빚어 와 결국에는 죽음에 이르는 고통을 야기하기도 한다. 유명한 연예인의 죽음을 뒤따르는 수많은 팬들의 죽음도 이와 같은 맥락에서 해석될 수 있다.

한편 개인적인 측면에서 상술한 위 세 가지의 경우들도[1] 결국 그 근본적인 원인에서는 한 개인을 둘러싼 거대한 이데올로기와 맞닿아 있다. 『열녀전』에 기록된 고대 여인들의 죽음의 경우도 자기 해체적 욕망, 그리고 주체성의 혼란이라는 측면에서 해석할 수 있는데, 이 역시 결국은 남성 중심의 이데올로기와의 갈등 양상에서 그 근원적인 해석의 끈을 찾을 수 있다.

이 글에서는 죽음에 관한 상술한 입장을 바탕으로 『열녀전』에 수록된 여인들의 죽음에 의문의 시각을 가지고 다가가 보았다. '열녀전'이라는

---

1 이외에 자살이 하나의 제의적인 유형으로 표현되는 경우를 고려해 볼 수 있다. 이 경우는 이니시에이션(initiation)의 제의를 가리키는 것으로, 한 개인이 신체적 절단, 상징적 분리와 상징적 죽음을 통하여 재생과 새로운 삶에로 나아간다는 것이다. 그러나 대리적 희생양으로서가 아니라 자신을 직접 제물로서 바치는 경우, 물론 제의적 형식으로 죽음에 임한다고는 볼 수 있으나 이 때의 죽음은 진정한 재생이 아닌 소멸로 그치게 된다.

그 이름이 수세기 동안 중국은 물론 한국 · 일본 등지에까지 교육적인 지침서로 받아들여져 왔기 때문에 과거의 여성과 남성은 물론 지금 이 시대의 여성과 남성 그 누구도 실제로 이 책의 영향력에서 완전히 벗어날 수 없다고 생각된다. 따라서 『열녀전』 여인들의 죽음에 대한 탐색은 수세기 동안 중국을 포함한 동아시아 지역 여성들이 자행해 온 죽음에 대하여 그 원형적인 고찰을 가능케 해주며, 여성의 죽음과 유교 이데올로기와의 관계에 대하여도 주목할 수 있는 기회를 제공해 줄 것으로 기대한다. 그리고 결과적으로는 동아시아 여성들의 삶에 대한 이해를 넓히는 데 조금이나마 기여할 수 있을 것으로 생각된다.

이러한 취지하에 이 글에서는 『열녀전』 4권 「정순전」에 실린 '제기량처(齊杞梁妻: 제나라 기량의 아내)'를 주된 논의 대상으로 선정하였다. 굳이 '기량의 처'로 그 대상을 한정한 것은 '기량 처'의 일화가 다른 기록들보다 고대 여성의 죽음에 대하여 많은 실마리를 던져 주고 있다고 판단하였기 때문이다. 또 '기량의 처'가 현재까지 '맹강녀(孟姜女)'란 이름으로 민간 문학과 민간신앙 속에서 여전히 문학적 · 종교적인 상징으로 그 생명력이 이어져 내려오고 있다는 점도 이를 대상으로 택한 중요한 이유이다. 구체적인 논의는 '기량 처'의 죽음을 한 축으로 하여, 우선 고대 여인이 죽음에 이르고 그 죽음이 공덕으로 찬양받게 되기까지의 상황을 살펴본 후, 칭송받은 죽음이 후대에는 어떠한 의미와 영향력을 지니게 되었는지에 관하여 고찰하는 방식으로 진행하였다.

### 파국적 상황의 도래

『열녀전』에 기록된 제나라 기량의 처에 관한 이야기는 다음과 같이 여섯 부분으로 나눌 수 있다.

① 남편 기량의 전사 소식을 전해 받다.

② 길에서 조문받는 것을 거부하고 집에서 조문받다.

③ 남편의 시체를 성 아래에 놓고 슬프게 곡하다.

④ 성이 무너지다.

⑤ 치수에 빠져 죽다.

⑥ 군자에 의하여 칭송받다.

여기서 기량의 아내는 남편의 시신을 부여잡고 통곡하면서 다음과 같이 말한다.

> "나는 어디로 돌아갈 것인가? 여자에게는 반드시 의지할 곳이 있어야 한다. 아버지가 있으면 아버지에게 의지하고, 남편이 있으면 남편에게 의지하며, 아들이 있으면 아들에게 의지하여야 한다. 지금 나는 위로는 아버지도, 가운데로는 남편도, 아래로는 아들도 없다. 안으로(시댁) 의지하여 (남편에 대한) 내 정성을 보여줄 수 없고, 밖으로(친정) 의지하여 내 절개를 세울 수도 없다. 그렇다고 내가 어떻게 다시 시집갈 수 있겠는가? 역시 죽음뿐이로구나!"[2]

기량의 처가 한 말을 정리하면 우선 자신이 설 자리를 상실하였고, 설령 그렇다 해도 재혼은 불가능한 상황이다. 기량의 처는 자식도 없고 상복을 입어 줄 친척도 없는 처지로, 그녀가 유일하게 의지하였던 남편 기량이 죽은 것은 그녀에게 순식간에 모든 것을 상실한 상황을 의미하였을 것이다. 고대에 여성은 "출가하기 전에는 아비를 따르고 출가해서는

---

2 『열녀전(列女傳)』「정순전(貞順傳)·제기량처(齊杞梁妻)」: "吾何歸? 婦人人必有所倚者也…… 父在, 則倚父., 夫在, 則倚夫, 子在, 則倚子. 今吾上則無父, 中則無父, 何則無子. 內無所依. 以見吾誠. 外無所倚, 以立吾節. 吾能更二哉? 亦死而已."

남편을 따르고 남편이 죽으면 아들을 따라 사는 것(三從之義)"이 법도였다. 따라서 이미 아들과 아버지가 없는 기량의 처에게 남편의 죽음은 자신이 속한 그 모든 세계의 파멸을 뜻한다. 그렇다면 다시 재혼을 하면 되지 않겠는가? 기량의 처는 "그렇다고 내가 어찌 다시 시집을 가겠는가?"라고 말하며 재혼에 대한 일반적인 가능성 속에서 그것을 따를 수 없는 자신의 윤리관을 천명하고 있다. 재혼을 할 수 없는 그녀의 심정에는 '일부종사(一夫從事)'라는 유교 윤리에의 순종이 가장 큰 이유라고 생각된다. 물론 단순히 한번 섬긴 남편을 끝까지 배반해선 안 되는 윤리 도덕적 의식에서가 아니라, 남편과의 애틋한 애정 때문에 재혼을 원치 않을 수도 있다.

그러나 상술한 기록에서 우리는 그녀가 A도 불가하고 B도 불가한 상황으로 그녀 자신의 처지를 판단하고 있음을 알 수 있는데, 이것은 인생의 막다른 곳에 처하여 더 이상 갈 길이 없는 상황에서는 결국 스스로 자멸하는 길을 택할 수밖에 없다는 침착하고도 논리적인 사고의 결과를 보여주는 것이다. 따라서 기량의 처가 남편과의 영원한 사랑을 지키기 위해서 재가를 원치 않고 자신을 바쳤다고 하는 것은 여기에서는 다소 무리가 있다고 보인다. 오히려 두 지아비를 섬길 수 없다는 기량 처의 고백은 예교에 대한 강한 인식을 보여주고 있으며, 이로 인하여 그녀의 자살도 예교 수호의 측면에서 논의되는 것이 더 타당하다. '대나라 조부인(代趙夫人)'의 경우도 기량의 처와 비슷하다. 대나라 조부인은 조(趙)나라 양자(襄子)의 누이로, 양자가 누이의 남편인 대나라 임금을 살해한 후 대나라를 점령하자 남편과 동생에 대한 예의 사이에서 고민한다. 이러한 고민은 다음의 기록에서 알 수 있다.

> "부인은 예의를 지키며 두 남편을 섬기지 않는다고 들었소. 그러니 내게 어찌 두 남편이 있을 수 있겠소? 나를 다시 어디로 보내려 하시오? 동

생으로 인하여 남편을 무시함은 예의가 아니고, 남편 때문에 동생을 원망함은 인이 아니오. 나는 감히 원망할 수 없으며 그렇다고 해서 다시 (조나라로) 돌아가고 싶지도 않소."[3]

조부인은 죽은 남편에 대한 의를 저버릴 수 없고, 또 남편을 죽인 동생을 원망할 수도 없는 상황에 처하였다. 그녀는 자신의 의사란 온 데 간 데 없이 오직 예법에 따라 상황을 해석하려 한다. 결국 해답은 하나, 자신의 죽음만이 만사를 해결해 줄 수 있는 것이었다. 자신의 욕망이란 아랑곳하지 않고, 남편과 동생과의 관계에서 처하게 된 막다른 상황 속에서 내릴 수밖에 없는 유일한 선택, 그것은 기량의 처와 마찬가지로 '자살'이었던 것이다.

유교적 질서는 백성을 편리하게 다스리는 데 이바지하도록, 그리고 그 이면에는 남성 중심적인 이데올로기를 유지시키는 데 기여하도록 고안되고 장려되어 왔다. 이러한 유교적 이데올로기에 비춰 보았을 때 기량의 처가 처한 상황은 스스로를 해체시키고 싶을 만큼의 극도의 파국을 의미한다고 할 수 있다.

### 죽음 선택의 당위성

상술한 파국적 상황이 도래하였을 때 과연 고대 여인들 모두가 죽음을 선택하였는지는 의문이다. 아마도 모든 여인들이 죽음을 선택할 수 있었더라면 기량의 처는 결코 『열녀전』 여인의 대열에 설 수 없었을 것이기 때문에, 우리는 기량의 처가 죽음에 이르기까지의 개인적인 번민과

---

3 『열녀전』「절의전(節義傳) · 대조부인(代趙夫人)」: "且吾聞之, 婦人之義無已夫, 吾有二夫哉? 欲迎我何之? 以弟慢夫, 非義也., 以夫怨弟, 非仁也. 吾不敢怨, 然迹不歸."

용기를 상상해 볼 수 있다.

기량의 처가 던진 마지막 고백 "……역시 죽음뿐이로구나"에서 우리는 '살고 싶지만 죽을 수밖에 없는' 절망적 상황을 느낄 수 있다. 이것은 그녀의 선택이 결코 '죽음에 대한 희구'라는 측면에서 바라볼 수 없다는 사실을 알려 준다. 즉 의지할 데가 없는 그녀의 삶이 주는 공포가 분명 죽음이 주는 공포보다 훨씬 컸음을 보여주는 것이다. 『열녀전』의 다른 여인들의 경우도 마찬가지이다. 한 사람도 어김없이 자신이 처한 상황에 대하여 놀라울 정도로 명백하게 자신의 죽음의 당위성을 제시하고 있다. 이것은 마치 이러한 상황이 되면 당연히 죽어야 한다는 상황 계시와도 같다.

> "예의없이 사는 것은 일찍 죽는 것만 못합니다."[4]
>
> "도리를 벗어나면서까지 사는 것은 도리를 지키다가 죽는 것만 못합니다."[5]
>
> "약속과 도리를 어기면서 구차히 삶을 구하는 것은 여기 그대로 머물러 죽는 것만 못합니다."[6]

분량의 차이는 있지만 죽기 전 위와 같은 상투적인 어구를 되새기며 죽음에 임한다. 죽음에 이르기 전 여인들이 내놓은 상투적인 고백을 통하여 우리는 이제 이들의 죽음에 대하여 좀 다른 생각을 가져 볼 수 있을 것이다. 곧 '예의와 정절 수호'라는 말에 내재하는 진정한 가치를 위한 행위라는 측면은 접어 두고, '예의와 정절 수호'에 대한 반복 강박의 결과라는 측면에서도 고려해 볼 여지가 있다는 것이다. 반복 강박이라는

4 『열녀전』「정순전 · 제효맹희(齊孝孟姬)」: "夫無禮而生, 不若早死."

5 『열녀전』「정순전 · 송공백희(宋恭伯姬)」: "越義而生, 不如守義而死."

6 『열녀전』「정순전 · 초소정강(楚昭貞姜)」: "然棄約越義而求生, 不若留而死耳."

것은 본래 쾌락의 원리와 맞닿아 있는 것으로, 예를 들면, 아이들이 줄줄 외우는 이야기를 자꾸만 들려 줄 것을 요청하여 그것을 계속적으로 들으면서 쾌락을 느끼는 것을 말한다. 그런데 문제는 이 반복이 쾌락을 가져다 주지 못할 때에는 쾌락과 정반대인 자멸을 향한 본능이 작용하게 된다는 점이다. 『열녀전』의 여인들은 대개 예의와 정절에 대하여 상술한 강박관념을 지닌 인물들로 보인다. 이들은 자신들의 강박이 더 이상 반복하여 쾌락을 줄 수 없는 상황에 이르게 되자 결국 죽음으로 치닫게 된 것이다.

그러나 이러한 강박관념이 단순히 『열녀전』 여인들의 강박관념이라는 견해에는 동의할 수 없다. 오히려 텍스트의 주된 응시자인 남성들의 반복 강박이 투사된 것이라고 생각된다. 다시 말해 『열녀전』 여성들의 죽음은 자신들의 상징 질서를 구조화하고 확고히 하려는 남성들의 반복 강박이 거꾸로 여성들의 죽음 양상으로 표출된 것으로 해석할 수 있다는 것이다. 죽기 전 여성들이 내뱉는 상투적인 고백은 바로 남성들의 무의식 속에 내재했던 강박증적 징후라고 볼 수 있다. 아버지 · 남편 · 아들이 없는 여인이 이 세상에서 홀로 살아가기 어려운 '현실'은, 한편으로 남성에게는 딸 · 아내 · 어머니를 부양하여야 하는 강한 의무감과 강박관념을 의미하는 것이라고 할 수 있다. 이 때문에 남성의 의무가 존재하지 않는 공간에서의 여성은 이미 설 자리를 잃어버린 무공간(無空間)의 여성이 되며, 이 때 여성의 자살은 당연한 결과로 비쳐진다.

이러한 의미에서 보면, 죽기 전 한치의 동요도 없는 상태에서 마치 기도문을 외우듯 어김없이 동일한 명분을 밝히고 죽음에 임하는 여인들, 그들의 죽음은 바로 남성들의 상징적 질서를 동일시 과정을 통하여 내면화시킨 결과라고 볼 수 있다. 이데올로기라는 것이 인간을 개인적 주체로서 만들지 못하도록 방해함으로써 인간을 조정한다는 사실을 생각할 때, 유교적 가치관을 내면화시킨 그녀로서는 그녀가 신봉하는 것이 허구적인 담론에 불과하다는 사실을 깨닫는다는 것은 아마도 불가능할 일이었을 것이다.

곧 『열녀전』 여인들의 죽음의 당위성은 표면적으로는 여성 자신의 현실 인식에서 나온 것으로 볼 수 있으나, 내면적으로는 남성의 강박관념이 투사된 결과라는 측면에서도 해석할 여지가 있는데 이는 마치 동전의 양면과도 같은 상황이다.

## 2. 한낱 죽음에서 칭송으로

### 사라진 통곡 소리

죽음이 임박한 순간은 매우 간략하며 감정이 절제된 언어로 서술되어 있다. 증인들의 통곡이나 만류 행위 등 주변적인 상황이 거의 배제된 채 죽음에 임한 여인의 고백만이 울려퍼진다. 기량의 처가 죽는 상황을 보면, 자신의 상황에 대한 독백이 있은 후 곧바로 자살을 시도하는 것을 알 수 있다.

> "……역시 죽음뿐이로구나!" 결국 치수로 달려가 죽었다.

다른 여인들의 경우도 동일한 서술 방식으로 묘사되어 있다. 죽음을 결심한 여인들 주위에는 그녀들의 죽음을 반대하는 사람이 없으며 모두 동조자 혹은 방조자로서 존재하고 있다. 물론 여인들의 안타까운 상황을 동정하는 사람들이 전혀 없는 것은 아니지만, 죽음을 앞둔 찰나에서는 오직 여인들만의 공간에서 그들의 고백만이 클로즈업된다.

그러나 상술한 죽음에 대한 침착하고 담담한 태도와는 별도로 자신의 처지에 대하여 슬픔을 표출하는 여인도 찾아볼 수 있다. 기량의 처는 자신의 유일한 방패이자 삶의 희망인 남편이 죽자 그 시신을 부여잡고 열흘간이나 통곡하였다.[7] 그리고 그 위력은 성을 붕괴시킬 정도였다고 한다. 그녀는 열흘간의 통곡을 마친 후 남편을 장사지내고 그런 후에 자신도 목숨을 끊었다. 그녀의 통곡 소리에 대하여는 나중에 좀더 자세히 살펴보겠지만, 우리는 그녀가 가진 유일한 자기 표현 수단으로서 통곡을 바라볼 필요가 있다. 고대 중국 민간에서는 당시 이렇게 곡(哭)하는 풍습이 유행하였다고 한다. 지금까지도 중국에는 이러한 풍속이 여전히 유행하고 있는데, 주로 딸을 출가시킬 때 모녀가 함께 곡하며 또 친척이나 가족이 죽었을 때도 곡을 함으로써 비통함을 표현한다. 시집갈 때 모녀가 함께 곡하는 내용은 임신, 산고의 고통, 며느리가 되는 어려움 등이다.[8] 친지나 가족이 죽었을 경우에는 죽은 이의 삶에 대한 내용이 대부분을 차지한다. 그러나 실제 조사 작업에 따르면, 친지의 죽음을 슬퍼하는 내용뿐만 아니라, 곡하는 여성 그 자신의 신세를 한탄하는 경우도 상당하다고 한다. 따라서 다른 이의 장례식을 통하여 자신의 슬픔을 표출하는 경우도 있는데, 이로 인하여 가곡(歌哭)은 여성에게는 개인적인 슬픔을 담아 낼 수 있는 도구로서 인식되었던 것 같다.[9]

물론 여기에는 여성만의 상황이 있다. 고대사회에서는 남성의 경우 결혼을 하더라도 기존의 인간관계는 계속 유지되며 확장되지만, 여성의

7 통곡한 기간에 대하여는 기록마다 약간 차이를 보인다. 한 예로, 『예문유취(藝文類聚)』「거처부(居處部)」(3)와 『태평어람(太平御覽)』(卷四八七) 「인사부(人事部)」(128)에서는 모두 7일로 기록되어 있다.

8 시집갈 때 모녀가 함께 하는 가곡(歌哭)에 관해서는 C. Fed Blake. "Death and Abuse in Chinese Marriage Laments: The Curse of Chinese Brides," *Asian Folklore Studies* 37, No.1 1937 참고.

9 Elizabeth L. Johnson, "Funeral Laments of HAKKA Women." *Death Ritual in Late Imperial and Modern China* (University of California Press. 1988), edited by James L. Watson and Evelyn S. Rawski, pp. 135-60 참고.

경우엔 자신의 친부모를 비롯한 이전의 모든 인간관계와의 냉혹한 단절을 의미하는 것이 곧 결혼이었다. 즉 사회적인 활동 없이 가정과 일상 노동에서 대부분의 삶을 보내는 여성들에게 결혼은 생계를 위해서는 필연적인 일이었지만, 동시에 고통스런 인생으로의 관문에 해당하는 것이었다. 따라서 결혼과 함께 느끼게 되는 두려움과 슬픔 · 당혹감을 여성들은 가곡의 기회를 통해서 표현하고 떨쳐 버렸던 것이다. 과거 여성들은 이러한 어려움을 자신이 직접 낳은 자식을 보면서 이겨 나갔다고 한다. 그리고 친지의 장례와 같은 가곡의 기회를 얻게 되면, 그간의 부당한 결혼 생활, 혹은 시가 친지들에 대한 온갖 원망을 쏟아 내는 기회로 삼았다고 한다. 이러한 상황을 고려해 볼 때 남편을 잃은 여인에게 다시 결혼한다는 것은 또 다른 단절을 겪는 것을 의미할 수 있다. 따라서 이러한 상황 속에서 자살을 선택한 여인에게는 정절을 지킨다는 명분보다는, 또다시 겪어야만 하는 단절의 고통이 죽음에 대한 공포보다 더 크게 다가왔을지도 모른다. 즉 기량 처의 죽음은 "다시 재혼할 수 없다"는 그녀의 고백에서 알 수 있듯이 재혼과 함께 겪게 될 새로운 단절에의 두려움에 기인한 것이라고 할 수 있다. 전술한 대나라 조부인의 경우에서도 유사한 상황을 찾을 수 있다.

> 하늘을 우러러 통곡하고는 '미계'라는 땅에서 스스로 목숨을 끊었다.[10]

하늘을 우러러 통곡하는 대나라 조부인의 모습은 기량의 처와 마찬가지로 매우 비통하다. 그녀 역시 재혼을 받아들이지 못하고 스스로 목숨을 끊은 것이다. 기량의 처와 대나라 조부인의 통곡에서 우리는 『열녀

10 『열녀전』「절의전 · 대조부인」: "送立呼天, 自殺於笄之地."

전』에 기록된 여러 여인들이 죽음에 임하였을 때 보여주었던 침착함과 담담함에 대한 인상을 지울 수 있게 되었다. 죽음에 임하기 전 그것의 명분을 자술하는 여인의 침착함 속에는 단지 기록되지만 않았을 뿐 분명히 이와 같은 통곡의 순간들이 감추어져 있을 것이라고 추측할 수 있기 때문이다.

기량의 처와 조부인의 통곡의 모습에서 우리는 비참하고 고통스러운 인생의 무게를 느낄 수 있으며, 이 때 그들에게 통곡은 유일한 표현 수단으로 사용되고 있었음도 알 수 있었다. 자살의 명분을 내세우는 여인들의 억눌린 심리 밑에 용솟음치듯이 뿜어져 나오는 비통함은 바로 이 통곡이란 수단으로 그나마 표출될 수 있었기 때문에, 여성에게 통곡은 실제로 단순한 '울음' 그 이상의 의미를 지닌다고 할 수 있다.

이런 의미에서 볼 때 기량의 처의 통곡은 우선 남편을 잃은 슬픔과 그로 인한 자신의 처지에 대한 동정이 한데 뭉쳐서 폭발된 것이라 할 수 있다. 동시에 당시의 불공정한 결혼 생활 및 유가 윤리의 중압감에 대한 반항이라는 측면에서도 해석할 수 있다. 기량의 처와 조부인의 기록을 제외하고는 통곡에 대한 기록이 보이지 않는데, 혹시 통곡 이후의 자살과 그 뒤의 칭송 때문에 통곡의 순간들이 축소되거나 은폐되어야 했던 것은 아닌지 하는 의문을 가져본다.

### 죽음에 부여된 의미와 칭송

기량 처의 죽음은 곧이어 군자에 의하여 칭송받게 된다.

> 군자가 말하였다. "기량의 처는 정숙하며 예를 알았다."
>
> 『시경(詩經)』에서 "내 마음이 상하고도 슬프도다. 애오라지 당신과 함께 가리라"라고 한 것은 이를 말한 것이다.

송에서는 다음과 같이 말하였다.

기량이 전사하자 그의 처가 주검을 거두어 장사를 지냈네.
제나라 장공이 길에서 조문하려 하자 거부하였다네.
성 밑에서 남편의 죽음을 통곡하자 성이 무너져 버렸네.
의지할 데가 없다고 하고는 치수로 달려가 몸을 하직하셨네.

여기에서 등장하는 군자(君子)는 『열녀전』 전편에 등장하는 텍스트 속의 평가자요 감시자이다. 군자는 각 여성들의 공덕을 간략한 몇 마디의 말로 압축해 전달하는 역할을 하며, 뒤이어 나오는 『시경』의 시는 곧 그의 평가에 그 신빙성을 부여한다.[11] 군자의 평가에 의하여 기량의 처는 비로소 정절을 지키고 예를 안 여인의 대열에 오르게 되는 것이다. 맨 마지막에 등장하는 '송(頌)' 부분은 흔히 사건을 간략하게 요약하면서 공덕을 다시 한 번 찬양하는 부분이다. 기량 처의 죽음은 본래 가련한 한 여인의 죽음에 불과하던 것이 군자의 인증을 거쳐 이 '송'의 단계에 오면 제후의 죽음으로 묘사된다. 즉 "기량이 치수로 달려가 몸을 던져 죽었다(死)"고 하는 평범한 죽음에 대한 표현이 '송'에 와서는 "치수로 달려가 몸을 하직하셨네(薨)"라는 제후의 죽음으로 바뀌게 된 것이다.

여기서 우리는 한 여인의 죽음이 유교적 이데올로기라는 지배 담론에 부합하면 공덕으로 칭송받는다는 것을 알 수 있다. 즉 정절과 예의를 지키기 위한 자살은 군자라고 하는 감시자적 존재에 의하여 일정한 보상을 부여받게 되는 것이다. 다시 이것은 수많은 여인들에게 삶의 수단으

11 『시경(詩經)』의 시구는 『열녀전』 여성들의 공덕을 찬미하고 또 그것에 권위를 부여하기 위하여 도입된 것으로 보인다. 따라서 비슷한 맥락에서는 같은 시구가 다시 인용되기도 한다. 여성의 정절을 지키기 위하여 죽은 여성들을 위해서는 『시경』 「패풍(邶風)·곡풍(谷風)」의 "훌륭한 말씀 어긋나지 않도록 그대와 죽음 함께하리(德音莫違, 及爾同死)"라는 시구가 여러 번 인용되었다.

로서의 죽음에 대한 인식을 품어 줄 수 있는데, 바로 이 과정에서 상술한 통곡 소리의 정도는 축소되고 죽음에의 영광만이 확대 부각될 수 있다. 어쩌면 이것이 『열녀전』 편찬자 유향(劉向)[12]이 의도한 목적이었는지도 모른다. 그의 시각에 의하여 분할되고 조정된 여인의 죽음은 군자와 『시경』, 그리고 '송'이라는 의도적인 장치들을 통하여 일정한 영광의 징표를 부여받게 되는 것이다. 유향 혹은 군자가 대표하는 시선은 아마도 남성의 여러 가지 페르소나(Persona)에 따른 것으로, 때로는 아들의 것, 아버지의 것, 남편의 것, 임금의 것, 그리고 마지막으로는 정치가의 것일 수 있다.[13] 이러한 이유로 『열녀전』 여인들의 죽음은 자신의 비통함이 외부적인 힘에 의하여 거세된, 비현실적 아이콘으로 존재하고 있다. 그리고 이러한 특성은 『열녀전』이 남성들의 이상적인 여성상에 대한 교육서로서 자리잡는 데 중요한 바탕이 되었을 것이라고 단언할 수 있다. 아울러 여성의 죽음은, '이데올로기와의 갈등에서 비롯된 어쩔 수 없는 선택' 혹은 '자기 해체적 욕망에서 선택된 탈출구 · 해방구'가 아닌, 한 인간의 숭고한 정신이 만들어 낸 최고의 표현으로 비쳐지게 된다. 다음 절에서는 이러한 의도적인 장치들에 대하여 좀더 깊이 있게 조명해 보고자 한다.

12 『열녀전』의 작자에 관하여는 여러 가지 설이 있다. 여기에서는 유향 혹은 그가 대표하는 세력이라고 규정한다. Lisa Raphals, *Sharing the light: Representation of Women and Virtue in Early China* (State University of New York Press, 1998), pp. 109-10 참고.

13 마르크스주의 문화 비평가인 존 버거(John Berger)는 중립적으로 보이는 시선이 대부분 권력, 접근, 통제 관계를 수반하고 있다고 보았다. 그리고 이 중립적 시선이 바로 남성의 권력이요, 또 여성의 차이를 만들어 가는 기제라고 하였다. John Berger, *The Sense of Sight* (New York: Pantheon. 1985) 참고.

## 3. 죽음에 대한 의문: 자살과 타살의 경계

### 현실과 기록 간의 간격

앞 장에서 우리는 한 여인의 죽음이 제후의 죽음으로 칭송되는 것을 볼 수 있었다. 그리고 그 과정에 편찬자의 의도가 개입되었을 가능성을 제기하였다. 여기에서는 이 문제에 좀더 깊이 다가가 보려고 한다. 우선, 『열녀전』 텍스트는 그 자체로서 몇 가지 특징과 모순을 안고 있다. 그 특징 중 대표적인 것을 보면, 첫째 '남성에 의한 여성의 소개'이다. 각 여성들은 그녀의 소속 혹은 소유주라고 할 수 있는 남편, 아버지, 혹은 시아버지에 의하여 소개된다. 기량의 처 이야기에서 볼 수 있는 것처럼, 우리는 기량의 처의 성씨조차 알 길이 없다. 당시 여성들이 대부분 자신의 이름을 소유하지 못했던 역사적인 상황을 감안하였을 때 충분히 납득이 가는 일이긴 하나, 이러한 현상이 후대의 『열녀전』에서도 계속되는 현상에 관해서는 좀더 생각해 보아야 할 문제이다.

두 번째 특징으로는 '애매한 시 · 공간의 구성'이다. 기량의 처가 전사한 남편의 시신을 만나는 대목을 보면 구체적인 시 · 공간에 대한 설명이 없다. 대체로 『열녀전』에는 명확한 시 · 공간이 제시되어 있지 않다. 시간에 관한 암시라고 한다면 각 여인들이 속해 있는 나라, 그리고 그녀와 관련된 이름난 충신 · 임금들을 통한 것이 고작이다. 여인들이 속한 공간도 추상적으로 제시될 뿐이다. 세 번째 특징은 '일회적 사건 중심의 서사'다. '전(傳)'이라는 체재가 대체로 한 인물의 일대기까지 기록하는 것을 뜻하는 데 반하여 『열녀전』의 경우는 여인들의 일회적 행적만 집중적으로 묘사하는 데 그치고 있다. 이러한 특성은 텍스트가 단편으로 끝나는 것과도 연결되며, 이 과정 중 특정 기록이 편찬자에 의하여 가감될 여지가 있음을 보여준다. 마지막으로는 '허구적 언술의 첨가'

이다. 앞 장에서 보았던 시·공간을 달리하는 여인들의 죽음에 관한 기록에서 우리는 기량의 처를 비롯한 『열녀전』의 여성들이 일제히 녹음이라도 한 듯이 자신의 죽음의 당위성을 설명해 놓은 부분을 보았다. 독자 중 누구도 이것을 편찬자 유향이 직접 듣고 기록하였으리라고는 생각하지 않을 것이다. 실제로 그 여성들의 마지막 유언을 묘사하는 곳에서 지나치게 주변 상황이 배제된 것, 그리고 일제히 죽음의 명분을 내세우고 있다는 점에서 우리는 그 이야기의 사실성을 의심하게 된다. 이는 자살하기 전 여인들이 토로한 말들을 누군가 기록하였거나 혹은 전해 들었을 가능성에 의문이 생기기 때문이다. 그렇다면 기록자가 이 부분을 첨가하였을 가능성은 비교적 농후해진다. 이 부분을 구체적으로 보기 위하여 『열녀전』 이전 기량의 처에 관한 기록들을 함께 보도록 하자.

기량 처에 관한 최초의 기록은 『좌전(左傳)』 양공(襄公) 23년(B.C. 550)에 보인다.

> 제나라 임금이 진(晉)나라에서 자기 나라로 돌아가지 않고, 바로 거(莒)나라 저우(且于)를 공격하였으나 다리에 부상을 입고 퇴각하였다. 다음날 다시 싸우려고 수서(壽舒) 지방을 공격할 것을 예정하였는데, 기식(杞殖)과 화환(華還)은 무장병을 싣고 저녁에 저우의 좁은 길목으로 들어가, 거나라 도읍의 교외에서 밤을 지냈다. 그 이튿날 그들이 먼저 거나라 임금을 포우씨(蒲于氏)의 채읍의 땅에서 만나게 되니, 거나라 임금은 많은 물건을 보내 주고, 그들을 전사시키지 않는다고 하면서 다음과 같이 말하였다. "그대들이 내게 맹세하고 돌아가기를 바라네." 이에 화주(華周)가 대답하였다. "재물을 탐하여 임금의 명령을 저버리는 것은 당신도 싫어할 것이요. 어두울 때 약속하고선 해가 한나절이 되기도 전에 이를 어긴다면 어떻게 임금을 섬길 수 있으리오!" 그러자 거나라 임금은 친히 북을 치고 그들을 몰아쳐서 기량을 죽였다. 그 뒤에 거나라 사람이 제나

라에게 화평을 맺었다. 제나라 임금이 귀환하다가 도읍의 교외에서 기량의 부인을 만났다. 사람을 시켜 조문을 하게 하니, 그 부인은 조문받기를 거부하고 다음과 같이 말하였다. "제 남편에게 죄가 있다면 어찌 외람되게 임금의 조문을 받을 수 있겠습니까? 그러나 만약 죄가 없다면 선대로부터 내려오는 초가집이 있으니 저는 교외에서 조문을 받을 수 없습니다." 제나라 임금은 기량의 집에 가서 조문하였다.[14]

위의 내용은 남편의 죽음과 그에 대한 부인의 반응을 축으로 이루어진다. 다음은 서한(西漢) 말기에 나타난 유향의 『설원(說苑)』 중 「입절(立節)」·「선설(善說)」과 『열녀전』 「정순전」에 보이는 기량의 처에 관한 이야기이다.

기량과 화주가 전투를 벌여 27명을 죽이고 전사하였는데, 그의 아내가 이 소식을 듣고 소리내어 울자, 성이 기울고 그 귀퉁이가 무너졌다.[15]

옛날에 화주와 기량이 전쟁에 참여하여 죽었다. 그 아내가 그를 슬퍼하여 성을 향하여 소리내어 울었는데 성의 귀퉁이가 무너지고 성이 무너졌다.[16]

---

14 『좌전(左傳)』: "齊侯還自晉不入. 遂襲莒, 門于且于, 傷股而退.明日將復戰. 期于壽舒, 杞殖華還載甲,夜入且于之隧, 宿於莒郊. 明日先遇莒子於蒲侯氏, 莒子重賂之, 使無死. 曰, 請有盟. 華周對曰, 貪貨棄命, 亦君所惡也, 昏而受命, 日未中而棄之, 何以事君? 莒子親鼓之, 從而伐之. 獲杞梁, 莒人行成. 齊侯歸, 遇杞梁之妻於郊, 使弔之. 辭曰, 殖之有罪, 何辱命焉? 若免於罪, 猶有先人之敝廬在. 下妾不得與郊弔. 齊侯歸, 弔諸其室."

15 『설원(說苑)』 「입절(立節)」: "杞梁華周(舟)進鬪, 殺二十七人而死, 其妻聞之而哭, 城爲之阤而隅爲之崩."

16 『설원』 「선설(善說)」: "昔華周杞梁戰而死, 其妻悲之, 向城而哭, 隅爲之崩, 城爲之阤."

제나라 대부 기량 식의 처이다. 장공이 거를 습격하였는데 기량은 이 전쟁에서 전사하였다. 장공이 전장에서 돌아오다 그 아내를 만나게 되어 시중을 보내 길에서 조문하도록 하였다. 기량의 처가 말하였다. “지금 제 남편 식에게 죄가 있다면 임금께서 어찌하여 조문하십니까? 또 만약 제 남편이 죄가 없다면 이 천한 계집은 조상이 살았던 저희 집으로 돌아가겠습니다. 저는 길에서 조문을 받을 수 없습니다.” 그러자 장공은 수레를 돌려 그의 집에 가서 예를 갖추어 조문을 한 후 돌아갔다. 기량의 처는 자식도 없고, 시댁과 친정에 다섯 가지 상복을 입을 친척도 없으며, 돌아가 의지할 만한 곳도 없었다. 남편의 시신을 성 아래에 뉘이고 곡을 했다. 마음속 깊이 통곡하는 소리는 사람들을 감동시켜 길 위를 지나는 사람 중에 눈물을 흘리지 않는 자가 없었다. 열흘 동안 곡을 하니 성이 붕괴되었다. 그리고 장사를 지내고는 다음과 같이 말하였다.

“나는 어디로 돌아갈 것인가? 여자에게는 반드시 의지할 곳이 있어야 한다. 아버지가 있으면 아버지에게 의지하고, 남편이 있으면 남편에게 의지하며, 아들이 있으면 아들에게 의지하여야 한다. 지금 나는 위로는 아버지도, 가운데로는 남편도, 아래로는 아들도 없다. 안으로(시댁) 의지하여 (남편에 대한) 내 정성을 보여줄 수 없고, 밖으로(친정) 의지하여 내 절개를 세울 수도 없다. 그렇다고 내가 어떻게 다시 시집갈 수 있겠는가? 역시 죽음뿐이로구나!” 결국 치수로 달려가 죽었다.

군자가 말하였다. “기량의 처는 정숙하며 예를 알았다.”

『시경』에서 “내 마음이 상하고도 슬프도다. 애오라지 당신과 함께 가리라”라고 한 것은 이를 말한 것이다.

송에서는 다음과 같이 말하였다.

기량이 전사하자 그의 처가 주검을 거두어 장사를 지냈네.

제나라 장공이 길에서 조문하려 하자 거부하였다네.

성 밑에서 남편의 죽음을 통곡하자 성이 무너져 버렸네.
의지할 데가 없다고 하고는 치수로 달려가 몸을 하직하셨네.[17]

『설원』의 「입절」·「선설」은 모두 남편 기량에 대한 공적을 서술한 후 끝 부분에 잠시 기량의 처에 대하여 언급하고 있다. 이에 반하여 『열녀전』은 기량의 처가 이야기의 주인공으로 등장한다. 이는 여성이 주인공으로 설정된 『열녀전』상의 요구 때문으로 보인다. 그런데 『설원』과 『열녀전』의 이야기는 실제 역사의 기록인 『좌전』과 비교해 볼 때 허구적인 이야기가 첨가된 것임을 알 수 있다. 줄거리를 비교해 보면, 기량이 전사한 후 그 아내가 길에서 조문받는 것을 거부하여 끝내 집에서 조문을 받게 되는 것은 『좌전』과 일치하지만, 남편의 시체를 성 아래에 놓고 슬프게 곡하는 부분, 그리고 성이 무너지는 부분은 『설원』과 『열녀전』, 곧 유향의 저작에만 공통으로 드러난다. 따라서 이 부분은 유향에 의하여 첨가된 부분으로 볼 수 있다. 그리고 기량의 처가 '치수에 빠져 죽는' 내용 역시 『좌전』에는 없고 유향의 기록에만 보이는 내용이다. 여기에서 우리는 기량의 죽음과 그 장례와 관련된 부분은 『좌전』과 동일하나, 기량의 처의 죽음에 관한 이야기는 유향에 의하여 새롭게 첨가되었다는 것을 알 수 있다.

이러한 맥락에서 보면, 기량의 처가 자신이 죽을 수밖에 없는 상황을

17 『열녀전』「정순전 · 제기량처」: "齊杞梁殖之妻也, 莊公襲莒. 殖戰而死, 莊公歸, 遇其妻, 使使者弔之于路. 杞梁妻曰, 今殖有罪, 君何辱命焉? 若令殖免于罪, 則賤妾有先人之弊廬在, 下妾不得與郊弔. 于是莊公乃還車詣其室, 成禮然後去. 杞梁之妻無子, 內外皆無五屬之親, 旣無所歸. 乃枕其夫之尸于城下而哭, 內外動人, 道路過者, 莫不爲之揮涕, 十日而城爲之崩. 旣葬曰, 吾何歸矣?夫婦人必有所倚者也, 父在則倚父, 夫在則倚夫, 子在則倚子. 今吾上則無父, 中則無夫, 下則無子. 內無所依以見吾誠. 外無所依以立吾節. 吾豈能更二哉, 亦死而已! 遂赴淄水而死, 君子謂, 杞梁之妻, 貞而知禮, 詩云, 我心傷悲, 聊與子同歸, 此之謂也. 頌曰, 杞梁戰死, 其妻收喪, 齊莊道弔, 避不敢當. 哭夫于城, 城爲之崩, 自以無親, 赴淄而薨."

토로한 부분 곧 "기량의 처에게는 자식이 없었고, 시댁과 친정에 다섯 가지 상복을 입을 친척도 없었다. 그러니 돌아갈 만한 곳이 없었다(杞梁之妻無子, 內外無五屬之親, 旣無所歸)" 라고 한 부분은 좀 다르게 해석할 수 있는 여지를 갖게 된다. 즉 이것 역시 유향이 첨가한 또 하나의 허구적인 언술로 "기량의 처가 치수에 빠져 죽는 상황"을 정당화시키기 위하여 첨가된 부분이라고 볼 수 있다. 다시 말하자면, 『좌전』의 기량 처가 『열녀전』에 와서는 정절을 지키는 훌륭한 부인으로 변화하였는데 이 과정에서 그녀의 '죽음'이 필수불가결한 요건이 된 것으로 추측할 수 있다. 아마도 '정절 수호'라는 덕목을 제시할 목적으로 기량 처가 새롭게 탄생한 것으로 보인다. 여기에서 우리는 기량 처에 관한 죽음이 다분히 의도적으로 삽입된 허위의 죽음일 가능성도 생각해 볼 수 있다. 아울러 죽음의 이유로 제시된 부분 또한 허위의 죽음에 동반된 허위 진술일 가능성을 감지할 수 있다.

### 칭송 속에 가려진 사실

앞에서 우리는 기량 처의 죽음에 관한 부분이 유향에 와서 첨가되었으며, 그녀가 정절을 수호한 여인으로 칭송받은 것도 역시 『열녀전』에서 처음 등장하는 것을 볼 수 있었다. 그런데 기량의 처는 비록 유향에 의하여 정절 수호라는 덕목 아래 칭송되었지만 사실 그녀의 행적을 보게 되면 무조건 예의를 순종하는 여인과는 다른 면모가 보인다. 『열녀전』에도 바로 이러한 기량 처의 행동이 고스란히 담겨져 있는데, 이는 『좌전』과도 일치하는 부분이다. 이 부분은 곧 남편의 전사 소식을 들은 기량의 처가 교외에서 조문하는 것을 거부하고 자신의 초라한 오두막에서 조문할 것을 요구하는 대목이다. 여기서 우리는 기량의 처가 정절 수호의 한 전범으로 제시되지만 동시에 예법에 과감히 맞서는 행동을 하였음을 알 수 있다.

> 제나라 임금이 귀환하다가 도읍의 교외에서 기량의 부인을 만났다. 사람을 시켜 조문을 하게 하니, 그 부인은 조문받기를 거부하고 다음과 같이 말하였다. "제 남편에게 죄가 있다면 어찌 외람되게 임금의 조문을 받을 수 있겠습니까? 그러나 만약 죄가 없다면 선대로부터 내려오는 초가집이 있으니 저는 교외에서 조문을 받을 수 없습니다." 제나라 임금은 기량의 집에 가서 조문하였다.[18]

> 제나라 대부 기량 식의 처이다. 장공이 거를 습격하였는데 기량은 이 전쟁에서 전사하였다. 장공이 전장에서 돌아오다 그 아내를 만나게 되어 시중을 보내 길에서 조문하도록 하였다. 기량의 처가 말하였다. "지금 제 남편 식에게 죄가 있다면 임금께서 어찌하여 조문하십니까? 또 만약 제 남편이 죄가 없다면 이 천한 계집은 조상이 살았던 저희 집으로 돌아가겠습니다. 저는 길에서 조문을 받을 수 없습니다." 그러자 장공은 수레를 돌려 그의 집에 가서 예를 갖추어 조문을 한 후 돌아갔다.[19]

'맹강녀 이야기'에 대하여 선구적인 업적을 남긴 고힐강(顧詰剛)은 임금에게 대항하는 기량 처의 행동에 대하여 예를 준수할 줄 아는 것이라고 보았다.[20] 이러한 그의 평가는 『예기(禮記)』「단궁(檀弓) 하(下)」에서 영향받은 듯하다.

---

18 각주 14번 참고.

19 각주 17번 참고.

20 고힐강(顧詰剛), 「맹강녀 이야기의 변천(孟姜女故事的轉變)」, 『맹강녀고사연구집(孟姜女故事研究集)』, p. 2 참고.

[노(魯)나라 애공(哀公)이 사람을 시켜 괴상(蕢尙)에게 조문하게 하였다. 괴상을 길에서 우연히 만났는데, 괴상은 길가를 소제하고 궁실(宮室)의 형상을 그어 놓은 뒤에 그곳에서 조문을 받았다.] 증자(曾子)가 말하길, "괴상은 기량의 처가 예를 아는 것만 못하다. 제나라 장공이 거(莒)를 습격하여 탈환하려 하였을 때 기량이 그곳에서 죽었다. 그의 처가 길가에서 관을 맞으며 슬프게 울었다. 장공은 사람을 시켜 조문하게 하였다. 그러자 기량의 처가 "임금의 신하가 죄를 면할 수 없다면 시조(市朝)에 시체를 버리고 처첩은 잡혀가야 할 것입니다. 만약 임금의 신하가 죄를 면하게 된다면 선조 때부터 내려오는 초라한 집이 있으니 임금께서는 (길에서 조문하여) 임금의 명을 욕되게 하지 말아 주십시오"라고 말하였다."[21]

『예기』는 『좌전』보다 후대의 기록으로, 여기에서는 기량의 처를 예의를 잘 아는 인물로 평가하고 있다.[22] 여기서 그녀가 예의를 잘 안다는 것은 불합리한 예법을 바꿀 정도로 예법을 잘 안다는 뜻이다. 임금을 대하여 예법을 논하는 기량 처의 모습이 임금에게 무례한 것은 아닌가 하는 의문도 들지만, 실제로 『예기』에서는 그녀의 이 같은 행동을 예를 잘 아는 것으로 치하하고 있다. 기량의 처가 『열녀전』에 채택된 것은 아마도 예의를 잘 아는 인물로 제시된 기존 시각에 영향받은 것으로 보인다. 그러나 이 관점은 남편과 가문을 위하여 과감히 예법을 논하였던 기량의

21 『예기(禮記)』「단궁(檀弓)(下)」: "哀公使人弔蕢尙. 遇諸道, 辟於路, 畫宮而受弔焉. 曾子曰, 蕢尙不如杞梁之妻之知禮也. 齊莊公襲莒于奪. 杞梁死焉. 其妻迎其柩於路, 而哭之哀. 莊公使人弔之. 對曰, 君之臣不免於罪, 則將肆諸市朝, 而妻妾執. 君之臣免於罪, 則有先人之敝廬在. 君無所辱命."

22 이복청(李福淸), 「만리장성의 전설 및 중국 민간문학의 체재문제(萬里長城的傳說與中國民間文學的體裁問題)」, 『중국신화고사논집(中國神話故事論集)』, 마창의(馬昌儀) 옮김, p. 324 참고.

처에 대하여 고대 남성들이 부여한 해석이라 할 수 있으며, 이후 기량 처를 바라보는 하나의 시각으로 점차 굳어진 것이라 생각된다. 아래의 『맹자(孟子)』의 기록을 보며 좀더 구체적으로 논의해 보자.

> 순우곤(淳于髡)이 말하였다. "옛날에 왕표(王豹)가 기수(淇水)가에 있을 때 하서(河西) 지방이 노래를 잘하였고 면구(綿駒)가 고당(高唐)에 있을 때 제나라 서쪽 지방이 노래를 잘했다. 화주(華周)와 기량의 아내가 그 남편을 위하여 곡을 잘함으로써 나라의 풍속이 변하였다. ……"[23]

『맹자』에서는 기량의 처가 곡을 잘하여 당시 나라의 풍습을 변하게 했다고 말하고 있다. 이것은 나라의 풍속을 바뀌게 할 정도로 기량 처의 행적이 사람들에게 알려졌다는 점과, 그녀의 행동이 당시의 풍속에 위배되었다는 두 가지 사실을 알려 준다. 과연 기량의 처가 변화시킨 풍습이 무엇이냐 하는 물음에는 학자들마다 견해가 다르지만,[24] 최근 왕조건(王兆乾)의 주장에 의하면, 이는 곧 전사자(戰死者)를 일률적으로 상망(殤亡)한 사람으로 취급하는 풍습이라고 한다.[25] 그에 따르면 오늘날의 일반적인 상식에서는 전사(戰死)한 사람이든 누구든 교외(郊外)에서 조문하지 않는 것이 올바른 예법이지만, 당시 춘추시대 제나라 지방에서는 전사한 사람을 조문할 때는 반드시 교외에서 했다고 한다. 기량이 거

---

23 『맹자(孟子)』「고자(告子)(하)」: "淳于髡曰, 昔者王豹處於淇, 而河西善謳, 綿駒處於高唐, 而齊右善歌, 華周杞梁之妻善哭其夫, 而變國俗, ……."

24 고힐강은 이 풍습이 제나라의 '잘 우는 풍습'이라고 말했다. 그는 『회남자(淮南子)』의 「남명훈(覽冥訓)」·「범론훈(氾論訓)」, 『열자(列子)』「탕문편(湯問篇)」의 예를 들어 제나라에 유독 '곡조(哭調)'와 같은 음악 양식이 유행하였음을 제시하였다. 고힐강, 「맹강녀 이야기의 변천[孟姜女故事的轉變]」, 『맹강녀고사연구집(孟姜女故事研究集)』, pp. 4-5 참고.

25 왕조건(王兆乾), 「지주 나희 '맹강녀'의 민간신앙적 기초 및 당희적 특징(池洲儺戲 '孟姜女'的民間信仰基礎和唐戲特徵)」, 『중국희곡(中國戲曲)』, 제8집, 2000.

(莒)나라에서 전사하자, 춘추시대 사람들은 전사를 비정상적인 죽음, 즉 흉사(凶死)라고 여겨 '상(殤)'이라고 불렀던 것이다.

고대인들은 사람이 죽은 후에는 그 영혼이 반드시 조상이 사는 땅으로 돌아와야 한다고 생각하였는데, 상자(殤者)의 영혼은 조상에게 받아들여질 수 없고 또 후인들의 봉양도 받을 수 없었다. 결국 주인없이 떠도는 영혼이 되는데, 이 때문에 기량의 처는 교외에서 조문받는 것을 거부하였던 것이다. 기량이 당시의 관념에 비추어 비록 비정상적으로 죽었으나 왕을 위하여 목숨을 바쳤는데 무슨 죄가 있어 사후에 그 혼백이 조상의 초가집으로 돌아올 수 없느냐고 항의한 것이다. 기량 처의 항변은 결국 제 장공에게 받아들여져 조상의 집에서 기량을 조문할 수 있게 되었고, 결국 전사한 사람을 교외에서 조문하게 하였던 당시의 풍속도 바뀔 수 있었던 것이다.[26] 따라서 『맹자』에서 말하는 풍습이란 전사한 사람을 상망(殤亡)한 사람으로 취급하여 교외에서 제사지내는 것을 뜻하며, 기량의 처에 의하여 이러한 풍습이 변화되었다고 보는 것이 타당하리라 생각한다.

이 같은 사실에서 우리는 당시의 예법을 순종하기보다는 오히려 자신의 남편을 위하여 당당하게 기존의 예법에 맞서는 기량 처의 대담한 모습을 볼 수 있다. 따라서 예의에 어긋나면서까지도 자신의 견해를 왕에게 당당히 전하는 그녀의 행동을 예를 잘 아는 것으로 해석하는 것은 당시의 풍속을 살펴보았을 때 그다지 적합하지 않다고 생각된다.

한편 우리는 『열녀전』에 와서 추가된 내용 중에 기량 처가 곡하는 부분이 있음을 언급하였다. 이 부분은 유향에 와서 "성을 무너뜨렸다"는 그 다음 부분의 내용과 함께 첨가되어, 기량 처의 곡(哭)이 얼마나 뭇 사람들을 감동시켰는지를 효과적으로 표현해 주고 있다. 기량의 처가 곡

26 왕조건, 앞의 논문, pp. 3-4 참고.

을 잘했다는 기록은 전국시대부터 서한시대까지 기량 처 전설에서 주된 모티프로 등장하였고,[27] 시(詩)와 같은 많은 문학작품에서는 슬픔의 정조를 불러일으키는 역할을 하였다.[28]

[그림 1] 『고열녀전』에 실린 제나라 기량 처의 모습.

그러나 우리는 『열녀전』에서 왜 기량의 처가 남편의 시신을 안고 성 앞에서 곡하는 부분이 들어가야 하는지 궁금하게 된다. 여기서 우리는 유향이 기록한 기량의 처에 관한 이야기 가운데에 민간 전설이 차용되었음을 추정할 수 있다.[29] 고대인들은 신지(神祇)에게 일

27 기량처의 가곡(歌哭)은 신앙적인 측면에서 논의되는데, 대개는 당시 민간의 가곡 풍속을 반영해 주는 것으로 보고 있다. 가곡은 천지를 감동시키고 귀신을 울릴 만한 힘을 가지고 있다고 여겨져, 특히 무속신앙에서 천신(天神)과 지지(地祇)에게 마음을 표현하는 수단이라고 인식되었다.

28 『한시외전(韓詩外傳)』의 "기량의 처가 슬프게 운 사실은 널리 칭해졌다(杞梁妻悲哭, 而人稱咏)"라는 기록과 매승(枚乘)의 잡시(雜詩) 제1수(『문선(文選)』 卷29) 가운데 "누가 이 곡을 노래할 수 있겠는가? 기량의 처가 아니라면!(誰能爲此曲, 無乃杞梁妻)"라는 기록 등이 그 예이다. 또 왕포(王褒)의 『퉁소부(洞簫賦)』(『문선(文選)』 卷17) 등 많은 작품에서 기량의 처는 곡을 잘하는 여인으로 일컬어졌다.

29 양진량(楊振良)은 『열녀전』에 실린 기량 처 이야기가 『좌전』·『예기』의 기록과 민간 전설이 결합되어 형성된 것이라고 보았다. 『맹강녀연구(孟姜女硏究)』(臺北: 學生書局. 1986), p. 5 참고. 잠명자(潛明玆) 역시 기량의 처가 잘 우는 부인으로 유명하기 때문에 본래의 '기량의 처의 이야기'와 '성이 무너진다'는 전설이 서로 결합되어서 '기량의 처가 울어서 성이 무너졌다'는 전설이 형성되었다고 주장하였다. 잠명자, 「고힐강의 맹강

반 사람들과는 다른 특별한 수단으로 기도하였다. 특히 신령의 후각·시각·청각 등을 자극하는 것을 강조하였는데, 예컨대 『예기』「교특생(郊特牲)」에 "은나라 사람은 소리를 숭상한다(殷人尙聲)"는 기록이 있다. 아마도 은대 이전부터 이미 특이한 소리(울음을 포함해서)를 이용해서 하늘에 기도하였을 것이다. 또 고대 신화의 기록으로 "전욱씨(顓頊氏)가 먼저 선선(鱓先)에게 음악을 만들라고 명령하였고, 선선이 자신의 배를 두드리니 그 음이 매우 듣기 좋았다"라는 기록이 남아 있는데, 이 기록은 선어(鱓魚)의 껍질로 북을 만든 일을 반영하고 있다. 이 밖에도 『초학기(初學記)』에 "북은 신과 통할 수 있다(鼓能通神)"라는 기록도 남아 있다. 이처럼 제사에는 반드시 북을 이용하였고, 특히 건고(建鼓)·도고(鼗鼓) 소리가 하늘에 다다를 수 있다고 생각하였다.[30] 신을 부르는 데 성음(聲音)으로 마음을 나타내는 것은 불교와 도교에서 지금까지도 쓰이고 있다. 그러나 음악은 항상 관방(官方)에 의하여 독점되었기 때문에, 한 개인이 재앙을 당하였을 때는 어쩔 수 없이 음악이 아니라 태어날 때부터 가지고 있던 울음소리로 하늘과 신을 향하여 마음을 표현할 수밖에 없었다. 또 무격(巫覡) 역시 태어날 때부터 가지고 있던 '울음소리'라는 표현 수단으로 의식을 진행하였다. 『주례(周禮)』「종백(宗伯)」 여무(女巫)에 "나라에 큰 재난이 있으면 가곡하여 청한다(國有大災, 歌哭而請)"라는 기록이 있는데, 이처럼 가곡은 신을 향하여 자신의 소원을 비는 데 가장 효과적인 방법으로 인식되었기 때문에 재화를 액막이하는 의식에서도 자연스럽게 받아들여지게 되었다. 따라서 '잘 울었다'고 하는 것은 민간신앙에서 자연스럽게 신과 대화할 수 있는 능력으로 인식되었고, 기량 처의 전설은 이 같은 능력에 대한 신앙에서 비롯된 것이라

---

녀 연구를 논평함(評顧頡剛的孟姜女硏究)」, 『민간문학계간(民間文學季刊)』, 1986년 第4期, pp. 34-5 참고.

30 왕조건, 앞의 논문 참고.

고 할 수 있다. 결론적으로 기량의 처는 앞서 본 것처럼, 제후에게 이야기하여 상귀(殤鬼)가 될 남편의 운명까지 바꾸어 영혼을 돌아올 수 있게 한 대범한 성격의 소유자일 뿐만 아니라 신과 소통할 수 있는 비범한 능력의 소유자였던 것이다.

> 기량과 화주가 전투를 벌여 27명을 죽이고 전사하였는데, 그의 아내가 이 소식을 듣고 소리내어 울자, 성이 기울고 그 귀퉁이가 무너졌다.[31]

> 옛날에 화주와 기량이 전쟁에 참여하여 죽었다. 그 아내가 그를 슬퍼하여 성을 향하여 소리내어 울었는데 성의 귀퉁이가 무너지며 성이 무너졌다.[32]

> 전하는 말에 따르면 기량의 처가 성을 향하여 울어 성이 무너졌다.[33]

기량 처의 울음으로 성이 무너진 일은 당시 민간에 전승되어 온 이야기로, 아마 상징으로 간주하여야 할 것이다. 성이라는 것이 많은 인력에 의하여 건립된 것이므로, 민간인에게 성벽이라는 것은 막강한 권력과 군사력, 혹은 그것의 견고함과 중압감을 뜻하는 것으로 다가왔을 것이다. 고대 중국인들은 자연 재난, 혹은 사악한 귀신에 의하여 저질러진 재난보다도 더 무서운 것이 바로 통치자의 폭정이라고 여겼다. 통치자의 폭정은 대개는 혹독하고 가혹한 세금 징수나 의무적으로 참여하여야 하는 부역 활동으로 표현되므로,[34] 성이라고 하는 것이 얼마나 많은 세금과 노

---

31 각주 15번 참고.

32 각주 16번 참고.

33 왕충(王充), 『논형(論衡)』「감응편(感應篇)」: "傳言杞梁氏之妻向城而哭, 城爲之崩."

34 우리에게도 잘 알려진 이야기 곧 공자(孔子)가 태산(泰山)에서 한 여인을 만난 사건 – "가

동력을 의미하는지 어렵지 않게 생각할 수 있다. 따라서 기량의 처에 의하여 무너진 성은 민중의 입장에서 보면 당시 가혹하게 백성을 착취하는 폭정에 대한 그들의 반항의 결과를 의미하는 것으로 볼 수 있다. 한 여인의 울음으로 비록 성벽의 한 귀퉁이지만 그것이 무너져 내렸다는 것은 아무런 저항력이 없는 백성에게 적지 않은 희망을 안겨 주었을 것이다. 후대에 이 성이 만리장성(萬里長城)을 뜻하게 되고, 아울러 폭군으로서 진시황(秦始皇)이 언급되는 상황은 이러한 측면을 더욱 잘 설명해준다.[35]

따라서 기량 처의 울음소리와 성벽이 무너진 이야기는 쉽게 결합될 여지를 안고 있었으며, 이 양자가 결합된 이후부터 이 이야기는 '기량의 처'라는 한 개인의 차원을 넘어서 민중의 염원을 담은 이야기로 거듭 태어나게 되었다. 이러한 특성 때문에 기량 처의 이야기는 그 어떤 전설보다도 오랫동안 광대한 지역에서 끊임없이 사랑받아 온 이야기가 될 수 있었던 것이다.

상술한 내용을 정리하면, 기량의 처가 정절을 지키기 위하여 자살을 택한 부분은 유향의 기록에 와서 첨가된 것임을 알 수 있었다. 유향은 기량의 처를 『열녀전』에 편입시키는 과정에서 정절로 인한 죽음의 내용을 첨가하였고, 또 그 죽음을 정당화시키기 위해서 "일가 친지가 없고, 재혼할 수 없다"는 자살의 이유에 해당하는 진술을 추가한 것으로 보인다. 이 과정에서 기량의 처는 '예를 잘 아는 인물(혹은 불합리한 예법에 항

---

혹한 정치는 호랑이보다 더 무섭다(苛政猛於虎)"는 이야기-이 바로 그 대표적인 예이다.

35 『열녀전』에서 명시되지는 않았지만, 이후의 기록물에서는 성(城)의 이름이 다양하게 보인다. 최표(崔豹)의 『고금주(古今注)』에서는 기도성(杞都城)으로 나와 있고, 역도원(酈道元)의 『수경주(水經注)』에서는 남편이 전사한 곳이 거국(莒國)인 점을 들어 거성(莒城)이라고 하였다. 이후 『조옥집(琱玉集)』에 수록된 맹중자(孟仲姿) 전설에 보면 기량의 처의 시대적인 배경이 진시황 시대로, 또 그녀가 무너뜨린 성이 만리장성으로 제시된다. 이것은 이야기가 후대로 전승되는 과정 중 첨가된 것으로 생각된다.

거한 인물)'에서 정절을 죽음으로써 수호한 인물로 탈바꿈한다. 만일 유향이 첨가한 부분을 제외한다면, 기량의 처의 행적은 민간의 영혼 신앙의 측면에서 이해되어야 하고, 아울러 그녀가 자신의 남편을 위하여 장례법을 어기는 모습에서는 당시의 예법에 결연히 항거하는 여인으로서 기량의 처를 바라보아야 할 것이다. 물론 여기에서는 정절을 지키는 여인으로서의 기량 처의 모습은 사라지게 된다.

상술한 내용에서 우리는 『열녀전』 텍스트 속에 기량 처에 관한 두 가지 이미지가 공존하고 있음을 깨닫게 된다. 즉 『좌전』·『예기』와 마찬가지로 대담하게 예법에 항거하는 기량 처의 모습이 담겨져 있는 한편, 예법을 따르기 위해서 죽음에 이르는 기량 처의 순종적 태도도 담겨 있는 것이다. 이 같은 현상에 대하여 우리는 어떻게 이야기할 수 있을까?

우선 다음과 같은 가능성을 추측해 볼 수 있다. 먼저 유향이 한편으로는 문헌에서 기록을 채용하고, 다른 한편으로는 민간 전설의 내용을 참고로 한 것 등 기술적인 측면에서 그 근본적 원인을 찾는 것이다.[36] 다음으로는 그의 의도가 기량의 처를 '정절을 위하여 죽은 여인' 속에 포함시키는 것이었기 때문에, 기량 처에 관한 기존의 서사에 '정절과 죽음에 관한 내용'을 별다른 고려 없이 기계적으로 첨가하였을 가능성도 생각해 볼 수 있다. 이외에도 다양한 가능성을 추정해 볼 수 있겠지만, 상술한 내용만을 고려해 볼 때 기량 처의 죽음은 유향의 『열녀전』에 와서 첨가된 부분으로 사실 무근일 가능성이 농후해진다. 그리고 새롭게 첨가된 죽음과 함께 기량 처의 이미지도 기존의 예법에 대항하였던 여인으로서가 아닌, 정절과 예법을 수호한 여인으로서 변모하였음도 알 수 있다.

---

36 민간 전설 혹은 민간신앙을 첨가한 사실은 유향의 친도가적(親道家的) 성향과 함께 논의될 수 있는 여지가 있으나, 기량의 처에 관한 이야기에 "정절 수호를 위하여 목숨을 바친 부분"을 첨가한 사실에서 우리는 그의 기록 태도가 유가적 성향에 가까움을 뚜렷이 볼 수 있다.

『열녀전』 이전의 기록에서, 그리고 민간에 전승되던 기량의 처 이야기에서도 정절을 지키기 위하여 자살하는 여인으로서의 기량 처의 이미지는 찾아보기 어려운데, 바로 이러한 추측을 뒷받침해 주는 사실이라고 할 수 있다. 이러한 의미에서 보면, 우리가 『열녀전』에서 만나는 기량 처의 죽음은 실제로는 '자살'이 아닌, 본인의 의사와는 무관하게 제시된 허위의 죽음 곧 '타살'이라고 할 수 있다.

그러나 지금 우리에게 그녀의 죽음의 진위를 따지는 일은 사실 그다지 중요한 문제가 아니다. 오히려 그녀의 허구적 죽음이 담고 있는 진실에 더 주목하여야 할 것이다. 정절을 죽음으로써 수호한 여인, 그 한 예로서의 기량의 처는 거짓일 확률이 높다고 해도, 그 거짓된 죽음으로 미화된 기량 처가 상징하고 있는 이름 없는 여인들의 죽음이 실재할 수 있기 때문이다. 그리고 『열녀전』에 제시된 죽음의 이유들은 혹 그것이 허위로 첨가된 것일지라도 당시 여성들이 죽음을 택하게 되는 상황이란 어떤 것인지를 우리에게 다른 무엇보다 잘 보여주고 있다고 생각되기 때문이다.

지금까지 기량 처를 통하여 고대 여인들이 죽음으로 자신을 내몰게 되는 상황이 어떠한 것인지, 그리고 그들의 죽음은 어떻게 칭송받는지 그 과정을 살펴보았다. 여기서 우리는 '기량 처'라고 하는 본래는 정절과는 무관하게 알려졌던 인물이 『열녀전』에서는 정절을 지키기 위하여 자살하는 여인으로 등장하고 있음에 주목하여야 하는데, 이것은 한 여인의 죽음이 당시 통치자의 이념에 맞게 조작되고 미화되는 과정을 여실히 보여주는 한 예이기 때문이다. 기량 처의 경우에서 볼 수 있었던 '미화된 죽음'과 '제조된 이미지'는 『열녀전』에서 첫선을 보인 이래로 통치자가 자신의 이념과 지배 윤리를 강조하여야 할 시기—혹은 위기의 시기—가 되면 동일한 탄생 과정을 거쳐 거듭 출현하여 교육적인 기능을 담당하곤 하였다. 그러나 한편 통치자의 지배 이념에서 비교적 자유로운 영역에서는 이러한 현상이 잘 드러나지 않는데, 다음 절에서는 후대에 전승되는 기량 처의 이야기를 중심으로 이 같은 상황을 살펴보도록 하자.

## 4. 죽음에 대한 칭송 그 후

기량의 처는 후대 맹강녀 이야기의 주인공으로 등장하는데, 이 때문에 흔히 기량 처 이야기를 맹강녀 이야기의 원형으로 본다.[37] 『열녀전』 이후 기량 처 이야기는 다양한 전승 과정을 통하여 이야기에 변화가 일어나면서 다른 전설과의 결합 양상도 보이다가[38] 당대(唐代)에 오면 '맹강녀 이야기'라는 하나의 유형으로 굳어진다. 그리고 이후부터는 또다시 다양한 맹강녀 이야기가 전해지게 되었다.[39] 당대에 와서 성립된 맹강녀 이야기는 흔히 『동현기(同賢記)』에 실린 맹중자(孟仲姿) 전설로 알려져 있다. 이 이야기에서는 기량의 처가 맹중자로 등장한다. 그러나 이전의 기량 처 이야기와 많은 차이점을 보인다. 여기에서는 기량의 신분이 하찮은 노역꾼에 불과하고, 부역에 대한 반대에 내용의 초점이 모아진 듯하다. 학자들은 이 이야기가 민간에 구두 전승되는 기량 처 이야기가 맹

---

37 기량의 처 이야기와 맹강녀 전설과의 관계에 관한 논의는 허윤정(許允貞), 「맹강녀보권 연구(孟姜女寶卷硏究)」(서울대학교 중어중문학과 석사학위 논문. 2001) 참고.

38 대표적인 예를 들자면, 『수신기(搜神記)』 권11의 한빙처(韓憑妻) 이야기와 권11의 왕도평(王道平) 이야기는 후대 맹강녀 이야기 형성에 영향을 주었을 것이라고 보고 있다. 전자는 명청 시기 맹강녀 이야기에서 두드러진 자살 부분을 담고 있다는 점에서, 후자는 진시황(秦始皇) 시기 부역(賦役)을 나간 남편에 관한 이야기라는 점에서 그 공통분모를 찾고 있다.

39 당대 이후 맹강녀 이야기는 장성 축조와는 거리가 먼 강남 지역에까지 전파되는데, 이 때부터 이야기는 더욱더 다채로운 면모를 보이게 된다. 특히 각 지역의 다양한 민속 문화와 결합하여 지역 특색이 있는 맹강녀 이야기로 탈바꿈한 것은 매우 흥미롭다.

강녀 이야기로 변모하는 과정 중 기록된 이야기로 보고 있다. 여기에서 재미있는 사실은 우리가 유향의 『열녀전』에서 보았던 기량 처의 죽음에 관한 부분이 없다는 사실이다.

또 다음과 같이 알려졌다. 기량은 진시황 때 북쪽에서 장성을 쌓고 있다가 고초를 피해서 도주하였다. 맹초(孟超)의 후원에 나무 위로 올라갔는데, 마침 초(超)의 딸 중자(仲姿)가 연못에서 목욕하고 있다가 고개를 들어 소리질렀다. 그리하여 물었다. "그대는 어디 사람입니까? 어찌하여 그곳에 있습니까?" 대답하였다. "제 성은 기이고 이름은 량입니다. 연나라 사람입니다. 부역을 나가서 장성을 쌓았는데 그 고초를 참지 못하고 결국 이곳까지 도주하였습니다." 중자가 말하였다. "절 당신의 아내로 삼아 주십시오." 량이 말하였다. "낭자는 장자(長者)로 태어나 깊은 궁에서 살고, 용모가 아름다운데 어떻게 부역하는 사람의 배필이 될 수 있겠습니까?" 중자가 대답하였다. "여인의 몸은 남편도 다시는 볼 수 없는 것이니 제발 거절하지 마십시오." 결국 아버지에게 상황을 이야기하자 아버지께서 허락하셨다. 부부의 예를 마치고 나자 량은 일하던 곳으로 돌아갔다. 임금이 그가 도주한 것에 분노해 그를 때려죽이고 성 안에 함께 쌓았다. 맹초는 그가 죽은 것을 모르고 하인을 파견하여 그 부역을 대신시키려고 하였는데, 량이 이미 죽어서 성 안으로 함께 쌓였다는 것을 알았다. 중자 역시 그 사실을 알고 비통하게 흐느끼면서 갔다. 성을 향하여 통곡하자 그 성이 일시에 무너지면서 죽은 사람들의 백골이 여기저기 뒤섞여 있어 누구의 것인지 알 수 없었다. 중자가 손가락을 찔러 피를 백골에 떨어뜨리면서 말하였다. "만약 기량의 뼈라면 피가 흘러 들어가 즉시 피가 방울방울 떨어질 것이다." 과연 기량의 뼈에 도착하자 피가 흘러 들어갔다. 그것을 수습하여 장사지냈다. 『동현기(同賢記)』에 나온다.[40]

새롭게 추가된 사건을 제외한 나머지 이야기를 『좌전』과 『열녀전』 등 이전 기록과 비교해 보면, '기량의 죽음', 그리고 '통곡으로 성이 무너짐' 이 두 가지 사실만이 동일하다. 그리고 맹중자가 자신의 피로써 남편의 시신을 찾아내 장사지내는 부분에서는 남편의 사후 처리에 공을 들였던 기량 처의 모습과 유사함을 엿볼 수 있다. 반면에 정절을 수호한다거나 그로 인하여 죽음을 선택하는 나약한 여인으로서의 기량 처의 모습은 찾아볼 수 없다. 여기에서 우리는 당시 민간에서 전승되어 오던 이야기 가운데에는 기량 처의 자살 이야기가 포함되지 않았음을 알 수 있다. 따라서 민간인들 사이에서는 기량의 처가 예의와 정절을 수호하는 여인이 아닌, 비범한 능력을 가지고 남편의 영혼을 돌봐 준 여인으로 인식되어 오고 있었음을 알 수 있다.[41]

그러나 의아하게도 이 같은 맹강녀 이야기가 당대를 지나 명청대에 이르면, 맹강녀가 진시황 혹은 만리장성 축조 공사를 담당하던 몽념(蒙恬) 장군에게 첩이 될 것을 강요받다 죽음으로 저항하는 내용으로 탈바꿈되어 등장한다. 즉 명청대의 맹강녀 이야기에는 충효와 정절을 지키

---

40 『조옥집(琱玉集)』「감응편(感應篇)」(『총서집성(叢書集成)』 初篇 0173冊): "一云, 杞良, 秦始皇時北築長城, 避苦逃走, 因入孟超候園樹上, 起(超)女仲姿浴于池中, 仰見杞良而喚之, 問曰, '君是何人?因何在此?' 對曰, '吾姓杞名良, 是燕人也, 但以從役而築長城, 不堪辛苦, 遂逃於此.' 仲姿曰, '請爲君妻.' 良曰, '娘子生於長者, 處在深宮, 容貌艶麗, 焉爲役人之匹?' 仲姿曰, '女人之體不得再見丈夫, 君勿辭也.' 遂以狀陳父, 而父許之, 夫婦禮畢, 良往作所, 主典怒其逃走, 乃打煞之, 幷築城內. 起(超)不知死, 遣仆欲往代之, 聞良已死, 幷築城中. 仲姿既知, 悲哽而往, 向城號哭, 其城當面一時崩倒, 死人白骨交横, 莫知孰是. 仲姿乃刺指血, 以滴白骨, 去(云), '若是杞良骨者, 血可流入, 卽瀝血.' 果至良骸, 血經流入, 使將歸葬之也. 出『同賢記』." 하학군(賀學君), 『중국사대전설(中國四大傳說)』(杭州: 浙江教育出版社. 1996), pp. 23-4에서 재인용.

41 기량의 처가 남편 기량을 위하여 제나라 장공과 대화하는 부분도 후대의 민간 전승에서는 빠진다. 이는 맹강녀를 비범한 능력의 소유자로 숭배해 온 민간에서는 이 부분이 불필요한 내용으로 간주되었기 때문일 확률이 크며, 혹은 초기부터 민간의 기량 처 이야기에는 이 부분이 존재하지 않았을 가능성도 크다. 이 점에서 우리는 문헌의 기록과 민간 전승의 기록 사이의 차이점을 알 수 있다.

는 여인으로서의 맹강녀에 대한 묘사가 빠지지 않고 있는데, 이것은 이 시기의 시대적 분위기와도 연관이 있을 것이다. 예를 들어, 맹강녀 이야기를 다룬 보권(寶卷)[42] 작품에 이같이 충효와 정절의 이야기가 삽입된 것에 관하여는, 예교를 중시하던 당시 사회적 분위기가 반영된 것이라고 볼 수 있다.[43] 곧 명대의 보권 『소석맹강녀충렬정절현량보권(銷釋孟姜忠烈貞節賢良寶卷)』에서는 충효 · 정절 · 현량(賢良) 이 세 가지 덕목이 맹강녀에게 부과되었음을 그 이름만 봐도 알 수 있다. 명청 시대 여성의 정절과 희생이 강조된 것은 다양한 측면에서 그 이유를 논할 수 있겠지만, 역시 유가 중심의 봉건주의 예법을 강요하던 당시의 사회적인 분위기에서 우선적으로 그 원인을 찾을 수 있다. 특히 명대에는 이갑제(里甲制)가 실시됨에 따라, 중국 전역에서 중심 종족에 의한 대리 지배 체제가 형성되었고, 이들 종족 계층은 자신들의 종족의 유지와 확산을 위하여 여성에게 유가 윤리를 강요하였다. 이러한 이유로, 종족을 중심으로 한 민간 사회에서는 여성의 순종을 강조하는 이야기의 연극 작품을 교화의 목적으로 자주 상연하였고, 실제로 종족 내의 여성들은 그러한 이야기를 교훈삼아 자신들의 행동을 규제하였다. 교육의 기회를 거의 가지지 못한 과거 여성들은 이와 같은 연극 작품, 이야기를 통하여 자신들의 삶의 지침들을 익힐 수밖에 없었다. 이로 인하여 종족들은 교화를 목적으로 여성의 정절과 희생을 고무하는 이야기를 담기 위하여 연극 작품을 각

---

42 본래는 민중의 종교적 교화를 목적으로 씌어진 민간 종교의 경전을 지칭하였으나, 후대에는 종교뿐만 아니라 다양한 흥미로운 이야기를 담고 있는 것을 뜻하게 되었다. 창과 이야기가 반복되는 형식으로 이루어져 있으며 명청대에 와서는 민간에서 매우 유행하였다.

43 유가 전제정권의 윤리 도덕 수호의 물결 속에서 생존을 위한 일종의 타협점을 찾기 위한 시도로서 이 같은 '유가 윤리'의 등장을 설명할 수 있다. 김우석, 「보권에 대한 연구: 소극적 대안으로서의 이단과 미신, 도피적 위안과 마취적 오락의 문학」, 『중국문학』 제32집 참고.

색하기 일쑤였다.[44]

그러나 한편으로 맹강녀는 정절을 지키기 위하여 자살한 여인이기보다는, 여전히 신기한 능력의 소유자로서 더욱 일반 백성들에게 알려져 그들의 신앙의 대상이 되어 가고 있었다. 맹강녀가 신의 대열에 오른 것은 맹강녀 사당과 무덤이 건축되기 시작한 송대로 추정되며, 명대에 오면 전국 곳곳에 맹강녀의 사당이 건립되는 상황이 벌어진다.[45] 그녀가 신으로 추앙받게 된 것은 앞서 살펴보았던 것처럼, 그녀의 행동이 당시 위정자들에 대항하여 민중의 아픔을 대변하였기 때문이다. 현재 중국에서도 맹강녀는 향촌의 제사 연극인 나희(儺戲)에서 빠질 수 없는 레퍼토리로 간주되고 있으며, 특정 지역에서는 재앙과 사악한 기운을 물리치는데 반드시 필요한 신으로 추앙받고 있다.[46] 현재 맹강녀 이야기의 공연 양상은 왕조건이 조사 보고한 안휘성(安徽省) 지주시(池洲市)의 상황에서 그 일면을 엿볼 수 있다.[47] 그에 의하면, 민간의 축사(逐邪) 활동인 나

---

44 명대(明代) 일용백과전서(日用百科全書) 가운데 『만권성라(萬卷星羅)』(萬曆間) 卷37 「조순문(調脣門)」〈各樣新歌,新增劈破玉〉의 조항에서는 당시 민간에서 유행하는 연극 17 작품의 내용을 「벽파옥(劈破玉)」에 맞춰 노래하고 있다. 그런데 실제 연극의 내용과 「벽파옥」 가사의 내용을 비교해 보면, 원극의 내용에 상관없이 「벽파옥」에서는 천편일률적으로 여성의 정절과 희생만을 노래하고 있음을 알 수 있다. 이러한 상황은 명청(明淸) 연극에 관한 전중일성(田仲一成)의 저서(『명청의 희곡(明清の戲曲)』, 『중국의 종족 제사와 연극(中國宗族祭祀與戲劇)』 등)에서 두루 찾아볼 수 있다.

45 하학군(賀學君), 앞의 책, pp. 183-5 참고.

46 호남(湖南) 상덕(常德)의 한극(漢劇)에는 액을 물리치는 '타누어퉈(打儺托)' [驅儺]라는 의식이 있다. 그 가운데 '청하마(請下馬)'라는 노래 가사가 있는데 그 내용을 보면 "…… 온갖 병 없애 주시고 구원의 별을 내려 주옵소서. 강녀님이 오시지 않으면 이루어지지 않을 것이오. 강녀님이 만일 오신다면 소원이 이루어질 것입니다. 범접할 수 없는 신이시여, 죄를 내리지 마십시오. 열 개의 나단(儺壇)에서 소원을 비나이다(百病消除降救星. 姜女不到願不了, 姜女一到了願心. 不到的神聖休降罪, 十副儺壇了願心)"라고 되어 있다. 필자가 2002년 2월에 조사한 강소(江蘇) 남통(南通)의 동자희(童子戲)의 경우도 이와 유사하다. 동자희에는 신을 청하는 의식으로 '청오방현량(請五方賢良)'이란 부분이 있는데, 말을 탄 여신(女神) '오방현량'을 부르는 것이다. 맹강녀는 북방현량(北方賢良)으로 이 다섯 신 중의 하나였다.

사(儺事) 활동을 벌이는 촌사(村社)에서는 다양한 줄거리, 음악, 연출 방식으로 '맹강녀' 이야기가 공연되고 있으며, 현재까지도 그 영향력은 적지 않다고 한다.[48] 고대의 '기량 처의 이야기'에서 지금의 '맹강녀 이야기'까지 약 2,000년간 민간에 유전되어 온 이 이야기는 이제 '맹강녀 유형'이라는 한 이야기의 계보를 가지게 되었다.

상술한 논의에서 우리는 기량 처의 이야기가 후대로 전승되는 과정 중 두 가지 발전 경로를 가지고 있음을 알 수 있다. 첫째는 그녀의 정절로 인한 죽음이 강조되어 열녀(烈女) 맹강녀의 모습으로 기록되는 과정이고, 다른 하나는 신통한 능력의 소유자인 여신(女神) 맹강녀의 모습으로의 전승 과정이다. 명청 시대에 와서 유가 윤리의 전파와 교화를 목적으로 제시된 맹강녀 이야기 즉 교육적인 서사에서는 전자의 모습이 강하게 드러나지만, 실제 민간에서는 후자의 측면이 더욱더 뚜렷이 드러난다. 이러한 특성은 특정 이야기가 그 시대의 지배 담론에 부합하여야 하는 상황과 그렇지 않은 경우의 차이로 보인다. 권력과 지배 이념에 민감한 문인을 위시로 한 상층부 인사들에게는 정절을 지키는 열녀로서의 맹강녀가 부각되었을 필요가 있었을 것이지만, 평범한 민간인들에게는 신의 이미지로서 맹강녀를 바라보는 것이 더 보편적이었을 것이기 때문이다.

이와같이 유향에 의하여 처음 죽음을 얻게 된 기량의 처는 그 죽음으

---

47 현재 안휘성 지주 지역의 맹강녀 이야기 공연 현황을 보면, 남산유(南山劉)에서는 '심부기(尋夫記)', 은촌요(殷村姚)에서는 '맹강녀심부기(孟姜女尋夫記)', 동산오(東山吳)에서는 '범기량(范杞良)'이라는 이름으로 공연되고 있으며, 기타 마을인 암문류(奄門劉)·봉령류(鳳嶺劉)·청계정(淸溪程)·다계왕(茶溪汪)·쌍룡왕(雙龍汪)·성전반(星田潘)·서만서(西灣舒)·당리요(蕩裏姚)·서화요(西華姚)·구촌가(邱村柯)에서는 모두 '맹강녀'라는 제목으로 공연이 이루어지고 있다.

48 민간에서 인기 있는 맹강녀 이야기 대목을 보면, 자살하는 장면보다는 대개 '맹강녀가 남편을 찾아 나서는 대목(尋夫)'과 '성을 무너뜨리는 대목(崩城)'으로 나눌 수 있다.

로 칭송을 얻은 후, 그로부터 천 년이 훨씬 지난 명청대에 오면 다시금 그 칭송을 확인받게 된다.[49] 그러나 이 칭송이라는 것도 다분히 의도적인 것으로, 종족 질서를 유지하기 위하여 유교 교리를 선양할 목적으로 조작된 것이 대부분이다. 여기서 다시 한 번 우리가 눈여겨볼 것은, 바로 언제 여성의 죽음이 대두되느냐 하는 것이다. 이것 역시 통치 권력과의 관련 선상에서 논의될 수 있을 것이다. 『열녀전』의 경우, 남성적 유교 통치 질서의 안정이 필요한 시기에 바로 그 안정에의 선망이 여성에게 투영되었으며, 명청 시기 맹강녀 이야기의 경우는 바로 종족 지배 질서 유지를 위한 남성들의 종족 수호에 대한 열망이 다시금 열녀(烈女)에 대한 환상을 낳은 것이라고 볼 수 있다. 그리고 이로부터 비교적 자유로울 수 있었던 민간인들 사이에서는 자유롭게 자신들의 바람을 담아 그녀를 그 모든 소원을 해결해 줄 수 있는 여신으로 탄생시켰다.

지배층과 피지배층에게 기량의 처가 받아들여진 양상이 이처럼 다른 까닭은 중국 사회의 이원적인 구조에서 그 원인을 찾을 수 있다. 그리고 여성의 희생 · 죽음에 대한 강조는 유교 윤리의 실현이라는 명분 아래 남성 중심의 가치 질서와 통치 체제를 유지하고 굳건히 하기 위해서 반드시 필요하였던 것이라고 볼 수 있다. 기량의 처는 바로 이와 같은 목적을 위하여 『열녀전』이라는 남성적 가치관에 의한 텍스트 속에 '희생양'이 되었으며, 희생양으로서의 그녀의 존재는 이후 수많은 여성을 다시 '희생양'으로 부르는 역할을 하였다. 『열녀전』 텍스트의 서술이 여성에게 죽음을 강요하는 표현을 쓰지 않고, 그 대신 여성의 자발적인 자살 행위를 묘사하며 칭송한 점은 바로 이 같은 희생양적인 메커니즘을 감추기 위해서라고 할 수 있다.[50]

---

49 명청대 『열녀전』과 기타 윤리서의 출판 현황과, 급증한 여성들의 자살 빈도수를 통해서 이러한 사실을 확인할 수 있다. Lisa Raphals, 앞의 책, pp. 280-90 참고. 이스트만(Lloyd, E. Eastman), 『중국사회의 지속과 변화』(돌베개. 1999), p. 51 참고.

## 5. 감추어진 죽음의 그림자

기량의 처 이야기를 통하여 우리는 고대 중국 여성들이 죽음에 이르는 상황과 그들의 죽음이 미화되어 칭송받는 과정에 대하여 살펴볼 수 있었다. 그리고 이 과정에서 여성의 죽음 및 그로 인한 여성의 이미지가 특정 목적에 의하여 자의적이고 의도적으로 조작되었을 가능성 또한 알 수 있었다. 기량 처 이야기가 후대에 전승되는 방식은 여성의 미화된 죽음과 왜곡된 이미지에 대한 이 같은 추측을 뒷받침하여 주었다.

한편 우리는 죽음과 관련된 『열녀전』 텍스트가 서사 방식상 적지 않은 모순과 또 모호성을 드러내고 있다는 사실도 알 수 있었다. 그런데 이러한 모호성은 의도되었든 그렇지 않았든 간에 결과적으로는 남성 위주 사회 속에서 여성을 신비한 영역에 배치시키는 데 이바지하고 있었다. 다시 말해, 한 개체로서의 여성이 아닌 집단으로서의 여성 형상화에, 그리고 타자화 · 대상화된 여성상을 제시하고 강요하는 데 쓰여지고 있음을 알 수 있었다.[51] 이처럼 모호성을 지향하는 서술로 인하여 『열녀전』 속의 여성들은 현실에 명부를 두고 있는, 반드시 존재할 것이 전제된 여성임에도 불구하고, 그 실상은 이미 현실 속이 아닌, 이상 세계의 여성들이 되었다. 동시에 이들의 죽음 역시 현실 속에서 이상 속으로 그 자리를 옮기게 되었다. 결국 고대 여성들을 둘러싼 진실과 거짓, 현실과 이상,

---

50 르네 지라르(René Girard), 『희생양(Le Bouc Emifsaire)』(민음사. 1998), 김진식 옮김, p. 203 참고.

51 이 같은 사실을 통하여 우리는 『열녀전』 텍스트 혹은 당시 중국의 서사 체계가 철저하게 남성 중심적인 서사 체계로 이루어졌음을 감지할 수 있다. 여기에는 편찬자가 혹 여성이라고 하는 것도 별반 의미를 주지 못하는데, 이는 가부장제적 사회화 과정을 거친 여성들이라면 필연적으로 남성적 시각에서 자신을 바라보고 또 남성적 서사 체계에 길들여질 수밖에 없기 때문이다. 『열녀전』 여성상을 더욱 구체화하고 체계화시켰다고 하는 『여계(女誡)』의 저자가 반소(班昭)라고 하는 점은 바로 그와 같은 맥락에서 이해할 수 있을 것이다.

그리고 마지막으로 자살과 타살 사이의 경계는 허물어지고 그 경계를 오가며 필요에 따라서 재조합되고 재해석된 여성상들만이 우리 눈앞에 제시되고 있는 것이다. 현실과 이상의 불분명한 경계 속에 자리한 이 같은 여성상들은 남성의 욕망에 언제든지 부합될 수 있도록 만들어진 존재상의 특성을 지닌다고 할 수 있다.

기량의 처 역시 이러한 과정에 처하여 있었다. 그녀는 본래 정절과는 무관한 여인이었지만, 『열녀전』에서는 정절로 인하여 죽은 여인으로 재탄생하였다. 그녀의 죽음에 관한 이야기는 충효와 절의를 강조하여야 할 시기가 되면 여인의 전범으로, 유교 윤리의 산 증거로서 또다시 재구성되어 새롭게 탄생을 거듭하였다. 그러나 민간에서 지속적으로 구두 전승되어 온 기량 처에 관한 이야기는 그녀의 이야기가 특정 시기－유교 윤리가 강조되던 시기－의 필요에 의하여 얼마나 왜곡될 수 있었는지를 보여주었다. 필자는 이러한 상황을 남성 중심적인 지배 체제가 자신의 체제를 유지시키고 더욱 견고히 하기 위하여 그 자신의 최대의 적이자 약자인 여성을 희생물로 바치는 희생양적 구조로 파악하였다.

그러나 여기에서 놓쳐서는 안 될 것이 있다. 기량의 처가 『열녀전』을 위시로 한 교육적인 서사에서는 정절과 예법을 수호하기 위하여 자살한 여인으로 그려지나, 비교육적인 서사에서는 남성(남편)을 구제하기 위하여 상부에 항거하였을 뿐 아니라 신과도 소통할 수 있는 비범한 능력의 소유자, 곧 여신으로서 숭배되었다는 사실이다. 현재까지도 기량의 처가 신으로 추앙받는 상황은 실제 여성의 능력을 인정하고 여성 자체의 이미지를 긍정하는 중국 민간인들의 여성관을 잘 보여주고 있다. 따라서 우리는 『열녀전』에서 벗어나 대다수 민간인들에게 사랑받아 온 기량 처의 이미지에도 주목하여야 할 것이다.

물론 양자 모두 여성에 대하여 서로 과장된 측면을 안고 있을 가능성을 배제할 수 없다. 즉 각자의 필요에 따라 여성의 이미지를 실제 이상으로 확대시키거나 축소시켰을 우려를 모두 안고 있는 것이다. 그러나 '죽음'의 문제에 국한시켜 볼 때, 기량 처의 경우와 같이 미화된 죽음이 실제 많은 여성들에게 행동의 전범으로서 제시되어 왔다는 사실에서, 그리고 실제적으로 중국을 비롯하여 한국에서도 극심한 형태로 계승되었다는 점에서, 우리는 『열녀전』과 같은 교육적인 서사의 내용에 비판적으로 접근하여야 할 필요성을 느끼게 된다. 이 글의 논의가 '한(漢)이라는 '시대', 중국이라는 '공간', 그 시대와 공간 속의 '여성', 그 여성들의 '죽음'에 대한 탐색에서만 그쳐서는 안 되는 이유도 바로 여기에 있다.

따라서 이 글에서 제기한 고대 여인의 죽음과 관련된 물음들이 이 시대와 공간, 성별 차이를 넘어선 우리 모두의 이야기일 수 있다는 점에서 이렇게 자문하여 볼 수 있다. 지금 이 시대에도 고대 여인의 죽음의 그림자가 드리워져 있는 것은 아닌가 하고. 이것은 곧 의문의 시각으로 '죽음'에 다가간 우리에게 2,500년 전의 기량의 아내가 되돌려 보내 주는 또 다른 물음이기도 하다.

# 제9장

# 칼을 차고 장부의 마음을 품다

## ―동아시아의 악녀

송진영*

### 1. 왜 악녀인가?

> '그의' 여자들인 우리들은 그의 사회를 구성하고 있는 수많은 사회집단 속에서 그 어떤 것에도 참여하는 것을 허용받지 않고 가족이 있는 집 속에 갇혀 있는 반면, 남성은 금이나 자줏빛 천을 두르고 야만인처럼 깃털로 장식하고서 자신의 신비주의적인 제식들을 치르고 권력과 지배라는 쾌락을 즐긴다.
>
> ―버지니아 울프, 『세 명의 기니인들』

우리 사회는 남성보다 뛰어나거나 혹은 뛰어나려고 안간힘을 쓰는 여성에게 그다지 호의적이지 않다. 남성들만의 고유 영역에 여성들이 진입한다는 것 자체가 어려운 실정이다. 또한 힘겨운 과정을 거쳐 여성이

* 수원대학교 중국어학과 교수.

어느 정도 성공하게 되면 이번에는 성공 배경을 둘러싸고 온갖 의혹이 제기된다. 여성의 성공은 실력보다는 미모나 성 등 다른 요인에 의한 것이라는 의혹이 바로 그것이다.

여성에 대한 이러한 남성의 시각을 극단적으로 보여주는 좋은 사례 가운데 하나는 소설과 영화 속에 빠지지 않고 등장하는 악녀 이미지이다. 마녀 · 요부 · 팜므 파탈[1] 등으로 표현되는 이들은 모두 남성을 파멸시킨다는 이유에서 위험한 존재가 되었다. 그녀들은 대개 어떤 분야에서 남성을 뛰어넘는 능력을 가졌거나 혹은 사회의 기존 통념을 뒤엎으며 자신의 욕망을 추구하였고, 그 과정에서 남성을 파멸시키는 것으로 간주되었다. 여기서 우리 사회가 일반적으로 '악녀'라고 규정하는 유형이란 남성 영역의 질서를 교란시키고 남성을 파멸시키는 여성임을 알 수 있다. 그들 가운데 대다수는 자신의 성 정체성을 과장하거나 극대화시킴으로써 남성을 유혹하였으며 자신의 성적 욕망을 통제하지 않았기 때문에 '음란하다'거나 '사악하다'는 비난을 받아야만 하였다. 또한 유혹과 파멸의 대상이 바로 남성이었기에 그녀들의 운명이 결코 순탄하지 않았을 것은 쉽게 예견할 수 있다. 사회는 남성을 파멸시킨 죄값을 요구하였고, 따라서 그녀들은 결국 파멸당할 수밖에 없었기 때문이다.

그러나 그녀들은 실상 남성들의 강렬하고 불안정한 갈망을 실현하는 대상이었기에 남성들에 의하여 오히려 배척되었던 측면이 있다. 기존

---

1 어원적으로는 '운명적 여인' 혹은 '치명적 여인'으로 번역될 수 있는 팜므 파탈은 1950년대 후반 프랑스 영화 평론지 『카이에 뒤 시네마(*Cahiers du Cinema*)』의 평론가들이 1940년대 초에서 60년대 초까지 미국에서 만들어지던 일련의 B급 범죄/스릴러 영화를 필름 누아르(film noir)로 분류하고, 그 영화들이 가지는 특징을 분석하면서 생겨난 말이다. 주로 뇌쇄적 매력으로 남성을 유혹하고 파멸시키는 여성 형상을 지칭하였다. 그러나 이러한 악녀적 이미지는 이미 19세기 회화에서 빈번히 출현하기 시작한 창녀의 모습에서 찾아볼 수 있으며, 멀리는 서구 기독교 문화 속의 성녀와 창녀의 이미지로까지 근원을 거슬러 올라갈 수도 있을 것이다. 이경기, 『영화예술용어사전』(다인미디어. 1998).

사회의 질서를 유지하기 위해서 자신들의 욕망을 인정하기보다는 그녀들을 단죄하는 것이 나았기 때문이다.[2] 바로 이런 점에서 악녀 이미지는 철저히 남성 중심적이고 남성의 여성에 대한 편견이 가장 극단적으로 표현되고 있다고 말할 수 있다.

그렇다면 이렇게 무엇인가 자기 자신의 위치를 찾으려고 몸부림치는 여성과, 남성을 미혹시키고 결국 파멸시키는 여성이 서로 겹쳐 보이는 이유가 궁금해지지 않을 수 없다. 그런 편견과 관습은 어디서부터 시작하는 것일까? 이 글은 여성에 관한 최초의 전문 기록물이자 여성 이미지의 보고(寶庫)라고 할 수 있는 『열녀전(列女傳)』을 통하여 그 해답을 찾아보고자 한다. 『열녀전』에는 오랜 역사 시기를 거쳐 동아시아에서 악녀로 규정해 온 여인들의 모습[3]이 담겨져 있기 때문이다. 사회의 근본이

---

2 그 대표적인 경우가 중세 유럽에서 횡행하였던 마녀사냥이다. 당시 무수한 여성들이 "이단자이고 배교자이며 약한 육체의 힘을 악마와 결탁하여 남성에게 복수한다"는 누명을 쓰고 화형대의 이슬로 사라졌다. 그러나 마녀는 변혁기를 맞아 위기에 처한 공동체 내부의 질서 유지를 위한 희생양이었으며, 여성에 대한 남성들의 지나치게 강렬하고, 지나치게 불안정한 욕망을 실현시켜 주는 역할을 하였다. 학자들에 따르면 가부장제적 가족에 동화되지 않은 여성, 즉 결혼을 거부한 여성, 방적공과 같은 여성 노동자, 남편보다 오래 산 여자(과부), 산파, 주술사, 무당 등 육체적·지적·경제적·정신적으로 독립한 여성들로서 '옳은 길로 이끌어 줄 남자 없이 혼자 사는 여인'들이 마녀로 몰렸다. 그래서 역사학자 쥘 미슐레(Jules Michelet)는 마녀에 대하여 "교회에 저항하고 억압받는 여인의 전형이며 자연과 육체와 의학을 이해했기 때문에 근대 과학의 어머니"라는 해석을 내린 바 있다. 자세한 것은 다음을 참고. Jules Michelet, *La Sorciere* (Paris: E. Dentu, 1862); 이케가마 슌이치, 『여성에게 문화는 있었는가』(사계절. 1999), 강응천 옮김; 카트린 끄노 지음, 기욤 아르토 그림, 『상대적이며 절대적인 마법의 백과사전』(열린책들. 2001), 이재형 옮김.

3 고대 중국에서는 열녀·효부에 관한 언급은 상당히 발달해 있었지만 그 반대편에 있는 악녀에 관한 구체적인 개념어는 없었다. 발부(潑婦)·한부(悍婦)·요부(妖婦) 등이 남성을 괴롭히거나 유혹하여 파멸시키는 여성의 의미로 사용되고 있으나 그 성격이 비교적 협소하다. 따라서 남성 영역의 질서를 교란시키고 남성을 파멸시키는 여성을 악녀로 보는 이 글의 논의에는 적합하지 않다고 생각된다. 비록 '악녀'라는 개념이 다분히 서구적이고 현대적이지만 비교적 광범위하게 이들 각종 부정적 유형의 여성을 지칭할

자 행복의 단위인 나라와 집안을 망친 여자, 그래서 그녀들은 결코 조금의 동정도 받을 가치가 없는 파렴치한 악의 근원으로 매도되어 왔다. 그러나 정말 그녀들은 그렇게 획일적으로 비난받아야만 하는 재앙 덩어리였을까? 혹시 그녀들 역시 불평등한 봉건제도 아래에서 희생될 수밖에 없었던 비극적 운명을 타고났던 것은 아닐까? 이제 그 답을 찾아서 시간을 거슬러 올라가 보도록 하자.

## 2. 「얼폐전」의 이데올로기적 배경

나는 여자,
늘 내 울타리 안에 갇혀……
수많은 과거를 기억 속으로 넘겨 주었건만
난 역사 속에서 다시 살아날 수는 없으리.
한마디 말도 나를 위한 것은 없다네.
나는 여자.

—로베르, 『파리 실루엣』

문자가 생겨나고 자연스럽게 기록 작업이 이루어지면서 인류는 서사물이라는 획기적인 문화 양식을 가지게 되었다. 그러나 문자는 극소수의 사람들에게만 허용되었고 권력과 결합되었기 때문에 중국 최초의 기록물인 역사서들은 모두 정치와 관련된 엄숙한 것으로 간주되었다. 이러한 역사서에는 주로 남성만이 기록되었을 뿐 여성에 대한 기록은 매

수 있기 때문에 본고에서는 고대 동아시아 사회의 이 부류 여성들에 대해서도 이 용어를 사용하고자 한다.

우 드물다. 원시 모계사회를 지나 가부장제 사회로 진입하면서 여성은 정치와 권력에서 점차 소외되어 갔기 때문이다.

중국 역사에서 여성이 공식적인 기록의 주인공으로 처음 등장하는 것은 한대(漢代) 사마천(司馬遷, B.C. 145~86?)의 『사기(史記)』에서이다. 한 초 정권을 장악한 적이 있는 여태후(呂太后, ?~B.C. 180)와 황실의 외척에 관한 기록인 「여태후본기(呂太后本紀)」와 「외척세가(外戚世家)」는 우리의 논의에 중요한 사실 하나를 시사한다. 엄숙한 역사에 기록될 수 있었던 여성이란 결국 남성 위주의 권력 세계에 진입하였던 여성이라는 점이 바로 그것이다.

한편, 본격적으로 여성만을 위한 열전(列傳)이 쓰여지는 것은 서한(西漢) 말기 유향(劉向, B.C. 79~8)의 『열녀전(列女傳)』에 와서이다. 사마천이 역사에 발자취를 남긴 각계 인물들에 관한 열전을 기록했다면, 유향은 여성만을 위한 열전을 집필한다. 『열녀전』은 왕후나 제후의 부인에서 민간의 아낙네에 이르기까지 각 계층의 여성들을 일곱 가지로 분류하고 그 덕목을 칭송하고 있다. 그런데 유독 마지막 분류항인 「얼폐전(孽嬖傳)」은 나라와 집안을 망친 여인들에 관한 기록으로서 패덕(悖德)에 대한 경계의 의미가 포함되어 있음에 주목할 필요가 있다. 왜 굳이 본받아서는 안 되는 여성들을 숭고한 기록 속에 포함시킬 필요가 있었을까?

유향 이후 『열녀전』은 정사(正史) 속으로 편입되는데, 다양한 여성들을 위한 열녀전(列女傳)이 아니라 정절을 지킨 여성들만의 열녀전(烈女傳)으로 변모하고 「얼폐전」이라는 항목 자체가 삭제되어 버린다. 이러한 사실을 고려한다면 유향 『열녀전』의 가장 큰 특징은 「얼폐전」에 있다고까지 말할 수 있는 것이다. 그리고 이 「얼폐전」에 수록된 여인들이 지금까지도 중국 사회는 물론이고 동아시아에서 악녀의 대표적 유형으로서 각인되고 있음은 특기할 만한 사항이다.

「얼폐전」이 『열녀전』 속의 특징적인 한 항목으로 성립될 수 있었던 것은 유향이 사기 열전의 체제를 이어받아 다양한 여성상을 제시하려 하였기 때문이기도 하지만, 좀더 중요한 동기는 당시의 정치 상황에서 비롯되었다. 통일 제국의 정립을 위하여 전대(前代)의 제도를 정비하는 작업이 서한 시기에 대대적으로 이루어졌는데 유가 경전의 편찬과 경전 해석 작업 역시 그 일환이었다. 또한 이는 유가 사상이 본격적으로 통치 사상으로 수용되면서 나타난 결과이기도 하다. 유향은 바로 이러한 작업에 참여하였던 대표적 인물 중의 하나였고 그가 한나라를 세운 유씨(劉氏) 황실의 구성원이었다는 사실은 대단히 중요한 의미를 지닌다. 중국사는 물론 한국사에서도 왕권이 약화된 시대를 기술할 때면 흔히 발견되는 사실(史實) 중의 하나가 바로 외척과 환관의 전횡이다. 봉건 왕조에서 왕권을 위협할 수 있는 세력이 바로 외척과 환관 세력이었는데 왕이 어린 나이에 즉위해서 친정(親政)이 불가능할 때나 지지 기반이 약할 때 왕의 최측근이라고 할 수 있는 이들이 직접 정치에 참여하는 경우가 많았던 것이다. 수렴청정(垂簾聽政)[4]은 가장 대표적인 예이다. 때로는 왕 자신이 권력을 강화하기 위하여 이들 세력을 이용하기도 하였지만 이들의 권력 기반이 확대될수록 왕권은 위축되었고 왕권 중심의 사회는 혼란에 빠져들었다. 그래서 왕권 정치를 안정적으로 유지하기 위해서 이들 세력을 어떻게 견제하여 정치에 개입하지 못하도록 할 것인

---

4 "여성의 정치 참여가 불가능하였던 조선 왕조 사회에서 수렴청정은 여성이 정치적 영향력을 행할 수 있는 거의 유일한 기회였다. 그러나 신하와 왕대비가 서로 상면할 수 없도록 발을 친다는 뜻으로 여성인 왕대비와 남성인 신하가 맞볼 수 없다는 유교의 엄격한 도덕적 규제 아래에서 진행되었다. 그럼에도 불구하고 조선 사회에서 어느 정도 여성의 능동적이며 합법적인 정치 참여가 있었다면 수렴청정과 왕의 총애를 받아 정치 문제에 간여하였던 후궁들일 것이다. 이로써 여성들의 정치 활동이 공식적으로는 불가능하였음에도 불구하고 부단히 정치의 표면에 나타나고 있음을 볼 수 있다. 그러나 정치 활동이 독자성이 부여되어 있는 개체의 참여가 아니라 상황에 따라 도구로써 이용되거나 희생되었다는 점을 염두에 둘 필요가 있을 것이다." 최숙경 · 하현강, 『한국여성사: 고대-조선시대』(이화여자대학교출판부. 1993), pp. 315-6.

가는 왕실의 고민거리가 되었고 외척의 정치 개입을 영구히 차단하려는 시도가 끊임없이 이루어졌던 것이다.[5] 따라서 왕권 중심의 정치를 실현하려는 유가의 입장에서 외척들의 정치 개입에 부정적 태도를 견지한 것은 당연한 일이었다.

한(漢)나라는 초기부터 여태후(呂太后)가 정권을 장악하는 등 여성의 정치 개입이 잇달았다. 원제(元帝) 때 왕후(王后) 왕씨(王氏)가 정권을 잡았고, 그 후 왕씨 집안이 10명의 비(妃)를 배출하면서 한 황실은 실질적으로 왕씨 세력에 의해서 지배되었다. 게다가 『열녀전』이 씌어지던 성제(成帝) 당시의 황실에서는 조비연(趙飛燕) 자매가 황제의 총애를 받고 있었다. 이와 같은 현실 속에서 유향은 유씨 황실의 정권을 공고히 하기 위해서 무엇보다도 왕씨 세력을 비롯한 외척 세력을 제거하고 싶었던 듯하다. 그리고 외척에 대한 유향의 경계는 오래지 않아 외척 왕망(王莽)에 의해서 한왕조가 신(新)으로 교체되는 현실로 나타났다. 『한서(漢書)』「초원왕전(楚元王傳)」에서는 『열녀전』이 씌어지는 배경에 관해서 다음과 같이 말하고 있다.

> 유향은 세속의 풍조가 사치하고 음란해지며 조황후(趙皇后)와 조소의(趙昭儀), 위첩여(衛婕妤)의 무리들이 미천한 데서 일어나 예의와 법도에서 벗어나고 있음을 목도하였다. 그는 왕의 가르침이란 안에서 밖으로 미치는 법이니 가까운 데서 시작하여야 한다고 생각하고 『시경(詩經)』·『서경(書經)』에 기재된 현비(賢妃)와 정부(貞婦), 나라를 일으키고 집안

---

5 예를 들어 명대(明代) 주원장(朱元璋)은 외척을 경계할 것을 당부하는 유훈(遺訓)을 남겼고 조선(朝鮮)의 태종(太宗)은 돈녕부(敦寧府)에서 왕친과 외척을 조사하여 정치 일선에서 물러나게 하는 대신 형사상, 경제상, 행정상, 군사상의 우대를 해주는 제도적 장치를 만들었다. 그러나 실질적으로 외척의 정치 참여는 전(全)역사 시기를 거쳐 공공연하게 일어났다.

을 빛내는 본받을 만한 자와 집안과 나라를 망친 자를 선택해 모아서 『열녀전』 8편으로 만들었으니, 이로써 천자를 경계하고자 하였던 것이다.[6]

여기서 『열녀전』이 단순한 여성 교육서가 아님은 분명해진다. 그가 경계하였던 것은 바로 조비연 자매와 위첩여(衛婕妤) 등과 같이 궁정에서 미모로 황제를 미혹시키는 무리였다. 한나라는 유교를 통치 이념으로 삼아 국가 제도를 정비하고 있었지만 황실에는 여전히 황후나 후궁·외척들이 정권에 개입하는 일이 잦았고, 한 초부터 계속되는 외척의 횡행은 국가의 기강을 무너뜨렸다. 외척 세력이라 해도 실제로 정치에 참여하는 것은 남성들이지만, 정권의 기반은 황실의 여성을 통한 것이었기에 여성 정권의 성격을 가진다고 말할 수 있다. 따라서 유향이 유씨 세력의 정권 회복이라는 정치적 목적을 가지고 역사를 거울삼아 여성의 정치 참여를 반대하고 외척의 전횡을 방지하고자[7] 『열녀전』을 지은 것은 의심의 여지가 없어 보인다.

좁게는 황제로 하여금 스스로 자신을 미혹시키는 음란한 여성을 경계하도록 하고, 넓게는 여성이나 외척 세력의 정권 장악을 원천적으로 방지하려 하였던 그의 정치적인 의도는 「얼폐전」의 내용을 분석해 보면 더욱 분명히 드러난다. 그는 여성을 "남성을 잘 도와 나라를 다스리고 흥하게 만드는 현명한 부인"과 "남성을 미혹시켜 왕조나 집안의 멸망을 가져오는 악녀"로 양극화시켰다. 국가와 집안의 흥망이 여성에 달려 있다는 그의 사고는 여성 교육이 수신(修身)과 치국(治國)에 중요함을 충

6 『한서(漢書)』 「초원왕전(楚元王傳)」; "向睹俗彌奢淫, 而趙´衛之屬, 起微賤, 逾禮制. 向以爲王教由內及外, 自近者始, 故採取『詩』´『書』所載賢妃貞婦´興國顯家可法則, 及孽嬖亂亡者, 序次爲『列女傳』, 凡八篇, 以戒天子."

7 장도(張濤), 「유향 열녀전의 사상과 학술 가치(劉向 『列女傳』思想與學術價值簡論)」. 『서주사범학원학보(徐州師範學院學報)』 철학사회과학판(哲社版), 1994年 1期.

분히 인식하고 있었음을 보여주는 것이다.

그러나 여성으로 인하여 국가나 집안이 멸망한다고 생각한 것은 유향이 처음은 아니었다. 그보다 앞서 역사를 관통하는 하나의 법칙을 세우고자 하였던 사마천은 전대의 역사 속에서 왕조의 흥망이 반복되고 있음을 발견하였다. 그는 중국의 역사서에서 가장 영속적인 하나의 패턴이 소박한 형태로나마 반복되고 있다고 생각한다.[8] 그래서 그는 역사적 진실이라고 믿었던 사실의 기록으로부터 자신의 이론을 끌어내야만 했는데, 이 때 선택된 것이 바로 하(夏) · 은(殷) · 주(周)와 진(秦)에 이르는 왕조의 교체였다. 그는 왕조의 흥망에는 패주(敗主)가 있고 이를 처벌하고 새로운 왕조를 건립하는 군주가 있고 또 쇠락해 가는 왕조를 부흥시키는 군주가 있다고 보았다. 그런데 문제는 왕조를 파멸시킨 폭군은 하나같이 잔인하고 국사를 돌보지 않았으며 음탕하고 방종했는데 그들의 이러한 패덕(悖德) 뒤에는 그를 파멸에 이르도록 미혹한 여자가 있는 것으로 기술하였다는 사실이다. 그의 이러한 역사 인식은 「은본기(殷本紀)」 · 「주본기(周本紀)」에서 황제를 미혹시킨 여성을 언급하게 만들었고, 「외척세가(外戚世家)」에서는 모후(母后)의 세력이 강대해서 국가가 혼란하게 되었다는 기술로 구체화되었다. 그래서 그는 이렇게 말한다.

> 옛날에 국가가 어지러웠던 것은 군주의 세력이 약하고 모후의 세력이 강대한 데서 말미암았다.[9]

사마천의 이러한 인식은 유향의 「얼폐전」에 그대로 이어졌고, 유향은 한걸음 더 나아가 역사 속에서 이러한 믿음에 부합되는 여인들을 한데

---

8 좀더 자세한 것은 다음을 참조. 버튼 윗슨, 『위대한 역사가 사마천』(한길사. 1995), 박혜숙 옮김, pp. 183-208.

9 『사기(史記)』「외척세가(外戚世家)」: "往古國家所以亂也, 由主少母壯也."

[그림 1] 청 영송본 『열녀전』에 실린 말희(상) · 달기(중) · 포사(하)에 관련된 삽화.

모아서 서술하기에 이른다. 따라서 「얼폐전」의 서두를 장식하는 부정한 여인이란 사마천도 거론한 바 있는 각 왕조 마지막 제왕의 여인들, 즉 말희(末喜) · 달기(妲己)와 포사(褒姒)였다. 그녀들은 하나같이 미모로 제왕을 미혹하여 국가와 사직을 도탄에 빠뜨린 악녀로 거론되었고 왕조 멸망에 대한 책임은 모두 그녀들의 몫이 되고 만다. 그녀들의 뒤를 이어 등장하는 「얼폐전」의 여인들 역시 군주(君主)나 대부(大夫)의 부인으로서 사회의 최상위층, 지배층에 속한다. 그녀들은 하나같이 모두 음란했고, 정권 다툼을 일으켜 나라를 혼란으로 몰고 갔다는 이유로 「얼폐전」에 실리게 된 것이다. 『열녀전』의 다른 항목에서는 제후나 대부의 부인뿐 아니라 민가의 아녀자까지 열전에 포함시켰음을 고려한다면 「얼폐전」의 선정 기준은 철저히 지배층, 다시 말하자면 권력층에 국한되고 있음을 기억하여야 할 것이다. 따라서 「얼폐전」의 여인들에 대한 기록은 표면적으로는 단순히 그녀들의 예(禮)에 벗어난 음행(淫行)이지만 이 기록 뒤편의 행간 속에는 당시 정권을 둘러싸고 벌어졌을 심상치 않은 권력다툼의 흔적을 읽어 낼 수 있다. 자신이 낳은 아들을 태자(太子)로 세우고자 한다든가 자신과 불륜의 관계를 맺고 있는 사람을 군주로 삼고자 하는 등, 정권을 장악하려는 시도가 그녀들에 의하여 시도된 적이 있으나 모두 실패하였다는 기록이 바로 「얼폐전」이기 때문이다.

아버지의 법 아래에서만 그 존재가 인정되었던 여성은 봉건사회에서 제도적으로 정치에 참여할 수는 없었지만, 권력에 전혀 접근이 불가능하였던 것은 아니었다. 군주의 아내 혹은 어머니라는 지위는 비공식적으로 권력에 영향을 미칠 수 있어서 여성이 직접 혹은 자신의 측근을 통해서 권력 장악을 시도할 수 있었다. 혹자는 권력 장악에 성공해 역사에 정권을 전횡한 외척으로 기록되기도 했으며 또 혹자는 반란을 일으켰으나 실패한 것으로 기록되었다. 그러나 성공하였건 실패하였건 여성은 어느 경우에도 유가적 지배 질서를 어지럽힌 죄목에서 벗어날 수는 없었다.

유가 사상을 통치의 근본 이념으로 삼았던 고대 봉건사회에서 여성이나 외척의 정치 간여는 용납하기 어려운, 그러나 근절하기도 어려웠던 딜레마였고 유향 역시 그러한 인식의 연장선상에 서 있었다. 그리고 이는 「얼폐전」을 편찬하는 데 무의식적인 기준으로 작용하고 있었던 것이다.

## 3. 금기에 도전한 여인들

> 어지러움은 하늘에서 내려오는 것이 아니라
> 부인에게서 나오는 것이라네.
>
> —『시경』「대아(大雅) · 첨앙(瞻卬)」

중세의 마녀나 현대 영화 속의 팜므 파탈이 하나같이 악녀로 지탄받았던 이유는 그녀들이 '음란'하다는 데 있었다. 거부할 수 없는 성적 매력을 드러내며 남성에게 치명적인 타격을 가하는 '유혹하는 여자'라는 것이다. 「얼폐전」의 여성들에 대한 묘사 역시 여기서 벗어나지 않아서 "아름다운 외모를 지녔지만 음란했다"는 말로 간단히 요약된다. 그러나 그녀들이 어떻게 얼마나 음란하였는지에 관해서는 길게 기술되고 있지 않다. 다만 "누구 누구와 정을 통하고 있었다"는 기술을 통하여 이 여인이 유가의 예를 지키지 않은 음녀(淫女)임을 강조하고 있을 뿐이다. 그녀들의 가장 큰 죄목이 음란함이었음을 감안한다면 이러한 간단한 서술은 쉽게 수긍이 되지 않는 대목이다.

그런데 여기서 '음란함'을 다른 각도에서 보면 그녀들이 기존 사회에서 요구하는 성에 대한 구속에서 벗어나 자신의 의지에 따라 성적 대상을 선택하고 있음을 말해 준다. 어차피 당시 결혼이라는 것이 본인의 의사와는 상관없이 이루어진 제후국간의 정략적인 것이었다면 그녀들이 정을 통하고 있는 대상은 스스로의 자발적인 선택이었을 것이다. 「얼폐전」의 필자는 그녀들이 왜 다른 사람과 정을 통하게 되었는지 그 삶의 내면에는 관심이 없었다. 그래서 「얼폐전」에 간단히 기록된 그녀들의 '음란한' 삶은 후대 소설 속 작가들의 문학적 상상력에 의해서야 그 내용이 풍성해진다.[10] 「얼폐전」의 필자가 무엇보다 중요하게 생각하였던 것은 음란함 다음에 나오는 부분이었다. 다음의 예를 보자.

> 무강(繆姜)은 제(齊)나라 제후의 딸로 노(魯)나라 선공(宣公)의 부인이요, 성공(成公)의 어머니이다. 그녀는 총명하고 지혜로웠지만 그 행실이 난잡했기 때문에 시호를 무(繆)라고 했다. 성공이 어릴 적에 무강은 숙손선백(叔孫宣伯)과 정을 통하고 있었다. 숙손선백의 이름은 교여(喬如)이다. 교여는 무강과 함께 모의를 하여 당시 노나라의 실력자인 계손씨(季孫氏)과 맹손씨(孟孫氏)를 제거하고 노나라의 정사를 제멋대로 하고자 하였다.[11]

여성이 아버지의 딸로, 남편의 아내로 소개되는 것은 여느 『열녀전』의 시작과도 같다. 혈통에 대한 소개가 끝나면 행실이 난잡하다는 평가와 함께 그녀와 혼외 관계를 가지고 있는 사람이 소개된다. 그리고 이 음녀(淫女)와 음부(淫夫)가 권력 장악을 어떻게 모의하였고 또 결국 어떻게 실패하였는지 긴 편폭을 할애해 서술한다. 서술의 중심이 음란함이 아니라 심상치 않은 사회 혼란을 일으킨 권력 투쟁에 있었던 것이다.

---

10 예를 들어 나라를 멸망시킨 대표적 요부로 꼽히는 달기(妲己)는 명대(明代) 소설 『봉신연의(封神演義)』에서 여우가 둔갑한 것으로 설정된다. 그리고 그녀는 은(殷)나라를 멸망시키려는 목적을 가지고 고의적으로 주왕(紂王)에 접근한 것으로 그려지고 있다.

11 『열녀전(列女傳)』 「얼폐전(孽嬖傳) · 노선무강(魯宣繆姜)」: "繆姜者, 齊候之女, 魯宣公之夫人, 成公母也. 聰慧而行亂, 故謚曰繆. 初成公幼, 繆姜通于叔孫宣伯. 名喬如. 喬如與繆姜謀去季孟而擅魯國."

『열녀전』의 필자에게 더욱 중요한 사건으로 인식된 것은 여성의 권력 개입으로 인한 사회 혼란이었던 것이다.

「얼폐전」의 서두를 열고 있는 말희(末喜)에 관한 기록에서도 우리는 중요한 정보를 얻을 수 있다.

> 말희(末喜)는 하(夏)나라 마지막 왕인 걸왕(桀王)의 비이다. 얼굴은 아름다웠으나 덕이 없고 난잡하며 무도하였다. 여자임에도 장부의 마음을 품고서 칼을 차고 관을 썼다.[12]

"아름다웠으나 덕이 없고 난잡하며 무도하였다"라는 언급은「얼폐전」의 모든 여인들에 대한 서술에서 공통적으로 발견되는 전형적인 특징이다. 여기서 문제가 되는 대목은 바로 뒤에 이어지고 있는 "여자임에도 장부의 마음을 품고서 칼을 차고 관을 썼다"라는 문장이다. 이 짧은 언급에서『열녀전』필자의 의도는 명확하게 드러난다. 그가 용서할 수 없었던 것은 바로 여성이 감히 남성의 권위에 도전하였다는 사실이었다. 칼과 관이란 남성의 겉치레를 대표하는 것으로 무력과 행정력을 의미한다. 그렇다면 장부의 마음이란 권력에 대한 욕망이고 그녀는 남성의 전유물인 권력에 도전하였음을 암시하는 것이 아닌가? 그리고 이는『열녀전』의 필자를 비롯한 세상의 모든 남성에게 도저히 용납될 수 없는 대역죄였다.[13]

---

12 『열녀전』「얼폐전(孽嬖傳)·하걸말희(夏桀末喜)」: "末喜者, 夏桀之妃也. 美于色, 薄于德, 亂孼無道, 女子行丈夫心, 佩劍帶冠."

13 라팔스(Lisa Raphals) 역시「얼폐전」의 여성들이 권력에 대한 욕망을 가지고 있다는 점에 주목하고 있다. 그녀는「얼폐전」의 이야기를 다음의 세 유형으로 분석한다. 첫 번째 유형은 잔인한 욕망을 가진 여성으로 대신들을 죽음으로 몰아넣고 나라까지도 멸망시키는 말희·달기·포사의 이야기, 두 번째 유형은 불길한 미모로 인하여 의도하지 않은 혼란을 일으키는 이야기로 하희(夏姬)가 여기에 해당한다. 세 번째 유형은 주군의 죽음

[그림 2] 산동의 무량사 화상석에 나타난 하나라 걸왕의 모습.

「얼폐전」에 선정된 여인들이 대개 왕의 비(妃)이거나 제후의 부인이었다는 데서 그런 혐의는 더욱 짙어진다. 그녀들은 권력의 핵심과 매우 가까운 자리에 있었다. 그래서 그녀들은 자신이 사랑하는 아들이나 애인이 다음 정권의 계승자가 되기를 원하였고 이를 실행에 옮겼다.

> (선공의 부인) 이강(夷姜)이 죽었으므로, 선강(宣姜)은 자신의 아들 수(壽)를 태자로 세우고 싶어하였다.[14]

---

뒤에 정치에 영향력을 미쳐서 혼란을 일으키는 문강(文姜)과 여희(驪姬)의 이야기이다. 그러나 그녀들의 미모와 음란함이 정권의 멸망이나 혼란, 즉 기존 남성 영역의 질서를 교란시키고 있다는 점에서 모두 악녀의 유형에 속한다고 볼 수 있겠다. 자세한 것은 다음을 참고. Lisa Raphals, *Sharing the Light: Representations of Women and Virtue in Early China* (Albany: State University of New York Press, 1998).

여희(驪姬)는 자신의 아들 해제(奚齊)를 태자로 세우고자 동생과 음모를 꾸몄다.[15]

애강(哀姜)은 성품이 교만하고 음탕하여 두 시동생인 공자 경보(慶父)나 아(牙)와도 사통하였다. 애강은 경보를 군주로 세우고 싶어하였다.[16]

자신이 낳은 아들을 태자로 삼는다거나 자신이 사랑하는 사람이 정권을 장악하도록 하기 위해서는 기존의 태자나 수권자를 제거하여야만 했다. 본격적인 권력 투쟁의 장으로 들어선 것이다. 이 과정에서 「얼폐전」의 악녀들은 자신의 목표 실현을 위하여 과감한 돌파력을 보여준다. 상대방을 모함하기도 하고 백희(伯姬)처럼 "창을 들고 앞장서"[17]는 등 공격성과 폭력성을 드러내기도 한다. 그리고 이것은 그녀들이 악녀로 비난받는 직접적인 근거가 된다.[18]

위선공강(衛宣公姜) · 노환문강(魯桓文姜) · 노장애강(魯莊哀姜) · 진헌여희(晉獻驪姬) · 노선무강(魯宣繆姜) · 제동곽강(齊東郭姜) · 위이란녀(衛二亂女)에는 모략과 쿠데타로 정권을 탈취하려는 적극적인 여인의

---

14 『열녀전』「얼폐전(孽嬖傳) · 위선공간(衛宣公姜)」: "夷姜既死, 宣姜欲立壽."

15 『열녀전』「얼폐전(孽嬖傳) · 진헌여희(晉獻驪姬)」: "驪姬欲入奚齊, 乃與弟謀."

16 『열녀전』「얼폐전(孽嬖傳) · 노장애강(魯莊哀姜)」: "哀姜驕淫, 通於二叔, 公子慶父, 公子牙, 哀姜欲立慶父."

17 『열녀전』「얼폐전(孽嬖傳) · 위이란녀(衛二亂女)」: "姬杖戈先."

18 기존의 사회가 여성을 수동적으로 규정하고 적극적이고 공격적인 것은 남성적인 것으로 규정해 왔음에 주목하고 여성성의 허상을 분석하고 있는 다음의 연구는 주목할 만하다. 린다 하트(Lynda Hart)는 『악녀』에서 서구 사회가 전통적으로 욕망의 추구와 공격성을 남성성의 요소로 간주하고 이러한 남성성을 여자가 가지고 있을 때 악녀로 비난해 왔다고 말한다. 또한 『늑대와 함께 달리는 여인들』의 저자 클라리사 에스테스는 오랫동안 역사에서 비난받고 왜곡되어 온 늑대와 여성의 공통점을 야성성에서 찾고 있다. 자세한 것은 다음을 참고. 린다 하트, 『악녀』(인간사랑. 1999), 강수영 · 공선희 옮김; 클라리사 P. 에스테스 지음, 『늑대와 함께 달리는 여인들』(고려원. 1994), 손영미 옮김.

모습이 기록되어 있다. 전통적으로 권력은 여성에게 넘볼 수 없는 금단의 영역이었지만 권력의 주변에 있었던 최고위층 부인에게는 기회가 늘 존재한다는 사실을 『열녀전』의 필자는 이미 알고 있었던 것이다. 그러나 이러한 정권 다툼이 과연 여성이 단순히 자신의 권력욕을 채우기 위하여, 즉 개인적 야망에서 일으킨 반란이었을까?

권력 투쟁에 참여하였던 「얼폐전」 여인들에 관한 기술에서 이 의문에 대한 또 다른 단서를 찾아낼 수 있다. 바로 그녀들이 정권에 대한 반란을 도모할 때면 대개 "~와 공모하였다"는 언급이 있다는 사실이다. 이렇게 공모자가 있다는 기술은 이 사건이 여성의 개인적 야망에서 비롯된 것이 아니라 당시 정계에 권력에 대한 암투가 존재하였고 여성도 그 암투에 관련되어 있음을 알려 준다. 그럼에도 불구하고 「얼폐전」의 서술은 이 반란을 늘 여성 일인, 혹은 그와 정을 나눈 음부(淫夫)의 음모로 축소하여 버린다. 그리고 열전의 마지막에는 다음과 같이 사회 혼란의 원흉이 그녀라고 단정한다.

> 위(衛)나라 선강(宣姜), 태자를 해치려 음모를 꾸몄네. …… 오대가 평안하지 않았던 것은 난이 선강에서 비롯되었기 때문이네.[19]

> 문강(文姜)은 음란하였는데, 노(魯)나라 환공(桓公)의 부인이 되었네. …… 이 여인이 음란하니 마침내 나라의 재앙이 되었네.[20]

> 계모 여희(驪姬)는 진(晉)나라 헌공(獻公)을 혼란에 빠뜨렸도다. 태자

---

19 『열녀전』 「얼폐전(孽嬖傳) · 위선공강(衛宣公姜)」: "衛之宣姜, 謀危太子. …… 五世不寧, 亂由姜起."

20 『열녀전』 「얼폐전(孽嬖傳) · 노환문강(魯桓文姜)」: "文姜淫亂, 配魯桓公. …… 維女爲亂, 卒成禍凶."

를 모함하고 독주를 마시도록 음모를 꾸며 결국 신생(申生)을 죽이고 공자를 축출하였다네. 자신 또한 죄를 지어 죽으니 오대가 혼란스러웠다네.[21]

그러나 그녀들은 권력 투쟁의 핵심에서 이를 주도하였다기보다는 권력 쟁탈의 빌미를 제공하고 결국 희생되었을 가능성이 높다. 가부장적 봉건사회에서 직접 정치에 참여하거나 정권을 장악할 수 없었던 여성은 그저 권력의 창출과 암투 뒤편에 일정 정도의 영향력을 가지고 있었을 뿐이었다. 그래서 그들은 철저히 여성의 정치 간여나 외척의 등장을 경계하는 일파에 의해서 늘 배제될 수밖에 없는 운명이었던 것이다.

「얼폐전」에 기록된 여인들 중에서 가장 억울하게, 나라를 멸망시킨 악녀라는 누명을 쓰고 있는 인물은 포사(褒姒)이다. 포사에 관한 이야기는 그 풍부한 서사성으로 인해서도 주목할 만한데, 다른 열전과는 달리 악녀의 출생에 얽힌 신화적 이야기가 부가되어 있다. 아버지 없이 태어나 버림받는 모티프는 신화에서 신적 존재나 영웅의 탄생을 설명하기 위하여 쓰이는 것이 일반적이다. 그런데 한 나라를 멸망시켰다고 비난받는 포사의 출생을 이런 모티프로 서술하고 있다는 점은 부권제 사회 아래에서 여신은 더 이상 숭배되지 않고 오히려 왜곡과 소멸의 과정을 겪었음을 보여주는 것[22]이기도 하다. 또한 포사를 주나라에 의해 멸망당

21 『열녀전』「얼폐전(孽嬖傳)·진헌여희(晉獻驪姬): "驪姬繼母, 惑亂晉獻. 謀」太子, 毒酒爲權. 果弑申生, 公子出奔. 身又伏辜, 五世亂昏."

22 신화 학자들은 신화 속에서 여인들이 왕조 멸망의 책임을 지는 현상을 원시사회 초기 위대한 대지신이었던 여신이 부권제 사회 속에서 그 지위를 상실하는 것과 관계가 있다고 생각한다. 그래서 그리스신화 속에서 악의 근원이 되는 판도라의 상자나 트로이전쟁의 원인을 헬레나로 묘사한 것 역시 이들 신화가 부권제 이후에 성립되었음을 보여주는 증거로 간주한다. 자세한 것은 다음 책을 참고. 시노나 볼린, 『우리 속에 있는 여신들』(또하나의 문화. 2000), 조주현·조명덕 옮김.

한 포나라의 후예로 설정함으로써 주나라 멸망의 역사적 명분을 부여하고, 결국 왕조 멸망의 책임에서 도저히 벗어나지 못하게 만들어 버렸다.

이 신화적 이야기에서 가장 비난받아야 할 사람은 사실 포사의 웃는 모습을 보기 위해서 끊임없이 봉화를 올린 어리석은 왕이다. 그는 국사를 돌보지 않다가 나라를 잃은 무능한 임금이었지만 사람들은 그를 미혹시켰다고 포사를 더 원망하였다. 누구도 이 이야기 속에 전제되었을 그녀가 왜 웃지 않는 창백한 미인이 되었는지, 그녀의 기구한 출생과 그로 야기되었을 외로움과 존재감의 상실 등에는 관심을 기울이지 않았다. 그저 난세(亂世)와 폭정(暴政)의 책임을 통치권을 가진 군주가 아니라 군주가 좋아하였던 여성에게 추궁할 뿐이다. 이러한 논리에는 군주는 국가를 잘 다스릴 수 있는 능력을 갖추었지만 거부할 수 없는 매력을 가진 여성에 의하여 미혹되어서 어쩔 수 없었다는 변명이 들어 있다. 「얼폐전」의 마지막 이야기에도 이러한 생각이 반영되어 있다. 미모의 창후(倡后)를 후궁으로 삼고 싶어하는 도양왕(悼襄王)에게 신하들이 행실이 바르지 못한 여자는 나라를 어지럽힐 것이라고 반대하자 왕은 이렇게 말한다.

> "나라가 잘 다스려지느냐 잘 다스려지지 못하느냐는 내가 정치를 어떻게 하느냐에 달려 있을 뿐이오."[23]

그러나 기록은 창후가 태자와 왕후를 험담해서 그들을 쫓아내고 결국 자기 아들을 태자로 세웠으며 자신도 왕비가 되기 위하여 나라를 혼란으로 몰아넣다가 멸망하였다고 서술되어 있다. 그래서 정사의 책임이 왕에게 달렸다고 한 도양왕의 말은 정론임에도 불구하고 거짓이 되어

23 『열녀전』「얼폐전(孽嬖傳) · 조도창후(趙悼倡后)」: "亂與不亂, 在寡人爲政."

버리고, 여성은 그 자체로 재앙의 원인이 된다. 더군다나 남성을 미혹시킬 만한 미모를 가진 여성은 위험한 존재로 간주되었다.

> 진(陳)나라 여자 하희(夏姬)는 진나라의 대부 하징서(夏徵舒)의 어머니이다. 미모가 뛰어나 견줄 데가 없었고 재주를 지니고 있었다. 나이가 들었어도 여전히 젊고 건강하였다. 세 번 왕후의 자리에 올랐으며 일곱 차례나 제후의 부인이 되었다. 왕이나 제후들이 그녀를 두고 다투니, 반하여 정신을 잃지 않는 이가 없었다.[24]

『열녀전』의 필자는 하희(夏姬)에게 일곱 번이나 결혼한 죄, 남자들을 미혹시켜 진나라를 파멸시킨 죄를 묻는다. 그러나 여느 「얼폐전」의 인물과는 달리 이 이야기에서 하희는 자발적으로 무슨 일을 도모한 적이 없는 수동적인 여인으로 묘사된다.[25] 오히려 행간에서 우리는 그녀를 놓고 벌어졌을 쟁탈전을 연상할 수 있다. 그녀는 철저히 타자화되고 대상화되었던 것이다. 『열녀전』의 필자는 여자란 난잡하지 않고 덕이 있고 정숙하여야 되며, 아름다움은 오히려 죄가 된다고 생각하였다. 그래서 「얼폐전」에서 미모의 여성은 모두 "아름답지만 색기를 띠고"[26] 있다거나 "총명하고 지혜로웠지만 행동이 난잡하다"[27]고 서술된다. 반면에 아름답지만 덕이 있는 여자는 일부러 자신의 미모를 훼손하기도 하고 추한 여자는 오히려 후덕하다고 서술된다.[28]

---

24 『열녀전』「얼폐전(孽嬖傳) · 진여하희(陳女夏姬)」: "陳女夏姬者, 陳大夫夏徵舒之母也. 其狀美好無匹, 內挾技術. 蓋老而復壯者. 三爲王后, 七爲夫人. 公侯爭之, 莫不迷惑失意."

25 그래서 리사 라팔스는 그녀가 불길한 미모로 인해서 의도하지 않은 혼란을 일으켰다고 주장한다. Lisa Raphals, 앞의 책, pp. 66-7.

26 『열녀전』「얼폐전(孽嬖傳) · 제동곽강(齊東郭姜)」: "美而有色."

27 『열녀전』「얼폐전(孽嬖傳) · 노선무강(魯宣繆姜)」: "聰慧而行亂".

여성의 미모에 대한 이러한 생각은 고대 중국에서 '여성은 재앙의 근원'이라는 화수론(禍水論)으로 구체화되었다. 예쁜 여자는 남자들이 필요할 때 적당히 즐기다가 버릴 수 있는 소모품이어야 했다. 좋아하고 즐기는 정도가 지나쳐 스스로 통제할 수 없게 되면 그 여자는 더 이상 남자를 기쁘게 하는 대상이 아니라 남자를 미혹시키는 요물이 되고 만다. 미혹된 사람의 과오는 묻지 않으니 이미 물화(物化)된 여자의 잘못으로 귀결된다. 바로 이것이 '화수론'의 진상이다. 이러한 관념은 한말 조비연 자매가 임금을 미혹시켜 군왕의 도리를 지키지 못하게 만들어 나라를 망쳤다며 그녀를 불을 꺼뜨리는 '재앙의 물(禍水)'로 비유한 데서 비롯되었다.[29] 당시 여성의 미모를 지칭하였던 '경성(傾城)'이니 '경국(傾國)'이라는 말에도 미모로 남자를 미혹시켜 나라를 망칠 재앙의 근원이란 의미가 포함되어 있었다. 모두 방종의 책임을 여성에게 부가하고 여성을 타자화시키는 극단적인 예라고 할 수 있다.

이러한 인식은 단지 국가를 망친 후궁을 비난하는 데서 그치지 않고 일반 개인사에까지 확대되었다. 당대(唐代)의 유명한 소설인 「앵앵전(鶯鶯傳)」에서 남자 주인공 장생(張生)은 과거에 실패한 후, 사랑을 맹세한 여인 앵앵을 떠나간다. 그는 사람들이 그녀와 헤어진 이유를 묻자 여자란 자신을 망치지 않으면 남을 망치는 요물이라며 그녀에게 미혹되었던 과거를 과오로 돌리고 그녀를 버리고 떠난 자신의 행위를 과거에 대한 반성으로 합리화시켰다. 당시의 문인들은 그의 이러한 변명에 동의하며 지지하였고 소설의 작가도 이를 칭찬하는 견해를 피력한 바 있다. 물론

---

28 미모의 과부 고행(高行)은 자신의 미모로 인해서 청혼이 이어지자 코를 칼로 도려냈고, 제(齊)나라 추녀 종리춘(鍾離春)은 매우 덕이 있는 현명한 여자로 묘사되고 있다. 자세한 내용은 『열녀전』의 「정순전(貞順傳) · 양과고행(梁寡高行)」과 「변통전(辯通傳) · 제종리춘(齊鍾離春)」을 참조.

29 한(漢) 영현(伶玄) 「조비연외전(趙飛燕外傳)」.

장생의 이러한 변명에 반대하는 의견도 있어서 후대의 민간 희곡에서는 앵앵이 사랑의 맹세를 지키는 지순한 남자 주인공과 해피엔딩의 결말을 맺는 것으로 바뀐다. 그러나 아직도 많은 남자들은 장생의 입장을 지지한다. 이는 남자의 출세는 인생의 유일무이(唯一無二)한 고귀한 목표이고 여자와의 사랑이란 부차적인 것이어서 더 큰 목표를 위해서 희생할 수도 있다는 사고에 다름 아니다. 가부장제 사회에서 남성적 가치는 초개인적 타당성을 획득하고 반면에 여성적인 것은 항상 우선적인 남성적 원칙과의 관계 속에서만 규정된다. 여성은 모두 보편적 가치를 가장한 남성적 규범에 의하여 판단되고 스스로 자신에 대하여 평가할 수 있는 입지점이란 존재하지 않는 것으로 나타난다.[30] 그래서 남성의 영역은 가치 있는 공적인 영역이고 여성의 영역은 몰가치한 사적인 영역으로 구분되어 버리는 것이다.

남성들이 실상 경계하였던 것은 바로 여성으로 인하여 가치 있는 것들을 쟁취하려는 자신의 목표에 지장이 초래되는 것, 다시 말해서 남성 영역의 질서가 혼란에 빠지는 것이었다. 그래서 역설적으로 역사상 수많은 권력 쟁탈전에서 적을 파멸시키려는 의도 아래 미인을 적에게 바치는 미인계(美人計)가 탄생하였다. 이는 여성을 재앙의 근원으로 인식하는 사고를 그대로 반영한다. 즉 미인에 미혹되면 정치를 망친다는 관념에 근거해 적을 파멸시키고 정권을 안정시키려는 목적에서 비롯하고 있기 때문이다.[31] 그리고 이는 여성은 정치에 참여해서는 안 된다는 금기의 또 다른 형식의 표현이기도 하다. 은(殷)을 멸망시켰다고 비난받던

---

30 리타 펠스키, 『근대성과 페미니즘』(거름. 1998), 김영찬 · 심진경 옮김, p. 82.

31 그래서 홍숙령(洪淑苓)은 미인계가 결국 남성 정권의 정치적 산물이라고 주장한다. 자세한 것은 다음을 참고. 홍숙령(洪淑苓), 「미인계의 서사모식과 성별정치－서시 이야기로부터(美人計的敍事模式與性別政治--從西施故事談起)」, 『고전문학과 성별연구(古典文學與性別研究)』(臺北: 里仁出版社. 1997).

달기는 명대 소설 『봉신연의(封神演義)』에서 은나라를 멸망시키기 위하여 주왕에게 바쳐진 미인계의 희생물로 그려졌고, 『삼국연의(三國演義)』에서 초선(貂蟬)은 여포(呂布)와 동탁(董卓) 사이를 이간시켜 정권을 탈환하려는 왕윤(王允)의 계략 아래 그들 사이를 오고 가는 것이 바로 그것이다. 그녀들은 모두 권력의 탈취를 위하여 적을 유인하는 데 사용된 하사품에 불과하였다. 이러한 미인계는 비록 역사적 증거를 갖고 있지만 사실 여부와 상관 없이 중국 고대사회의 여성에 대한 사고의 한 틀을 반영하고 있다. 아무도 정략의 희생물이 된 이들 여자의 운명에는 관심을 기울이지 않았다. 아무도 여성이 독자적으로 어떤 존재인가에 대해서는 질문하지 않는다. 왜냐하면 여성은 독자적으로 아무것도 아니기 때문이다.[32] 그들에게 정작 중요하였던 것은 권력의 향배였던 것이다.

그래서 권력을 비롯한 남성의 영역에 과감히 도전하였다가 실패한 자는 「얼폐전」에서처럼 나라를 어지럽힌 악녀로 기록되었고, 권력 장악에 성공하였어도 결코 역사의 공정한 평가를 받지 못하였다. 중국 역사에 등장하는 권력을 실질적으로 장악하였던 여성들, 여태후(呂太后)나 측천무후(則天武后)·서태후(西太后)가 하나같이 인군(仁君)이 되지 못하고 패주(敗主)로 기록된 것은 단지 그녀들이 도덕적으로 완전하지 못하고 정치를 잘하지 못해서만은 아닐 것이다. 그녀들은 역사를 기록하고 권력을 독점해 온 남성의 영역에 정면으로 도전하였기 때문에 결코 받아들여질 수 없었을 뿐이다. 이로 보건대, 역사에 기재되었던 여성들이란 정치나 전쟁에 개입하여 나라를 망친 여성들뿐이었고, 이는 결국 여성은 재앙이라는 관념과 여성의 정치 참여 금지를 강화하는 기제로 작용하였던 것이다.[33]

---

32 George Simmel, *On Women, Sexuality, and Love* (New Haven: Yale University Press. 1984), trans. and ed. by Guy Oakes, p. 103.

[그림 3] 무측천상(武則天像)에 표현된 측천무후.

[그림 4] 당후행종도(唐后行從圖)에 표현된 측천무후의 위풍당당한 행차.

## 4. 악녀들의 시대

> 모든 요술은 육욕으로부터 일어나며 여성은 육욕의 만족을 알지 못한다. …… 따라서 그 육욕을 채우기 위하여 그들은 악령과도 몸을 섞는다.
>
> ―『마녀들의 망치』 1권

명청(明淸) 시대는 귀족 중심, 유교 중심의 중국 문화가 서민층으로까지 널리 보급되고 서민 문화가 발달하는 등 문화의 대중화가 보편적으로 이루어진 시기였다. 사상적으로도 유가의 이학(理學)에 반발한 심학(心學)이 등장하면서 자유로운 개성 추구와 인간에 대한 욕망이 부분적으로 긍정되는 등 진보적인 측면이 크게 부각되었던 시대이기도 하다. 그래서 성욕을 식욕과 같은 인간의 필수적 본능으로 보고 대담하게 이를 긍정하는 많은 대중문학 작품, 특히 소설이나 희곡이 다량으로 쏟아져 나왔다.

명대(明代) 중엽 이후 새로운 시대 환경 아래에서 성장한 대중문학 속에는 인간이 가진 욕망을 인정하고 욕망의 추구를 어느 정도 긍정적으로 바라보는 당대 현실이 잘 반영되어 있다. 그럼에도 불구하고 여성을 현모(賢母)와 악녀(惡女)로 나누는 이중적 사고는 더욱더 강화되어 나타났다. 재주가 없는 것이 덕이라며 부덕(婦德)을 강조하는 순종적인 현모상이 여전히 끊임없이 재현되었으며 정주이학(程朱理學)의 영향으로 금욕주의가 극성하여 정절을 위하여 죽는 여성들이 증가하였다.[34]

한편, 소설을 비롯한 통속적인 문학 속에서는 현모의 반대편에 있는 악녀 형상이 훨씬 더 다양한 형태로 등장하고 있다. 얼핏 보기에 서로 모

---

33 유영총(劉詠聰), 「중국 고대의 여화사관(中國古代的女禍史觀)」, 『여성과 역사: 중국 전통 관념에 대한 새로운 탐구(女性與歷史–中國傳統觀念新探)』(臺北: 臺灣商務印書館. 1955).

순적으로 보이는 이러한 이중적 현상이 어떻게 가능했을까? 이에 대한 해답을 구하기 위하여 먼저 당시의 통속적인 문화 속에 등장하였던 대표적인 악녀들의 형상을 살펴보기로 하자.

자신의 성적 매력을 무기로 생존을 도모하고 욕망을 추구하다가 스스로 파멸한 반금련(潘金蓮)과 같은 요부형(妖婦型), 남성 위에 군림하였던 왕희봉(王熙鳳)과 같은 악처형(惡妻型), 기존의 순종적 여성상을 거부하고 자신의 재능을 가지고 전통적 가치관에 저항하다가 출구 없는 길에서 스러져 간 임대옥(林黛玉)과 같은 비극형(悲劇型) 등은 이 시기 소설 속에 등장하였던 대표적인 여성들이다.[35] 그녀들은 비록 서로 다른 성격의 여성상을 대표하지만 남녀 관계에서 일정한 주도성 혹은 주체성을 가진다는 공통점을 지니고 있다. 그리고 기존의 권위와 보편적 관념에 크고 작은 일격을 가하고 있다는 측면에서 그녀들은 일정한 공격성도 가지고 있다. 이것은 남성적 영역 즉 남성성에 대한 도전이었고, 사회는 그녀들을 용납할 준비가 되어 있지 않았기에 결국 악녀라는 굴레 속에 갇힐 수밖에 없었던 것이다.

이러한 악녀들의 범람, 특히 명청대 이후 유행한 대중적 작품의 유혹하는 음란한 요부(妖婦) 형상의 유행은 물론 많은 학자들이 말하듯 욕망

---

34 이에 관한 자세한 상황은 다음을 참조. 전여강(田汝康), 『공자의 이름으로 죽은 여인들』(예문서원. 1999), 이재정 옮김; 로이드 E 이스트만, 『중국 사회의 지속과 변화』(돌베개. 2001), 이승희 옮김, 제2장.

35 물론 특별히 누군가를 파멸시키는 것으로 나타나지 않는 임대옥을 악녀로 볼 수 있느냐에 대해서는 이견이 있을 수 있다. 『홍루몽(紅樓夢)』 속에서 그녀는 부덕(婦德)을 갖춘 이상적 현모상인 설보채(薛寶釵)에 항상 비교되면서 봉건사회에서 요구하는 부덕을 갖추지 못한 것으로 평가받았다. 그녀의 뛰어난 글짓기 능력이나 말솜씨 · 박학다식 등은 당시 여성에게는 요구되지 않는 덕목이었기 때문이다. 그녀는 이러한 능력을 바탕으로 자유로운 생활을 꿈꾸었지만 당시 사회에서는 결코 용납되지 않았고 결국 비극적인 삶을 마감한다. 따라서 그녀의 삶 속에 내재되어 있는 비판적 기질과 저항성은 악녀적 속성이라고 간주할 수 있을 것이다.

[그림 5] 명대의 춘궁화(春宮畵)에 표현된 여성의 모습.

[그림 6] 명대에 출간된 『금병매사화(金瓶梅詞話)』 속 삽화 중의 성애 장면.

을 긍정하였던 심학(心學)의 발전과 관련이 있다. 그러나 간과할 수 없는 또 다른 배경으로 당시 출판 인쇄업의 눈부신 발달을 들 수 있다. 명대 중반 이후에는 관방뿐 아니라 민간에서도 출판이 가능하게 됨으로써 활자 문화의 대중화, 다시 말하면 상업 출판 문화의 길이 열린다. 그야말로 이제는 활자 문화가 더 이상 신성한 성인의 말씀만을 기록하는 숭배의 대상이 아니라 서민층과 하층민이 필요로 하는 통속적 인쇄물들을 출판해서 상업적 이윤을 창출해 낼 수 있는 수단으로까지 기능하게 되었던 것이다. 그리고 이것은 명청대 대중적 통속 문학이 크게 성행하는 중요한 배경이 된다. 당시 대중적 소설이나 희곡은 급속히 발달하기 시작한 목판화를 삽화로 끼워 넣어서 지식 수준이 높지 않은 독자들의 이해를 돕는 한편 그들의 호기심을 자극하고 충족시키도 하였다. 또한 내용상 남녀간의 은밀한 관계를 노골적으로 다루고 있는 『금병매(金瓶梅)』류의 작품에는 춘화(春畵)를 방불케 할 정도의 삽화가 삽입되어 독자들의 관음(觀淫) 심리를 충족시키며 폭발적인 인기를 끌었다.

성과 권력에 대한 욕망이라는 두 가지 코드로 씌어졌던 「얼폐전」의 서술이 권력에 좀더 치우쳐 있다고 한다면 이 시기의 서사물에는 성적인 측면을 강조하는 요부형 악녀들이 다수 등장한다. 이는 당시 새로운 시대 환경 속에 욕망의 추구가 허용되고 이를 바탕으로 발달하기 시작한 상업 대중문화의 수요에 적합하였기 때문이라고 볼 수 있다. 이 시기의 요부 형상은 기존의 유교 중심의 사회에서 이상시되었던 열녀(烈女)의 수동성과는 변별되는데 이는 남녀 관계의 변화라는 측면에서 주목할 만하다. 남녀 관계에서도 여성이 어느 정도 주도성을 가진다는 점이 바로 그것이다. 특히 성관계에서도 여성이 주도성을 발휘하고 있음에 주목할 필요가 있다. 예를 들어 『금병매』에는 지금까지 음부(淫夫) · 음녀(淫女)의 대표로 거론되는 인물들이 대거 등장하는데 그들은 모두 성적 욕망에 따라 충실히 행동한다. 그중에서도 최고의 요부로 손꼽히는 반금련의 일생은 남녀가 불평등하였던 사회에서 하층민 여자가 어떻게 남성의 성적 대상으로 전락하는지를 잘 보여준다.

반금련은 성문 밖 가난한 바느질집 딸로 태어났는데 어려서부터 전족을 하였고 발이 작다고 '금련(金蓮)'이라고 불렸다. 살림살이가 점차 어려워지고 살 길이 막막해지자 아비는 그녀를 남의 집에 팔아 버린다. 그녀는 그곳에서 화장하는 법이나 교태 부리는 법, 악기 다루는 법을 배우고 다시 장대인(張大人)이라는 부잣집에 팔려간다. 장대인은 그녀를 범하고 첩으로 삼고자 했으나 부인이 반대하자 그 집을 드나드는 못생기고 아둔한 홀아비 장사치 무대에게 주어 버린다. 무대의 처가 된 후에도 장대인은 수시로 그녀와 관계한다. 자신의 외모에 자신이 있었던 금련은 보잘것 없는 무대에게 늘 불만을 가지고 자신의 결혼이 잘못되었다며 현실에서의 일탈을 꿈꾼다. 그러다가 돈 많고 잘생긴 바람둥이 서문경(西門慶)을 만나게 되고 두 사람은 적극적으로 만남을 이어가다가 금련은 그의 첩이 되기 위하여 서문경과 모의하여 남편을 독살하기에 이른다. 다른 첩들과는 달리 재산도, 좋은 가문이란 배경도 없었던 그녀는 서문경의 사랑을 독차지하기 위하여 부단히 노력하며 성관계에서도 다양한 방법과 적극적인 자세를 취하여 서문경의 마음을 사로잡는다. 그러나 점차 대상인이자 지방 유지로 성장해 가는 서문경의 바쁜 생활과 바람기로 인한 그의 부재는 반금련을 때때로 외롭게 만든다. 그리고 그녀는 적막감을 이기지 못하고 사위나 하인 등 주변의 남자들을 유혹하여 성관계를 가진다. 서문경이 과도하고 문란한 성관계로 인하여 죽은 후에도 금련은 사위와의 관계를 지속하다가 결국 전 남편 무대의 동생 무송(武松)에게 목숨을 잃는다.

그녀의 일생은 몇 가지 중요한 사실을 우리에게 시사해 준다. 그녀는 가난한 집안의 여자였고 당시 사회는 여성을 남성과 동등한 인격체로 대우하지 않았다. 여성은 남성의 성적 욕망을 해소시켜 줄 수 있는 물적 대상에 불과하였다. 그래서 그녀의 아버지가 택한 것은 외모나 자태면에서 남성의 환심을 살 수 있는 능력을 키워서 그녀를 부잣집에 팔아넘기는 일이었다. 그녀는 아버지의 자식이었지만 아버지는 그녀를 돈을 벌어다 줄 수 있다는 점에서 이용할 만한 물적 가치로 보았을 뿐 그녀의 인격과 장래는 전혀 고려하지 않았다. 그녀가 배운 것이라고는 남자에게 예쁘게 보이는 법과 유혹하는 법이었고 이것은 후대 그녀의 일생에 중대한 밑천이 되었다. 서문경이라는 부잣집에는 첩이 다섯이나 있었는데 그녀는 유독 자신의 외모만을 무기로 첩이 되었던 여성이다. 그녀는 서문경이 탐낼 만한 든든한 집안 배경이나 재산도 없었고 오직 미모와 교태만으로 그 집안에 진입할 수 있었던 것이다. 그녀는 어릴 적부터 남성의 성적 대상물이 되는 교육을 받았고 이것은 그렇게 살도록 그녀의 일생을 결정지었다. 그녀는 자신의 욕망을 만족시키기 위해서는 매우 적극적으로 움직인다. 남편을 독살하고, 또 다른 남자를 끌어들이는 데 자발적이고 적극적인 방식으로 움직였던 것이다. 심지어 성행위에서도 마찬가지였다. 그러나 적극성과 주체성은 당시 사회에서 여성의 성격으로 용납되는 것이 아니었다. 그것은 자고로 남성에게 허용된 성격이었기에 여성이 이러한 성격을 가졌을 때에는 악녀로 공격받기 십상이다. 그녀가 요부라는 명성을 얻게 된 것은 무엇보다도 그녀의 성적 주도성이 주된 이유에서였다.

『금병매』에는 반금련 외에도 상당히 많은 수의 요부들이 등장하는데 그녀들이 서문경의 성적 요구를 거절하지 않았던 것은 모두 자신들이 처한 불우한 환경에서 살아남기 위해서였다. 작품 속의 남녀 관계를 보면 남성 일방적 주도 혹은 여성 일방적 주도의 성관계는 존재하지 않는다. 철저히 두 사람의 합의하에 진행된다. 오히려 여성들이 철저히 남성의 성을 이용하는 측면도 보인다. 그녀들은 서문경과의 관계를 이용하여 자신의 불안한 신분을 안정시키거나 상승시키고자 혹은 생계 유지를 위한 수단으로 적극적으로 그를 선택하였던 것이다. 그러나 이는 역설적으로 당시 사회에서 여성이란 남성에 의해서 그 신분이 결정됨을 증명하는 예라고 할 수 있다. 작가는 물론 그녀들의 이런 행위를 이기적이고 비도덕적인 것으로 판단하고 가혹하게 처벌한다. 그러나 작가의 이러한 도덕적 판단에도 불구하고 작품 묘사 중에 보이는 적나라한 성묘사와 이를 즐기는 듯한 태도는 작가의 진실성에 의문을 제기하게 만들었고 오히려 문란함을 방조하는 것으로 의심받았다. 작가의 이러한 이중적 태도는 이를 모방한 수많은 아류작들이 겉으로는 금욕주의(禁慾主義)적 · 인과응보(因果應報)적 구조를 취하면서도 사실은 남녀 관계를 노골적으로 묘사하며 독자들의 호기심을 만족시켜 상업적 이윤을 추구하는 데 악용되기도 했다. 그리고 이는 지금도 성에 관한 담론이나 포르노그라피를 대하는 이중적 태도로 우리 사회에서도 끊임없이 재현된다.

남녀 관계를 작품의 주요 주제와 갈등 구조로 활용하여 여성들을 작품의 주인공으로 등장시키며 성적 욕망의 추구를 공개적으로 거론하고 표현하였다는 점은 당시의 성문화나 남녀 관계를 일정 정도 진보적으로 반영하고 있는 것으로 볼 수 있다. 그러나 이를 자세히 살펴보면 긍정적 측면 못지않게 부정적인 측면이 많음을 알 수 있다.

당시 이러한 대담한 성문화가 조성될 수 있었던 원인 중의 하나는 사실 지금의 대중문화가 그렇듯이 대중의 훔쳐보고자 하는 욕망을 만족시키기 위해서였다. 연극이나 영화가 남의 삶을 엿보는 '훔쳐보기' 혹은 '관음증(voyeurism)'을 기반으로 하는 것처럼 소설의 메커니즘도 이러한 기능을 가지고 있다. 특히 남녀의 은밀한 관계를 다루는 작품은 자신의 것은 숨기면서 남의 것은 보고 싶어하는 독자들의 호기심을 만족시키고 성적 욕구를 해소시키는 기능까지 담당할 수 있었다. 그래서 예를 들어 『금병매』 속의 수많은 남녀 정사 장면은 대개 누군가에 의하여 훔쳐보여진다. 작가는 독자들의 훔쳐보고자 하는 욕구를 훔쳐보는 작중

[그림 7] 『금병매』에는 수많은 훔쳐보기 장면이 등장한다.

인물에 이입시켰던 것이다. 그런데 문제는 바로 이 보여지는 묘사와 설정들이 철저하게 남성의 시각에서 그려지고 있다는 점이다. 다시 말해 남성 작가에 의하여 남성 독자를 고려하여 만들어진 남성적 응시의 극치를 보여준다는 것이다.[36] 그리고 욕망이라는 문제에 접근함에도 남녀 차별적 원리가 적용되고 있기 때문에 남성의 욕망은 인정되었지만 여성의 욕망은 결코 용납되지 않는 현상이 나타난다. "남자가 즐기는 것은 말할 수 있지만 여자가 즐기는 것은 말할 수 없다"[37]던 전통적인 사고방식에서 전혀 벗어나 있지 않은 것이다.

예를 들어 반금련의 문란한 일생은 서문경과 완전히 일치한다. 서문

---

36 '남성적 응시'라는 개념은 다음의 문화 이론가들에게서 빌어 왔다. 존 버거(John P. Berger)는 성별과 시선의 관계를 직접적으로 언급한 최초의 이론가 중의 하나인데, 그는 가부장제 사회가 여성을 남성 관계, 혹은 남성 관음자의 '시선'의 대상으로 만들고 있으며 시선이 사실은 권력 · 접근 · 통제 관계를 수반하고 있다고 주장한다. 또한 베네톤은 "남성적 시선이 거리를 두고 관찰하며 쾌락을 취하는 관음증으로 특정지어질 수 있다면, 여성의 시선은 갇혀진 채로 이미지와 동일시하거나 이미지의 반사 속에서 쾌락을 발견하는 나르시시스적인 것이 될 것이다"라고 말한다. 대중문화 속에 보이는 응시에 관한 것은 다음을 참고. 수잔나 D. 월터스, 『이미지와 현실 사이의 여성들』(또하나의 문화. 1999), 김현미 외 옮김, 제2장과 제4장.

37 『시경(詩經)』「위풍(衛風)」: "士之耽兮, 猶可說也. 女之耽兮, 不可說也."

경이나 반금련은 끝없이 성적 욕망을 추구하다 제 명을 다하지 못하고 요절한다는 점에서는 일치하지만 서문경이 부와 명예를 얻은 후 죽고 장례까지 후하게 치러졌던 반면에, 반금련은 만인의 손가락질을 받으며 비참하게 살해당하고 후대까지 요부의 대명사로 악명을 떨치게 된다. 동일한 행위에 대하여 남자와 여자에게 돌아오는 사회의 반응이 달랐던 것이다.

또 다른 예가 하나 있다. 『육포단(肉蒲團)』의 주인공 미앙생(未央生)은 유부녀나 과부 등 가리지 않고 모든 여자들과 관계하며 방종의 길로 나아간다. 그래서 그가 범하였던 유부녀의 남편은 이에 격분하여 보복하기 위해서 미앙생의 처 옥향(玉香)을 유혹하여 함께 도망쳐 나왔다가 그녀를 기루(妓樓)에 팔아 버린다. 그리고 그녀는 기루에서 남편 미앙생이 범하였던 여자들의 남편과 차례로 관계를 맺는 것으로 이야기가 전개된다. 여기서 작가가 여성들이 어떤 계기를 통해서 자신에게도 성욕이라는 것이 존재함을 깨닫고 거리낌없이 욕망 추구의 길로 나서는 것으로 묘사한 것은 주목할 만하다. 그러나 이는 일견 여성의 욕망을 인정하고 있는 듯 보이지만 사실 남녀의 방종을 처리할 때 작가는 이중적 잣대를 가지고 있었다. 기루에서 자신의 명성을 듣고 찾아온 남편을 보고 옥향이 결국 부끄러움을 느껴 자결하게 만들고, 미앙생은 인과응보의 도리를 깨닫고 출가하는 것으로 처리하고 있기 때문이다. 서문경은 깨달음이 없었기에 요절하였지만 대개의 남성 주인공들은 나중에 자신의 과오와 인과응보의 도리를 깨닫기만 하면 용서받는다. 그들은 출가(出家)를 한다거나 산 속에 은둔하며 편안히 생을 마칠 수 있었다. 그러나 그들과 함께 음심(淫心)을 채우며 방종하였던 여자들은 용서받는 법이 거의 없다. 그녀들을 기다리고 있는 것은 죽음이라는 형벌뿐이어서 인과응보의 도리를 깨달을 기회조차 주어지지 않는다. 이는 동일한 죄에 대해서 남성에게는 관대하고 여성에게는 엄격하였던 당시의 법 적용과도 같은 원리이다.

이상에서 살펴본 바와 같이 명 중엽 이후 중국 사회에 불기 시작한 개성 추구와 욕망의 긍정이라는 풍조는 금욕적 이학이 지배하던 사회에 새로운 변화를 가져왔고 금욕(禁慾)과 종욕(縱慾)이 극단적으로 병존하는 사회 풍조를 형성하였다.[38] 그러나 대중문화 속에 나타난 과감한 공개적 성 표현과 욕망의 추구는 분명히 진보적 측면을 가지고 있었지만 사실상 자유로운 욕망 추구가 가능하였던 것은 남성들뿐이라는 근본적인 한계를 지니고 있었다. 남성들에게는 성 억압에서 탈피한 진보적 · 개방적 시대가 될 수 있지만 여성에게는 여전히 금욕하며 정절을 지켜야 하는 시대였던 것이다. 그래서 그들의 자유는 여성의 금욕을 기반으로 가능했다고까지 말할 수 있다. 남성들은 여전히 여성의 정절을 요구하면서도 자신들의 자각된 욕망의 추구를 위해서는 함께 즐겨 줄 여자 즉 자신의 쾌락을 만족시켜 줄 수 있는, 숙녀가 아닌 요부가 필요하였고 이러한 풍조가 문학 속에 반영되어 나타난 것이다.

여성이란 그 자신과의 관계에서가 아니라 남성들과의 관계의 차원에서 정의되는 것처럼 당시 풍미하였던 요부 형상 역시 여성 자신의 선택이 아닌 남성의 필요에 따라 남성과의 관계에 따라 만들어진 것이다. 자유로운 시대정신의 보급이라는 새로운 조류 아래에서도 여성은 그 주체가 되어 새로운 여성상을 창출할 기회를 갖지 못하고 여전히 남성에 의

---

38 그래서 오존존(吳存存)은 명청대가 금욕(禁慾)과 종욕(縱慾)이 공존하였던 중국 역사상 성 관념이 가장 혼란했던 시대라고 규정한다. 사회의 한편에서는 정주이학의 금욕주의에 의하여 인성(人性)이 말살되고 정절 숭배가 극성했지만 다른 한편에서는 인욕이 대담히 긍정되고 각종 형식의 성형식이 관용되었다. 그러나 그러한 성적 욕망을 긍정하고 추구하는 풍조는 남성에 국한된 것으로 여성과는 무관하며 여성에게는 여전히 정통(正統) · 보수(保守) · 금욕(禁慾)적 가치관을 강요하고 있었다. 자세한 것은 다음을 참고. 오존존(吳存存), 『명청사회의 성풍조(明清社會性愛風氣)』(北京: 人民文學出版社, 2000).

한, 남성을 위한 여성상만으로 존재하였던 것이다. 그리고 이것이 바로 남성의 필요에 의하여 만들어졌다가 요부라는 죄명을 뒤집어쓰고 사회에서 소외되어 가는 남성을 파멸시킨다는 악녀의 또 다른 이름이었다.

이러한 예는 중국 사회에 국한되지 않는다. 오히려 더욱 철저한 유교 사상의 지배를 받았던 조선 시대에서도 그러한 예를 쉽게 찾아볼 수 있다. 사회의 몰이해 속에서 요부라는 이름 아래 희생된 여성들의 수가 적지 않았다. 조선 초기와 중기, 유가 사상이 조선의 통치 이데올로기로서 막 자리를 잡아갈 무렵 남성 지배층을 흔드는 사건이 발생하였다. 사대부 집안 출신 유감동(兪甘同)이 뭇 남성들과 자유롭게 성관계를 갖는 사건이 벌어진 것이다. 다음은 『조선왕조실록』에 기록된 유감동의 죄를 고하는 한 대목이다.

> 간부(奸夫)는 이승(李承) · 황치신(黃致身) · 전수생(田穗生) · 김여달(金如達) · 이돈(李敦) 등과 같은 사람이고, 기타의 몰래 간통한 사람은 이루 다 기록할 수 없사오며, 본 남편은 지금 평강 현감(平康縣監) 최중기(崔仲基)입니다. 중기가 무안군수(務安郡守)가 되었을 때에 거느리고 가서 부임(赴任)하였는데, 이 여자가 병을 핑계하고 먼저 서울에 와서는 음란한 행실을 마구 하므로 중기가 이를 버렸습니다. 그 아비는 검한성(檢漢城) 유귀수(兪龜壽)이니 모두 사족(士族)입니다.[39]

『조선왕조실록』에 그녀에 관한 기록이 17차례나 나오는 것을 보아 당

---

39 『조선왕조실록(朝鮮王朝實錄)』: "奸夫若李承 · 黃致身 · 田穗生 · 金如達 · 李敦等也. 其他潛奸者, 不可勝紀, 本夫則今平康縣監崔仲基也. 仲基爲務安守時, 率去赴任. 此女托疾請先到京, 而淫行貫盈, 故仲基棄之. 其父則檢漢城兪龜壽, 皆是士族也." 『조선왕조실록(朝鮮王朝實錄)』 세종실록(世宗實錄) 권제 37, 3집. 국사편찬위원회(國史編纂委員會)(탐구당. 1980), 영인축쇄판(影印縮刷版), p. 87. 이하 『조선왕조실록』의 번역은 모두 세종대왕기념사업회 · 민족문화추진회 편 『조선왕조실록』 CD ROM에 근거한다.

시 사회에 커다란 반향을 일으켰음을 알 수 있다. 또 다른 기록에 의하면 그녀는 "스스로 창기라 일컬으면서" 멋대로 행동하였고 이에 남편이 이 혼서를 쓴 것 같다. 봉건사회에서 자유로이 남성과 관계할 수 있는 신분은 기생밖에 없었다. 그래서 스스로 창기의 길을 선택하였지만 사대부 출신이라는 점이 그녀의 행동에 제한을 가하였던 것이다. 철저한 신분제 사회에서 법은 양반과 천민에게 서로 다르게 적용되었다. 결혼한 여성과 간통하는 것은 커다란 죄였는데, 이 죄를 범한 자 또한 사대부여서 문제는 복잡해졌다. 만약 그녀가 천민이었다면 그녀는 처형되고 그녀와 관계한 양반의 죄는 가볍게 처리될 것이다. 또는 그녀가 관계한 자들이 천민이었다면 그들을 처형했을 것이다. 그러나 이 사건은 관련된 사람들이 모두 양반이었고 그녀가 관계한 사람 중에는 고위 관료, 국가 공신의 자제까지 있어서 처벌을 논하기가 더욱 어려웠다. 결국 이 사건은 유감동은 풍속을 문란케 한 죄로 천민이 되게 하고 그녀와 관계한 자들은 신분에 따라 비교적 가벼운 처벌을 받는 것으로 마무리되었다. 그러나 성종(成宗) 때 발생한 유사한 성격의 어을우동(於乙宇同) 사건은 그 처벌에 있어 앞의 유감동 때와는 사뭇 달랐다.

> "어을우동은 종친(宗親)의 처(妻)이며 사족(士族)의 딸로서 음욕(淫欲)을 자행한 것이 창기(娼妓)와 같으니, 마땅히 극형(極刑)에 처하여야 합니다. 그러나 태종(太宗)과 세종(世宗) 때에 사족(士族)의 부녀(婦女)로서 음행(淫行)이 매우 심한 자는 간혹 극형에 처하였다 하더라도 그 뒤에는 모두 율(律)에 의하여 단죄(斷罪)하였으니, 지금 어을우동 또한 율에 의하여 단죄하소서."[40]

---

40 『조선왕조실록』: "於乙宇同, 以宗親之妻, 士族之女, 恣行淫慾, 有同娼妓, 當置極刑. 然太宗世宗朝, 士族婦女, 淫行尤甚者, 雖或置極刑. 其後皆依律斷罪. 今於乙宇同, 亦當依律斷罪." 정창손(鄭昌孫)의 말이다. 『조선왕조실록』 10집(앞의 책, p. 160).

"어을우동의 죄는 율(律)을 상고하면 사형(死刑)에는 이르지 않으나, 사족의 부녀로서 음행(淫行)이 이와 같은 것은 강상(綱常)에 관계되니, 청컨대 극형에 처하여 뒷사람의 감계(鑑戒)가 되게 하소서."[41]

"어을우동은 강상(綱常)을 무너뜨리고 성화(聖化)에 누(累)를 끼쳤는데, 이런데도 죽이지 않으면 음풍(淫風)이 어떻게 그치겠습니까? 남녀의 정은 사람들이 크게 탐(貪)하는 것이므로, 법(法)이 엄격하지 않으면 사람들이 장차 욕정(欲情)을 자행하여 춘추시대(春秋時代) 정(鄭)나라 · 위(衛)나라의 풍속이 이로부터 일어날 것이니, 청컨대 이 여자를 중전(重典)에 처하여 나머지 사람들을 경계하소서."[42]

어을우동에게 극형을 내릴 것을 간하는 신하들의 말 속에서 이미 유가의 법도가 당시 사회의 지배 이데올로기로서 크게 작용하고 있음을 알 수 있다. 동일한 사건이 세종 때 풍속을 어지럽힌 죄목으로 처리되었던 것과는 달리, 사회의 근본 기강을 어지럽힌 죄목으로 엄하게 처단되는 것은 조선 사회가 유교 사회로 이미 정착되었음을 보여준다. 어을우동 역시 유감동과 마찬가지로 창기로 자처하며 자유로운 성생활을 즐겼지만 사족 출신이었기 때문에 이번에는 극형에 처해졌다. 여성의 방종은 이처럼 공개적으로 극형을 언도받는 중죄였지만 남성의 방종은 집안에서 비도덕적이라는 비난을 받을지언정 공개적으로 거론되지는 않았다. 아니 거론될 필요조차 없는 것이 조선 사회였다.

---

41 『조선왕조실록』: "於乙宇同之罪按律, 則不至罪. 然以士族婦女, 淫行如此, 關係綱常, 請置極刑, 以鑑後來." 심회(沈澮)의 말이다(앞의 책, p. 160).

42 『조선왕조실록』: "於乙宇同, 敗壞綱常, 有累聖化, 此而不誅, 淫風何由而戢. 男女之情, 人之所大慾, 法不嚴峻, 則人將肆欲. 鄭衛之風, 從此起矣. 乙將此女, 置之重典, 以警其餘." 윤필상(尹弼商)의 말이다(앞의 책, p. 160).

그러나 유감동과 어을우동은 비록 죄인으로서 비극적인 삶을 마쳤지만 어쩌면 당시 여성들 중에서는 가장 자유롭게 마음속의 본능에 충실하면서 살았던 여성이었는지 모른다. 이들 여성들이 개인의 성까지 국가에서 구속하던 조선 시대 유가 이데올로기 속에서 자신의 성에 대한 관리권을 국가 권력으로부터 돌려받기 위하여 투쟁한 것이라고 한다면 지나친 평가일까?

명종(明宗) 때의 악녀로 유명한 정난정(鄭蘭貞)은 비천한 출신이었지만 자신의 성적 매력을 최대한 이용하면서 권력층을 향하여 접근하였다. 서녀 출신이었기에 정실 부인으로서의 출가(出嫁)가 불가능하였던 그녀는 신분 상승을 위하여 당시 세도를 부리던 외척 윤원형(尹元衡)의 첩이 된다. 그리고 「얼폐전」에서 권력을 지향하였던 여인들처럼 정실 부인을 모함하고 결국 정실의 자리에 오르는 수순을 밟는다. 이는 명분과 질서를 중시하는 당시 유교 사회에서 국가의 기강을 뒤흔드는 사건이 되어 정죄당하기에 이른다. 그녀는 정실 부인 김씨 독살죄, 뇌물 수수 혐의도 받고 있었지만 유림에서 그녀를 좌시할 수 없었던 근본적인 이유는 그녀로 인해서 국가의 근간인 적서(嫡庶)의 차별이 무너졌다는 사실이었다. 또한 그녀가 바로 당시 문정왕후(文定王后)의 섭정(攝政)으로 실권을 장악하였던 외척 윤씨 일파의 일원이라는 점 역시 그녀에게 불리하게 작용하였다. 그래서 윤씨의 세도가 있을 때는 그녀의 죄를 몇 번씩이나 임금에 고하였어도 처벌받지 않았지만 문정왕후의 죽음과 함께 윤씨 세력이 몰락하자 정난정은 치죄(治罪)당하기에 이르렀다. 그리고 그녀는 자신을 체포하러 오는 것을 알고 스스로 죽음을 선택한다.

적서의 차별이 엄격하게 존재하던 당시 사회에서 그녀의 출세와 파멸은 처음부터 노정되어 있었다. 그녀가 기대고 있던 외척의 권력이라는 것은 권력을 창출해 낸 여성이 죽게 되면 바로 소멸할 수밖에 없는 근본적인 한계를 가지고 있었기 때문이다. 그렇기에 그녀의 일생은 결국 「얼폐전」의 경계와 예언처럼 여성이 권력에 개입하면 국가와 집안이 혼란에 빠진다는 논리를 다시금 재현한 조선 시대의 「얼폐전」이 아니었을까.

## 5. 그녀를 위한 변명

> 우리는 그녀의 욕망이 아버지의 법에 의하여 무화되는 것을 거부하여야 한다. 우리는 그녀에게 쾌락, 쥬이상스, 정념에 대한 권리를 주어야 하고 말할 수 있는, 때로는 울부짖고 분노할 수 있는 권리를 되돌려 주어야 한다.
>
> —뤼스 이리가라이, 「어머니와의 육체적 조우」

자본주의가 극도로 풍미한 현대사회에서 여성의 성은 더 이상 죄악시되지 않는다. 오히려 끊임없이 상품화되어 성적으로 자유로운 여성의 이미지를 생산한다. 섹시함은 죄악이 아니라 이제는 여성의 한 덕목이 되어 가고 있다며 심지어 여성들로 하여금 자신의 성을 보여주라고 주문하기도 한다.

누아르 영화나 할리우드 영화는 끊임없이 계산된 악녀 이미지를 재생산한다. 스크린 속의 거부할 수 없는 매력적인 여성들은 남성 관객의 환상을 실어 나르며 그들의 무의식 속에 등장하는 여인상(Anima)으로 작용한다. 「얼폐전」이 씌어졌던 시대나 반금련이 살았던 사회와는 달리 그녀들은 이제 매혹적인 숭배 대상이 되어 간다. 그렇다면 이제 우리 사회에서 과연 악녀는 사라졌는가?

그러나 대중의 우상으로서 존재하는 그녀들의 이미지란 상업자본주의 문화가 만들어 낸 존재하지 않는 허상에 불과하며 실제 삶의 영역에서는 여전히 과거의 보수적인 악녀 만들기가 계속되고 있다. 변화하는 현대사회는 여성들에게 가정의 울타리에서 벗어나 산업 경제에 참여할 것을 요구하였고, 많은 일하는 여성들이 생겨났다. 그러나 가정은 여전히 보호되어야 하는 신성한 곳이며 가정을 깨뜨리는 모든 행위는 사악한 것으로 간주된다. 그래서 사회는 여성에게 가정과 직장에 모두 충실한 슈퍼우먼이 될 것을 강요하고, 조금이라도 가정에 소홀하면 이기적인 악녀로 낙인찍는다.[43]

이 글은 이 세상의 여성을 현모양처이거나 창녀 혹은 열녀이거나 악녀, 착한 여자이거나 나쁜 여자로 구분하는 남성들의 이분법적 사고가 고대부터 지금까지 끊임없이 재생산되어 왔음을 살펴보았다. 가부장제는 성적으로 무차별한 즉 성적 차이를 인식하지 못하는 상징적 질서였기에,[44] 그 속에서 존재적 당위성을 가지지 못하는 여성은 남성의 타자로서만 그 존재 가치를 부여받았다. 따라서 악녀나 열녀 모두 남성과의 관계에 따라 만들어진 남성의 여성상에 불과하다.

한대 유향에 의하여 편찬된 『열녀전』 속의 「얼폐전」은 남성의 영역에 정면으로 도전하였던 여성들이 어떻게 실패하였는지를 서술하고 있다. 그리고 이는 결국 여성은 재앙이라는 관념과 여성의 정치 참여 금지를 강화하는 기제로 작용하였다. 여성에게 예교를 지키도록 강요하는 유교 사회에서 이상적 여성상인 현모의 이미지를 강조하기 위해서는 그 대립항인 악녀가 필요하였고 유가의 왕도정치 실현을 위해서도 여성의 정치 간여나 외척의 등장을 경계하여야만 했기에 악녀는 필수불가결한 존재이기도 하였다.

---

43 할리우드 영화가 여성에게 가정으로 돌아가서 주인에게 복종하라고 말하기 위하여 이용하였던 고전적인 방식 중 하나는 여자들의 고집스런 행동을 처벌하는 것이다. 그래서 독신 여성, 일하는 여성, 아내와 어머니로서 만족하지 못하는 여성, 성적으로 적극적인 여성, 공격적인 여성들이 결국 죽임을 당하고 모욕을 당하고 패배하게 되는 수많은 예들을 보여줘 왔다. 수잔나 D. 월터스, 앞의 책, p. 189.

44 뤼스 이리가라이 외, 『성적 차이와 페미니즘』(공감. 1997), 권현정 옮김, p. 295.

이러한 점에서 보면 현모와 악녀는 서로 독립적으로 존재하는 것이 아니라 서구 문화 속의 성녀와 창녀 이미지[45]처럼 사실은 동전의 양면과도 같은 관계를 가짐을 알 수 있다. 명대 중엽 이후 인간의 욕망 추구와 개성의 발휘가 긍정되고, 대중문화가 발달하면서 요부의 이미지가 널리 확산되었지만, 다른 한편에서는 정절을 위하여 목숨을 버리는 여성이 대거 출현한 것은 우연이 아니다. 사회는 그녀들을 열녀(烈女)를 숭배하는 데서 한걸음 더 나아가 열녀가 될 것을 강요하기도 하였고, 심지어 자살을 권장하는 지경에까지 이르렀다. 명청대 요부 형상의 범람 속에서도 증가하였던 열녀의 숫자는 바로 이러한 이중적 인식을 증명한다.

오랜 역사를 통하여 형성되고 반복·재생산되어 온 열녀나 악녀, 그 어느 이미지도 여성 스스로의 선택에 의한 것은 아니었다. 모두 남성 중심의 사회에서 그들의 필요에 따라 그들의 시각으로 만들어진 이미지였던 것이다. 고대 중국 사회에서 발견되는 이런 여성 이미지의 허상은 수천 년이 지나도 역사 뒤로 사라지지 않고 현대까지 그 짙은 그림자를 드리우고 있음에 전율하지 않을 수 없다. 그래서 이제는 실제의 역사적 존재로서의 '여성들'과 남성적 응시를 통하여 구성된 '여성'의 차이를 직시하고 이를 해체하는 작업이 절실히 필요하다. 현모가 아닌, 악녀도 아닌, 현실 속에 존재하는 여성의 모습을 찾을 때에야 비로소 살아 숨쉬는 나를 만날 수 있기 때문이다.

---

45 이케가마 슌이치는 악의 화신으로 저주받았던 마녀와 신비로운 기적으로 숭배되었던 성녀가 동전의 양면과도 같은 남성의 이분법 즉, 마성(魔性)과 성성(聖性), 여성 멸시와 여성 숭배 이데올로기에서 기원함을 밝히고 있다. 자세한 것은 다음을 참조. 이케가마 슌이치, 『여성에게 문화는 있었는가』(사계절, 1999), 강응천 옮김.

제10장

# 효녀 서사, 폭력과 성스러움 사이에서

정재서*

## 1. 동아시아 문화 담론과 성별

최근 상영된 「애너벨 청 스토리」는 다소 위악적(僞惡的)인 포즈로 섹슈얼리티의 본질 문제에 접근하고자 한 자전적 영화이다. 그런데 갱뱅쇼(gang bang show)를 벌였던 주인공 애너벨 청의 모국이 싱가포르라는 사실은 우리에게 기묘한 느낌을 준다.[1] 싱가포르야말로 이른바 '아시아적 가치(Asian Value)'의 제창자인 이광요(李光耀)가 통치하는, 유교

* 이화여자대학교 중어중문학전공 교수.

1 물론 이 영화를 통하여 본 애너벨 청의 엽기적 행위가, 이면에 깔려 있는 포르노그라피 산업의 의도성, 불안정한 여성 주체성 등의 혐의로 인하여 페미니즘적 성격의 부여를 주저하게 하는 것은 사실이다. 그러나 어떤 이유에서이든 갱뱅을 유교 문화권의 여성, 그것도 싱가포르 여성이 처음 감행하였다는 사실은 그 자체만으로도 충격적인 것 역시 부인할 수 없는 현실이다. 핸드 헬드 카메라로 찍은 이 영화에서 미니 스커트로 싱가포르 거리를 질주하던 애너벨 청이 불특정의 대상을 향하여 "Fuck you!"를 외치는 장면은 그녀의 내면에 감추어진 조국 싱가포르와의 이념적 갈등을 그대로 표출하는 듯하다.

자본주의가 가장 이상적으로 구현된 나라가 아니었던가? 이 상위(相違)를 어떻게 설명하여야 할까? 결국 애너벨 청이라는 존재는 동아시아 근대화 및 이를 위한 문화 담론인 유교 자본주의의 이면에 감추어진 성별 문제를 역설적으로 보여주는 사례가 아닌가 한다. 주지하듯이 일본을 비롯한 한국 · 대만 · 홍콩 · 싱가포르 등 동아시아 제국(諸國)은 비서구권 지역으로서는 최초로 고도의 경제 성장을 이룩하여 내외의 주목을 받았고, 그 원인에 대해서는 이들 국가의 공통적 문화 기반에 착안, 이른바 유교 자본주의가 크게 거론되어 왔다. 그러나 급속한 근대화를 달성한 이들 국가의 성별 권능 치수(GEM)는 개발도상국인 중국보다도 낮게 보고되고 있다.[2] 이러한 아이러니는 앞서 우리가 「애너벨 청 스토리」에서 느꼈던 모순적인 느낌과 그대로 상응한다.

그렇다면 근대화, 고도 성장에도 불구하고 이들 국가에 여전히 온존(溫存)해 있는 심각한 성별 문제는 어디에서 기인하는 것일까? 그것은 동아시아 제국의 근대화 프로젝트, 다시 이를 내면적으로 추동했던 문화 담론 자체가 안고 있는 문제점에서 연유하였을 것이다. 동아시아 제국은 근대 무렵 서구의 충격(Western impact)에 전통으로 응전하기 위하여 중체서용(中體西用) · 동도서기(東道西器) · 화혼양재(和魂洋才) 등의 방어 및 수용 논리를 만들어 냈고, 이러한 논리들은 근대화 · 산업화의 과정에서 잠재화되었다가 경제 성장을 이룩한 이후 유교 자본주의 등 이른바 동아시아 담론으로 다시 현출(顯出)되는 양상을 보이고 있다. 이렇게 본다면 오늘의 문화 담론은 전통 시대의 문화 담론과 상당한 내재적 연속성을 갖는다 하겠다.

이 글에서는 이 같은 문제의식에 입각, 오늘의 여성 현실에 대한 근원

---

2 한가령(韓嘉玲), 「중국 여성 발전상에서의 국가의 역할」, 『동아시아의 근대성과 여성』(이화여대 한국여성연구원 주최 한 · 중 · 일 국제학술대회 논문 초록집. 1999. 6.11), p. 88. 다만 이 중에서 대만은 예외이다.

적인 성찰을 위하여 전통 시대의 여성과 유교 담론과의 관계성을 고전 텍스트의 한 인물 유형에 대한 분석을 통하여 접근해 보고자 한다. 이 글의 논의와 관련하여 주목하고자 하는 인물은 『열녀전』 「변통전(辯通傳)」에 수록된 효녀 제영(緹縈)이다. 효는 가부장 이데올로기에서 가장 기초적인 개념으로 딸의 아버지에 대한 효의 의미는 동아시아 가부장 체제에서의 여성의 역할 및 지위 문제와 관련하여 심각히 검토될 필요가 있다. 이 글에서는 우선 효의 본질을 폭력과 희생의 측면에서 탐구한 후 제영의 효행담(孝行譚)에 내재된 억압적 의미를 읽어 내고자 할 것이다. 다음으로 제영 이미지가 이기(李寄)·목란(木蘭)·심청·바리데기 설화 등을 통하여 전통 시대의 중국 및 한국에서 어떠한 궤적(軌跡)을 그려 내고 결국 근대에 이르러 어떻게 변용되었는지를 살피게 될 것이다.

## 2. 폭력과 효의 성립

유교 윤리 중에서 효(孝)는 가부장 질서를 구축하는 가장 선결적인 개념이다. 효는 일차적으로 개인의 부모 특히 가부(家父)에 대한 순종을 규율하지만 가(家)와 국(國)이 유비 관계에 있는 유교 가부장 질서에서 이 개념은 사회·국가에도 자연스럽게 확충되어 궁극적으로는 국군(國君)에 대한 충(忠)으로 전화(轉化)된다고 보는 것이 유학자들의 기본 관념이다. "효는 온갖 행위의 근본(孝, 百行之本)"이라든가 "효자가 나와야 집안이 잘된다"라는 등의 과거의 일상적인 언급들은 전통 사회의 윤리 덕목 중 효가 차지하는 비중을 잘 말해 준다.[3] 물론 효는 이른바 천륜

3 효의 기능은 가족 관계 내에서 어버이의 권위를 보증하는 것은 물론 현존하는 지배 관계를 유지하는 데에까지 연관되어 있다. 김세서리아, 「한국의 유교문화와 여성」, 『철학과 현실』(1999. 가을호), p. 156.

(天倫)이라는 자연적, 혈연적 관계에서 자발적으로 우러나는 감정을 바탕으로 성립된다. 문제는 이 감정을 가족 내에 국한시키지 않고 가부장 국가의 논리상 공적 관계에 연계시켜 당위론적으로 규정하고 강제하는 데에 있다. 그런데 아들의 효는 그 자신 미래의 가부(家父)라는 점에서 보상받을 수 있는 것이지만 딸의 효는 일방적이다. 이 점에서 여성의 효 윤리는 희생의 장치로서의 성격을 띤다. 따라서 여성학적 견지에서 무엇보다도 주목하여야 할 친족 관계는 아들의 아버지에 대한, 혹은 딸의 어머니에 대한 그것이 아니라 딸의 아버지에 대한 관계이다. 유교에서 이 관계의 윤리 즉 딸의 아버지에 대한 효를 강조할 때 그것은 가부장 체제의 유지라는 차원에서는 여성의 가정에 대한 희생뿐만 아니라 가정의 연장인 국가에 대한 희생까지 정당화하고 고무하는 기능을 하게 된다.

여기서 우리는 이러한 여성 희생을 정당화하고 고무하는 논리가 어디에서 비롯되었는지 그 근원을 생각해 볼 필요가 있다. 고대의 종교 의식에서 여성을 희생물로 봉헌(奉獻)하였던 사례가 남성에 비하여 훨씬 많았던 것은 각국의 신화 · 전설 · 민담에 그 흔적을 남기고 있다. 가령 태평양 제도(諸島)의 풍요 제의의 희생물이었던 하이누벨레, 바다 괴물의 제물이 되어 영웅 페르세우스의 구원을 기다려야 했던 안드로메다, 하백(河伯)의 신부가 되기 위하여 황하의 물에 던져졌던 처녀 등 여성 희생의 사례는 매거(枚擧)하기 어려울 정도이다. 그러나 이러한 고대 사회의 일반적인 정황이 동아시아 여성 희생의 특유한 양상을 완전히 설명하여 주지는 못한다. 이에 따라 우리가 다시금 주목하여야 할 것은 고대 중국에서 성행하였던 여아 살해의 습속이다. 중국의 봉건 전통을 식인(食人)에 비유하였던 노신(魯迅)의 「광인일기(狂人日記)」에는 다음과 같은 대목이 있다.

해도 뜨지 않는다. 문도 열리지 않는다. 하루 두 번의 식사. 나는 젓가

> 락을 들자 형의 일을 생각하였다. 누이동생이 죽은 까닭도 그자 탓임을 알았다. 그 때 내 누이동생은 겨우 다섯 살이었다. 예쁘고 귀여운 모습이 지금도 눈앞에 떠오른다. 어머니는 늘상 울었다. 형은 어머니에게 너무 울지 말라 하였다. 자기가 먹었으니 너무 울면 다소 마음이 언짢은 탓이리라. …… 누이동생은 형에게 먹혔다. 어머니도 그것을 알고 있었을까. 나는 알 수 없다.[4]

식인 피해망상증 환자인 '나'는 어릴 때 죽은 누이동생이 형에게 잡혀먹힌 것으로 추측한다. 그런데 노신은 한 가족 내에서 식인의 최초 대상으로 하필 여아인 누이동생을 떠올렸을까? 노신의 잠재의식에는 여아 살해라는 중국의 전통적인 악습에 대한 기억이 각인되어 있었던 것은 아닐까? 그 기억이 노신으로 하여금 무심코 여아를 한 가족의 첫 희생물로 묘사하게 한 것은 아니었을까? 이러한 추측이 지나친 천착일 수도 있다. 그러나 고대 중국에서 경제적 이유로 인하여 유아 살해가 자행되었던 것은 사실이었고 그중 여아 살해가 훨씬 많은 비중을 차지하였을 것임에 틀림없다. 왜냐하면 이미 은대(殷代)의 갑골(甲骨) 복사(卜辭)에서부터 곧 태어날 아이의 성별에 대하여 아들이면 '좋고' 딸이면 '좋지 않다'는 견해를 표명하고 있기 때문이다.[5] 유교 문화의 성립 훨씬 이전부터 남아 선호의 관념이 존재하였고 기나긴 역사 시기를 거쳐 현대 중국의 오늘에 이르러서도 여아 살해가 은밀히 자행되고 있는 현실을 보면 악습의 유구한 전통에 놀라게 된다. 한국에서의 태아 성감별에 의한 여아

---

4 노신(魯迅), 「광인일기(狂人日記)」, 『노신문집(魯迅文集)(I)』(일월서각. 1985), 다케우치(竹內好) 역주, 김정화 옮김, p. 22.

5 호후선(胡厚宣), 「은대의 혼인 및 가족 제도에 대한 고찰(殷代婚姻家族宗法生育制度考)」, 『갑골학상사논총초집(甲骨學商史論叢初集)』(香港: 文友堂書店. 1970), pp. 19-23.

출생의 차단도 이러한 악습의 일종이라 할 수 있을 것이다. 고대사회에서 여성은 제의적이든, 경제적인 이유에서이든 희생양이었다. 사회 · 경제적 약자로서의 여성은 극단적인 상황이 도래하였을 때 불필요한 존재, '원치 않는 존재'가 되어 폭력에 내맡겨졌다.[6] 르네 지라르(René Girard)는 인류의 문화를 모두 희생제의적인 것으로 규정하였는데,[7] 바꾸어 말하자면 문화란 폭력의 순화(馴化)된 형태일 것이다. 우리는 이러한 규정을 통하여 고대 여성에 대한 폭력이 어떻게 효녀라는 윤리적 존재를 탄생시키게 되는지 살피게 될 것이다.

## 3. 제영 설화

『열녀전』 제6권 「변통전」에 속하는 여성 전기들은 대부분 딸로서, 아내로서, 혹은 어머니로서 기지와 재능을 발휘하여 가정이나 국가의 어려움을 해결한 여성들의 행적을 싣고 있는데 이 중 「제태창녀(齊太倉女)」조(條)에 수록된 제영(緹縈) 설화는 전형화된 효녀의 미담으로서 상술한 취지와 관련하여 시사하는 바가 많은 작품이다.

먼저 제영 설화의 전체 내용을 살펴보면 다음과 같다.

> 제(齊)나라의 태창녀(太倉女)는 한(漢)나라의 태창령(太倉令)을 지낸 순우의(淳于意)의 막내딸로서 이름을 제영(緹縈)이라고 한다. 순우의는 아들은 없고 딸만 다섯을 두었다. 문제(文帝)때 순우의가 죄를 지어 형벌

6 고대 중국에서의 유아 · 노인 등에게 가해진 폭력에 대해서는 James C. H. Hsü, "Unwanted Children and Parents," *Sages and Filial Sons* (Hong Kong: The Chinese University Press. 1991), Edited by Julia Ching & R. W. L. Guisso, pp. 23-41 참조.

7 르네 지라르, 『폭력과 성스러움』(민음사. 1993), 김진식 · 박무호 옮김, p. 500.

을 받게 되었는데, 이 때는 육형(肉刑)이 아직 존재하고 있었다. 순우의는 조칙에 의하여 장안(長安)의 감옥으로 보내져야만 하였다. 압송되어 갈 때에 순우의는 딸들을 보고 꾸짖기를 "자식을 두었어도 아들이 없으니 급할 때 도움이 안 되는구나"라고 하였다. 제영이 슬피 울더니 아버지를 따라 장안까지 가서 천자께 이렇게 글월을 올렸다. "저의 아비는 관리로서 제나라에서 깨끗하고 공평하다고 평판이 나 있습니다. 지금 법에 걸려 형벌을 받게 되었는 바 가슴 아픈 것은 무릇 죽은 자는 다시 살아날 수 없고 형벌을 받은 자는 손상된 몸을 회복할 수 없다는 사실입니다. 비록 잘못을 뉘우쳐 새 사람이 되고자 해도 어떻게 할 방법이 없사옵니다. 바라옵건대 제 몸을 관가의 종으로 들여 아비의 죄를 갚아 아비로 하여금 새출발을 하도록 하여 주시옵소서." 글을 보고 천자는 그녀를 가엾게 여겨 다음과 같이 조칙을 내렸다. "대개 들으니 순(舜)임금 때에는 죄인의 의복에 무늬를 넣거나 색깔을 달리해서 표시하는 것으로도 백성들이 죄를 짓지 않았다고 한다. 이 얼마나 훌륭한 다스림인가? 지금의 법은 육형이 다섯 가지나 있어도 범죄가 그치지 않으니 그 잘못이 어디에 있는가? 짐이 부덕한데다 백성들을 제대로 가르치지 않은 탓이 아니겠는가? 내 몹시 부끄럽도다. 무릇 도리를 가르침이 철저하지 못하면 어리석은 백성들은 죄에 빠져들기 마련이다. 『시경(詩經)』에서도 이렇게 노래한 바 있다. '훌륭하도다! 저 군자여, 백성들의 부모일세' 라고. 지금 누군가 죄를 지었는데 가르침을 베풀기도 전에 형벌이 가해져 버리면 개과천선하고 싶어도 속수무책일 것이다. 짐은 이것을 안타깝게 여기노라. 무릇 형벌을 받으면 수족이 잘리거나 문신을 새기게 되어 평생 상처가 지워지지 않으니 그 얼마나 고통스러운 일이며 어질지 못한 처사인가? 그러고도 짐이 어찌 백성의 부모라 말할 수 있겠는가? 그러니 육형을 폐지하도록 하라." 이후로 이마에 문신을 새기던 것은 머리를 깎게 하고, 늑골의 힘줄을 뽑던 것은 곤장을 치게 하고, 발뒤꿈치를 베던 것은 목에 칼을 씌우도

> 록 하였다. 순우의는 마침내 형벌을 면하였다. 군자가 논한다. "제영의 말 한마디가 성군의 마음을 움직였으니 이는 정말 사리의 마땅함을 얻었다고 할 수 있다. 『시경』에서 노래하길 '임금님의 따뜻한 말씀, 백성들이 편안해지네'라고 했는데 바로 이 같은 경우를 두고 한 말이다." 찬미하여 노래한다. "제영이 아비 위하여 변호할 제 식견 또한 뛰어났고, 지성껏 글월 올릴 때 문장이 대단하였다. 소녀의 말이 성군을 감동시켜, 마침내 육형을 폐하고 아비도 살려 냈다."[8]

제영 설화는 표면상 효심 갸륵한 소녀의 용감한 효행에 관한 한 편의 아름다운 이야기로 읽힐 수 있다. 그러나 제1장에서 거듭 말한 바 있듯이 『열녀전』의 성립 경위나 내용 구성에 관여하고 있는 유교 가부장 이데올로기의 의도성을 고려한다면 제영 설화는 단순한 효행담이 아니라 일정한 사상적, 정치적 지향성을 지닌 담론으로 간주하여야 한다.

우선 제영 설화가 속해 있는 「변통전」의 '변통'의 의미부터 살펴보자. 『열녀전』「소서(小序)」에 의하면 '변통'은 "표현력이 뛰어나 비유로써 재앙이나 흉한 일에 대처하는 것(文詞可涉, 連類引譬, 以抗禍凶)"이라고 하였다. 아울러 진동원(陳東原)은 '변통(辯通)'을 '변통(辨通)'으로

8 『열녀전(列女傳)』「변통전(辯通傳)·제태창녀(齊太倉女)」: "齊太倉女者, 漢太倉令淳于公之少女也, 名緹縈. 淳于公無男, 有女五人. 孝文皇帝時, 淳于公有罪當刑. 是時肉刑尙在, 詔獄繫長安, 當行會逮, 公罵其女曰, 生子不生男, 緩急非有益. 緹縈自悲泣, 而隨其父至長安, 上書曰, 妾父爲吏, 齊中皆稱廉平, 今坐法當刑. 妾傷夫死者不可復生, 刑者不可復屬, 雖欲改過自新, 其道無由也. 妾願入身爲官婢, 以贖父罪, 使得自新. 書奏, 天子憐悲其意, 乃下詔曰, 蓋聞有虞之時, 畫衣冠, 異章服, 以爲示, 而民不犯, 何其至治也? 今法有肉刑五, 而姦不止, 其咎安在? 非朕德薄而教之不明歟? 吾甚自媿. 夫訓道不純, 而愚民陷焉. 詩云, 愷悌君子, 民之父母. 今人有過, 教未施, 而刑已加焉. 或欲改行爲善, 而其道無繇. 朕甚憐之. 夫刑者至斷支體, 刻肌膚, 終身不息, 何其痛而不德也! 豈稱爲民父母之意哉! 其除肉刑. 自是之後, 鑿顚者髡, 抽脅者笞, 刖足者鉗. 淳于公遂得免焉. 君子謂緹縈一言發聖主之意, 可謂得事之宜矣. 詩云, 辭之懌矣, 民之莫矣. 此之謂也. 頌曰, 緹縈訟父, 亦孔有識, 推誠上書, 文雅甚備, 小女之言, 乃感聖意, 終除肉刑, 以免父事."

보아 "여성이 사리에 밝아 당시의 재앙이나 흉한 일에 대처하는 것(婦人辨通事理, 以抗臨時禍凶)"으로 풀이하였다.[9] 즉 '변통'의 본뜻은 여성이 말을 잘하거나 기지를 발휘해서 어려운 문제를 해결하는 것이다. 실제로 「변통전」에 등장하는 여성들은 어머니든, 아내든, 첩이든, 딸이든 각자의 처지에서 훌륭한 언변이나 재치를 구사하여 자식의, 남편의, 아버지의 곤경을 해결하는 데에 큰 기여를 하고 있다. 결국 여기에서 궁극적으로 남는 의미는 여성이 가정이나 국가의 곤란한 상황에서 어떻게든 능력을 발휘하여 문제를 해결한다는 것이다. 그런데 그것이 희생의 양상을 띠게 되는 것은 위기 상황에서 여성에게 자신이 불필요한 존재임을 확인시켜 주는 가정적, 사회적 통념이다. "아들이 없어서 위급한 때를 당해도 너희들은 아무 쓸모가 없구나"라는 아버지 순우공의 질책은 상고에 존재하였던 원치 않는 여아에 대한 폭력적인 상황을 환기한다. 현실적으로 제영이 생존하였던 한대(漢代)에도 여아 살해가 성행하였던 실례는 후한(後漢) 시기에 성립된 도교 경전인 『태평경(太平經)』의 다음과 같은 언급을 통해서도 확인된다.

> 지금 천하가 도를 잃은 이래 대부분 여자를 천시하여 해치고 죽이니 여자가 남자보다 적어지고 음기가 끊어져 천지의 법도와 상응하지 못하고 있다. 하늘의 법도란 양이 짝을 갖지 못하면 메마르게 되니 하늘에서 때맞춰 비가 내리지 않게 된다. 여자는 땅과 감응하는데 유독 천시를 받으면 천하가 모두 그 어머니를 천시하고 땅의 기운을 해치고 죽이는 것이나 마찬가지이다. 땅의 기운이 끊어져 생기지 않으면 땅이 크게 노하고 기뻐하지 않아 재해가 더욱 많아지고 임금의 다스림이 태평함을 얻지 못하게 된다.[10]

---

9 진동원(陳東原), 『중국여성생활사(中國婦女生活史)』(上海: 上海書店. 1987), p. 47.

『태평경』에는 당시의 여아 살해 및 여성 천시의 습속이 음양의 기운의 조화를 깨뜨릴 뿐만 아니라 사회적으로도 문제를 야기할 것을 우려하는 발언이 있다. 우리는 제영의 헌신적인 효행이 어쨌든 아버지의 질책으로부터 촉발된 사실에 주목하여야 한다. 위기 상황→원치 않는 존재임의 자각→희생→효녀의 탄생이라는 서사 구조는 폭력의 희생물에서 효녀로 숭배되기까지의 모든 과정을 보여준다. 『열녀전』이 교육적 의도성을 지닌 만큼 제영 설화의 이러한 서사 장치는 위기 상황에서 여성의 희생을 고무하는 동기로 얼마든지 작용할 소지가 있다 할 것이다. 우리는 제영 설화의 상술한 서사 구조가 그녀 이후 여성들의 삶에서 어떻게 재현되고 있는지 검토해 볼 필요가 있다.

## 4. 제영 그 이후

위진(魏晉) 시기에 지어진 『수신기(搜神記)』「이기(李寄)」 설화는 많은 지괴(志怪) 단편들 중에서 비교적 널리 알려진 작품이다. 유대걸(劉大杰)은 그의 『중국문학발전사』에서 위진 소설에 대하여 언급하면서 특별히 「이기」 설화를 거론하여 이 작품이 지닌 우수한 산문 미학 및 적극적 사회 의의를 상찬(賞讚)하였다. 유대걸이 주목한 「이기」 설화의 가치는 이기가 향촌의 우환이었던 구렁이를 제거하는 과정에서 보여준 "미신을 반대하고 백성을 위하여 해를 제거하는(反對迷信, 爲民除害)" 정신이었다.[11] 아울러 이후 대부분의 연구자들도 이 작품에 대하여 대동소이

---

10 『태평경(太平經)』, 권35, 「분별빈부법(分別貧富法)」: "今天下失道以來, 多賤女子, 而反賊殺之, 令使女子少於男, 故使陰氣絶, 不與天地法相應. 天道法, 孤陽無雙, 致枯, 令天不時雨, 女子應地, 獨見賤, 天下共賤其眞母, 共賊害殺地氣, 令使地氣絶也不生, 地大怒不悅, 災害益多, 使王治不得平."

한 평가를 내리고 있다. 종래의 이러한 평가는 주로 계몽주의적, 사실주의적 관점에서 내려진 것으로 나름의 시대적 의미가 있음은 분명하나 이 작품을 여성주의에 기초한 관점에서 읽을 때 이기의 영웅적 형상은 반드시 긍정적인 의미로 귀결되지는 않는다.

먼저 「이기」 설화의 줄거리를 보면 다음과 같다.

> 동쪽 월(越)나라 어느 동굴에 큰 구렁이가 있어 향촌의 주민들에게 심각한 위해(危害)가 되어 왔는데 주민들은 구렁이를 달래기 위하여 어린 소녀를 제물로 바쳤다. 이기는 곤궁한 가세를 돕기 위하여 스스로 몸을 팔아 제물이 되기로 하였다. 그러나 그녀는 동굴의 구렁이를 계략으로 죽여 없애고 일약 영웅이 되었다. 이기는 그 공으로 월왕(越王)의 왕비가 되고 가족이 모두 행복하게 되었다.

이 설화는 우선 신화적인 차원에서 출발(出發)-역정(歷程)-회귀(回歸)의 구조를 갖는 전형적인 영웅 서사의 형식을 취하고 있는데 캠벨(Joseph Campbell)은 이러한 설화를 단원 신화(mono myth)라고 불렀다. 또한 인류학적인 차원에서 이 설화는 게넵(Van Gennep)의 이른바 통과의례적 의의를 내포하고 있기도 하다. 동굴 속의 구렁이를 퇴치한 후 주인공은 완전한 사회적 통합을 이룩하기 때문이다. 그러나 상술한 도식적, 환원적 해석들보다도 이기 설화에서 우선 주목되어야 할 것이 있다. 이야기의 초입부터 제의적 희생물로서의 여성 의미가 배치되어 이미 살펴본 바 폭력과 효의 상관성을 예시하고 있는 것이 그것이다.

이기가 가난한 살림을 생각하여 희생물이 되기를 자원하였을 때 그녀가 말리는 부모를 설득하는 대목을 다시 들어보기로 하자.

---

11 유대걸(劉大杰), 『중국문학발전사(中國文學發展史)』(臺北: 華正書局. 1984), p. 255.

> 부모님께서 복이 없으셔서 딸만 여섯을 낳으시고 아들 하나도 없으시니 비록 자식이 있다 하나 없는 것이나 마찬가지입니다. 저는 딸로서 제영과 같이 아버지를 구원하였던 공로도 없는데다가 공양도 못하면서 헛되이 옷과 밥을 축내고 있으니 살아 보았자 아무런 도움이 되지 않아 일찍 죽느니만 못합니다. 저의 몸을 팔아 돈이라도 좀 얻어 부모님께 드릴 수 있다면 어찌 좋은 일이 아니겠습니까?[12]

처절하고 연민의 정을 자아내게 하는 이기의 발언은 우리로 하여금 당시 여성이 얼마나 무가치한 존재로 인식되었고 그 사회적 통념이 이기에게 주입되어 그녀를 효도라는 미명하에 폭력적 상황으로 내몰고 있는지를 보여준다. 그 사회적 통념과 관련하여 우리가 기억하여야 할 것은 앞서 말한 바 한대 이후에도 자행되어 온 여아 살해와 여아 매매의 악습이다. 극단적인 상황에서 딸은 '원치 않는 존재'가 되어 얼마든지 희생물이 될 수 있다는 인식이 상고 이래 여전함을 볼 수 있다. 다만 그것이 제영 설화에서 보였듯이 한대의 유교 이데올로기에 의하여 효라는 아름다운 명분을 갖추었을 뿐이다. 아울러 우리는 윗 글에서 『열녀전』의 교육적 효과를 확인할 수도 있다. 이기는 제영의 사례를 들어 자신의 행위를 정당화하고 있기 때문이다. 이기가 듣고 본받고자 하였던 제영의 효행담은 실상 가부장적 질서를 대변하는 유향이라는 남성 작자의 목소리이지만, 이기는 교육을 통하여 희생양으로서의 제영 이미지를 고스란히 재현해 내고 있는 것이다.

이기 설화 이외에도 제영 이미지는 남북조(南北朝)시대에 이르러 목란(木蘭) 설화로 다시 생산된다. 남북조시대의 대표적 서사시인 「목란사

12 간보(干寶), 『수신기(搜神記)』 「이기(李寄)」: "父母無相, 惟生六女, 無有一男, 雖有如無. 女無緹縈濟父母之功, 既不能供養, 徒費衣食, 生無所益, 不如早死. 賣寄之身, 可得少錢, 以供父母, 豈不善耶?"

(木蘭辭)」[13]의 배경을 이루는 목란 설화에서 딸 목란은 늙고 병든 아버지를 대신하여 남장을 하고 종군한다. 후일 공을 세워 귀환하고 나서야 그녀의 정체가 알려지고 효심에 모두 감탄하게 된다는 이야기이다. 고대 중국에는 오래 전부터 여성이 종군한 사례가 있다. 신석기시대 유적에서는 전투에 참여하였다가 무기에 의하여 살해된 것으로 추정되는 여성의 사체가 발굴된 바 있으며 갑골 복사에는 은왕(殷王) 무정(武丁)의 비(妃) 부호(婦好)가 직접 군대를 이끌고 변방 종족과의 전투를 수행한 기록이 있다. 적어도 은대까지는 모계사회의 관습이 남아 있어 남녀 구분 없이 종군하는 풍속이 존재했었던 것 같다. 그러나 주대 이후 이러한 현상은 극히 적어지며, 있다 하여도 변방 이민족 여성의 사례가 대부분이다.[14] 『목란사』 역시 본래 유목 민족인 선비족(鮮卑族) 여성의 활달한 기상을 노래하였던 민간 가요였으나 내용과 형식에서 한족(漢族) 문인들의 세례를 받고 효 윤리를 고양시키기 위한, 유교주의적 함의가 풍부한 작품으로 변형되었다. 이 작품을 잘못 읽으면 영화 「에일리언」의 리플리 같은 씩씩한 여성 전사(戰士)의 이미지와 겹쳐지면서 여성성의 남성성으로의 확장 혹은 고정된 성 역할의 타파와 같은 취지로 오독될 수도 있다. 그러나 「에일리언」도 자세히 읽어 보면 리플리의 의제(擬製)된 남성적 행위에 의심이 가는 부분이 없지 않다. 리플리를 위협하는 우주 괴물의 존재성은 끈적끈적한 점액질의 미정형성으로 특징지어진다. 크리스테바(Julia Kristeva)는 이 같은 주객 미분의 탈경계성의 상태를 '어브젝션(abjection)'이라고 부른 바 있는데[15] 이들 미정형성, 탈경계성의 속

13 북조(北朝)에서 유행하였던 작자 미상의 민가(民歌)로 최근 미국 할리우드 자본에 의하여 각색, 제작된 애니메이션 「뮬란(Mulan)」의 저본(底本)이다.

14 중국 역사에서 여성이 종군한 사례에 대한 개략적인 정황은 왕자금(王子今), 『중국여자종군사(中國女子從軍史)』(北京: 軍事誼文出版社. 1998) 참조.

15 Julia Kristeva, *Powers of Horror: An Essay on Abjection* (New York: Columbia University Press. 1922), pp. 1-5.

성은 사실상 여성성을 상징한다. 따라서 리플리의 남성적인 제스처에 의하여 제거되는 우주 괴물의 모습은 남성성에 의하여 거세되는 여성성의 현실을 아이러니컬한 방식으로 재현한 것임에 다름 아니다. 목란 설화 역시 제영 설화와 마찬가지로 이야기의 근본 주지(主旨)가 가부장적 효 윤리이며 이를 구현하기 위하여 남장을 통하여 성적 정체성의 변환을 시도하는 목란의 행위는 결코 가부장 제도의 규범을 넘어서려는 모험적인 시도로 볼 수 없다.[16] 이야기의 끝 무렵에서, 금의환향한 목란은 "창가에서 귀밑머리를 예쁘게 다듬고, 거울 앞에서 곱게 화장을 하는(當窓理雲鬢, 對鏡帖花黃)" 왕년의 요조숙녀로 다시 돌아오기 때문이다. 거울을 보는 행위, 그것은 정체성에의 자각을 의미하는데 이 문맥에서 그것은 고정된 성 역할에로의 귀환을 상징한다.

제영 이미지는 중국뿐만 아니라 유교 문화권에 속하는 한국에도 영향을 미쳤다. 이미 한국에서도 조선 시대 이래 『열녀전』은 여성 교육의 지침서로 보급되었으니 『열녀전』에서의 여성 이미지들이 조선 시대의 유교적 여성 인물 형상을 빚어내는 데에 큰 작용을 하였을 것으로 판단된다. 가령 『심청전』에서의 심청의 아버지에 대한 자기희생적인 효는 조선 후기 사회에서의 딸을 팔던 습속을 현실 근거로 하고 있는데,[17] 결국 『심청전』은 가부(家父)에 대한 희생이라는 제영 이미지의 원관념이 극대화된 문학적 표현으로 볼 수 있다.

그러나 『바리데기』 무조(巫祖) 신화에서 제영 이미지는 다소 변형된 모습으로 나타난다. 일곱 딸 중의 막내로서 아들이 아니기에 버려진 바

---

16 목란의 성적 정체성과 관련하여서는 Ann-Maric Hsiung, "A Feminist Re-Vision of Xu Wei's Ci Mulan and Nüzhuangyuan," *China in a Polycentric World* (Stanford: Stanford University Press. 1998), Edited by Yingjin Zhang 참조.

17 이에 대한 논의는 유영대, 「심청전의 계통과 주제」(고려대 대학원 국문과 박사학위 논문. 1988), pp. 136-42 참조.

[그림 2] 종군하는 목란. 사상(蛇狀)의 전형적인 미인 체형, 비스듬히 내딛은 한쪽 발, 다소곳이 내리깐 시선 등은 이미 활달한 여성 전사(戰士)의 모습이 아니라 유순한, 그러나 관능적으로 길들여진 규수의 자태이다. 청 호동해(胡東海)의 목란도(木蘭圖).

리데기, 즉 '원치 않는' 여아는 후일 죽어 가는 부왕(父王)을 위하여 불사약(不死藥)을 찾는, 험난한 모험을 하고 결국 부왕을 살려 낸다는 점에서 제영·이기·심청 등과 비슷한 삶을 살았으나 나중에는 왕국이라는 가부장 제도권에 안주하지 않고 무조신(巫祖神)으로서의 독자적인 세계를 구축, 여성 주체로서의 길을 걸어갔다는 점에서 전술한 여성 존재들과 다른 삶의 방식을 보인다. 바리공주는 "나라의 반을 떼어 주랴" 하는 부왕의 제안을 사양하고 인도 국왕보살이 되길 자청하는데, 인간의 영혼을 구제하고 죽은 자의 원한을 풀어 준다는 인도 국왕보살의 역할은 모성적 가치의 회복과 관련된다. 따라서 바리공주는 여성 중심적 시각에서 가부장적 질서와는 다른 새로운 질서를 세운 셈이 된다.[18] 이는 제도권으로부터 비교적 자유로운 무속의 서사 공간이기에 가능한 일이었을 것이다.

그렇다면 제영 이미지의 근대적 모습은 어떠한 것일까? 근대에 이르러 가부에 대한 효 윤리는 가정 혹은 그것의 연장인 국가에 대한 희생의 양상으로 확장되어 나타난다. 그리하여 우리는 오빠를 공부시켜 법관으로 만들고 자신은 윤락녀의 신세가 된 홍도의 눈물에서, 남동생을 대학에 보내느라 자신은 일찌감치 산업 역군이 되어 버린 70년대 공순이의 고단한 몸에서 효녀 제영의 그림자를 본다. 70년대뿐인가? 오늘의 영화 「세기말」에서도 가난한 집 딸 소령은 사법고시를 본다면서 오락실에서 허송세월하는 오빠를 위하여 원조 교제에 나선다. 동아시아의 딸들은 여전히 제영 이미지로부터 자유롭지 못한 것이다.

## 5. 계보학을 넘어서

동아시아 문화 담론에 내재된 성별 문제를 살펴보기 위한 일환으로 전통 시대의 이데올로기와 성의 관계성을 파악하는 일은 선결 과제이다. 그리하여 유교에서 특별히 강조하는 효 윤리를 딸의 측면에서 검토하여 보았을 때 그것은 폭력과 희생의 장치로서의 근원적 성격을 지니고 있음을 알 수 있었다. 이어서 동아시아의 가부장적 윤리관이 결정적

18 이경하, 「'바리공주'에 나타난 여성 의식의 특징에 관한 비교 고찰」(서울대 대학원 국문과 석사학위 논문. 1997), pp. 108-11 참조.

으로 형성된 한대의 여성 전기집인 『열녀전』에 실린 효녀 제영의 이미지에 주목하여 그것의 성립 근거 및 계보학적 의미를 탐색하여 보았다. 그 결과 제영 설화로부터 비롯하여 중국의 이기 · 목란, 한국의 심청 · 바리데기 설화 등을 거쳐 근대의 여러 사례들에 이르기까지 딸의 가부에 대한 효 윤리가 갖는 여성 억압적 의미가 맥맥히 유전되고 있음을 알 수 있었다. 실로 제영 이미지는 오늘의 한국에서도 그 교육적 기능을 유감없이 발휘하고 있었던 것이다. 고대 중국에서 정립된 이러한 유교적 여성 이미지의 근대에로의 전이(轉移)에 대한 탐구는 근대 이후의 문화 담론과 관련된 성별 문제에 대하여 상당한 시사를 제공할 뿐만 아니라 오늘의 여성 연구의 지평을 좀더 근원적인 방향으로 넓히는 데에 일정한 역할을 할 것으로 기대된다.

### 후기: 봉원사의 조낭자 비석 앞에서

이화여대 후문에서 금화터널 방향으로 가다가 안산(鞍山) 쪽으로 올라가면 산기슭에 봉원사라는 오래된 절이 있다. 신라 때 도선(道詵)스님이 창건하였다는 이 절은 오늘날 태고종(太古宗)의 본산이면서 범패(梵唄) · 단청(丹青) 등 국보급 불교 예술을 전승시켜 온 터전이기도 하다. 그런데 고색(古色)이 창연(蒼然)한 가람(伽藍)과 찬란한 유형 문형의 문화유산을 뒤로 하고 사하촌(寺下村)으로 내려오면 동네 한구석에 오롯이 위치한 낡은 비각(碑閣) 한 채를 발견하게 된다. 절 앞에 고이 모셔둔 고승 · 대덕(大德)들의 부도와는 달리 이 비각은 아무도 돌보는 사람이 없는 듯 몹시 퇴락해 있다. 자물쇠가 채워진 어두운 비각 안을 들여다보면 뜻밖에도 '조낭자희정유애비(趙娘子熺貞遺哀碑)'라는 제목이 눈에 들어온다. '유애비(遺哀碑)'라니? 무슨 슬픈 사연이 있는 것일까? 먼지와 세월의 때에 더럽혀진 비문을 어렵사리 판독(判讀)해 보니 과연 그럴 만한 사연이 있었다.

조희정이라는 이 비극의 여인은 1904년, 그러니까 조선 말기에 경상도 진주 근처에서 태어났다. 고명딸이었던 그녀는 겨우 여덟 살 때에 어머니의 손에 이끌려 기생이 된다. 커가면서 그녀는 항상 자신의 신세를 한탄하였다고 한다. 열아홉 살에 그녀는 한 남자의 첩이 되었으나 그 생활도 순탄하지는 않았다. 그는 다른 사업에 여념이 없어서 1년에 한두 번 그녀를 찾을 정도였다. 마침내 스물한 살 되던 해 그녀는 한 장의 유서를 남긴 채 음독 자살하고 만다. 유서에서 그녀는 내세에 다시는 이런 인생을 살게 되지 않기를 서원(誓願)하고 있다. 비석은 그녀의 죽음에 죄책감을 느낀 남편이 세운 것이었다. 그는 봉원사에서 그녀를 화장하고 약간의 전답을 절에 바쳐 그녀의 왕생극락(往生極樂)을 기원하였던 것이다.

비문을 읽고 나니 처절한 그녀의 삶에 대한 안쓰러운 느낌으로 쉽게 발걸음이 떨어지지 않았다. 무엇이 겨우 스물한 살의 그녀로 하여금 죽음을 결심하게 하였을까? 비문은 단지 그녀가 기생이라는 신분을 비관하여 자살한 것으로 말하고 있으나 말 못할 더 슬픈 사정이 있을 줄 누가 알랴? 그녀는 부처님께 귀의하여 내생에는 다른 좋은 삶을 살게 되기를 소망하였지만 불교의 세계에서도 여성은 그리 대접받는 존재가 아니다. 봉원사 대웅전의 사방 벽에 그려진 부처님의 탄생에서 득도, 열반에 이르는 전 과정의 그림 가운데에는 부처님이 수행중에 여인들로부터 유혹을 받는 장면이 있다. 그런데 거울에 비친 여인의 얼굴은 마귀의 모습이었다. 불교의 세계에서도 여성은 진리를 파괴하고자 하는 유혹자로서 마귀와 동일시되고 있는 것이다. 아마 부처님은 자비로우시겠으나 종교라는 제도적 현실에서 여성은 여전히 평등치 못한 처지에 있는 것이리라.

전국(戰國)시대쯤에 지어진 옛 책 『열자(列子)』를 보면 영계기(榮啓期)라는 어진 은자(隱者)에 대한 기록이 있다. 공자가 영계기에게 무슨 즐거움이 있느냐고 물었더니 영계기는 인간으로 태어난 것, 남자로 태어난 것, 장수를 한 것, 이 세 가지가 삶의 큰 즐거움이라고 대답한다. 그가 남자로 태어난 것을 즐기고 있을 때 다른 한편에서는 조희정처럼, 여자로서의 비운(悲運)을 한탄하며 불행한 삶을 산 여인이 있었을 것이다. 치기(稚氣) 어렸던 시절 영계기처럼 우쭐했던 적이 있었다. 그 철없는 생각이 누군가의 눈물과 한숨을 자아낼 수도 있다는 사실을 그 때는 몰랐었다. 이 글은 자랑스러웠던(?) 그 시절에 대한 부끄러움과 회오(悔悟)에서 비롯되었다.

# 참고 문헌

## 제1장


강현경, 「유향 '열녀전'의 찬술 본의(撰述本意)와 유전 양상(流傳樣相)」, 『한·중·일 3국의 '열녀전' 고찰』, 동방문학비교연구회 제83차 학술발표회 논문 초록. 1998.8.18.

기시나베(岸邊成雄), 『중국여성사회사』, 천이두 옮김, 일월서각, 1992.

양계초(梁啓超), 『중국고전학 입문』, 이계주 옮김, 형성사, 1995.

유향, 『열녀전』, 이숙인 옮김, 예문서원, 1996.

이상화, 「중국의 가부장제와 공·사 영역에 관한 고찰」, 『여성학논집』 제14·15 합집, 1998.

이숙인, 「여성 윤리관 형성의 연원에 관한 연구」, 『유교사상연구』 제6집, 1993.

이은선, 「유교와 페미니즘, 그 관계 맺음의 해석학」, 『유교사상연구』 제12집, 1999.

정재서, 『불사의 신화와 사상』, 민음사, 1994.

劉向, 『古列女傳』, 四部叢刊 史部.

陳東原, 『中國婦女生活史』, 上海: 上海書店, 1987.

黃淸泉, 『新譯烈女傳』, 臺北: 三民書局, 1996.

小林徹行, 『中國女性文南犬研究分類目錄』, 東京: 汲古書院, 2001.

Eberhardt, Wolfram, *The Local Cultures of South and East China*, Leiden : E. J. Brill, 1968.

Lewis, Mark Edward, *Sanctioned Violence in Early China*, Albany: State University of New York Press, 1990.

## 제2장

강현경, 「유향 '열녀전'의 찬술 본의(撰述本意)와 유전 양상(流傳樣相)」, 『한·중·일 3국의 '열녀전' 고찰』, 동방문학비교연구회 제83차 학술발표회 논문집, 1998.8.18.

고국항 지음, 『중국사학사』, 오상훈·이개석·조병한 옮김, 풀빛, 1998.

김용덕, 『韓國傳記文學論』, 민족문화사, 1987.

김한규, 『고대중국적세계질서연구』, 일조각, 1982.

김혜숙, 「傳·書事(記事)·野談의 대비적 고찰」, 『한국 판소리·고전문학 연구』, 아세아문화사, 1983.

박성진, 『《左傳》文學價值研究』, 北京: 北京師範大學研究生院 박사학위 논문, 1998.

박희병, 『조선후기 「전(傳)」의 소설적 성향 연구』, 서울대학교 대학원, 국어국문학과 박사학위 논문, 1991.

버튼 웟슨 지음, 『위대한 역사가 사마천』, 박혜숙 옮김, 한길사, 1995.

윤내현, 『중국사(1)』, 민음사, 1991.

이경우, 「文集所載 「傳」 樣式의 變貌樣相」, 『한국 판소리·고전문학 연구』, 아세아문화사, 1983.

이성규, 「『사기』와 역학」, 『동양 고전의 인간관과 역사관: 사마천의 『사기』』, 제7회 서강 인문강좌, 서강대학교 인문과학연구소, 2001.10.26.

이승환, 『유가사상의 사회철학적 재조명』, 고려대학교출판부, 1998.

조태영, 「열녀전 유형에서의 「전(傳)」 형식의 발전에 관하여」, 『한국 판소리·고전문학 연구』, 아세아문화사, 1983.

『안자춘추』, 임동석 옮김, 동문선, 1998.

『한비자』, 노재욱·조경환 해석, 자유문고, 1994.

『여씨춘추』, 김근 역주, 민음사, 1993.

『회남자』, 이석호 옮김, 세계사, 1999.
『한시외전』, 임동석 역주, 예문서원, 2000.
郭預衡, 『中國散文史』, 上海: 上海古籍出版社, 2000.
『國語』, 上海師範大學 古籍整理組 校點, 臺北: 里仁書局, 1981.
羅根澤 編著, 『古史辨』, 臺北: 明倫出版社, 1970.
羅孟禎, 『古典文獻學』, 重慶: 重慶出版社, 1989.
杜芳琴, 『女性觀念的衍變』, 中國 河南: 河南人民出版社, 1988.
孫欽善, 『中國古文獻學史』, 北京: 中華書局, 1994.
『十三經注疏』, 臺北: 藝文印書館.
吳樹平, 「紀傳體史書中《列女傳》創始考」, 『中國史研究』, 北京: 中國社會科學出版社, 1987年 4期.
劉向 撰, 『新譯列女傳』, 黃淸泉 註釋, 臺北: 三民書局, 1995.
張維嶽 編, 『司馬遷與史記新探』, 臺北: 崧高書社, 1985.
傅隸樸, 『春秋三傳比義』, 臺北: 臺灣商務印書館.
周先民, 『司馬遷的史傳文學世界』, 臺北: 文津出版社, 1995.
朱熹 集註, 『詩集傳』, 臺北: 臺灣中華書局.
陳蒲淸, 『寓言文學理論 · 歷史與應用』, 臺北: 駱駝出版社, 1992.
『春秋左傳今註今譯』, 李宗侗 註釋, 臺北: 臺灣商務印書館, 1987.
韓兆琦 主編, 『史記賞析集』, 四川: 巴蜀書社出版, 1988.

## 제3장

강현경, 「유향 '열녀전'의 찬술 본의(撰述本意)와 유전 양상(流傳樣相)」, 『동방문학비교연구회: 한중일 삼국의 열녀전 고찰』, 제83차 학술발표회, 1998.
고전연구실 편찬, 신서원 편집부 편집, 『北譯. 고려사』, 신서원, 1991.
김민호, 「중국 화본소설의 변천 양상 연구」, 고려대학교 중문과 박사학위 논문, 1998.
김부식, 『완역삼국사기』, 김종권 옮김, 명문당, 1986.
김염자, 「고대중국여성윤리관」, 이화여자대학교 사학과 석사학위 논문, 1964.
김태준, 『증보조선소설사』, 학예사, 昭和14년.
동경대 중국철학연구실 지음, 『중국사상사』, 조경란 옮김, 동녘, 1995

뒤르켕, 『자살론』, 김충선 옮김, 청아출판사, 1994.
민혜경, 「이어(李漁)의 화본소설(話本小說) 시론(試論)」, 『한국중국소설학회 제36회 정기 학술발표회』, 1998. 9.
박주, 『조선시대의 정표정책(旌表政策)』, 일조각, 1990.
박지원 · 전영진 편저, 『熱河日記』, 홍신문화사, 1996.
『여사서』, 이규순 교주, 문학세계사, 1983.
일연, 『삼국유사』, 광조출판사, 1984.
田汝康, 『공자의 이름으로 죽은 여인들』, 이재정 옮김, 예문서원, 1999.
전인초, 『당대소설연구』, 연세대학교출판부, 2000.
정재서, 『동양적인 것의 슬픔』, 살림, 1996.
최강현, 『조선시대 우리 어머니』, 도서출판 박이정, 1997.
P. B. 에브레이, 『중국 여성의 결혼과 생활』, 배숙희 옮김, 삼지원, 2000.
『舊唐書』, 『明史』. 『宋史』. 『隋書』. 『新唐書』. 『元史』. 『魏書』. 『晉書』. 『漢書』. 『後漢書』. 『清史稿』.
董家遵, 「從漢到宋寡婦再嫁習俗考」, 『中國婦女史論集』, 臺北: 稻鄕出版社, 1988.
杜芳琴, 『女性觀念的衍變』, 河南: 河南人民出版社, 1988.
馬端臨, 『文獻通考』, 武英殿聚珍版, 학고방 影印.
四部叢刊 史部, 『古列女傳』.
龔書鐸 總主編, 『中國社會通史』, 「明代卷」, 太原: 山西教育出版社, 1996.
劉向 著, 『新譯列女傳』, 黃清泉 注譯, 陳滿銘 校閱, 臺北: 三民書局印行.
陸樹崙, 『馮夢龍 硏究』, 上海: 復旦大學出版社, 1987.
陳東原, 『中國婦女生活史』, 臺北: 商務印書館, 1928.
胡適, 『胡適文存』, 臺北: 遠東圖書公司, 1953.
Hung, Wu, *The Wu Liang Shrine*. Stanford. California: Stanford University Press, 1989.
Nienhauser, Jr. W.H., 『唐代文學比較論集: 傳記與小說』, 臺北: 南天書局, 1995.
Ralphals, Lisa, *Sharing The Light: Representations of Women and Virtue in Early China*. State University of New York Press, 1998.

제4장

郭璞 · 東方朔, 『穆天子傳 · 神異經』, 송정화 · 김지선 옮김, 살림, 1997.

김경수, 『페미니즘 문학 비평』, 프레스21, 2000.

김지선, 「『神異經』試論 및 譯註」, 이화여자대학교 중문과 석사학위 논문, 1994.

김혜숙, 「陰陽 존재론과 여성주의 인식론적 함축」, 『한국여성학회지』 제15권 2호 별쇄, 1999.

동양사학회, 『동양사』, 예문서원, 1996.

레나 린트 호프, 『페미니즘 문학이론』, 이란표 옮김, 인간사랑, 1998.

뤼스 이리가라이, 『나 · 너 · 우리』, 박정오 옮김, 동문선, 1998.

_____ 외, 『성적 차이와 페미니즘』, 권현정 엮음, 공감, 1997.

선정규, 『중국신화연구』, 고려원, 1996.

송정화, 「中國女性神話小攷」, 『中國語文論叢』 제17집, 1999.

_____, 「『山海經』 신화의 여성 이미지 분석」, 『中語中文學』 제29집, 2001.

시몬느 비에른느, 『통과 제의와 문학』, 이재실 옮김, 문학동네, 1996.

R. H. 반 훌릭, 『중국성풍속사』, 장원철 옮김, 까치, 1993.

아우구스트 베벨, 『여성론』, 이순예 옮김, 까치, 1987.

에스터 하딩, 『사랑의 이해 : 달신화와 여성의 신비』, 김정란 옮김, 문학동네, 1996.

여성문화이론연구소, 『여/성이론』, 도서출판 여이연, 1999.

유향, 『열녀전』, 이숙인 옮김, 예문서원, 1996.

임채우 옮김, 『주역 왕필주』, 도서출판 길, 1998.

장미경, 『페미니즘의 이론과 정치』, 문화과학사, 1999.

정재서 역주, 『산해경』, 민음사, 1993.

조셉 캠벨, 『신화의 힘』, 이윤기 옮김, 고려원, 1992.

최동원 · 임명진 엮음, 『페미니즘 문학론』, 한국문화사, 1999.

토마스 불핀치, 『그리스 · 로마신화』, 최혁순 옮김, 범우사, 1999.

한국여성철학회 엮음, 『여성의 몸에 관한 철학적 성찰』, 철학과 현실사, 2000.

郭沫若, 『中國古代社會硏究』, 臺北: 新華書店, 1954.

_____, 『郭沫若全集』, 北京: 人民出版社, 1982.

羅泌, 『路史』, 『四部備要』, 臺北: 臺灣中華書局.

班固,『漢書』, 景印文化社影印本, 1977.
司馬遷,『史記今註』, 馬持盈 註, 臺北: 臺灣商務印書館, 1998.
蘇冰 · 魏林,『中國婚姻史』, 臺北: 文津出版, 1994.
蕭統 編,『文選』, 李善 注, 文選硏究會, 1983.
宋兆麟,「中國史前的女神信仰」,『民族與民族文化發展硏究』, 馬啓成 主編, 臺北: 中國社會科學出版社, 1995.
御手洗勝 等著,『神與神話』, 王孝廉 篇, 臺北: 臺北聯經出版社, 1998.
嚴一萍 選集,『竹書紀年』(平津館叢書), 臺北: 藝文印書館.
葉舒憲,『高唐神女與維納斯』, 北京: 中國社會科學出版社, 1997.
_____,「中國上古地母神話發掘」,『中國古代近代文學硏究』, 北京: 人民大學出版社, 1998.
劉安,『淮南子』,『四部叢刊』, 臺北: 臺灣商務印書館.
劉向,『新譯列女傳』, 黃淸泉 註譯, 臺北: 三民書局, 1995.
_____,『古列女傳』,『四部叢刊』, 臺北: 臺灣商務印書館.
李昉 等 編,『太平御覽』, 臺北: 商務印書館, 1986.
陳東原,『中國婦女生活史』, 臺北: 臺灣商務印書館, 1975.
詹石窓,『道教與女性』, 上海: 上海古籍出版社, 1991.
許愼撰,『說文解字注』, 段玉裁 注, 上海 : 上海古籍出版社, 1998.
Douglas, Mary, *Purity and Danger*, New York: Praeger Publishers, 1970.
Kristeva, Julia, *Revolution in Poetic Language*, New York: Columbia University, Leon Roudiez. trans. 1984.
Tambiah, stanley Jeyaraja, *Magic · Science · Religion and the Scope of Rationality*, Cambridge: Cambridge University Press, 1990.
Tyler, Stephen. A., *The Unspeakable*, Madison: The University of Wisconsin, 1987.
Weedon, Chris, *Feminist Practice and Poststructuralist Theory*, New York: Basil Blackwell, 1988.

## 제5장

김명혜 외,『성 · 미디어 · 문화』, 나남, 1994.

김영미, 「초기경극형태연구」, 한국외국어대학교 박사논문, 1999. 8.
김형효, 『구조주의의 사유체계와 사상』, 인간사랑, 1989.
노르마 부르드 & 메어리 D. 개러드, 『미술과 페미니즘』, 호승희 옮김, 동문선, 1994.
미셸 푸코, 『감시와 처벌』, 박홍규 옮김, 강원대학교출판부, 1989.
로버트 랩슬리 · 마이클 웨스틀레이크, 『현대영화 이론의 이해』, 이영재 · 김소연 옮김, 시각과 언어, 1999.
뤼스 이리가라이, 『나 · 너 · 우리』, 박정오 옮김, 동문선, 1998.
리타 펠스키, 『근대성과 페미니즘』, 김영찬 · 심진경 옮김, 거름, 1998.
수잔나 D. 월터스, 『이미지와 현실 사이의 여성들』, 김현미 외, 또하나의 문화, 1999.
시모어 채트먼, 『영화와 소설의 서사구조』, 김경수 옮김, 민음사, 1990.
『여/성이론』 1호 「젠더 · 섹슈얼리티 · 주체」, 여성문화이론연구소, 1999.
_____, 2호 「여성주의문화론」, 2000.
_____, 3호 「여성주의 경제학을 위하여」, 2000.
자크 데리다, 『입장들』, 박성창 편역, 솔, 1992.
자크 라캉, 『욕망이론』, 권택영 엮음, 문예출판사, 1994.
정범진 편역, 『앵앵전』, 성균관대학교출판부, 1995.
정재서, 『도교와 문학 그리고 상상력』, 푸른숲, 2000.
_____, 『동양적인 것의 슬픔』, 살림, 1996.
_____, 『불사의 신화와 사상』, 민음사, 1994.
_____, 「중국 환상문학의 역사와 이론」, 『中國語文學誌』 제8집, 중국어문학회, 2000. 12.
T. 토도로프, 『산문의 시학』, 신동욱 옮김, 문예출판사, 1992.
『한국구비문학대계』, 한국정신문화연구원 어문연구실, 한국정신문화연구원, 1980.
한국영미문학페미니즘학회, 『페미니즘 어제와 오늘』, 민음사, 2000.
한림미술관 · 이대 기호학연구소 엮음, 『몸과 미술』, 이화여자대학교출판부, 1999.
현택수 외, 『문화와 권력』, 나남출판, 1999.
홍성태 엮음, 『미술과 페미니즘』, 문학과학사, 1997.
화경고전문학연구회 엮음, 『설화문학연구』, 단국대학교출판부, 1998.
황병하, 「환상문학과 한국문학」, 『세계문학』, 1999년 여름호.
황순재, 「1990년대 환상문학론 비판」, 『오늘의 문예비평』, 1997 겨울호.

姜生,『漢魏兩晋南北朝道教倫理論稿』, 北京: 四川大學出版社, 1995.

內田泉之助 · 乾一夫 著,『唐代傳奇』, 明治書院, 1983.

『論語』, 楊伯峻 譯註, 香港: 中華書局香港分局, 1987.

唐圭璋 選釋,『唐宋詞簡釋』, 對北: 宏業書局印行, 1983.

劉向 撰,『古列女傳』, 四部叢刊本.

_____,『古列女傳』, 臺北: 三民書局.

任明耀,『京劇奇葩四大名旦』, 東南大學出版社, 1994.

張次溪 編,『淸代燕都梨園史料』上 · 下, 北京: 中國戲劇出版社, 1991.

趙夢林,『京劇臉譜』, 北京: 朝華出版社, 1995.

朱熹,『詩集傳』, 臺北: 臺灣中華書局, 民國 71.

『中國京劇史』中卷, 北京市藝術硏究所 上海藝術硏究所 組織 編著, 北京: 中國戲劇出版社, 1990.

黃 裳,『戲考大全』, 上海: 上海書店, 1989.

黃殿祺,『中國京劇臉譜文集』, 北京: 中國戲劇出版社, 1992.

Lacan, Jacques, *Feminine Sexuality*, Translated by Jacueline Rose, New York · London: W. W. Norton & Company, 1985.

Haraway, Donna, "A Cyborg Manifesto: Science, Technology and Socialist-Feminism in the Late Twentieth Century," *Cyborgs and Women: The Reinvention of Nature*, New York: Routledge, 1991.

## 제6장

김근,「중국, 그 읽기와 쓰기」,「동아시아 연구, 글쓰기에서 담론까지」, 정재서 편저, 살림, 1999.

김은실,「시간과 공간의 문화성과 역사성」, 또문대학 2000년 겨울강좌.

김종미,「양강과 음유의 변주-閨情을 노래하는 남자와 齊家를 담당하는 여자의 이야기」,『유교와 페미니즘』, 철학과 현실사, 2001.

노버트 엘리아스,「문명화 과정: 매너의 역사」, 유희수 옮김, 신서원, 1995.

로이드 이스트맨,『중국 사회의 지속과 변화』, 이승희 옮김, 돌배개, 1999.

반 훌릭,『중국성풍속사』, 장원철 옮김, 까치, 1996.

뻬에르 부르디외, 『구별짓기: 문화와 취향의 사회학』, 최종철 옮김, 새물결, 1995.
앙리 르페브르, 『현대 세계의 일상성』, 박정자 옮김, 세계일보, 1990.
유향, 『열녀전』, 이숙인 옮김, 예문서원, 1993.
이거룡 등 지음, 『몸 또는 욕망의 사다리』, 한길사, 1999.
이승환, 「눈빛 · 낯빛 · 몸짓」, 『감성의 철학』, 민음사, 1996.
이훈석 엮음, 『韓國의 女訓』, 대원사, 1990.
田汝康, 『공자의 이름으로 죽은 여인들』, 이재정 옮김, 예문서원, 1999.
크리스 쉴링, 「몸의 사회학」, 나남출판사, 1999.
한국여성연구소 여성사연구실, 『우리 여성의 역사』, 청년사, 2000.
한국여성철학회, 『여성의 몸에 관한 철학적 성찰』, 철학과 현실사, 2000.
康正果, 『女權主義與文學』, 北京: 中國社會科學出版社, 1993.
屈萬里, 『詩經詮譯』, 臺北: 聯經出版社.
金鍾美, 『天人和王充文學思想』, 北京: 中國社會科學文獻出版社, 1994.
段玉裁, 『說文解字注索引』, 臺北: 黎明文化事業公司, 1986.
董仲舒, 『春秋繁露今註今譯』, 賴炎元 譯註, 臺北: 商務印書官, 1984.
杜芳琴, 『發現婦女的歷史-中國女史論集』, 中國: 天津社會科學院, 1996.
班固, 『漢書』, 경인문화사 영인본, 1982.
『白虎通疏證』, 臺北: 中國子學名著集成編印基金會, 1978.
山崎純一, 『列女傳』, 東京: 明治書院, 1997.
楊儒賓, 『儒家身體觀』, 臺北: 中央硏究院中國文哲硏究所籌備處, 1996.
王先謙, 『漢書補注』, 北京: 中華書局, 1983.
顧鑒塘, 『中國歷代婚姻與家庭』, 北京: 商務印書館, 1996.
劉向, 『列女傳』, 黃淸泉 注譯, 臺北: 三民書局.
李永祜 注編, 『奩史選注』, 中國: 人民大學出版社, 1994.
自水紀子, 『中國女性の20世紀』, 東京: 明石書店, 2001.
朱熹, 「四書章句集注」, 中國: 齊魯書社.
下見隆雄, 『列女傳』 注釋及び解說, 廣島: 廣島大學 文學部, 1986.
黃嫣梨, 『漢代婦女文學五家硏究』, Hong Kong: API Press Ltd. 1990.
Ebrey, Patricia Buckley, *The Inner Quarters*, University of California Press, 1993.
*Marriage and Inequality in Chinese Society*, edited by Rubie S. Watson & Patricia

Buckley Ebrey, University of California Press, 1991.
Raphals, Lisa, *Shaing the Light*, Albany: State University of New York Press, 1998.
*Women in Asia*, edited by Louise Edwards & Mina Roces, Ann Arbor: The Unviersity of Michigan Press. 2000.

## 제7장

김욱동, 『포스트모더니즘의 이론』, 민음사, 1992.
노스롭 프라이, 『비평의 해부』, 임철규 옮김, 한길사, 1982.
노신, 『중국소설사략』, 조관희 역주, 살림, 1998.
마르쿠제, 『에로스와 문명』, 김인환 옮김, 나남출판, 1989.
미셸 푸코, 『성의 역사(제1권 앎의 의지)』, 이규현 옮김, 나남출판, 1990.
_____, 『성의 역사(제2권 쾌락의 활용)』, 문경자 · 신은경 옮김, 나남출판, 1990.
사카이(酒井忠夫) 외 지음, 『도교란 무엇인가』, 최준식 옮김, 민족사, 1990.
자크 라캉, 『욕망이론』, 권택영 외 옮김, 문예출판사, 1994.
장 뒤비뇨, 『축제와 문명』, 류정아 옮김, 한길사, 1998.
정범진 편역, 『앵앵전』, 성균관대학교출판부, 1995.
정재서 역주, 『산해경』, 민음사, 1985.
J. G. 프레이저, 『황금의 가지』, 김상일 옮김, 을유문화사, 1982.
조르주 바타이유, 『에로티즘』, 조한경 옮김, 민음사, 1989.
_____, 『에로티즘의 역사』, 조한경 옮김, 민음사, 1998.
지그문트 프로이트, 『쾌락 원칙을 넘어서』, 박찬부 옮김, 열린책들, 1997.
최진아, 「배형(裴鉶) 『전기(傳奇)』의 시론(試論) 및 역주(譯註)」, 이화여자대학교 중문과 석사학위 논문, 1995.
토릴 모이, 『성과 텍스트의 정치학』, 임옥희 외 옮김, 한신문화사, 1994.
하신, 『신의 기원(起源)』, 홍희 옮김, 동문선, 1990.
하원수, 「당대(唐代)의 진사과(進士科)와 사인(士人)에 관한 연구」, 서울대학교 동양사학과 박사학위 논문, 1995.
葛洪, 『抱朴子』, 北京: 中華書局, 1991.
龔維英, 「古神話與明清長篇小說」, 『明清小說硏究』, 第3期, 1998.

譚學純,「玉和瓦: 男性話語中的中國女性形狀」,『東方叢刊』, 第4集, 1995.

萬建中,「中國古代的性愛節日」,『東方叢刊』, 第2集, 1995.

聞一多,『神話與詩』, 上海: 華東師範大學出版社, 1997.

班固,『漢書』, 北京: 中華書局, 1962.

司馬遷,『史記』, 北京: 中華書局, 1959.

蘇輿,『春秋繁露義證』, 北京: 中華書局, 1992.

『十三經注疏』, 北京: 中華書局, 1979.

呂不韋,『呂氏春秋』, 上海: 學林出版社, 1995.

王紹璽,『小妾史』, 上海:上海文藝出版社, 1995.

張銘遠,『生殖崇拜與死亡抗拒』, 北京: 中國華僑出版公司, 1991.

趙國華,『生殖崇拜文化論』, 北京: 社會科學出版社, 1990.

陳立,『白虎通疏證』, 北京: 中華書局, 1994.

陳宏,「狐狸精原型的文化闡釋」,『北方論叢』, 第3期, 1995.

周愛明,「論狐妾故事的生成與發展」,『民間文學論壇』, 第5期, 1990.

許愼,『說文解字』, 上海: 上海古籍出版社, 1988.

玄峻,『聯想與印證』, 北京: 東方出版社, 1994.

何新,「中國神話中狐狸精故事新解」,『書林』, 第1期, 1998.

洪興祖,『楚辭補註』, 臺北: 藝文印書館, 1973.

Allan, Sarah, *The Shape of the Turtle*, Albany: State University of New York Press. 1991.

Giradot, N. J., "The Problem of Creation Mythology in the study of Chinese Religion," *History of Religions*, 1976. Vol.15. No. 4.

Lu, Sheldon Hsiao-peng, *From Historicity to Fictionality*, Stanford University Press, 1994.

Loewe, Michael, *Ways to Paradise*, London: George Allen & Unwin Ltd., 1979.

Wang, Jing, *The Mytholgy of Stone:A Study of Intertextuality of Ancient Chinese Stonelore and Three Classic Novels*, University of Massachusetts(Ph. D. Dissertation), 1985.

## 제8장


김우석, 「보권(寶卷)에 대한 연구: 소극적 대안으로서의 이단과 미신. 도피적 위안과 마취적 오락의 문학」, 『中國文學』 32집, 한국중국어문학회, 1999.

르네 지라르, 『희생양』, 김진식 옮김, 민음사, 1998.

이스트만 지음, 『중국사회의 지속과 변화』, 이승휘 옮김, 돌베개, 1999.

허윤정, 「孟姜女寶卷研究」, 서울대학교 중어중문학과 석사학위 논문, 2001.

『左傳』, 『禮記』, 『新刻古列女傳』, 『古列女傳』, 『說苑』

高國藩, 『中國民間文學』, 臺北: 臺灣學生書局, 1995.

顧詰剛 編, 『孟姜女故事研究集』, 上海: 上海古籍出版社, 1984.

馬西沙 · 韓秉方, 『中國民間宗教史』, 上海: 上海人民出版社, 1992.

福井康順 · 山崎宏, 木村英一 · 酒井忠夫 監修, 『道教-第二卷』, 朱越利 · 徐遠和 等 譯, 上海: 上海古籍出版社, 1992.

北京大學歌謠研究會, 『歌謠週刊』, 北京: 北京大學歌謠研究會, 1924~1925.

倪鐘之, 『曲藝民俗與民俗曲藝』, 天津: 百花文藝出版社, 1993.

楊振良, 『孟姜女研究』, 臺北: 學生書局, 1985.

葉德均, 『戲曲小說叢考』 下册, 北京: 中華書局, 1979.

吳同瑞 · 段寶林 · 王文寶, 『中國俗文學概論』, 北京: 北京大學出版社, 1997.

李福淸, 『中國神話故事論集』, 馬昌儀 譯編, 臺北: 學生書局, 1991.

田仲一成, 『中國演劇史』, 東京: 東京大學出版會, 1998.

鄭振鐸, 『中國俗文學史』, 上海: 上海書店, 1987.

鍾敬文, 『鍾敬文民間文學論集(上)』, 上海: 上海文藝出版社, 1982.

車錫倫, 『中國寶卷研究論集』, 臺北: 學海出版社, 1997.

車錫倫 編著, 『中國寶卷總目』, 臺北: 中央研究員文哲所籌備處, 1998.

賀學君, 『中國四大傳說』, 杭州: 浙江教育出版社, 1996.

黃淸泉 注譯, 『新譯列女傳』, 臺北: 三民書局.

路工, 「孟姜女故事的人民性及其他」, 『孟姜女萬里尋夫集』, 上海: 上海出版公司, 1955.

王兆乾, 「池洲儺戲『孟姜女』的民間信仰基礎和唐戲特徵」, 2000년 韓國中國戲曲學會 발표문.

潛明玆, 「評顧詰剛的孟姜女研究」, 『民間文學季刊』, 第4期, 1986년.

Berger, John, *The Sense of Sight*, New York: Pantheon, 1985.

Blake, C. Fed, "Death and Abuse in Chinese Marriage Laments: The Curse of Chinese Brides," *Asian Folklore Studies* 37, No.1, 1937.

Jankowiak, William R., *Sex, Death, And Hierarchy in A Chinese City: An Anthropological Account*, Columbia University Press, 1993.

Raphals, Lisa, *Sharing the Light: Representations of Women and Virtue in Early China*, Albany: State University of New York Press, 1998.

Watson, James L. and Rawski, Evelyn S., *Death Ritual in Late Imperial and Modern China*, University of California Press, 1988.

## 제9장

뤼스 이리가라이 외, 『성적 차이와 페미니즘』, 권현정 엮음, 공감, 1997.

리타 펠스키, 『근대성과 페미니즘』, 김영찬 · 심진경 옮김, 거름, 1998.

린다 하트, 『악녀』, 강수영 · 공선희 옮김, 인간사랑, 1999.

버튼 윗슨, 『위대한 역사가 사마천』, 박혜숙 옮김, 한길사, 1995.

수잔 헤이워드, 『영화사전: 이론과 비평』, 이영기 옮김, 한나래, 1997.

수잔나 D. 월터스, 『이미지와 현실 사이의 여성들』, 김현미 외 옮김, 또하나의 문화, 1999.

袁珂, 『중국신화전설 2』, 전인초 · 김선자 옮김, 민음사, 1993.

이케가마 슌이치, 『여성에게 문화는 있었는가』, 강응천 옮김, 사계절, 1999.

田汝康, 『공자의 이름으로 죽은 여인들』, 이재정 옮김, 예문서원, 1999.

조셉 브리스토우, 『섹슈얼리티』, 이연정 · 공선희 옮김, 한나래, 2000.

『朝鮮王朝實錄』, 國史編纂委員會, 탐구당, 1980 影印縮刷版.

진 시노다 볼린, 『우리 속에 있는 여신들』, 조주현 · 조명덕 옮김, 또하나의 문화, 2000.

최숙경 · 하현강, 『한국여성사: 고대－조선시대』, 이화여자대학교출판부, 1993.

카트린 끄노, 기욤 아르토 그림, 『상대적이며 절대적인 마법의 백과사전』, 이재형 옮김, 열린책들, 2001.

클라리사 P. 에스테스, 『늑대와 함께 달리는 여인들』, 손영미 옮김, 고려원, 1994.

杜芳琴, 『女性觀念的演變』, 鄭州: 河南人民出版社, 1988.

班固,『漢書』, 北京: 中華書局.
司馬遷,『史記』, 北京: 中華書局.
吳存存,『明清社會性愛風氣』, 北京: 人民文學出版社, 2000.
劉詠聰,「中國古代的女禍史觀」,『女性與歷史--中國傳統觀念新探』, 臺北: 臺灣商務印書館, 1955.
劉向,『古列女傳』, 四部叢刊史部.
_____,『列女傳』, 臺北: 三民書局.
_____, 山崎純一 註解,『列女傳』(上中下), 東京: 明治書院, 1997.
張濤,「劉向『列女傳』思想與學術價値簡論」,『徐州師範學院學報』 哲社版, 1994年 1期.
朱熹,『詩集傳』, 臺北: 臺灣中華書局.
洪淑苓,「美人計的敍事模式與性別政治--從西施故事談起」,『古典文學與性別硏究』, 臺北: 里仁出版社, 1997.
下見隆雄,『劉向列女傳の硏究』, 神奈川: 東海大學出版會, 1989.
Raphals, Lisa, *Sharing the Light: Representations of Women and Virtue in Early China*, Albany: State University of New York Press, 1998.
Simmel, George, *On Women. Sexuality and Love*, New Haven: Yale University Press, trans. and ed. by Guy Oakes, 1984.

## 제10장

강금숙,『여성의 글, 여성의 삶』, 국학자료원, 1999.
고정갑희,「성 장치와 여성주의 문화론」,『여성이론』, 겨울호, 1999.
기시나베(岸邊成雄),『중국여성사회사』, 천이두 옮김, 일월서각, 1992.
김미현,『한국 여성소설과 페미니즘』, 신구문화사, 1996.
김세서리아,「한국의 유교 문화와 여성」,『철학과 현실』 제42호, 1999.
김혜숙,「아시아적 가치와 여성주의」,『철학연구』 제44집, 1999.
_____,「유가적 관계 중심성과 자아의 분열」,『철학연구』 제67집, 1998.
_____,「음양 존재론과 여성주의 인식론적 함축」,『한국여성학회지』 제15권, 1999.
노신(魯迅),「광인일기(狂人日記)」,『노신문집(魯迅文集)(I)』, 다케우치(竹內好) 역주, 김정화 옮김, 일월서각, 1985.

동방문학비교연구회, 『한 · 중 · 일 삼국의 열녀전 고찰』, 제83차 학술발표회 논문초록집, 1998.

르네 지라르, 『폭력과 성스러움』, 김진식 · 박무호 옮김, 민음사, 1993.

미셸 푸코, 『성과 권력』, 박정자 옮김, 인간사, 1989.

서대석 · 박경신 역주, 『서사무가(Ⅰ)』, 고려대학교 민족문화연구소, 1996.

송효섭, 「텍스트 이론과 바리공주 읽기」, 『한국고전연구』, 제4집, 1998.

실비아 월비, 『가부장제 이론』, 유희정 옮김, 이화여자대학교출판부, 1998.

양계초(梁啓超), 『중국고전학 입문』, 이계주 옮김, 형성사, 1995.

영산 원불교대학교, 『여성 · 종교 · 생명 공동체』, 정산종사 탄생 100주년 기념 학술세미나 논문초록집, 1999.

유영대, 「심청전의 계통과 주제」, 고려대학교 대학원 국문과 박사학위 논문, 1988.

유향, 『열녀전』, 이숙인 옮김, 예문서원, 1996.

윤광봉 · 유영대, 『고전소설의 이해』, 문학과 비평사, 1991.

이경하, 「'바리공주'에 나타난 여성의식의 특징에 관한 비교 고찰」, 서울대학교 대학원 국문과 석사학위 논문, 1997.

이배용 외, 『우리나라 여성들은 어떻게 살았을까(1)(2)』, 청년사, 1999.

이부영, 『한국 민담의 심층분석』, 집문당, 1995.

이상화, 「중국의 가부장제와 공 · 사 영역에 관한 고찰」, 『여성학논집』 제14 · 15합집, 1998.

이숙인, 「'차이' 해석의 유교적 특성」, 『유교사상연구』 제12집, 1999.

_____, 「여성윤리관 형성의 연원에 관한 연구」, 『유교사상연구』 제6집, 1993.

_____, 「유교의 관계 윤리에 대한 여성주의적 해석」, 『한국여성학』 제15권, 1999.

이은선, 「유교와 페미니즘. 그 관계맺음의 해석학」, 『유교사상연구』 제12집, 1999.

이화여자대학교 한국여성연구원, 『동아시아의 근대성과 여성』, 한 · 중 · 일 국제학술대회 논문초록집, 1999.

_____, 『유교문화 속의 결혼과 가족; 한 · 중 여성 비교연구』, 이화여대 · 북경대 학술교류협정 기념학술대회 논문초록집, 1996.

임지현 외, 『우리 안의 파시즘』, 삼인, 2000.

장필화, 「아시아의 가부장제와 공 · 사 영역 연구의 의미」, 『여성학논집』, 제13집, 1996.

田汝康, 『공자의 이름으로 죽은 여인들』, 이재정 옮김, 예문서원, 1999.
정문길 외 엮음, 『발견으로서의 동아시아』, 문학과지성사, 2000.
정재서, 『불사의 신화와 사상』, 민음사, 1994.
정하영 외 편역, 『한국 민중의 문학』, 박이정, 1999.
조혜정, 『한국의 남성과 여성』, 문학과지성사, 1988.
진관타오 외, 『중국문화의 시스템론적 해석』, 김수중 옮김, 천지출판사, 1994.
크리스 위던, 『여성 해방의 실천과 후기 구조주의 이론』, 조주현 옮김, 이화여자대학교 출판부, 1993.
한국여성문학회, 『동아시아의 근대성과 신여성 문학』, 한·중·일 국제학술대회 논문 초록집, 2000.
홍태한, 『서사무가 바리공주 연구』, 민속원, 1998.
康正果, 『重審風月鑑: 性與中國古典文學』, 瀋陽; 遼寧教育出版社, 1998.
沈鍾, 『中國歷代賢女傳』, 武漢: 湖北人民出版社, 1997.
楊儒賓, 『儒家身體觀』, 臺北: 中央硏究院, 1996.
吳春榮·喩克非, 『中國歷代才女傳記選注』, 天津: 百花文藝出版社, 1996.
王明, 『太平經合校』, 北京: 中華書局, 1978.
王子今, 『中國女子從軍』, 北京: 軍事誼文出版社, 1998.
禹快濟, 「列女傳的導入與對韓國的影響」, 『仁川語文學』, 第16輯, 2000.
劉大杰, 『中國文學發展史』, 臺北: 華正書局, 1984.
劉寧元, 『中國女性史類編』, 北京: 北京師範大學出版社, 1999.
劉向, 『古列女傳』, 四部叢刊 史部.
朱易安, 『女媧的眼睛』, 上海: 上海人民出版社, 1999.
陳東原, 『中國婦女生活史』, 上海: 上海書店, 1987.
黃清泉, 『新譯列女傳』, 臺北: 三民書局, 1996.
山崎純一, 『列女傳: 歷史を變之た女たち』, 東京: 五月書房, 1991.
小林徹行, 『中國女性文獻硏究分類目錄』, 東京: 汲古書院, 2001.
下見隆雄, 『劉向 列女傳の硏究』, 神奈川: 東海大學出版會, 1989.
Ching, Julia & Guisso, R. W. L., *Sages and Filial Sons*, Hong Kong: The Chinese University Press, 1991.
Eberhardt, Wolfram, *The Local Cultures of South and East China*, Leiden: E. J. Brill,

1968.
Ko, Dorothy, *Teachers of the Inner Chambers: Women and Culture in Seventeenth-Century China*, Stanford; Stanford University Press, 1994.
Kristeva, Julia, *Powers of Horror: An Essay on Abjection*, Translated by Leon S. Rondiez, New York; Columbia University Press, 1982.
Lewis, Mark Edward, *Sanctioned Violence in Early China*, Albany: State University of New York Press, 1990.
Raphals, Lisa, *Sharing the Light: Representations of Women and Vitue in Early China*, Albany: State University of New York Press, 1998.
Watson, Rubie S., *Marriage and Inequality in Chinese Society*, Berkeley; University of California Press, 1991.
Widmer, Ellen & Sun Chang, Kang-i, *Writing Women in Late Imperial China*, Stanford: Stanford University Press, 1997.
Zhang, Yingjin, *China in a Polycentric World*, Stanford: Stanford University Press, 1998.

# 찾아보기

[ㅋ]



[ㅌ]



[ㅍ]



[ㅎ]

# 지은이 소개

(게재순)

## 정재서(鄭在書)

서울대학교 중문과 졸업.
서울대학교 대학원 중문과 석사 · 박사.
하버드-옌칭연구소 · 국제일본문화연구센터 객원교수.
현재 이화여자대학교 중어중문학전공 교수.
저서: 『산해경역주(山海經譯註)』(1985) · 『불사(不死)의 신화와 사상』(1994 한국출판문화상 저작상 수상) · 『동양적인 것의 슬픔』(1996) · 『도교와 문학 그리고 상상력』(2000) · 『정재수 교수의 이야기 동양 신화 1, 2』(2004) · 『한국 도교의 기원과 역사』(2006) · 『사라진 신들과의 교신을 위하여』(2007 비교문학상 · 우호학술상 수상) 등.

## 박영희(朴英姬)

이화여자대학교 중문과 졸업.
국립대만사범대학 국문연구소 석사 · 박사

현재 한국사이버대학교 중국학부 교수

논문: 「애남영의 시문이론(艾南英的時文理論)」(석사학위 논문) · 「청대 중기 경학가의 문론(淸代中期經學家的文論)」(박사학위 논문) · 「장실재의 문리론(章實齋的文理論)」 · 「전대흔(錢大昕)의 경사문 일체설(經史文一體說)에 대한 재조명」 · 「초순(焦循)의 팔고문설(八股文說)」 등.

## 최진아(崔眞娥)

이화여자대학교 중문과 졸업. 동 대학원 석사.

연세대학교 대학원 중문과 박사.

현재 이화여자대학교 중어중문학전공 강의전담 교수.

저서: 『환상 · 욕망 · 이데올로기』(2008)

논문: 「배형(裴鉶) 전기(傳奇) 시론(試論) 및 역주(譯註)」 · 「요재지이와 열미초당필기의 비교연구(聊齋志異與閱微草堂筆記之比較研究)」 · 「전기(傳奇)로 읽는 당대(唐代) 남성의 욕망: 애정류(愛情類) 전기를 중심으로」 등.

## 송정화(宋貞和)

이화여자대학교 중문과 졸업. 동 대학원 석사.

고려대학교 대학원 중어중문학과 박사.

저서: 『목천자전역주(穆天子傳譯註)』(1997) · 『중국 여신 신화 연구』(2007)

논문: 「목천자전(穆天子傳) 시석(試析) 및 역주(譯註)」(석사학위 논문) · 「중국 신화에 나타난 여신 연구」(박사학위 논문) · 「목천자전(穆天子傳)의 신화 · 종교적 의미」 · 「지괴(志怪)에서의 도교(道敎) 수용」 · 「중국 여성신화 소고(小攷)」 · 「영상 속의 여성과 자연의 이미지: 중국 신화 · 도교로 읽는 와호장룡(臥虎藏龍)」 · 「산해경(山海經)의 여성 이미지 분석」 등.

## 김영미(金英美)

이화여자대학교 중문과 졸업.

외국어대학교 대학원 중국어과 석사 · 박사.

중국 희곡예술원 방문학자.

현재 한국외국어대학교 중국어과 강사.

논문: 「이어(李漁) 희곡이론의 연극학적 분석」(석사학위 논문) · 「경극(京劇) 초기형태 연구」(박사학위 논문) · 「희롱 속에 감추어진 진실: 희처고사 탐색(戱妻故事探索)」 등.

## 김종미(金鐘美)

이화여자대학교 중문과 졸업.

서울대학교 대학원 중문과 석사 · 박사.

북경대학교 동방어언학부 객원교수, 이화여자대학교 아시아여성학센터 연구원.

현재 이화여자대학교 교육대학원 교수.

저서: 『하늘과 인간 그리고 왕충의 문학사상(天 · 人和王充文學思想)』(1995).

논문: 「허공은 정말 흰색일까? : 하이데거로 읽는 중국 미학」 · 「노자와 페미니즘: 곡신(容神)과 코라를 통해 본 탈중심의 여성 원리 · 「양강(陽剛)과 음유(陰柔)의 변주: 규정(閨情)을 노래하는 남자와 제가(齊家)를 담당하는 여자」 · 「주역(周易)의 상반상성론(相反相成論)과 성별 인식」 등.

## 김지선(金芝鮮)

이화여자대학교 중문과 졸업. 동 대학원 석사.

고려대학교 대학원 중문과 박사.

현재 이화여자대학교 중어중문학전공 강사.

저서: 『신이경역주(神異經譯註)』(1997)

논문: 「신이경(神異經) 시론(試論) 및 역주(譯註)」(석사학위 논문) · 「위진남북조(魏晉南北朝) 지괴(志怪)의 서사성 연구」(박사학위 논문) 등.

## 조숙자(趙淑子)

이화여자대학교 중문과 졸업.
서울대학교 대학원 중문과 석사.
동 대학원 박사 과정 수료.
논문: 「시경(詩經) · 국풍(國風)『에 나타난 여성상 소고(小攷)」 · 「마치원(馬致遠) 산곡(散曲) 연구」 등.

## 송진영(宋眞榮)

이화여자대학교 중문과 졸업. 동 대학원 석사.
북경대학교 중문과 박사.
하버드대학교 박사후(Post doc.) 연구원.
현재 수원대학교 중국어학과 교수.
논문: 「명청대(明淸代) 세정소설(世情小說)의 등장과 문인독립 창작」 · 「세정소설의 풍자적 서술 연구: 금병매(金甁梅)를 중심으로」 · 「여신에서 악녀까지: 중국 고전 속의 여성 이미지」 · 「명청대 백화소설(白話小說)에 나타난 인과응보적 서사구조 연구: 세정소설을 중심으로」 등.

# 동아시아 여성의 기원

—『열녀전(列女傳)』에 대한 여성학적 탐구

**펴낸날** 1판 1쇄 2002년 12월 30일
2판 1쇄 2009년 4월 30일
**엮은이** 정재서
**펴낸이** 최민숙
**펴낸곳** 이화여자대학교출판부
**주소** 서울특별시 서대문구 대현동 11-1(우 120-750)
**등록** 1954년 7월 6일 제9-61호
**전화** 02) 3277-2965, 2966(편집)
02) 3277-3164, 362-6076(영업)
**팩스** 02) 312-4312 | **전자우편** press@ewha.ac.kr
**인터넷서점** www.ewhapress.com
**책임편집** 정경임
**디자인** 정혜진
**찍은곳** 네오프린텍



ISBN 978-89-7300-828-5 93820

값 19,000원